制冷装置设计【第3版】

ZHILENG ZHUANGZHI SHEJI

庄友明 编著

厦门大学出版社 XIAMEN UNIVERSITY PRESS 国家一级出版社 全国百佳图书出版单位

图书在版编目（CIP）数据

制冷装置设计 / 庄友明编著. -- 3 版. -- 厦门 ：
厦门大学出版社，2017.8(2025.2 重印)
ISBN 978-7-5615-6649-7

Ⅰ. ①制… Ⅱ. ①庄… Ⅲ. ①制冷装置-设计 Ⅳ.
①TB657

中国版本图书馆CIP数据核字(2017)第193013号

责任编辑 陈进才
封面设计 蒋卓群
技术编辑 许克华

出版发行 厦门大学出版社
社　　址 厦门市软件园二期望海路 39 号
邮政编码 361008
总　　机 0592-2181111　0592-2181406(传真)
营销中心 0592-2184458　0592-2181365
网　　址 http://www.xmupress.com
邮　　箱 xmup@xmupress.com
印　　刷 厦门市金凯龙包装科技有限公司

开本 787 mm×1 092 mm 1/16
印张 16
插页 1
字数 380 千字
版次 2017 年 8 月第 3 版
印次 2025 年 2 月第 2 次印刷
定价 36.00 元

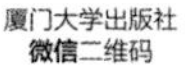

内容摘要

本书系统地阐述了冷库制冷装置设计的基本知识，重点介绍了氨制冷系统的基本构成、方案确定、节能措施、负荷计算、设备选型与布置等内容。

全书共分九章，第一章为系统基本情况及方案设计，第二章至第四章为冷负荷计算及设备管道的选型计算，第五章、第六章为制冷机器设备的空间定位及各种冷间里的设备布置及气流组织形式，并有IQF速冻设备的内容，第七章专门介绍盐水制冰系统及快速制冰设备，第八章为设计文件编制及图纸画法简介，第九章为安装调试及操作运行。全书图文并茂，语言简练易懂。该书除可供有关院校师生作教材或教材参考书外，也可供从事冷库设计、施工的工程技术人员及系统管理操作人员参考。

再版前言

《制冷装置设计》一书出版发行至今已有7个年头,这几年随着我国国民经济持续迅速发展,人民生活水平得到不断提高,我国制冷行业的科学技术也有了很大的进步。制冷技术应用和制冷工程建设已渗透到社会经济建设和人民日常生活的各个角落。《制冷装置设计》作为与制冷工程建设密切相关的技术著作,受到许多制冷工程技术人员的关注和青睐,也曾被一些高校作为制冷相关学科学生的专业教材,这几年在读者中有一定影响,在行业中发挥了积极的作用。但由于编著时间和经验不足,书中也的确存在一些瑕疵,许多读者纷纷来函向作者纠正书中错误。在此,特别感谢大家的关心和帮助!

此次再版,作者除对错漏之处一一更正外,还根据2001年新实施的《冷库设计规范》(GB 50072-2001)内容修改了一些表格和附录的数据;部分章节的内容也做了新的修改;补充了两个附录和一个参考书目。通过这些修改和补充,力争使新版的《制冷装置设计》更加完善,使其今后能在制冷行业的科研、教学和工程建设中发挥更大的作用。

编　者

2006年11月

前　言

《制冷装置设计》是食品加工相关院校制冷工艺专业学生的主要必修专业课，鉴于目前全国还没有此门课的统编教材，原来我院制冷专业一直沿用制冷教研室教师集体编写的讲义作教材，由于编写年代的关系，书中部分数据资料已陈旧，加之几年来制冷专业此门课的时数已历经几次更动，不管从专业内容、时数安排或印刷质量，原教材均已无法适应当前的教学要求。为了解决此门课的教材问题，在有关领导的鼓励和支持下，笔者承担了《制冷装置设计》的编写任务。

此次教材编写，在原教材的基础上做了很大的改动，第一章至第四章是该书的重点，此次全部重新编写，内容仍以活塞式制冷装置为重点，另外增加了螺杆压缩制冷装置的内容。书中插图全部由电脑绘制。其他章节也进行了不同程度的修改，增、删了一些内容，更新了一些数据和图表资料，部分地方也做了较彻底的改动。全书容量适合于60～80学时的课程，不同课时可通过对“*”号章节的选用加以调节。书中专业术语与《冷库设计规范》相一致，名义工况采用国标的最新规定，量纲单位全部使用SI制，力争能满足目前《制冷装置设计》课程的教学要求。

书稿印成后，在试用过程中受到学生很高的评价，许多同行朋友也纷纷来函来电索要，由此使笔者萌生了出版此书的念头。在院、处、系各级领导的大力支持下，本书得到了集美大学的教材出版资助。经征求有关同行专家的意见后，笔者对教材进行反复修改和补充，从而形成现有的书样。由于时间紧，水平有限，书中纰漏在所难免，敬请同行专家、老师、同学们继续提出宝贵意见，以便在今后的岁月里对此书加以不断地完善。

此次教材的编写和出版，得到了校、院、处、系各级领导的大力支持，在此对他们表示衷心的感谢！另外，还要感谢林瑞镛教授和蔡文庆教授对书中内容提出了宝贵的意见！

编　者

目　录

第一章　制冷系统方案设计

第一节　制冷系统概述

一、制冷系统的定义及分类

1. 定义

任何使用外部能量不断把温度低的物质的热量移给温度较高的物质的系统称制冷系统。

2. 分类

按上述定义，制冷系统可分为蒸汽制冷系统、空气制冷系统和热电制冷系统。其中蒸汽制冷系统又可分为：(1)蒸汽压缩式；(2)蒸汽喷射式；(3)蒸汽吸收式。

蒸汽制冷系统是利用液体汽化成蒸汽时要吸收热量的原理来实现制冷的。可以说蒸汽制冷系统是目前使用得最为广泛的制冷系统，特别是冷库中的制冷装置，绝大部分是采用蒸汽压缩式制冷系统，因此本教材所述及的范围也只限于蒸汽压缩式制冷系统的设计。

二、蒸汽压缩式制冷系统的基本构成

1. 单级压缩系统的基本构成

①蒸发器，②压缩机，③冷凝器，④节流阀，这是单级压缩系统必不可少的四大部件，如图 1-1-1 所示。这些设备之间用管道依次连接形成一个封闭系统，制冷剂在系统中经过压缩、冷凝、节流、汽化这样四个过程，完成了一个循环。

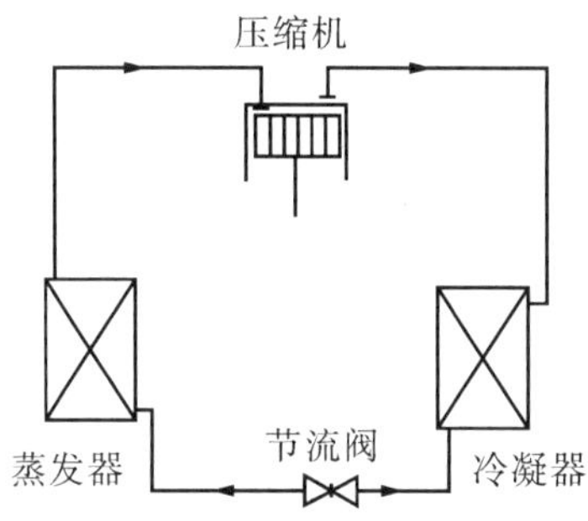

图 1-1-1　单级压缩基本构成

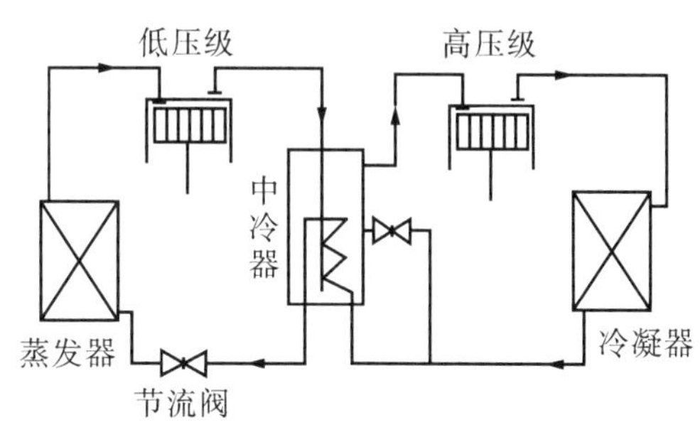

图 1-1-2　双级压缩系统基本构成

2. 双级压缩系统的基本构成

①蒸发器,②低压级压缩机(缸),③中间冷却器,④高压级压缩机(缸),⑤冷凝器,⑥节流阀,这是双级压缩系统必不可少的六部件,把它们依次用管道连接起来,就构成了一个最基本的双级压缩系统,如图 1-1-2 所示。来自蒸发器的制冷剂先经低压级压缩机(缸)压缩至中间压力,由低压级排出的过热气体在中冷器中被等压冷却至饱和蒸汽,然后再入高压级压缩机被压缩至系统的冷凝压力,最后经节流阀进入蒸发器去执行制冷任务。

3. 单、双级综合系统的基本构成

冷库中,蒸汽压缩制冷装置并不总是纯粹的单级或纯粹的双级系统,更多的情况是两者并存的综合系统,如图 1-1-3 所示,由图可见:综合系统实际上是单级系统和双级系统共同并联到一个冷凝器上的综合体。

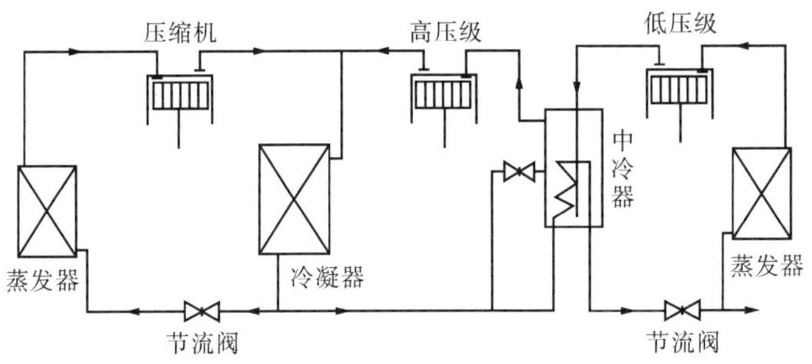

图 1-1-3 单、双级压缩综合系统基本构成

从理论上来讲,一个系统只要有上述的基本部件就可以工作了。但在实际的制冷装置中,为了提高运行的经济性和保证操作管理的安全可靠,除了这些部件外,还增设了许多其他的辅助设备,这些辅助设备有:油分离器、高压贮液器、汽液分离设施、排液桶、集油器、空气分离器、加氨站和各种高、低压调节站。这些设备和基本部件的关系见图 1-1-4 制冷流程方框图。

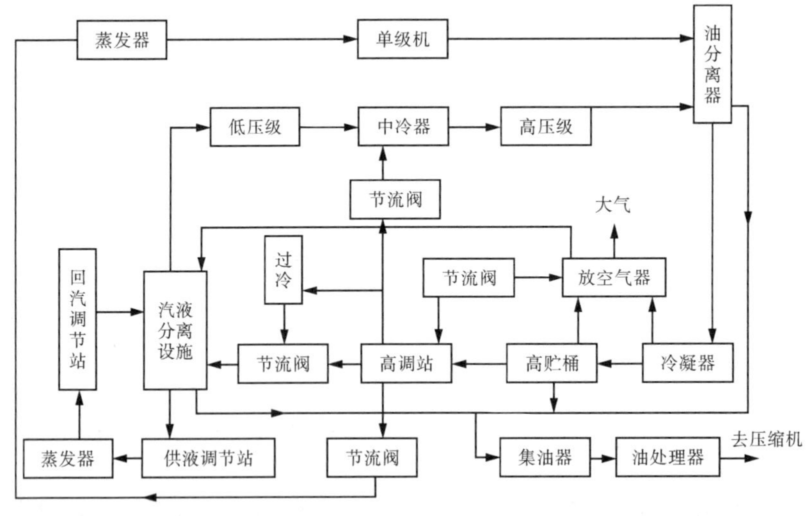

图 1-1-4 单、双级综合系统制冷流程

三、蒸汽活塞压缩式制冷装置原理图

制冷系统原理图以平面的形式体现出制冷装置中所有设备、容器、管阀、仪表的相互关系，是表达整个系统全貌的关键图纸。从原理图上可以看出：①系统的规模和特性；②设备的容量、数量、规格型号；③系统是否先进、合理等。因此查阅系统原理图是了解制冷装置的重要手段，在学会设计制冷系统之前，应先学会阅读制冷系统原理图。图 1-1-5 是个典型食品冷库的制冷系统原理图，正规的设计图纸，除了有图 1-1-5 的内容外，一般还应有图标、图例、设备一览表、备注等内容。看图时，应首先了解一下图例，冷库制冷装置原理图常见的图例见表 1-1-1。

表 1-1-1　制冷原理图常用管阀图例

部件名称	常用符号	部件名称	常用符号
低压气体管	━━━━━	电磁阀	
高压气体管	━ ━ ━ ━ ━		
液体管	—————	自动旁通阀	
放油管	——y——		
放空气管	——x——	安全阀	
排液管	——·——		
平衡管	——‖——	止逆阀	
安全管	——xx——		
冷媒管	——L——	浮球阀	
水管	——s——	立式过滤器	
直通截止阀			
直角截止阀		卧式过滤器	
节流阀			
热力膨胀阀		液位控制器	

在图例清楚之后，就开始寻找制冷剂的整个循环过程，由于实际系统中往往有些并联管道或切换阀，所以制冷剂的流向有时并不是单一的。查阅回路时要先找主要循环。看图时，循环的始点往往是从蒸发器的出口处出发。

(1)单级压缩回路：蒸发器出口→回汽调节站→汽液分离设备→单级压缩机→油分离器→冷凝器→高压贮液桶→高压液体调节站→节流阀→重力桶 / 低循环桶→氨泵→低压液体调节站→

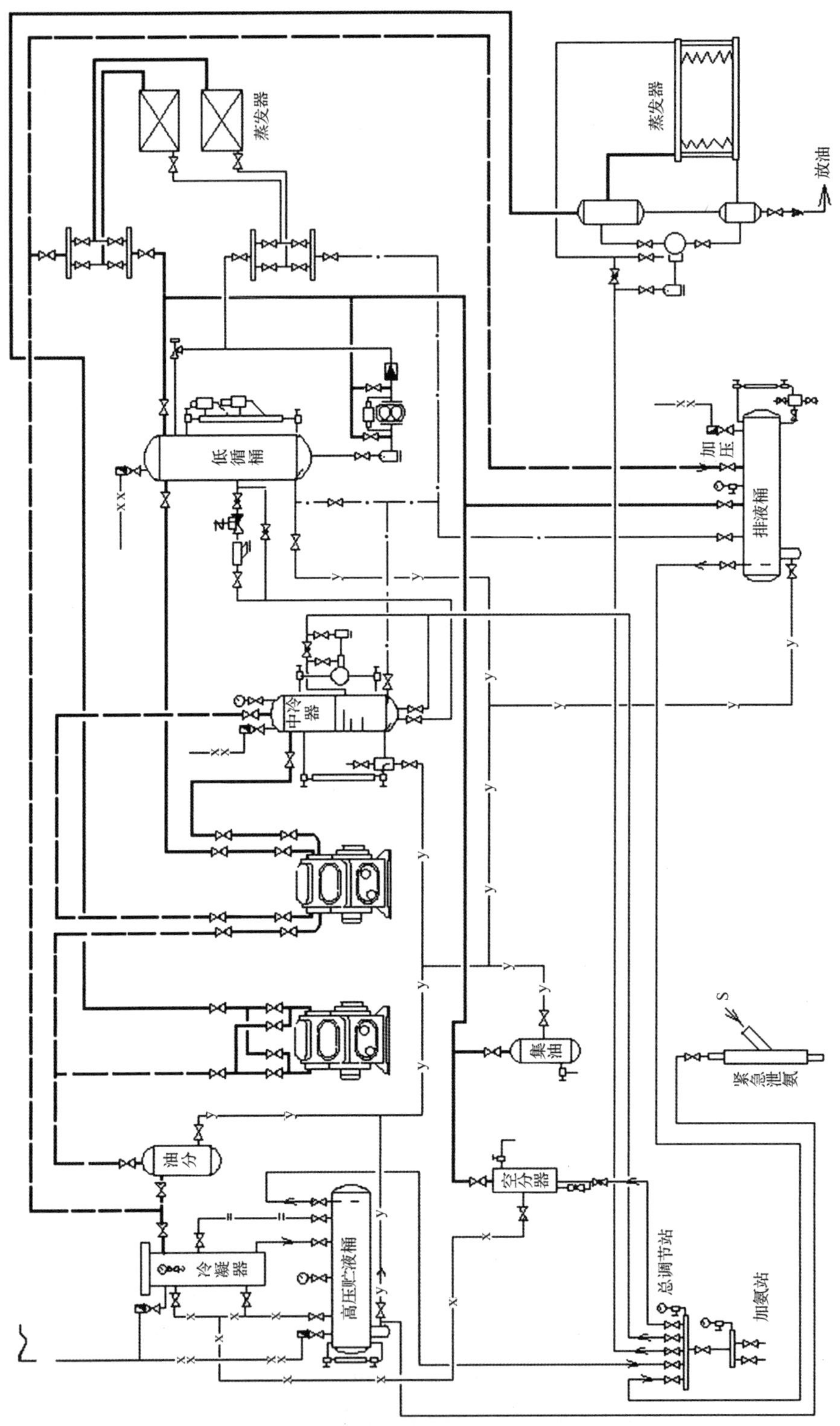

图1-1-5 常见的冷库制冷系统原理

蒸发器进口→蒸发器出口。

(2)双级压缩回路:蒸发器出口→回汽调节站→汽液分离设备→低压级压缩机→低压级油分→中间冷却器→高压级压缩机→油分离器→冷凝器→贮液桶→(中冷供液／中冷器过冷盘管)→高压液体调节站→节流阀→(重力桶／低循桶→氨泵)→低压液体调节站→蒸发器进口→蒸发器出口。

主循环搞清楚之后,接下来应探究各压缩机互相切换的可能性,把起多种作用的压缩机的吸、排气接管搞清楚。最后才是寻找各种辅助流程,如放空气流程、放油流程、紧急泄氨和充注制冷剂流向等。在弄懂了这些循环和流程之后,对整个系统就有了初步的印象。再深究下去就是搞清各种阀门及仪表在系统中所起的作用。结合一览表,还可了解各设备的尺寸、容量等。

第二节　制冷系统方案设计

一、提高制冷效率的基本措施

1. 润滑油的分离与回收

润滑油对于压缩机来说不仅起着润滑、降低摩擦力的作用,还起着密封、带走磨屑和热量以及作能量调节机构的动力的作用,尤其是对螺杆压缩机的正常运行更显得重要。

但是,压缩机在运行时,当排气速度达到 24～30 m/s 时,就会把部分润滑油带出气缸。此外,当排气温度达 90～140 ℃时,部分润滑油也会气化为油气(直径为 5～50 μm 的油粒),随着制冷剂蒸汽进入排气管(见表 1-2-1),所以,压缩机在运行时总是把润滑油源源不断地排入系统的高压部分。

表 1-2-1　压缩机的排温与油的蒸发率的关系

压缩机的排温(℃)	80	100	120	140
润滑油蒸发率(%)	3.13	7.86	16.03	39.68

润滑油进入系统的循环回路将造成下述不良后果:

(1)油积存在设备和管道内,使其工作容积减少;

(2)油的黏度大,遇到污物和机械杂质后易混合成为胶状物质。当其积聚在截面较小的管道或阀门中时,易造成堵塞,使系统不能正常运行;

(3)油的导热系数远比金属小,当附在热交换器壁面时,将使传热恶化,引起冷凝温度升高和蒸发压力下降,并使排气温度上升,从而使制冷装置的工作效率降低;

(4)若润滑油无法及时返回压缩机曲轴箱时,可能导致压缩机失油而发生事故。

因此,在设计时必须采取措施使油从系统的积油设备中分离出来,然后通过手动或自动使之返回压缩机曲轴箱循环使用。

在氨制冷装置中,由于油的比重大于氨,因此进入循环回路的油则沉积于管道、设备的底部而无法自行返回压缩机，一般是采取油分离措施将油放出系统，经处理后再加入压缩机曲轴箱。

首先，应在压缩机和冷凝器之间的排气管上设置油分离器，利用降低流速、改变流向、液态制冷剂洗涤和冷却，或利用重力和离心力的作用，使绝大部分的油在进入冷凝器之前就被分离出来。为了进一步分离少量混入冷凝器、又随冷剂液体流出的润滑油，还可以在冷凝器的出液管上设置液油分离器，利用离心力的作用使油从液体中分离出来。通过这两道分离后，仍有少量的润滑油混同在制冷剂液体中而进入其他设备，所以在贮液器、中冷器、低压循环桶、排液桶、汽液分离器以及蒸发器等设备的底部，都会沉积润滑油，因此还应在这些设备的底部设置放油管道。

为了操作的安全和回收制冷剂，各设备中放出的油应先导入专设的集油器进行升温降压抽除掉氨气。由于压缩机的排温较高而使润滑油轻度碳化，同时油中还含有系统中的污物杂质和水分以及少量的制冷剂，所以，从集油器中放出的油应经过油处理设备的再生处理，经抽除氨气，过滤油污，蒸发水分后再注入压缩机循环使用。

2. 不凝性气体的分离

在制冷装置中，由于金属材料的腐蚀，润滑油的分解，制冷剂不纯及接触污物后的分解，负压运行时由于制冷装置不密闭或手动加油时把空气吸入系统，投产前和维修后对系统的空气抽除不干净等原因，使系统内含有 O_2、N_2、H_2、Cl_2、水汽和其他碳氢化合物的混合气体。这些混合气体混同制冷剂在制冷装置中循环，由于不能被液化，使冷凝器内增加这部分不凝性气体的分压力造成冷凝压力升高，冷凝器的传热效果下降。而且，混合气体中的水分和 O_2 会加剧对金属材料的腐蚀和加速润滑油的氧化。因此，制冷系统中若有不凝性气体存在，就必须及时放出。

由于不凝性气体总是和制冷剂气体混合存在，采用直接排放的方法势必同时放掉一部分制冷剂，这样既不安全又造成浪费，所以应设置空气分离器，通过它来冷凝回收不凝性气体中的制冷剂。只有经常处在正压下工作的制冷装置，才可以不设置空气分离器，但仍需设置放空气阀，必要时从冷凝器或贮液器的顶部直接排放掉系统中的不凝性气体。

水冷立式冷凝器中的不凝性气体有的比重大于氨，有的比重小于氨，所以，冷凝器（指立式）的最上部分和下部的近出口处，以及贮液器的顶部，都应设置放空气管接头。在制冷装置运行期间，冷凝器下部温度最低，此处空气含量最大，所以这时从冷凝器下部和贮液器顶部放空气最有利。停机后，如果继续开冷却水一段时间，把其中残余的氨气冷凝下来，也可以从冷凝器上部接口放出空气和其他不凝性气体。

3. 高压制冷剂液体的过冷

液体在饱和状态下继续放热使其温度下降到该压力下的饱和温度以下的过程，称为过冷。对高压液体在进入节流阀前进行过冷，可以避免液体在供液管内流动产生的闪气，以减少流动压力降；同时，还可以减少制冷剂在节流过程中的闪气，提高节流阀的制冷量，并提高被过冷制冷剂的单位制冷量。因此，在制冷系统设计时，应采取适当的措施来保证节流阀前制冷剂液体具有一定的过冷度。

我国在 20 世纪 50 年代建造的一批冷库，大都采用水冷却的套管式过冷器，来自贮液器的氨液进入过冷器套管之间的环状空间，沿内管外表面流动，水在内管与氨液呈逆向流动，使氨液达到过冷之目的，这种过冷需要温度较低的深井水，由于其设备庞大，水垢清洗困难，以及过冷效果不好，故现在基本已被淘汰了。

现在普遍采用高压液体制冷剂通过中间冷却器的冷却盘管来过冷，如图 1-2-1 所示。

4. 蒸发器的除霜和排液

(1)蒸发器的除霜

由于蒸发器表面、库内空气和食品三者之间存在着一定的温差而产生水蒸气分压差，在这个分压差的作用下，库内食品的水分源源不断地通过空气介质向蒸发器表面转移，并凝结为霜。

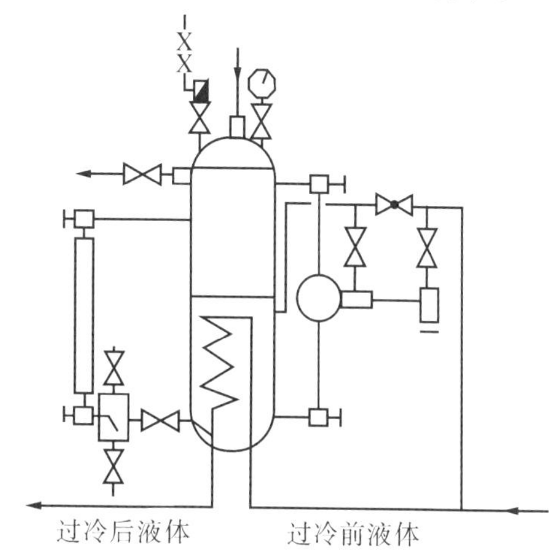

图 1-2-1　氨系统利用中冷盘管进行过冷

蒸发器表面结霜后，会导致热阻增加，传热系数下降。比如：当排管外表面结霜厚度分别达到 3 mm 和 6 mm 时，其传热系数将分别为原来的 89.9%和 81.8%，对于干式冷风机来说，还会导致空气流阻增大，其结果将大大影响制冷效率和冷加工效果。因此，必须采取必要的措施定期清除蒸发器表面的积霜。

冷库中通常采用的除霜方法有：人工扫霜，制冷剂热蒸汽融霜，水冲霜和电热融霜等四种，应视不同的场合而确定采用的形式。

A. 对于搁架式排管以及墙、顶排管，一般是人工扫霜和制冷剂热蒸汽融霜相结合的方法来除霜。平时以人工扫霜为主，这是因为此法简单易行，且不会使库温产生较大的波动，并可避免因融霜滴水而降低食品质量。隔一段时间(翅片式排管为 8～10 周，光滑排管为半年或更长)后结合进行一次热蒸汽融霜，以便除去平时扫霜难以清除的冰霜层。对于氨制冷系统而言，还可借此冲刷蒸发器内的积油和污物。

用于融霜的热蒸汽，应从油分离器之后的排气管上接出，以防止未经分离的润滑油进入蒸发器，并可以利用油分离器的缓冲作用，使气流稳定。由于融霜速度取决于热蒸汽温度，所以当油分离器设在离机房较远的室外时，可在机房内另设专供热蒸汽融霜用的油分离器，以保证在冬天仍能提供足够的制冷剂蒸汽。融霜所需要的热蒸汽流量与蒸发器大小有关，通路较长的大型蒸发器，所需的热蒸汽流量与制冷工况时制冷剂流量大致相等，通路较短的小型蒸发器，融霜所需热蒸汽流量则为制冷工况时制冷剂流量的两倍。所以，对于小型冷库，在设计时应能保证至少有两组蒸发器能处于制冷工况，以使压缩机输送足够的排气量供另一组蒸发器融霜。

B. 对于干式冷风机，一般是采用水冲霜或制冷剂热蒸汽融霜，更常采用两者同时结合的方法来除霜。

无论是淋水冲霜还是热蒸汽融霜，都会引起库温的波动。据有些厂反映，除霜后需1 h 左右才能恢复库房原来的工况，从能量角度来考虑，水冲霜所耗的冷量相当可观，每平方米蒸发面积消耗冷量可达 250～420 kJ，而热蒸汽融霜是利用这部分冷量把制冷剂蒸汽冷凝为液体，同时可以除去排管内的积油，因此，热蒸汽融霜在能量利用方面是合理的。而且，水冲霜还容易使库内起雾，造成冷间顶棚滴水，甚至还会发生承水盘泄水口冰堵，使冲霜水满溢，造成冷间地坪结冰等事故。但是，由于淋水冲霜速度较快，故速冻间的冷风机目前应用最广泛的除霜方式，仍为水冲霜加热蒸汽融霜相结合。

也可用乙二醇等不冻液来代替水冲霜，由于管道外表附着不冻液后，可延长融霜周期。但是不冻液价格昂贵，且需要一套浓缩装置，所以目前很少采用。

C. 对于小型制冷机组，如电冰箱等，常采用电热融霜，即在蒸发器表面绕一组电阻丝，利用电流通过电阻丝产生的热量使霜层溶化。因此，此法可省去一套除霜的管道和有关设备，节省初投资费用，系统简单，操作方便，易于实现自动化，但耗电量较大。

(2)蒸发器的排液

蒸发器在除霜操作时都需要排液，在除霜前，为了发挥热蒸汽的除霜效果，应先停止向蒸发器供液，或再根据情况排掉蒸发器内的剩余液体。在除霜过程中，也得根据除霜情况间歇地将热蒸汽冷凝下来的液体排出。蒸发器排液去向有以下几种方案：

A. 引至其他冷间正在使用的蒸发器，这种方案适用于小型制冷装置。

B. 排向专设的排液桶，再由排液桶经放油、加压后向系统供液。此方案在重力供液和液泵供液系统中应用较多。

C. 排向低压循环桶，此方案只可用于液泵供液系统中，但在低压循环桶选型计算时应考虑排液容积。

5. 设置高压贮液器

设置高压贮液器是为了调节热负荷与制冷剂循环量的平衡关系。当制冷系统在满负荷运行时，大部分制冷剂参与制冷循环，一旦负荷下降，就有一部分制冷剂液体要退出循环。当系统设有高压贮液器时，退出循环的制冷剂就会集中在贮液器里，从而不会占用冷凝器的有效换热空间。另外，高压贮液器里始终保持有一定的液位作为液封，出液管从底部接出，这样可以防止高压气体窜入高压贮液器的出液管而破坏节流阀的正常工作。

二、制冷系统的安全保护措施

为了保证制冷系统的安全运行，延长制冷机器、设备的使用寿命，以及在突然发生意外时不致引起压力容器爆炸和制冷剂大量泄漏而危及附近人民生命财产的安全，在制冷系统设计时，必须采取必要的安全保护措施。本教材中凡属自控方面的内容只稍带而过。具体详见《制冷装置自动化》教材。

1. 压缩机的安全保护

(1)安全保护装置

压缩机的安全保护装置主要有高低压保护、油压和油温保护、排气温度保护和水套断水保护等，只要压缩机发生故障，如排气压力超过调定值、吸气压力太低或水套断水等，安全保护装置将马上动作，自动延时或立即切断电源，使压缩机停止运行。

高压压力继电器的调定值一般为：

R717 和 R22：1.6 Mpa(约为 16.5 kgf/cm^2)

R12：1.3 Mpa(13 kgf/cm^2)

低压压力继电器的调定值一般为比最低蒸发温度低 5 ℃所对应的压力。

油压差继电器 CWK-22 调定范围为 49～150 kpa(约为 0.5 ～ 1.5 kgf/cm^2)，超出这个

范围延时 30～60 s 停机。

排气温度保护：WTZK-12：单级 140～145 ℃

双级 130～135 ℃

水套断水保护：用 714 水继电器发指令，断水延时 15～30 s 停机。

对于系列压缩机，在出厂时均已把主要安全保护元件安装在仪表盘上，所以在系统原理图上可不画出。

(2)防止湿冲程的措施

对于氨制冷系统，因吸入气体要求接近于饱和气体，这样很容易因吸入制冷剂液滴而造成湿冲程，轻者敲缸，重则毁机。所以，必须采取一定的防止措施。

防止湿冲程的措施主要是对蒸发器的回汽进行充分的汽液分离，对于重力供液系统和液泵供液系统，只要在氨液分离器和低压循环桶的桶高 70%处设置 UQK-40 型液位控制器进行超液位保护即可。对于直流供液系统，若没有专门的汽液分离设备，很容易产生湿冲程，可在回汽管上设置回汽桶来分离回汽中的液滴(见本章第三节图 1-3-22)，以保证压缩机的安全运行。

(3)压缩机的安全启动

对于高速多缸新系列压缩机，其内部设有油压拉杆卸载装置，只要在油回路中装设卸载电磁转向阀即可实现压缩机轻载启动；若将低压压力继电器与卸载电磁阀配合使用，则可实现压缩机的自动卸载启动，这对于承担冻结间热负荷的压缩机来说特别合适。对于无卸载装置的压缩机，可在吸、排气管上设置启动辅助阀来实现减负荷启动。

2. 液泵的安全保护

液泵的安全保护措施包括：低压循环桶正常液位控制及设置加压管，液泵上装设抽气管和压差控制器，泵出口设置自动旁通阀和止回阀，见图 1-2-2。

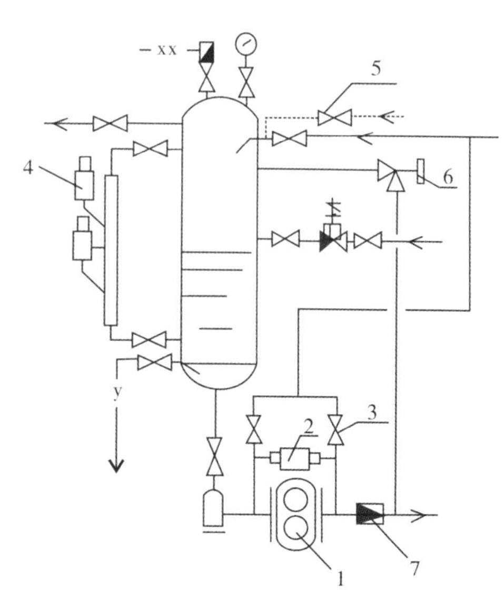

1. 氨泵　2. 压差控制器　3. 透气阀
4. 液位超高报警　5. 热氨加压阀
6. 自动旁通阀　7. 止逆阀

图 1-2-2　氨泵回路的安全保护措施

3. 压力容器的安全装置

除了油分离器和集油器外，其余的压力容器一般均需要设置安全阀。当某个压力容器内的压力因某种原因超过某一设定值时，安全阀则自动开启，排放超压气体，以免压力继续升高而造成爆炸事故。对于小型制冷装置的压力容器(如电冰箱的冷凝器等)，一般是设置安全熔塞，当冷凝器断水或其他原因使冷凝压力剧增、温度超过 70 ℃，熔塞内的低熔点合金熔化，制冷剂则自动排出。

4. 制冷装置的紧急泄液

制冷装置的紧急泄液措施，是为了在发生突然事故(火灾、空袭等)的紧急时刻，尽快地将贮有大量制冷剂液体的设备内的制冷剂排放掉，以避免容器爆炸而引起严重的后果。

在氨制冷装置中，是利用水可以大量吸收氨的特性，设置紧急泄氨器，把容器内的氨液稀释为氨水后排入下水道的。

新中国成立以来，我国尚未遇到过需要紧急泄氨的非常情况，有人还认为把大量氨水排入地下水道将会对周围的环境、水域等造成更严重的污染。因此，有不少设计人员主张废弃紧急泄液措施，特别是在小型制冷装置中，不少就没设泄液装置。有些发达国家现在是利用安全管把制冷剂排向大气。

5. 设备液面的控制和显示

(1)液面的控制

在制冷系统中，有不少设备要求控制一定的液面，这不仅对正常的制冷循环是必要的，而且也是安全生产的重要措施。

需控制液面的设备有中间冷却器、气液分离器、低压循环桶等。过去多使用浮球阀来控制液面，现在开始普遍采用液位控制器和进液管上的自控阀件(如电磁阀)配合来控制液面。在接管上为了避免均液管脏堵而影响液位计的正常工作，液位计的均液管最好用截止阀，如图 1-2-3(a)和(b)所示。

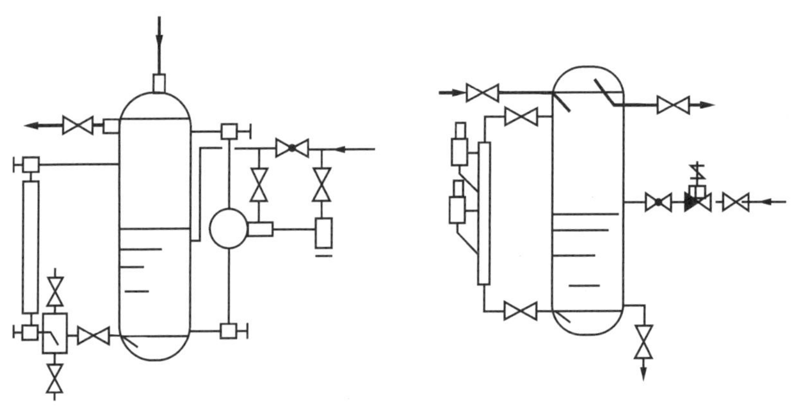

(a)用浮球阀控制　　(b)用遥控液位计控制

图 1-2-3 制冷设备的液位控制示例

由于低温制冷剂液体直接和遥控液位计接触，容易使线圈受潮短路而烧毁，可在液位计的均液管上增设贮油器(即油包)，使液位计与油接触，间接反映设备内的液位变化，如图 1-2-4 所示。

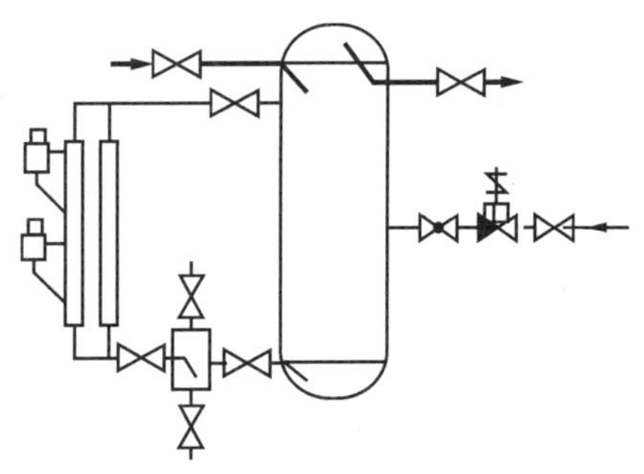

图 1-2-4 防潮式遥控液位计

(2)液面显示

在容器上设置液面指示器，对及时观察制冷循环状态和调节液位的偏差，保证操作的正确性，也是不可缺少的重要环节。根据使用的温度条件不同，液面指示器可分为常温液面指示器和低温液位指示器两大类。

高压贮液桶和集油器上用的玻璃管液位指示器就是常温液位指示器，而远距离液位指示器、防霜式液位指示器和油包式液位指示器均为低温液位指示器，它们常被安装于中冷器、低压循环桶、氨液分离器等中、低压设备上。

三、制冷系统供液方式的确定

根据供液的动力不同，供液方式有多种，如：直流供液方式、重力供液方式、液泵供液方式、气泵供液方式等等。其共同特点是：必须使供到蒸发器的制冷剂是经过节流后的低温低压液体，并要求制冷剂液体中所含的闪气越少越好，这些供液方式各有其优缺点。在制冷工艺设计时，应根据制冷装置的规模，具体的条件要求来确定方案。

（一）几种供液方式原理及特点

1. 直流供液

（1）工作原理

直流供液就是将高压制冷剂液体经节流阀节流后，直接供到冷间蒸发器内（见图 1-2-5）。它是以冷凝压力和蒸发压力之差为动力。

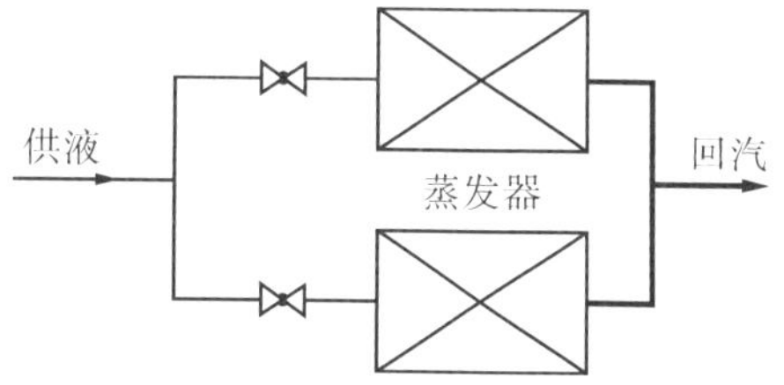

图 1-2-5　直流供液原理

（2）缺点

直流供液系统简单，不需较多设备，但存在许多缺点。

①节流过程中产生的闪发气体将随液体进入蒸发器而影响传热效果。

②要将节流后的两相流体按设计要求均匀分配至多组并联的蒸发器中去很困难。若蒸发器供液量较少则不能充分发挥其传热效能，且压缩机吸入气体过热度增大；若蒸发器供液量过多，又会因氨液不能全部蒸发而可能引起压缩机液击事故。

③当节流阀开度一定时，节流阀的制冷量主要取决于阀前后的压差，而冷凝压力随冷却介质温度变化而变化，蒸发压力也随库温而波动，也就是说，阀前后压力差不是一个恒定值。因此，必须经常调节其开启度来维持一定的制冷量。所以，这种供液方式只适合负荷较稳定的小型制冷装置。

2. 重力供液系统

（1）工作原理

重力供液系统也是在蒸发器的回汽管上增设一汽液分离器，但它同时起着汽液分离和向蒸发器供液的作用。从机房来的高压液体经节流后进入汽液分离器，低压制冷剂液体借助静液柱的作用流入蒸发器吸热蒸发，蒸发形成的蒸汽同夹带的液滴回到汽液分离器，分离出来的汽体连同节流时产生的闪汽一起从吸入管返回压缩机。这样，分离器和蒸发器之间便产生了不同程度的再循环，氨重力供液系统的原理见图 1-2-6。向蒸发器的供液是以汽

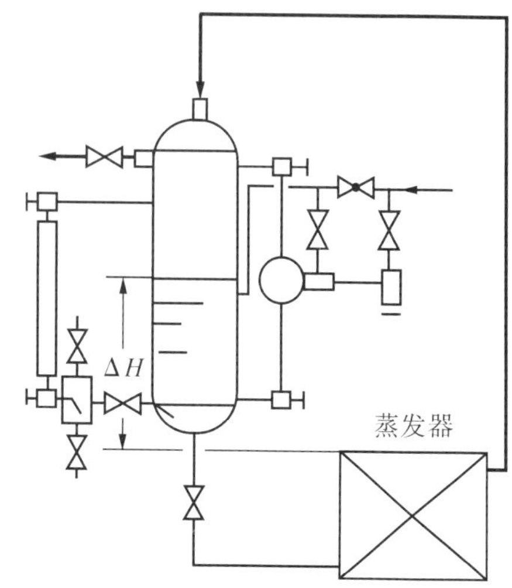

图 1-2-6　氨重力供液原理

液分离器内的液体与蒸发器之间的静压差为动力。

(2)特点

由于供液和回汽都经过汽液分离器,因此,供液管内的制冷剂是液相,易实现配液均匀,回汽经分离后被压缩机吸入,亦可保证压缩机安全运行。但由于向蒸发器供液的动力是静液柱差 ΔH,故必须保证气液分离器的安装高度,因此一般单层冷库需加建阁楼,增加了一次投资。

3.液泵供液系统

(1)工作原理

液泵供液是借助液泵的机械功来克服管道阻力及静压力向蒸发器强行输送制冷剂液体。其工作原理如图 1-2-7 所示。在该系统中以低压循环桶代替了重力供液的汽液分离器,高压液体经节流后进入低压循环桶,在桶内分离掉闪发汽体后经液泵送入蒸发器吸热蒸发,汽化生成的蒸汽和没有汽化的液体一起经回汽管返回到低压桶再次被分离,汽体连同节流生成的闪汽进入吸入管回到压缩机,而液体汇同新补充来的液体供液泵再循环。

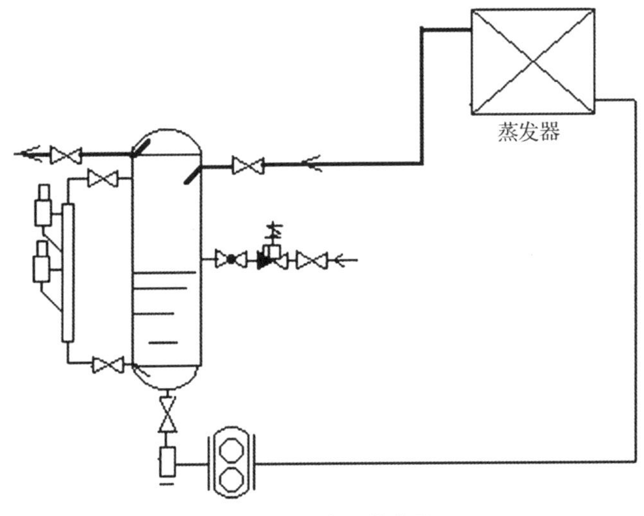

图 1-2-7 氨液泵供液原理

(2)特点

液泵供液方式同重力供液方式比较,具有如下特点:

①由于制冷剂的供液量大,在排管内循环速度高,使蒸发器内表面得以充分地润湿,并能冲刷排管内的油膜,提高了蒸发器的传热系数;

②由于液泵的供液量为数倍的蒸发量,可充分利用冷却面积;同时回汽管为两相流体管,压缩机的吸气过热度较小,从而提高了整个制冷循环的制冷系数;

③融霜装置和除霜操作比较简单,装置可集中布在机房内,便于监视、操作、维修,也便于实现自动化;

④由于设置液泵,设备费和维修费要相应增加,但同重力供液相比,不需另建阁楼或占用库房使用面积,基建投资仍有所下降,但日常运行电耗要增加。

4. 气泵供液系统

(1)工作原理

气泵供液系统也叫加压供液系统，该制冷系统属强制氨液循环的超量供液系统，是以气体的压力能取代液泵的机械能，来实现向蒸发器供液的。

气泵供液系统一般分为单罐间歇供液式，双罐交替供液式和恒压桶连续供液式。其中单罐式系统设备、元件较少，适合于小型冷库制冷系统，双罐式和恒压桶式供液稳定，效果优于单罐式，但设备、元件较多，适于大、中型冷库制冷系统。

图 1-2-8 是一单罐加压供液系统原理图，当加压罐中氨液处于上限液位时，均压电磁主阀 3 和补充供液电磁主阀 1 关闭，加压电磁恒压主阀 4 和液用电磁主阀 5 开启。此时加压罐中氨液逐渐减少，直到液位达下限液位时，加压电磁恒压主阀 4 和液用电磁主阀 5 关闭，均压电磁主阀 3 和供液电磁主阀 1 开启，此时加压罐与低压循环桶均压，低压循环桶内氨液靠位差作用流入加压罐，与此同时高压氨液通过补充供液电磁主阀 2 及相邻的节流阀 6 直接膨胀向蒸发设备补充供液，系统按上述过程往复运行。

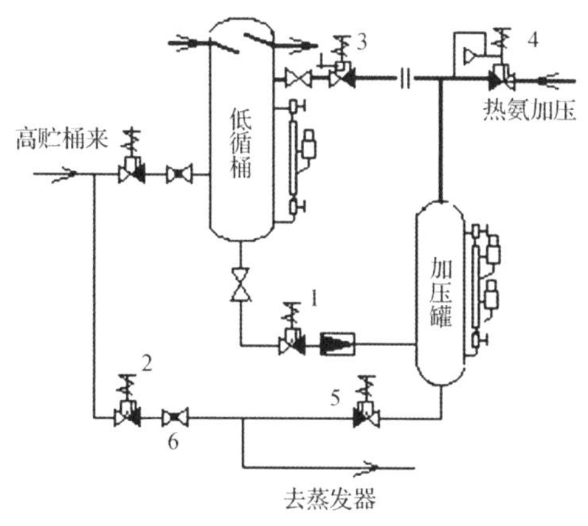

图 1-2-8　单罐加压气泵供液原理图

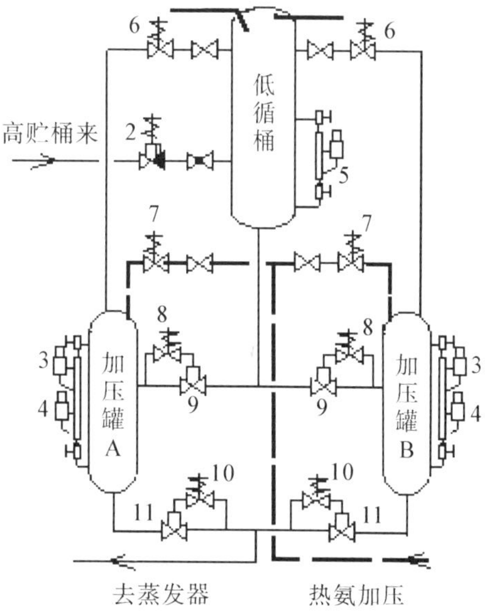

图 1-2-9　双罐加压式气泵供液原理

图 1-2-9 是双罐加压式气泵供液系统原理图。

高压液体经节流后进入汽液分离器，分离器内的液位由控制器⑤控制，供液主阀②用来恢复或停止向汽液分离器供液。

起液泵作用的两只加压罐 A 和 B，与汽液分离器连通。当其中一只加压罐处于下液位时，下限液位控制器④则指令其进液管的电磁阀⑧开启，导通主阀⑨，同时指令平衡管电磁阀⑥开启，让汽液分离器内的低温液体流入该加压罐。当其液位达上限时，上限液位控制器③则指令排液电磁导阀⑩开启，导通主阀⑪，并指令加压电磁阀⑦开启，高压气体进入加压罐，将罐内液体强制送到各蒸发器去。

另一只加压罐的工作程序完全一样，但每一步骤正好与前者相差一个周期。即当 A 罐向蒸发器供液时，正是B罐充液之际，如此相互交替地向蒸发器连续供液。

(2)特点

这种供液方式的特点是不需要消耗动力，不泄漏制冷剂，投资费用省，在自控元件质量过关的前提下，只要增加一些加压罐和自控元件，就可取代频繁的人工调整操作，运行又平静安全。

(二)供液方式选用

小型氨制冷装置，可采用直流供液以简化系统。

盐水制冰多采用直流满液式(虹吸)供液，其氨液分离器就近设在盐水池边缘，不必加建阁楼，避免了重力供液的缺点。同时，由于制冰热负荷大，蒸发器内换热剧烈，靠制冷剂的自然对流就可以获得相当好的换热效果。因此，在库房蒸发器越来越多地采用液泵供液的情况下，盐水制冰仍因直流满液式(虹吸)供液具有省电，易管理的优点而继续采用这种供液方式。

大中型冷库最多采用的还是氨泵供液，该供液方式热交换好且易实行集中控制和自动化控制，因而受到广泛的欢迎。

气泵供液与液泵供液的优点相似，但国内冷库中尚属试用阶段，如黑龙江佳木斯冷库和双鸭山冷库都是成功的例子，理论上大中型冷库均可采用。气泵供液省电，无噪音，应该值得推广。条件是自控元件必须性能可靠，方能保证正常运行。

四、冷间冷却方式的确定

根据产生冷效应途径的不同，冷间的冷却方式可分为直接冷却和间接冷却两种方式，见图1-2-10和图1-2-11。

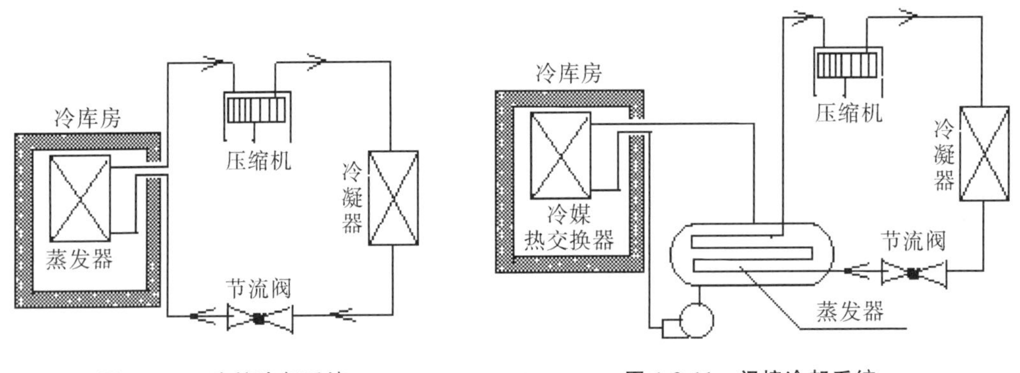

图1-2-10 直接冷却系统　　图1-2-11 间接冷却系统

1. 直接冷却方式直接利用制冷剂在冷间内的蒸发器中蒸发吸收热量而达到降温的目的。这种冷却方式具有传热效率高(制冷剂与库内空气仅存在一级温差)，设备较少，系统简单和操作管理方便等优点，所以目前在各类型冷库中得到普遍应用，在船舶制冷装置和一些空调系统中，也采用氟利昂直接冷却方式。

但直接冷却方式对系统的冷却设备，管道的密封性要求较高，特别是若采用氨这类制冷剂时，系统一旦发生泄漏，不仅对食品会造成严重污染，而且对人体健康也有影响。

2.间接冷却方式即先用制冷剂冷却载冷剂，再由载冷剂在冷间的冷却设备内产生冷效应。

间接冷却方式，由于多了中间热交换环节，不仅要增加设备和投资，占地面积也大，制冷效率也降低，而且操作管理和维修都不方便。采用盐水为载冷剂时，对建筑物和设备的使用寿命都有影响。所以，目前冷库制冷系统中，除了盐水制冰外，一般均采用直接冷却方式。

五、制冷系统供冷形式

1.集中供冷式

把制冷装置的主要机器和设备，在现场安装于特定的机房内。用供液、回气管道和各库房的冷却设备连接起来，这种方式称集中供冷方式。目前我国冷库一般均采用这种供冷方式。

集中供冷的优点是：一套制冷机器设备可以向冷加工、冷藏、制冰等不同的用冷设施同时供冷。冷量可互相调剂，灵活分配，因此机器设备的利用率高。其缺点是冷库建设周期长，建设费用高；制冷装置效率的高低除了取决于设计水平的高低外，还与安装技术的好坏有关；当某一库房热负荷波动时，会影响其他库房工况的稳定。

2.分散供冷式

把制冷机器和设备在制造厂组装成为一套紧凑高效的具有全自动性能的制冷机组。冷库的库体建成后，直接把这种成套设备安装在冷库的川堂、站台等地方，只要接通水电，安装好送风道，就可以投入运行。一般是一套制冷机组负责向一间库房供冷。因此，各库房都是一个独立的制冷系统，互不干扰，控温准确，并大大简化了现场安装的工作量，使冷库建设周期缩短。其缺点是各个制冷机组的制冷量不能互相调剂，设备的利用率较低。

六、制冷系统蒸发温度回路的方案确定

1.蒸发温度的确定

在同一冷库中，往往由于同时对多种食品进行冷加工和冷贮藏而需要设置不同温度的库房，库房的功能决定了库房的温度。制冷剂的蒸发温度与库温要存在一定的温差，制冷剂才能与冷间里的空气进行热交换。温差值的大小取决于冷却设备的一次投资与压缩机常年运转费用的技术经济比较，另外与贮藏的食品对相对湿度的要求也有关。冻结间和低温冷藏间，这个温差值一般为 10 ℃。例如：一般的鱼类、肉类冻结间，设计库温为－23 ℃，蒸发温度即为－33 ℃。鱼类、肉类冷藏间，设计库温为－18 ℃，蒸发温度即为－28 ℃。贮冰间库温为－4～－6 ℃，蒸发温度为－15 ℃。新鲜果蔬类贮藏间，要求湿度不宜太低，且较为恒定，因此房温与蒸发温度的差值应更低些，一般控制在 5～8 ℃。

2.蒸发温度回路的概念

既然不同性质的库房对库温要求不一样，那么，一个制冷系统中，常常存在着几种不同的蒸发温度。对一个制冷系统而言，高压侧的冷凝压力是一致的，因此不同蒸发温度的制冷剂一般要用不同的压缩机来升压，用不同的节流阀来降压，即系统中不同蒸发温度的制冷剂循环时所经历的路径不同。如果把制冷剂在循环时所经历的路径叫做“回路”，那么某种蒸发温度的制冷剂所对应的“回路”就称做这种蒸发温度的回路。如－15 ℃回路、－28 ℃回

路、－33 ℃回路等。有些中、小型制冷装置为了简化系统，把蒸发温度相差不大的制冷剂共用一种压缩机来升压，我们可把这种做法叫做蒸发温度回路的合并。例如把－28 ℃和－33 ℃的蒸发器回汽管沟通合并后一同接往同类压缩机（工作时具有相同的吸汽压力和相同的排气压力的压缩机），为了保证回路合并后各蒸发器的制冷剂还能处在各自的蒸发温度下工作，必须在蒸发压力较高的蒸发器出口处设置气体降压阀，这样，若忽略沿程阻力损失，压缩机入口处的吸汽压力就是蒸发温度较低的蒸发器里制冷剂的蒸发压力。这就是为什么我们总是以最低的蒸发温度来命名合并后的回路。如－10 ℃回路和－15 ℃回路合并后叫－15 ℃回路，－28 ℃回路和－33 ℃回路合并后叫－33 ℃回路。图 1-2-12 为蒸发温度回路示意，图 1-2-13 示出－10 ℃和－15 ℃蒸发温度回路的合并。

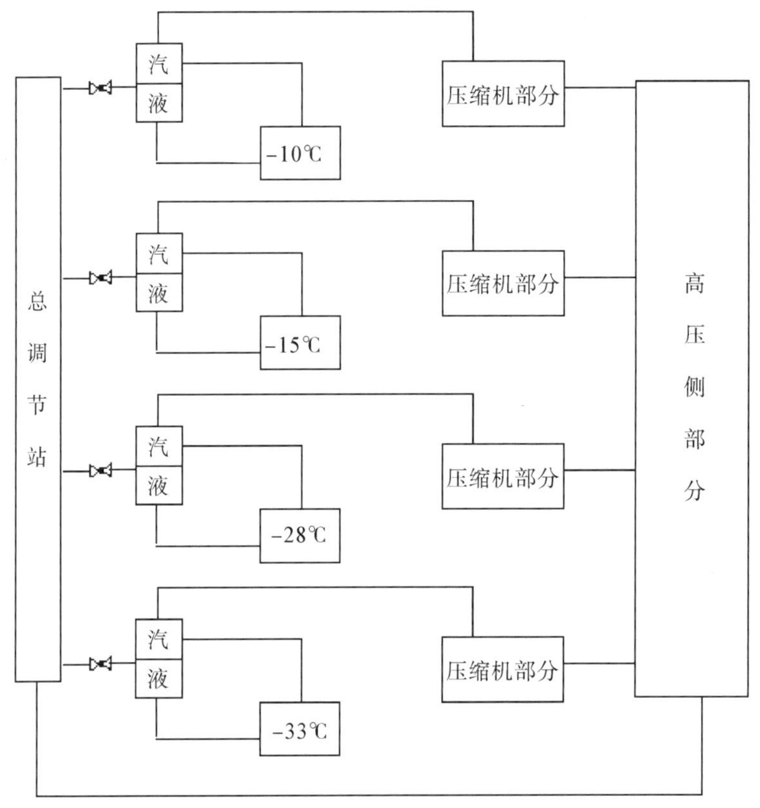

图 1-2-12 蒸发温度回路示意

3. 蒸发温度回路的划分方案

蒸发温度回路的合并可简化系统、节省投资和管理费用，但同时会增加压缩机的运转电耗。因此在设计制冷装置时，如何进行综合经济比较，定出合理的蒸发温度回路数是制冷装置设计的重要课题之一。在考虑制冷系统蒸发温度回路的划分时，应当遵循的主要原则是首先保证食品冷加工和冷贮藏的质量，在此前提下兼顾系统的经济合理性。以下介绍冷库设计中常用的一些蒸发温度回路的划分方案。

（1）当冷库的生产主要为食品冻结，冻品冷藏以及制冰和贮冰三大内容，或是食品冻结、

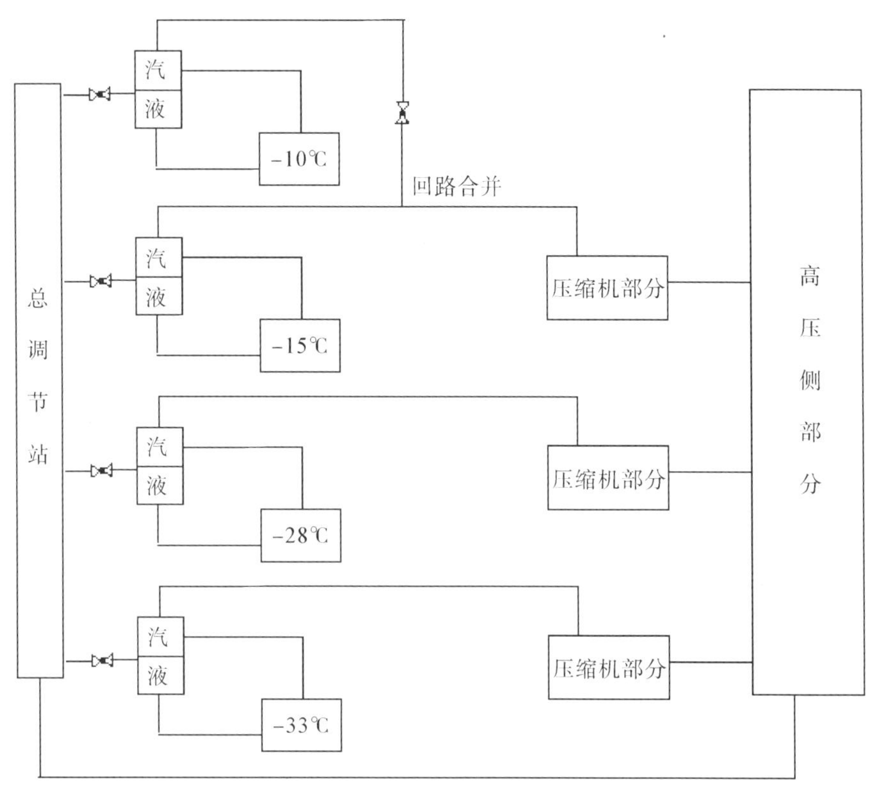

图 1-2-13　蒸发温度回路合并

冻品冷藏和果、蔬、鲜蛋等冷却物冷藏三大内容时，可以根据冷库的规模，分别采用两个或者三个蒸发温度。即制冰贮冰共用一个蒸发温度回路，果、蔬、蛋冷藏为一个蒸发温度回路，冻结和冻藏视冷藏规模大小而决定是否合并。

当冻结与冻藏共用一个蒸发温度时，冻藏间冷却设备的计算温度差(蒸发温度与库内空气温度之差)Δt 仍按 10 ℃为宜。因为在冻结过程中，蒸发温度是不稳定的，为节能起见一般只是在冻结接近完成的一段时间才使制冷剂达到设计采用的蒸发温度，按 Δt 不大于 10 ℃考虑选冷却设备，对稳定冻藏间的库温是有利的。同时，在生产淡季，冻结负荷减少，可以提高蒸发温度，以节约用电。为了避免冻结间进货和开始降温时，由于热负荷很大，使冻结间的蒸发压力升高而影响冻藏间库温的稳定，可以采用在冻藏间回汽管上装设止回阀等措施。

(2)果蔬、鲜蛋等冷却和冷藏，在一般情况下不要与制冰共用一个蒸发温度回路，其原因是：

果蔬、鲜蛋冷藏的特点是对相对湿度要求比较严格，建筑科学研究院和商业部设计院曾对南京、上海、杭州等地的冷却物冷藏间作过测定和分析，认为冷却物冷藏间相对湿度偏低，是食品干耗的重要原因之一。为了保持冷藏间内较高的相对湿度(一般要求在 85%～95%之间)，就得缩小传热温差，以降低蒸发器的析湿能力，并建议这类冷却物冷藏间的蒸发温度与库房温度之差以 6～8 ℃为宜。温差缩小后，蒸发器相对面积要增大，但压缩机的制冷系数也随之增大，更主要的是可以保证食品的冷藏质量，减少干耗，延长冷藏期限，故经济上是可取的。

由于果蔬冷藏温度一般不低于 0 ℃，鲜蛋冷藏温度不低于－2.5 ℃，所以冷藏间的蒸发温度要求不低于－8～－10 ℃，而且要求蒸发温度要稳定(蒸发温度的波动也是引起食品干耗的因素之一)。但制冰设备的蒸发温度往往在－12～－15 ℃，甚至更低，而且热负荷很不稳定，所以两者尽量不要共用一个蒸发温度回路。

(3)有的肉类联合加工厂需要生产一定数量的分割肉、副产品等，为了抑制细菌繁殖，要对分割肉进行冷却，要求在分割肉加工车间设置空调系统，但这部分冷负荷在冷库总负荷中占的比例很小，可以采用以下办法处理：

A. 合并在制冰回路或冷却物冷藏回路中；

B. 合并在双级压缩机的高压级压缩机的负荷中；

C. 利用自动控制元件(恒压阀)，控制空调器的蒸发温度。

对于以生产冻肉、冻鱼为主的小冷库，要求附带冷藏少量的果蔬和鲜蛋，也可以参照以上办法处理。

七、制冷系统自控程度等级划分

1. 手动式

机器、设备及工艺流程的控制全部采用手动控制。

2. 半自动式

(1)制冷系统的安全保护}一级

(2)局部回路自控(液泵、冻结间、冷藏间回路)}二级

(3)压缩机指令开、停机，库房内冷却设备在机房遥控及库温遥测}三级

3. 全自动式

在半自动的基础上，加：}四级

(1)压缩机自动开停机和能量调节}五级

(2)辅助设备自控

(3)采用电脑进行最佳工况调节

(4)冷加工工艺流程自控

(5)库房管理自控

冷库的全自动化是当今世界发展的趋势，但目前在国内还应根据实际情况：如要考虑到投资的限制、自控元件的质量、操作工人的技术水平以及当地劳动力的情况等来研究其可行性。实践证明：在我国冷库采用半自动控制方式(二级至三级)是可行的，这种控制方式的投资比全自动式大大降低，自控设施简化，维修比较方便，而在确保制冷装置运行的安全性和可靠性以及减轻劳动等方面，已基本满足了需要。

第三节　制冷机器、设备的配置方案

严格地说，制冷系统是一个整体，它是由各机器设备、管道、阀件和仪表组成的整体，哪一部分都无法脱离系统而独立运作，但为了叙述问题的方便起见，我们暂且人为地将系统分为四大部分，即：压缩机部分、高压侧部分、低压侧部分和独立部件部分。下面将按这几个部分来分述其设备的管阀配置方案。

一、压缩机部分

范围：从压缩机入口处至油分离器入口处。

压缩机部分主要由压缩机、吸排气管道和中冷器（双级压缩机）等组成。

1. 单级压缩

单级压缩机的吸排气的配置方式十分简单，如图 1-3-1 所示，应注意的有：

（1）在机头阀上方要设检修阀。

（2）其中要求一台单级机设反抽阀；没有油压卸载启动装置的压缩机，应设启动辅助阀。

（3）若蒸发温度不止一个，为了使承担不同蒸发温度负荷的压缩机之间在使用上有一定的灵活性，可在不同蒸发温度回路的吸入管上增设切换阀，以便互相切换、顶替来调剂制冷量，但应注意不必把所有的压缩机都互相沟通，以免浪费管阀，使操作复杂化，而实际使用价值却不大。

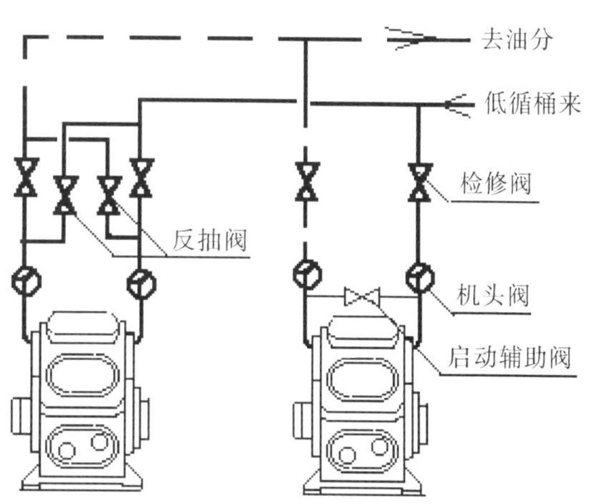

图 1-3-1　氨单级压缩机管道并联配置示意

2. 双级压缩

双级压缩循环制冷系统，是把两台压缩机（或一台压缩机的高、低压缸）串联运行，制冷剂在其中依次经过两次压缩后获得较高的压缩比。由于低压级排气温度较高，不能直接由高压级吸入再行压缩，因此必须设置中间冷却器，使低压级压缩机排出的过热汽体得以冷却，从而降低高压级压缩机的排温，避免润滑油焦化，并降低了动力消耗。另外，中间冷却器还可以起到分离润滑油和使高压制冷液体过冷的作用。

双级压缩制冷系统，可采用单级压缩机配组式，也可选用单机双级压缩机。从初次投资费用、机器的占地面积、单位功率制冷量以及机器的操作管理等来比较，采用单机双级压缩机比单级压缩机配组式更合理。但单级机配组式也有其优点：可以通过不同压缩机的搭配使用，而取得较理想的高低压输汽比，从而使其工况更为接近最佳工况。图 1-3-2 所示的是由两台单级压缩机配组的连接方案，它只承担一个蒸发温度的热负荷。蒸发器的回汽，先经低压级压缩机吸入，压缩到中间压力进入中冷器，经冷却降温后中压气体再被高压级压缩机吸入压缩至冷凝压力。

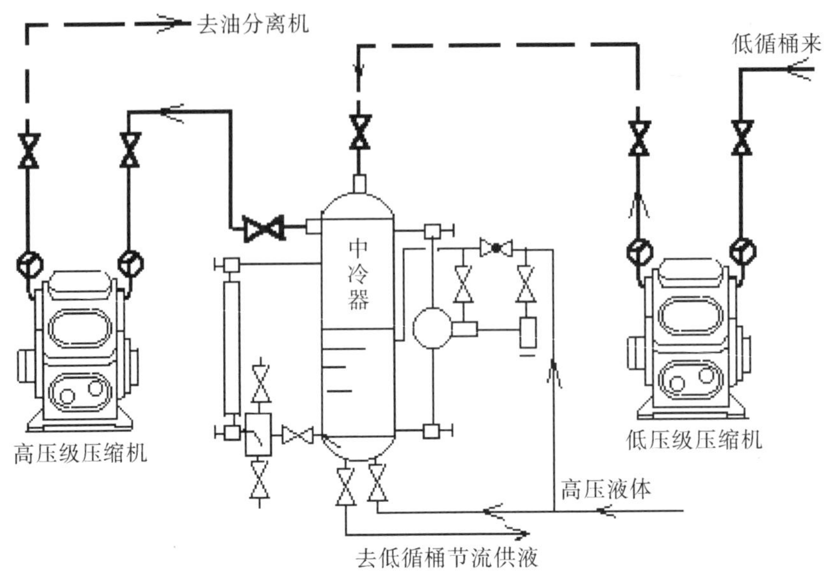

图 1-3-2 配组式双级压缩循环管道配置

为了提高制冷系统运行的灵活性，可在高压级压缩机的吸入管上，并联一根吸入支管和低压级压缩机吸入管接通。在低压级压缩机排气管上，并联一根排气支管和高压级排气管接通，在需要时，只要开启这两只阀门，同时关闭低压级压缩机向中间冷却器的排气阀和高压级压缩机的中间压力吸入阀，即可变双级压缩循环为单级压缩循环。比如在冬季时低温库的运行，或冻结间刚进货后由于蒸发温度较高，可采用单级压缩循环，这样有利于节能。但对双级机电动机功率的选配，应考虑单级压缩运行的工况。

单机双级压缩机的管道配置方案见图 1-3-3，实际上大多数冷库是使用既有单级压缩，又有双级压缩的制冷系统，其压缩机的管道配置，除了要考虑单级，双级各自的灵活性外，还要考虑不同蒸发温度回路之间应能互相切换（见图 1-3-4）。从图中可以看出，－15 ℃蒸发温度回路的热负荷是由两台单级压缩机承担，－28 ℃，－33 ℃蒸发温度回路是由两台双级压缩机承担，对于两台双级压缩机可以分别或同时承担－28 ℃和－33 ℃，也可以互换使用；对于两台单级压缩机，即可同时承担－15 ℃或－28 ℃，也可一台承担－15 ℃，另一台承担－28 ℃，以便冬季水温较低时，对－28 ℃蒸发回路改用单级压缩运行。

二、高压侧部分的配置方案

范围：从油分离器入口处至节流阀进口处。

压缩机排出的高压过热蒸汽经排气管进入油分离器分离其中大部分的油后，进入冷凝器，在冷凝器中，蒸汽被冷凝为液体后沿出液管流入贮液器。由于冷凝器、油分离器等设备的型式多样，所以其管道的配置方法也有所不同，但配置的原则都必须保证制冷剂液体能通畅顺利地在系统中循环。

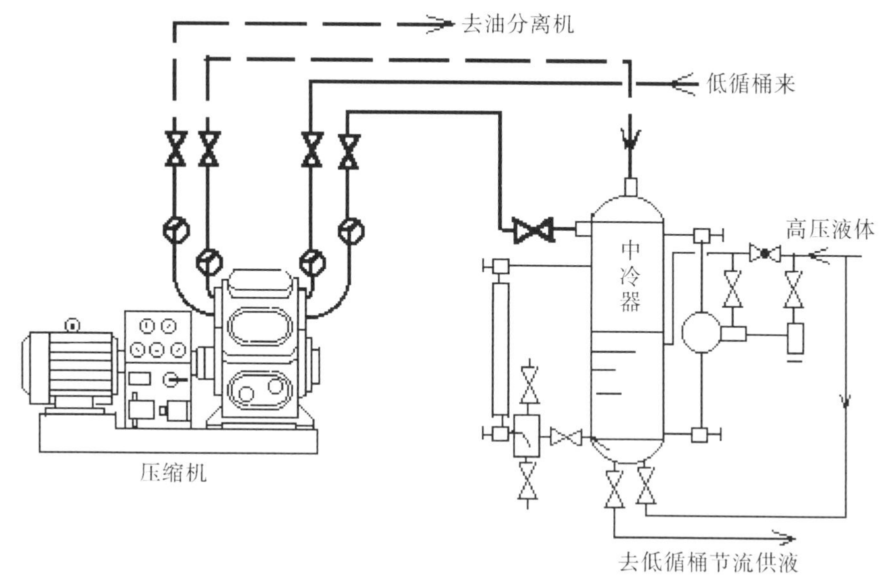

图 1-3-3　单机双级压缩循环管道配置

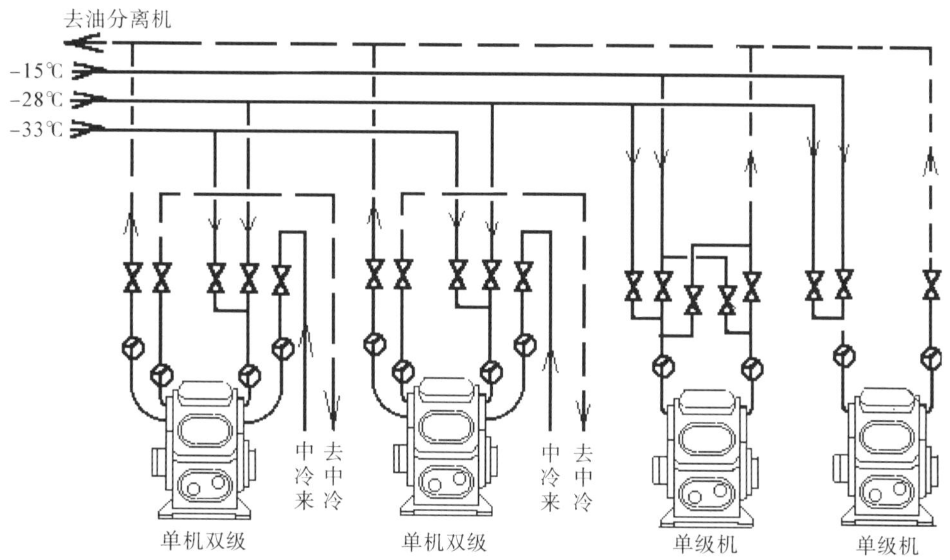

图 1-3-4　单、双级压缩综合系统氨压缩机管道配置示意

(一)冷凝器的配置

目前常用的冷凝器型式主要有:水冷式、空气冷却式、蒸发式和淋水式等四种,空气冷却式冷凝器一般用于缺水场所的小型氟制冷装置,它常与压缩机组装成机组形式,在制冷系统设计时,不需要管道配置设计,其他形式的冷凝器,一般都设有进气、出液、平衡、安全及放空气等管接口,在管道配置时,应与其他设备相应的管接口连接。

立式冷凝器和卧式冷凝器的管道配置可参见图 1-3-5 和图 1-3-6。立式冷凝器可以不设置放油管。

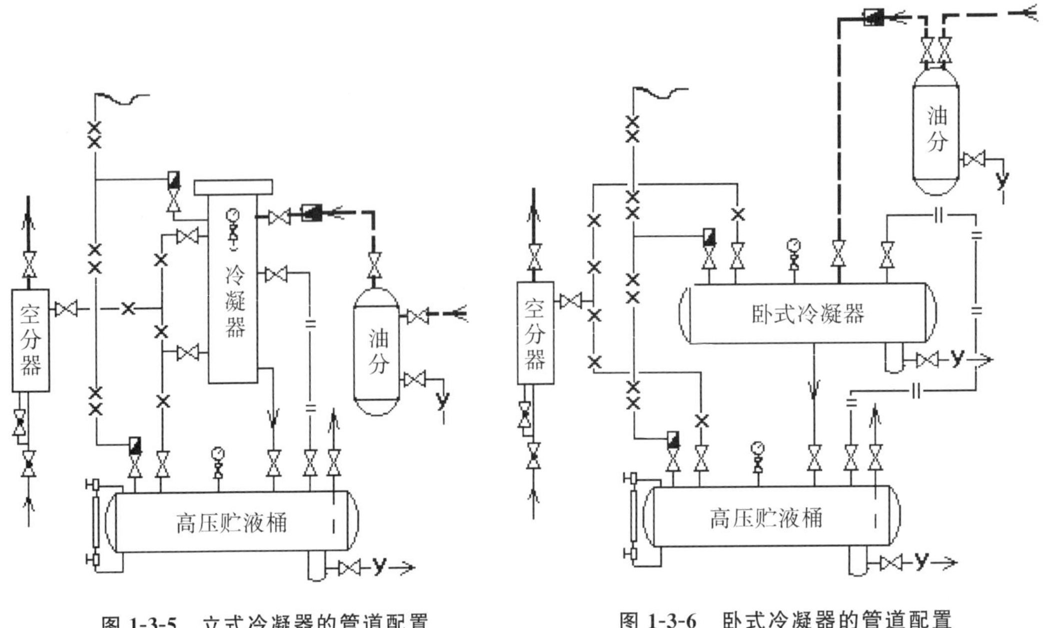

图 1-3-5 立式冷凝器的管道配置　　图 1-3-6 卧式冷凝器的管道配置

图 1-3-7 所示的是蒸发式冷凝器的管道配置示意。由于制冷剂通过蒸发式冷凝器盘管时的压力损失较大，若多台并联运行时，有可能因压力损失相差过大而发生排液不畅。所以在管道安装连接时应采取一些措施，当与其他型式的冷凝器并联使用时也是如此，其具体尺寸的布置待第五章详述。

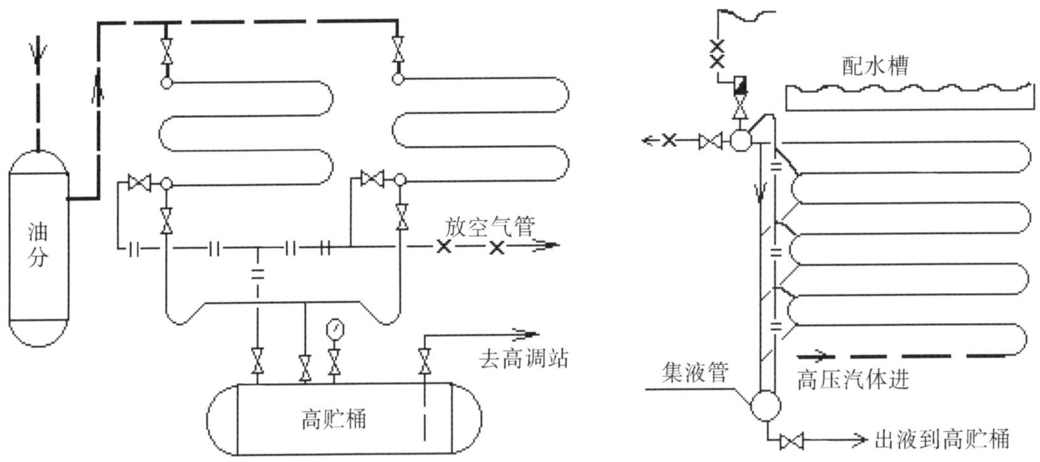

图 1-3-7 蒸发式冷凝器与贮液桶的连接　　图 1-3-8 淋水式冷凝管道配置示意

淋水式冷凝器的管道配置方案见图 1-3-8。制冷剂气体由蛇形管下部进气总管进入，在管内与管外的冷却水呈逆向流动。被冷凝的制冷剂液体，由蛇形管各端底部的支管导入出液主管而排入贮液器，有的蛇形管各端中部还设有均压管（透气管）与下液主管连通，以保证出液通畅，蛇形管上部的放空气集管与各组蛇管顶部及贮液器的放空气管相接。

（二）贮液器的配置

根据制冷剂通过贮液器的形式不同，贮液器有“通过式”和“波动式”两种配置方案。

“通过式”即制冷系统的制冷剂总循环量都必须从贮液器通过，前面所列举的都是通过式贮液器的配置方案，这是当前国内广泛采用的配置形式。

所谓“波动式”，就是当制冷系统的回气量与供液量相等时，循环的制冷剂液体则不通过贮液器，而直接送至供液调节站。只有当回气量与供液量不平衡时，贮液器才起调节作用。如图 1-3-9 所示。这种连接方案的优点是：当贮液器的环境温度比冷凝器高时，可保留冷凝器的过冷度，但易将油带进低压回路，这种配置方案常用于船舶制冷装置中，因为船上机舱的温度可能高于冷凝温度。

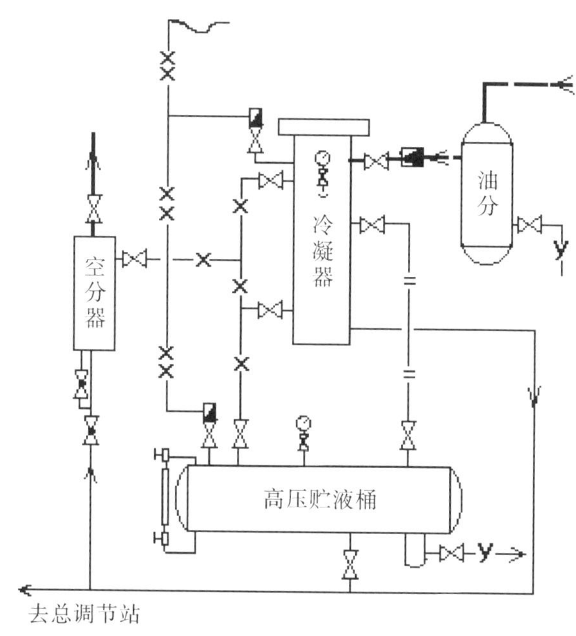

图 1-3-9　“波动式”高压贮液桶的管道配置

为了保证冷凝器内的液体通畅地输入贮液器，除了要保证安装位置高差外，在冷凝器与贮液器之间，还应设置均压管连接，以避免压力不均堵塞进液通道。还有，由于油是沉淀在贮液器的底部，没有油包，其放油管得插入桶底。在连接管道时不要搞错，否则放不出油。

（三）油分离器的配置

油分离器上一般设有进气、出气和放油管的管接口。有的油分离器上还设有供液管管接口或自动回油装置。因此，其管道的连接方式与其构造有关。

氨用油分离器的型号主要有三种：

（1）离心式油分离器：这种油分离器一般带有浮球阀，可自动向压缩机曲轴箱或集油器排油，由于这种油分离器上带有运动部件，所以在管道配置时要注意在其所有的管道都应设置截止阀，以便检修之用，见图 1-3-5 所示。

（2）填料式油分离器：这种油分离器有 A 型和 B 型两种型号，其特点是分油效率高，适于安装在室外。其中 A 型油分上还带有冷却水套，不仅提高了分油效率，而且还可得到温度较高的热水，有利于能源的回收，其管道配置见图 1-3-6。

(3)洗涤式油分离器：这种油分离器上除了设有进、出气及放油管接口外还设有供液管接口，在管道配置时应采用一定的措施(见第五章详述)与冷凝器的出液管相连接，如图 1-3-10 所示。当冷凝器与油分离器相距较远时，在压缩机启动时油分内压力会骤然升高而将其进液管内的存液冲刷回冷凝器；这时由于液管中有气体而造成以后进液困难，可在冷凝器出液管和油分的供液管之间设一只液包，并配置均压管与油分离器连接(见图 1-3-10)。液包的有效容积 V1 应等于进液管内充满液时的容积。

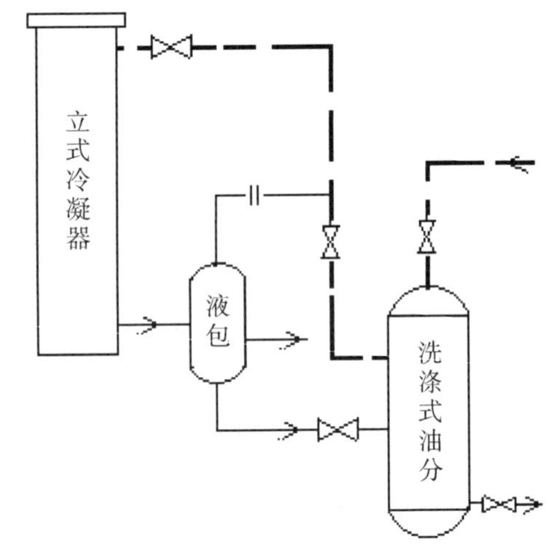

图 1-3-10 洗涤式油分与液包的连接

一般，多台压缩机可以合用一台油分离器，以使系统简化，占地面积减少，也便于操作管理。若多台压缩机要分设油分离器时，油分离器之间应设置过桥阀互相沟通。

(四)总调节站的配置方案

总调节站的作用，是向低压制冷设备，如低压循环桶、氨液分离器等分配制冷剂液体，并可以根据负荷的变化，调节和控制供液量。总调节站的配置形式基本有两大类型：

1. 直流供液式的总调节站

这种调节站上设有节流阀，如图 1-3-11 所示，其配液流程是：从贮液器，排液桶或加氨站来的高压液体经调节站上的节流阀节流后，分别向各库房及制冰间等蒸发器供液，这种调节站型式比较简单，但由于经节流后的制冷剂为两相流体，在管道内流动的阻力很大，所以，只适用于机房与库房相距很近的、采用单级压缩循环的小型制冷装置。

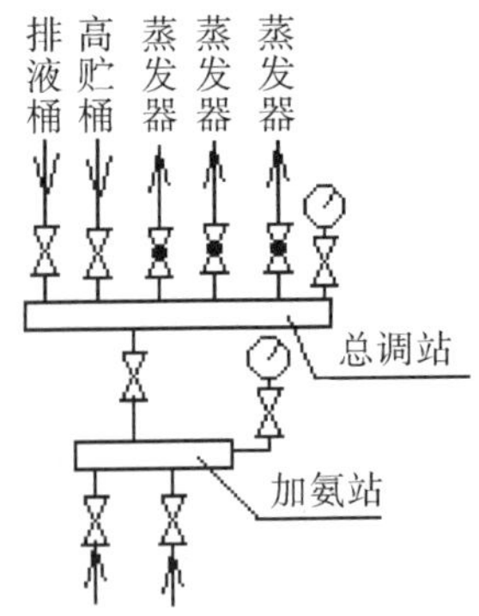

图 1-3-11 单级压缩系统直流供液方式总调节站

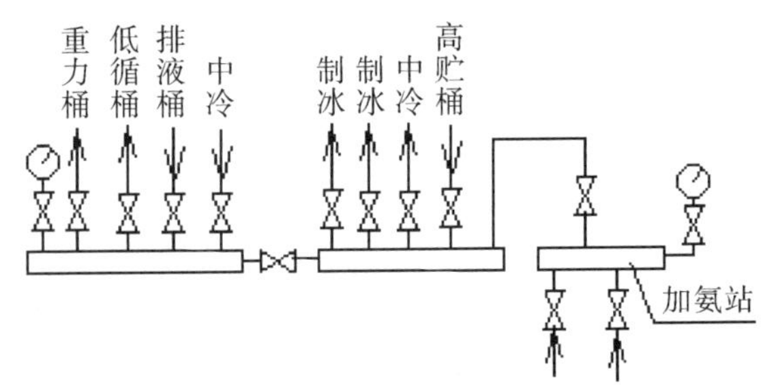

图 1-3-12 单、双级综合系统总调节站

2. 重力供液和氨泵供液的总调节站

这种调节站上没有设置节流阀件，如图 1-3-12 所示。双级压缩的重力供液系统或液泵供液系统，一般都可以采用这种形式。根据制冷剂液体温度的不同，调节站可分为两部分，从加氨站和贮液器来的为常温部分，从中间冷却器盘管及排液桶来的为中温部分，中间通过一过桥阀沟通。

近年来，对于小型冷库的液泵供液系统，趋向于不设总调节站，贮液器的液体通过中间冷却器盘管过冷后直接供入低压循环桶及其他设备。

三、低压侧部分的配置方案

范围：从节流阀出口处至第一级压缩机入口处。

系统低压部分的设备、管道的配置方案因供液方式不同而有很大差异。下面我们先概述蒸发器部分的管道配置方案和调节站的设置方案，然后再根据系统供液方式的不同分别选用合适的方案。

（一）蒸发器部分管道配置方案

1. 制冷剂流向的确定

（1）上进下出：制冷剂从蒸发器上部进、下部出。

这种供液方式的优点是蒸发器内存液较少，因此静液柱的影响较小，停机后蒸发器内不存液，易实现自动化控制且蒸发器内不易积油。

缺点是蒸发管内制冷剂流速较小，管内壁湿润性差，传热效果较差；而且，要求循环桶的位置要比蒸发器低。

（2）下进上出：制冷剂从蒸发器的下部进，上部出。

其特点与上进下出相反：蒸发管内壁湿润性较好，传热效果好，但蒸发器内静液柱影响较大，且器内易积油。由于下进上出方式易实现蒸发器配液均匀，且传热效果好，而被广泛采用。

2. 管道配置

下面以“下进上出”流向来说明蒸发器的管道配置方案。

（1）同类蒸发器

同类蒸发器指墙管与墙管，顶管与顶管或冷风机与冷风机等。

①串联俗称“一条龙”连接方式，液泵供液方式的墙管与墙管，顶管与顶管之间的连接均可优先采用这种串联方式，以提高管内流速，增强传热效果，如图 1-3-13 所示。

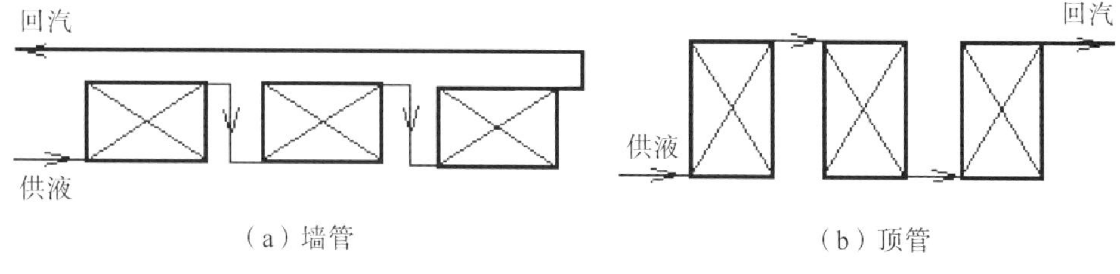

图 1-3-13　墙顶管的串联接法

②并联

蒸发器并联的接法主要有羊角弯和同程式，也可用分液器。其目的就是使各组蒸发器配液均匀，这些方法的实质是使各通路长度尽量接近相等，从而使管内阻力损失也趋于相等，如图1-3-14和图 1-3-15 所示。

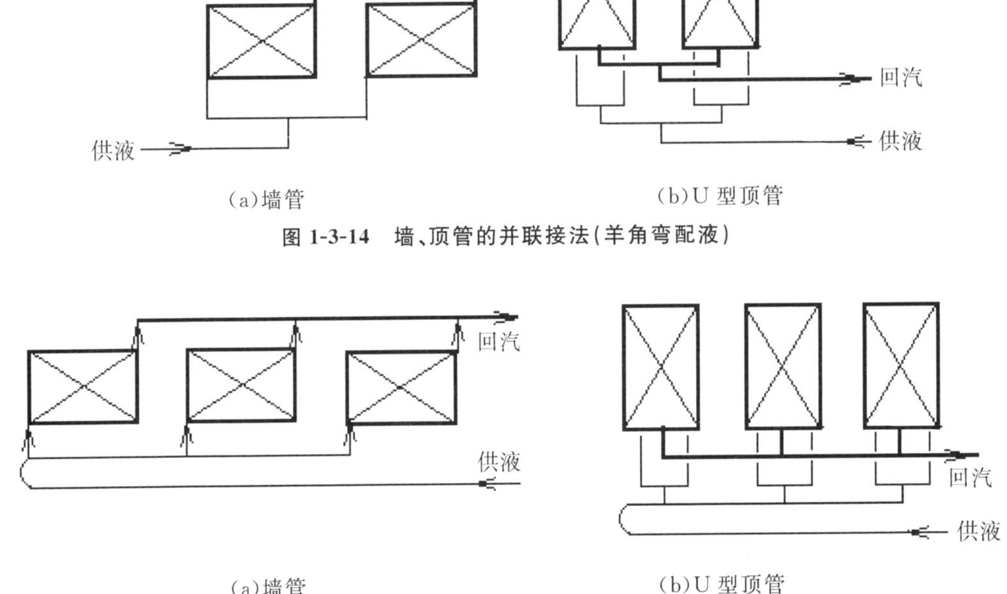

图 1-3-14　墙、顶管的并联接法(羊角弯配液)

图 1-3-15　墙、顶管的并联接法(同程式)

(2)不同类蒸发器

蒸发器形式多种多样，它们之间配液方式也是五花八门的，这里主要指当冷库里要把墙管和顶管连在一起时，如何配液较为合理。

大型冷库的墙、顶管可由调节站分别控制，只要控制通路长度在允许范围内即可，不存在墙、顶管的配液问题。中型冷库(建筑面积＝200～450 m^2)的墙、顶管的回汽管可以共用(当然亦可分开)，但供液管必须分开；而对小型冷库来说，墙、顶管的供液管和回汽管均可共用，但应注意连接方式要合理。

①串联：先进顶管，后进墙管，如图 1-3-16 所示。

②并联：合并后的供液、回汽总管要靠近顶管，如图 1-3-17 所示。

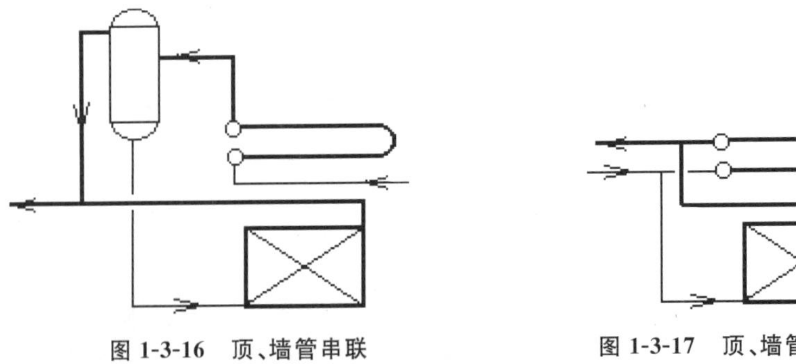

图 1-3-16　顶、墙管串联

图 1-3-17　顶、墙管并联

总而言之，蒸发器的连接方法多种多样，但实质只有一个，就是使各通路的阻力损失尽量接近相等，使各通路内的制冷剂流量接近一致。例如，对下进上出供液方式来说，墙管的进出液口压力差除了流动阻力损失外，还有静液柱形成的压力差。因此，若需将墙管与顶管连在一起时，应先对顶管供液，再对墙管供液，才能使得顶、墙管内的蒸发压力较接近。

（二）低压调节站的设置方案

1. 单阀单流向供液、回汽调节站如图 1-3-18 所示。这种调节站只适用于小型库，库内货物经常出空的情况。阀门数量少，操作维护简单。可在货物出空后停止供液，用开门使库温回升的方法除霜，兼搞库内卫生，缺点是蒸发器内积油不易除去，开门除霜库房受冻融循环影响较大。

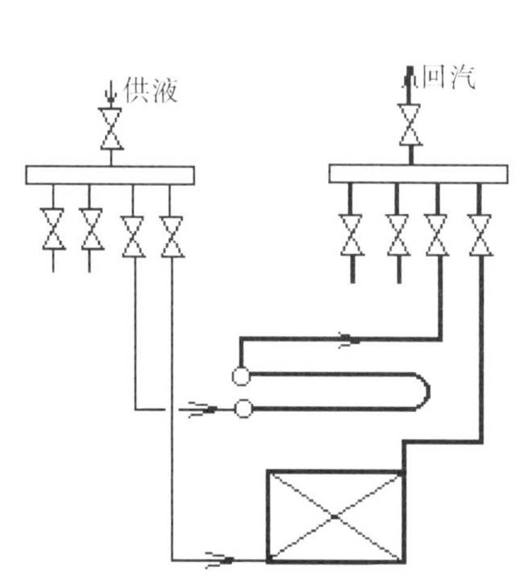

图 1-3-18 单阀单流向供液、回汽调节站

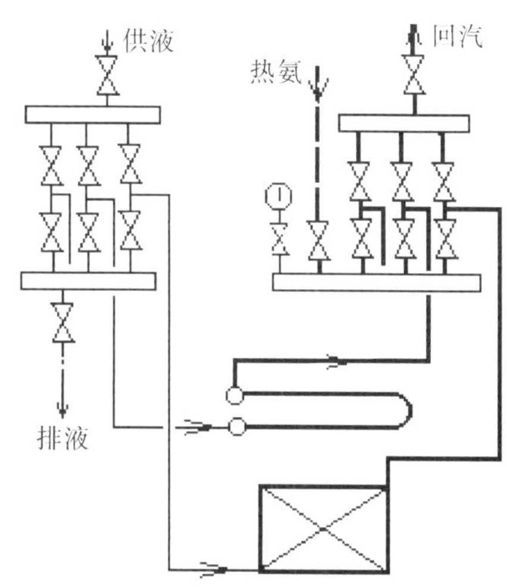

图 1-3-19 双阀双流向供液、回汽调节站

2. 双阀双流向供液、回汽调节站

这种调节站的优点是调节站的安装标高位置可以不受蒸发器的安装标高限制，融霜时不论比蒸发器高还是低均可，且操作也比较方便，因此被广泛采用，如图 1-3-19 所示。

3. 液单、汽双调节站的搭配形式

这种调节站的特点是冲霜时排液管道不再经过低压调节站，而从蒸发器内最低点接出，因此蒸发器内的积油可以排净。但由于排液阀装在库内，排液操作不方便，且可能引起漏氨而污染库内食品，如图 1-3-20 所示。

4. 利用回汽管排液的调节站（图 1-3-21）

这种调节站的优点是省去了一组排液阀门，排液去向当然是兼作排液桶的低压循环桶了，蒸发器进液必须是上进下出，一般只适用于氨泵供液系统的冻藏间，因为冻藏间冲霜次数较少。从搭配的情况来看，这种调节站也称作液双、汽单调节站。

（三）与供液方式相应的低压部分配置方案

1. 直流供液

直流供液应注意以下几点：

①一只节流阀只宜向一组蒸发器供液。

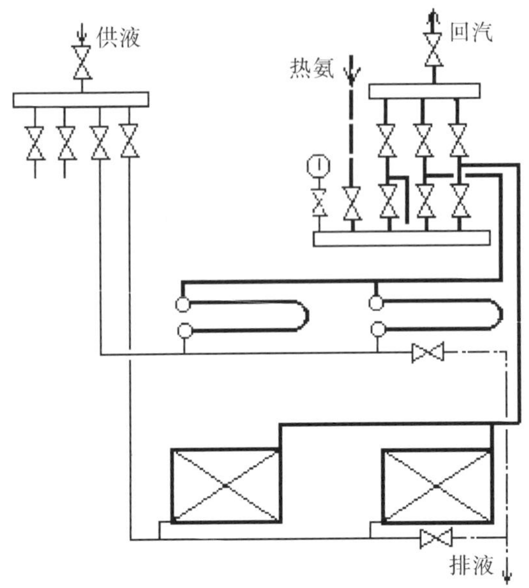

图 1-3-20 液单、汽双低压调节站的搭配形式

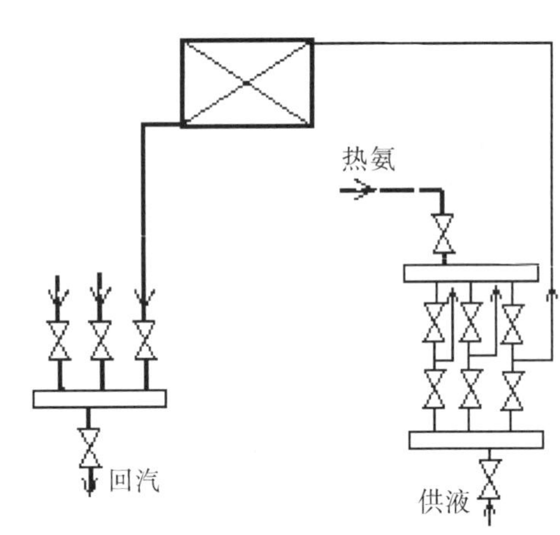

图 1-3-21 汽单、液双低压调节站的搭配形式

②由于制冷剂流经蒸发排管的压力降与该通路蒸发管的当量总长成正比，为了使蒸发管内的压力降处在允许的范围内，每通路蒸发管的当量长度不应超过表 1-3-1 规定的数值。

表 1-3-1 氨直流供液蛇形排管允许当量长度

蒸发排管管径(mm)	20	25	32	40	50
当量总长度(m)	150	180	200	250	300

③氨系统蒸发管内制冷剂流向一般采用下进上出方式。

④为了避免蒸发器回汽中夹带的液滴引起压缩机的湿冲程，可在蒸发器回汽管上增设回汽桶和排液桶，如图 1-3-22 所示。被分离下来的液体靠位差作用流入排液桶，当桶内液位达一定高度后，对桶内液体进行加压后再供到蒸发器中去循环使用。若结合设置一些自控元件，则可自动地根据排液桶液位的高低而间断地代替高压液体管向蒸发器供液。

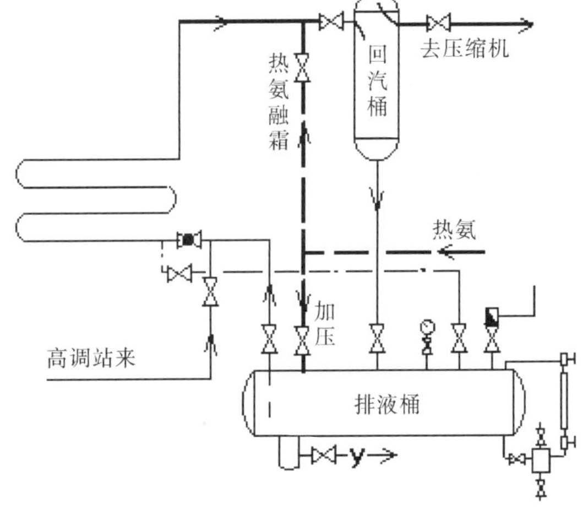

图 1-3-22 直流供液系统回汽桶管道配置

2. 重力供液

①蒸发器的配置

A. 制冷剂流向及蒸发管组连接方式

蒸发器内制冷剂的流向采用下进上出。蒸发管组的连接方式采用“同程式”或“羊角

弯”，库房顶管采用 U 型顶管为佳。

B. 蒸发盘管的允许当量总长

氨重力供液系统蒸发排管的每通路允许当量总长亦有一定限制，具体确定方法将在第四章详述。

②氨液分离器的设置要点

A. 保证正常供液所需的静液柱 ΔH 见图 1-3-23(a)

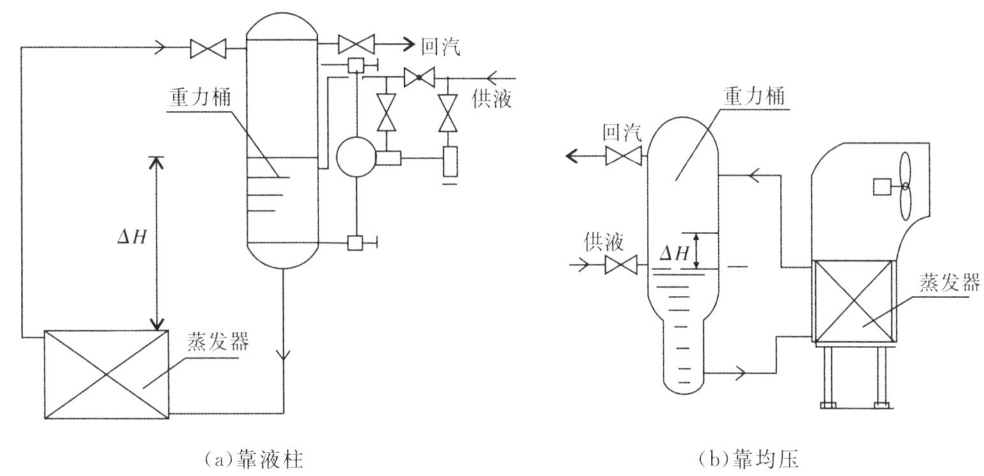

(a)靠液柱　　(b)靠均压

图 1-3-23　重力供液管道配置示意

ΔH 的大小视系统的摩擦阻力和局部阻力而定。ΔH 过小，不足以克服阻力，供液不通畅；ΔH 过大，又影响蒸发温度。为了保证向蒸发器正常供液，又不至于对蒸发温度影响过大，理论上，要求该液位差的大小为：在克服了通路总阻力后，剩余的压差对蒸发温度的影响不应超过 1 ℃，各不同的蒸发温度回路所要求的剩余压差值分别为：

−33 ℃回路：≯5 kpa(约 500 kgf/m^2)

−28 ℃回路：≯6 kpa(约 600 kgf/m^2)

−15 ℃回路：≯12 kpa(约 1 200 kgf/m^2)

在实际设计中，汽液分离器的控制液面与蒸发器最高一根管子的高差 ΔH，可取 1.5 m 的经验数据。

为了满足供液所需的静液柱，汽液分离器就必须设在比蒸发器高的地方，单层冷库需加建阁楼，对于多层冷库，则可利用上层川堂来布置汽液分离器向下层库房的蒸发器供液。在这种情况下，由于汽液分离器至压缩机的吸入管较长，当供液调整不当或供液元件失灵时，即使很快关闭供液阀，已进入吸汽管的液体仍会引起压缩机的液击事故。因此，当负荷波动较大的系统或吸入管较长时，应在机房增设二次汽液分离器。但机房的二次汽液分离器不承担向蒸发器供液的任务，所以不必设供液管，只是在安装高度上，要考虑分离后的液体能靠自重流向排液桶(或低压贮液器)内，其连接方式参见直流供液系统回汽桶的管道配置图 1-3-22。

B. 汽液分离器的数量

主要取决于蒸发温度回路的多少、蒸发器的种类、库房的间数及层数等因素。不同蒸发温度回路应分别设置;冷风机和顶、墙排管要分开设置;多层库房也要分层设置。汽液分离器可同时向同一蒸发温度、同一层的几个冷间的多组蒸发器供液,但供液半径不宜大于30 m,并且需要设置汽体和液体分调节站。

C. 汽液分离器与蒸发器之间供液、回汽管径的确定

可根据制冷负荷的大小和蒸发管当量总长来定,具体将在第四章详述。但应注意,不论制冷负荷多少,供液管内径不应小于 20 mm,回汽管内径不应小于 30 mm。

D. 为了减少静液柱对蒸发温度的影响,还可采取均压供液方式,如图 1-3-23(b)所示,液体靠均压作用流入蒸发器。由于这种供液方式没有压头,故汽液分离器必须靠近蒸发器布置。若负荷波动较大的冻结间或制冰设备采用这种供液方式时,应考虑到:当负荷突然增大时,由于蒸发器内制冷剂剧烈沸腾将有大量汽液涌入分离器内,此时,即使停止向汽液分离器供液,分离器内的液位仍有可能继续上升超过允许的高度。对这种系统蒸发器的供液,回汽管应按计算负荷的 5 倍流量来配置,以便减少局部阻力损失,有助于强化液体再循环。此外,为了容纳蒸发器内剧烈沸腾而涌入汽液分离器内的液体,同时又能保证汽液分离的距离,可在汽液分离器控制液位的水平线上考虑有一段高度 ΔH,ΔH 高度内的容积 ΔV 为蒸发器充液量的 30%~50%,负荷波动大者取大值,波动小者取小值。

③低压调节站

氨重力供液系统的低压调节站,对于多层冷库一般是属于分散式(分层)布置,调节站的形式主要有三种:1. 不带热氨融霜;2. 热氨融霜、加压排液;3. 热氨融霜、重力排液。原则上,每冷间都应有单独的回汽管、阀。

与直接供液方式相比,重力供液系统在改善蒸发器传热效果和配液的均匀性方面有明显的优点,但该系统也有许多不足之处:

- 由于液体是在较小的压差下自然循环流动,故其放热系数不高,且蒸发器内易积油污,也影响了传热。
- 需增设一些辅助设备,或需专设阁楼等,从而使一次投资增加。
- 汽液分离器和分调节站布置分散,不便于集中管理和实现自控。

由于重力供液系统存在着上述缺点,除了老厂外,新建冷库已很少采用,只有当制冷装置总装机容量在 350 kW(约 30 万 kCal/h)(标准制冷量)以下时,方可考虑采用重力供液方式。

3. 液泵供液

①低压循环桶和液泵的配置

低压循环桶和液泵的配置方案是液泵供液系统的关键所在。图 1-3-24 是一常见的液泵回路。

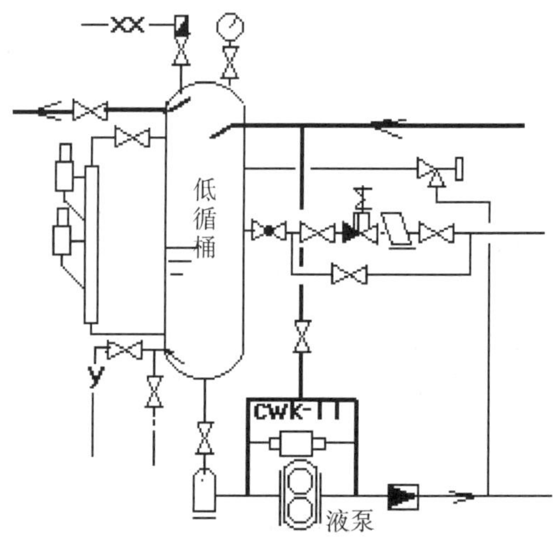

图 1-3-24 液泵回路示意图

A. 低压循环桶的数量确定

一般应考虑不同蒸发温度由不同的循环桶来承担,同一蒸发温度回路所需要循环桶

只数根据制冷负荷选定。

B. 低压循环桶的容积及直径计算

低压循环桶的容积，应满足下列要求：

• 保证汽液分离所需空间；

• 在氨泵停止运行后，能容纳蒸发器和管道的回液；

• 保证氨泵运行时不断液；

• 兼作排液桶时应能容纳充氨量最大一间库房内蒸发器的充氨容积，而其直径的确定主要是以保证循环桶内气流速度不大于 0.5 m/s 为依据的。

关于低压循环桶的容积及直径的计算将在第三章设备选型中详细介绍。

C. 防液泵气蚀的措施

液泵回路之所以特别复杂，主要原因就是回路中考虑了多种防止液泵气蚀的措施。据统计，液泵气蚀事故占机房所有故障的 95%左右，所以液泵供液系统的设计，关键在于如何采取有效措施，避免液泵的气蚀现象，保证制冷系统的正常供液，延长设备的使用寿命。

当制冷剂液体经低压循环桶的出液管进入液泵时，如果作用于液泵吸入口的压力低于其实际温度的饱和压力，液体即蒸发产生气泡而破坏液泵的正常工作，严重时可以损坏液泵，这种现象称为液泵的气蚀现象。

每种液泵要维持正常运行，都要求其吸入口要保持一定的液柱静压，即所谓"净正吸入压头"(简称 NPSH)。要避免液泵产生气蚀，就必须保证低压循环桶正常液位与液泵中心线的高差形成的静液柱压力，扣除液泵吸入管段的沿程摩擦阻力 P_m 和局部摩擦阻力 P_ζ 后，尚应大于液泵所要求的净正吸入压头，即

$$g \cdot H \cdot \rho-(P_m+P_\xi)\geqslant 1.3\ \mathrm{NPSH} \tag{1-3-1}$$

式中：H——低压循环桶设计液面至液泵中心线的高度差，m；

ρ——蒸发压力下饱和液体的密度，kg/m^3；

P_m——液泵进液管段的摩擦阻力，Pa；

P_ξ——进液管上阀件、弯头等局部阻力总和，Pa；

1.3 ——安全系数；

g——重力加速度，9.81 m/s^2。

从公式(1－3－1)，可知设计时应注意采取以下措施：

• 选用抗气蚀性强的泵

亦即尽量选用 NPSH 值较小的泵，泵的 NPSH 值取决于泵的类型和构造，泵的铭牌上一般都有提供。齿轮泵比离心泵的抗气蚀性强。

• 要保证足够 H

从公式(1－3－1)可知，当选定泵和管道安装方案后(即已定 NPSH 和 P_m+P_ξ 后)，要满足该式只有提高循环桶正常工作液位与泵中心线之间的高度差 H，商业部推荐该高度差为：

齿轮泵：H＝1 ～ 1.5 m；

离心泵：t_z＝－15 ℃时，H＝1.5～2.0 m；

t_z＝－28 ℃时，H＝2.0～2.5 m；

$t_z = -33$ ℃时，$H = 2.5 \sim 3.0$ m；

• 使$(P_m + P_\xi)$尽量小

尽量减小循环桶出液管内的流动阻力，主要目的一是防止管内径阻力损失后产生闪发气体引起泵的气蚀；二是使制冷剂在管内流动顺畅，一般满足前者亦能满足后者，在这方面应注意：

• 循环桶出液管道应短而直，避免不必要的弯头，管径应足够大。

• 循环桶出液口至液泵进液口之间阀件应尽量少，可装可不装的不装，非装不可的阀件应尽量装低点，以利用静液柱压力来克服局部阻力损失，齿轮泵宜采用双层铁丝滤网（外层58目，内层32目）；离心泵采用一层32目的铁丝网即可；"一桶两泵"的液泵回路。各泵的进液管宜从低压循环桶下侧分别接出，不要采用同一根总管。

D. 液体再循环倍率β的确定

液泵供液系统中，液泵对蒸发器的供液量与蒸发器中制冷剂蒸发量（均以重量计）之比称为再循环倍率，用β表示。确定β值的原则为：在制冷剂流动阻力增加不大的前提下尽量提高蒸发器的传热系数，而且要保证在蒸发器配液不太均匀的情况下仍能保证每通路所需要的供液量。

图1-3-25为G－L实验所得出的β与传热系数K的关系图，图中表明，$\beta = 1 \sim 3$时，K值有明显的提高，$\beta > 4$时，K值增加不明显；

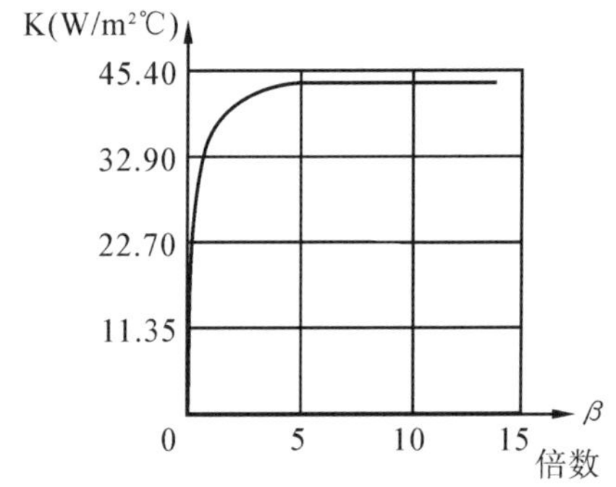

图1-3-25 供液倍数和传热系数的关系

实验条件：Dg38冷风机光滑管，长521 m，分段供液。

从流动阻力的角度考虑，β提高使得管内制冷剂流速增大，从而使流动阻力增加；

从泵的电耗角度考虑，β若取得太大会使泵所配用的电机功耗增大，经常费用增加；

综合以上多种因素，再从使蒸发器配液均匀的角度出发，β值可按下列经验数据确定：

氨系统下进上出：负荷稳定$\beta = 3 \sim 4$（冻藏间、冰库等）

负荷波动$\beta = 5 \sim 6$（冻结间等）

氨系统上进下出：负荷稳定$\beta = 4 \sim 5$

负荷波动$\beta = 6 \sim 7$

氟系统：R12$\beta = 2$

R22$\beta = 3$

氨泵选型待第三章一并叙述。

②蒸发器的配置

A. 允许通路长度（包括管道弯头，阀件的当量长度）

蒸发器允许通路长度主要取决于允许压力降（待第四章详述）。对于氨制冷系统，当管子内径d_n为20 mm，再循环倍率β为5时，其允许通路长度可由有关图表直接查得。对于不同的d_n和β，可利用系数进行修正。

B. 蒸发器供液流向

上进下出与下进上出两种方案都有采用：一般库温自动控制的系统采用上进下出；手动

控制采用下进上出。

C. 蒸发管组接法

为了发挥液泵供液流速高、传热效果好的优越性，使管内制冷剂呈“雾环流”状态，蒸发管组应优先采用“一条龙”的配液方式，顶管优先采用蛇形顶管。当然，只要通路长度符合要求，采用其他形式接法亦可。

③低压调节站的配置

液泵供液系统的低压调节站，其形式与重力供液系统并无原则上的差别，图 1-3-18 至图 1-3-21 几种均可采用，应视实际需要来设计。

四、独立部件部分

系统的独立部件部分是指系统处于正常运行时不参与运作的部分，这一部分的设备有安全管网、紧急泄氨器、空气分离器和集油器等。

1. 安全管网的配置

为了使机房内的制冷设备在超高压时能向特定允许的空间排泄制冷剂，一般需要设置安全管把高压容器上的安全阀和中低压容器上的安全阀分别并联连接起来，形成一个管网。同时还要考虑就近并联的原则。如距离机房较远的冷凝器就可独立排放，以减少不必要的管道。安全阀前应设截止阀，并铅封在全开位置。只有当拆修或更换安全阀时才关闭，安全阀后不设阀门。并联后安全总管的截面积应不小于各支管的截面积之和。为了减少排放冷剂时对环境的污染，安全总管应接至高于机房（或周围 50 m 内最高建筑物）1 m 高度的某一适当处。

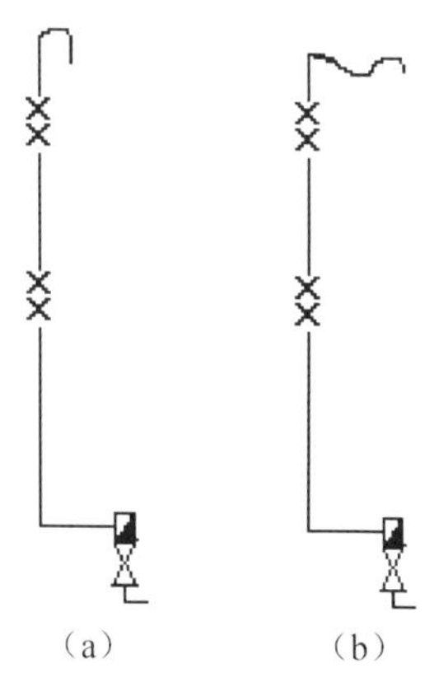

图 1-3-26 安全管端的形式

安全管的末端应有防雨设施，常见的做法如图 1-3-26(a)所示，其做法简单，但水蒸汽容易进入管内使之生锈腐烂。图(b)所示的是美国近年来改进后的设置形式，因在管末端设有存油弯，可防止湿空气进入管内。

2. 紧急泄氨器的配置

在氨制冷装置中，紧急泄氨器应与贮氨较大的容器，如贮液器、低压循环桶、蒸发器等设备的底部接通，如图 1-3-27 所示。

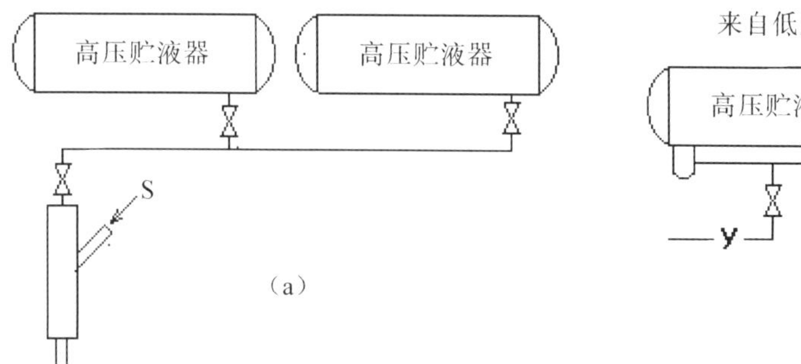

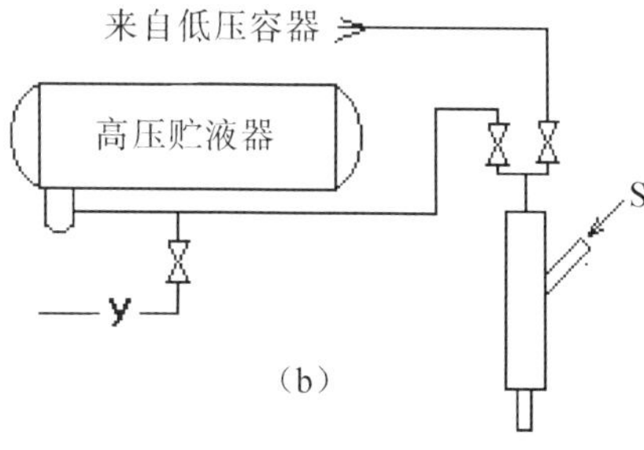

图 1-3-27 紧急泄氨器管道的配置

图(a)所示的是目前冷库制冷装置普遍采用的一种连接方式,紧急泄液管只从贮液器的底部接出。

图(b)所示的是利用各容器的放油口来作为紧急泄氨管接口,并对制冷装置的高、低压段的几个主要存氨设备都考虑紧急泄氨的连接方式。

应注意的是:紧急泄氨器在从容器到泄氨器的截止阀之前,管道应该畅通,当利用放油管泄氨时应从放油阀之前接出。紧急泄氨器,一般安装在设有玻璃门的木箱内,木箱布置在机房外操作较方便的墙上,平时上锁,以免误操作。一旦发生事故需要紧急泄氨时,可砸开玻璃门开阀排液。

3.空气分离器的管道配置

目前,冷库中常用的空气分离器有立式、卧式和自动式三种类型。尽管其型式不同,但基本都设有供液、回汽、混合气体进、排液和放空气等管接口,在管道配置时,应与有关设备相应的管接口相连接。

①供液管　向空气分离器供液,由于其流量少又不连续运行,所以,可以从其安装位置就近的高压液体管直接接出支管供液。

②回汽管　应接至蒸发温度较低、负荷又比较稳定的汽液分离器或低压循环桶的回汽管上,不可直接接到压缩机吸入管,以防压缩机发生液击事故,对于其他需要降压设备的回汽管的接法,也是如此。

③混合气体管　由于贮液器的液封作用,使进入系统中的不凝性气体都积聚在高压段的冷凝器和贮液器内,所以混合气体管应与这些设备中专设的放空气口相接。

④排液管　根据排液去向的不同,排液管有两种配置方案。一种是接到其供液管上,使冷凝下来的制冷剂液体又回到空气分离器蒸发管内循环使用,见图1-3-5和图1-3-6,另一种方案是将排液管接到贮液器下部,但在安装高度上应保证冷凝下的液体能靠自重流到贮液器内,见图1-3-28。

⑤放空气管　一般用橡皮管接入盛水的容器中,以便在放空气操作时能根据气泡在上升过程中有无体积的变化和水温是否上升来判断放出的是否是空气;其二是可以利用水来吸收不凝性气体中含有少量的氨,以减少环境污染。

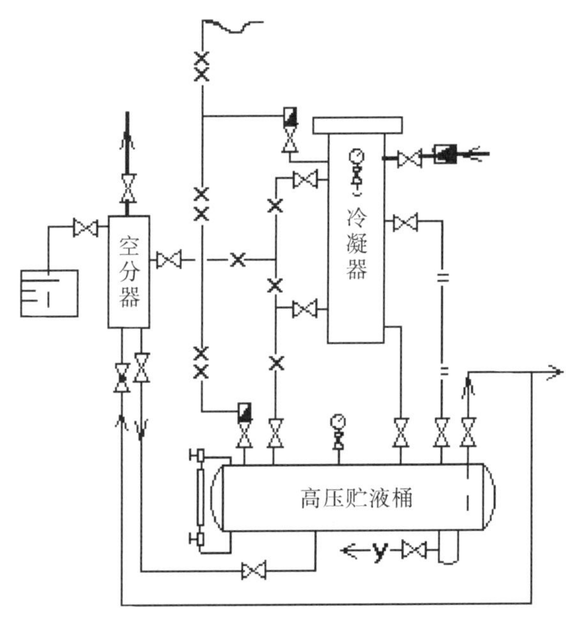

图1-3-28　空气分离器的管道配置

4.集油器的配置

氨制冷系统内的存油,一般是先收集在专设的集油器内抽掉混合在油里的氨,再经油处理设备再生处理后,通过手动或自动返回压缩机曲轴箱循环使用。

除了小型制冷装置外，集油器通常按高、低压分开设置。高压集油器收集油分离器、贮液器、中间冷却器以及冷凝器等设备所放出的油；低压集油器则接收从低压循环桶、排液桶以及汽液分离器等低压容器所放出的油。库房及制冰池蒸发器底部接出的放油管，可接至低压集油器，也可以不经集油器而直接放入盛油容器内。由于低压设备的压力和温度都较低，润滑油的黏度较大而不容易排放出，所以应配置较大管径的放油管（一般采用∅32）。必要时，应在放油设备上设置加压和加热设施以利放油。

对于液体常处于流动（或波动）状态的容器（如贮液器），在容器的底部增设一个集油包，然后从集油包接出放油管。这显然更有助于润滑油的沉淀，使容器即使在运行时，也可以进行放油。

第四节　螺杆压缩式制冷系统

一、螺杆压缩的油回路

螺杆压缩机也是一种容积型制冷压缩机，它是由一对相互啮合的转子在转动过程中产生的周期性容积变化来实现吸气、压缩和排气的过程。与活塞式相比，它具有易损件少、对液击不敏感、主机体积小、排温低、产冷量可无级调控，易于实现自动化等优点，因此近年来螺杆压缩式制冷系统发展势头很好，在大型系统中有代替活塞式的趋势。由于压缩机结构上的不同，螺杆压缩式制冷系统与活塞式制冷系统的主要差别在于压缩机部分和油路部分的管道连接上，图 1-4-1 是一个典型的单级螺杆压缩式制冷系统原理图，由图可见，制冷剂的主流程及工作原理与活塞式类似，所不同的是机组部分的油路（详见图 1-4-2），因此，这里只重点介绍螺杆压缩机的油路情况，其他部分就不再重复赘述。

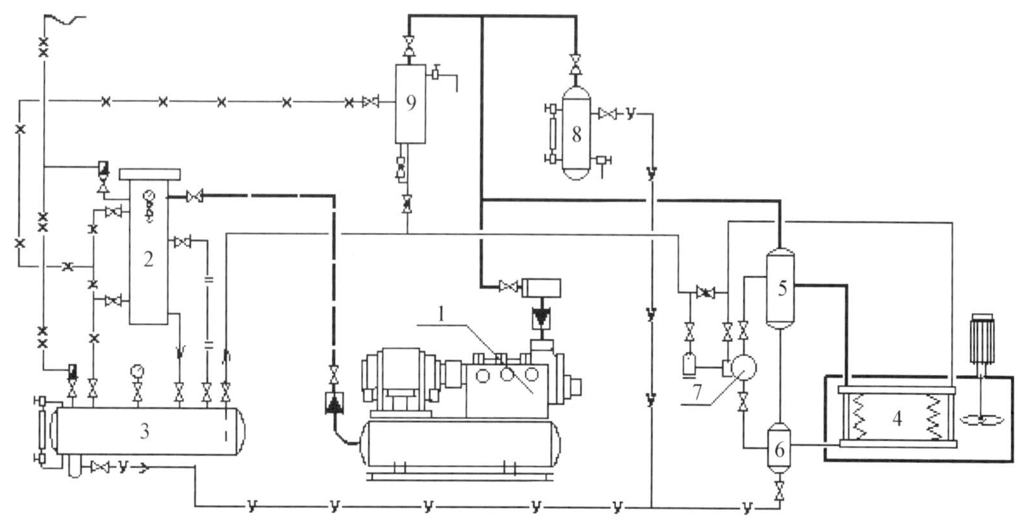

图 1-4-1　单级螺杆压缩式制冷系统原理图

1. 单级螺杆压缩机组　2. 立式冷凝器　3. 高压贮液器　4. 蒸发器
5. 氨液分离器　6. 集油包　7. 浮球阀　8. 集油器　9. 空气分离器

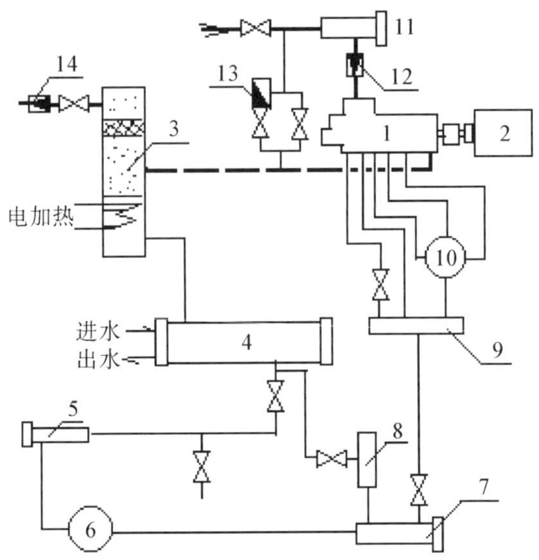

图 1-4-2 螺杆压缩机的典型油回路

1. 螺杆压缩机 2. 电动机 3. 油分离器 4. 油冷却器 5. 油粗滤器 6. 油泵 7. 油精滤器 8. 油压调节阀 9. 油分配器 10. 四通阀 11. 吸汽过滤器 12. 吸汽止逆阀 13. 安全阀 14. 排气止逆阀

螺杆机需要供油的部位有:(1)两转子的啮合部,油起润滑、密封和冷却作用。(2)两转子的前后轴承,起润滑和冷却作用。(3)非联轴器端的转子端部平衡活塞,油以压力形式供给平衡活塞,用以平衡转子旋转压缩气体时产生的轴向推力,从而减少转子端面磨损。(4)能量调节滑块的动力活塞两端。用以沿轴向移动滑块来调节压缩机的输汽量。由图 1-4-2 可见整个油路系统包括以下几个部分:

(1)油分离器和油箱,由于螺杆机的排气中带有大量的油雾,要求设置高效率的油分离器,向压缩机供油的油箱与油分离器连成一体,即螺杆机是利用油分的底部来做贮油箱的,这一点和活塞式压缩机有较大的不同,后者是利用曲轴箱来贮油的。当环境温度较低,停机后油箱里的油黏度增大,可能影响下次开机时油泵上油;对氟系统,若油内含有的制冷剂数量较多时,刚启动也会产生油泡而影响上油,因此螺杆机的贮油箱里设有油加热器,必要时,在启动前对油进行加热以免上述现象发生。

(2)油冷却器,压缩机所用润滑油需要有一定的黏度,而油箱里刚分离下来的润滑油温度较高无法保证用油黏度,因此需用冷却器把油温冷却至 313 K 左右。目前的油冷却器采用的冷却方式有:水冷却、高压制冷剂液体冷却和制冷剂节流冷却三种。

(3)油过滤器,有粗滤和精滤两种,在油泵前设置粗滤器,在油泵后进压缩机前设精滤器,目的都是防止杂质随油进入压缩机。有的系统在精滤器的两侧设压差保护,当过滤器堵塞、两侧压降增大至一定数值时(49 kPa 左右),油压保护装置延时 30 秒动作使压缩机停车。

(4)螺杆制冷压缩机用的油泵大都为齿轮泵,并由专门的电机直接驱动。为了保证供给压缩机的润滑油有足够的压力,在泵的出口处还装设油压调节阀。

(5)油分配总管,油泵泵出的油经精滤器进一步过滤后送至油分配总管,由分配总管导至压缩机的各需油场所。

润滑油从分配总管进入压缩机,随制冷剂气体排入油分离器,被分离后进入油冷却器冷却,尔后经由粗滤器、油泵、精滤器再到油分配总管便完成了一次循环。

二、带经济器的螺杆压缩制冷装置

螺杆压缩机单级运行时,由于没有中间冷却器,处于冷凝压力下的液态制冷剂未经过冷就直接节流进入蒸发器,由于节流过程中的闪发气体较多,导致冷却设备的产冷量降低。另一方面,随着压缩比的增加,压缩条件恶化,压缩效率降低。为使高压液体得到一定程度过冷的同时改善高压缩比情况下的压缩条件,系统设置了经济器(见图 1-4-3)。在一般单级螺杆压缩机的基础上,利用其吸气、压缩、排气单向进行的特点,在螺杆的某一中间位置设补气口,从冷凝器来的高压液体,小部分经节流阀进入经济器里热交换器的一侧蒸发制冷,其余部分进入热交换器另一侧被过冷。从经济器出来的饱和低温制冷剂汽体经中间补气口进入压缩机,由于温度较低,可以冷却其他已被压缩半程的制冷剂气体。从而改善了压缩条件,增加了压缩机的输气量。因此经济器的整体效果是提高整个系统的 COP。与一般单级螺杆机相比,带经济器的氨螺杆机在－35 ℃/＋35 ℃的工况下,制冷量增加 24.1%,轴功率仅增加 6.1%,单位轴功率的制冷量增加了 16.9%。这种机器在这一工况范围内,其工效与双级循环相当。因此,带经济器的螺杆压缩机,使单级螺杆制冷压缩机的应用范围更广、更经济。

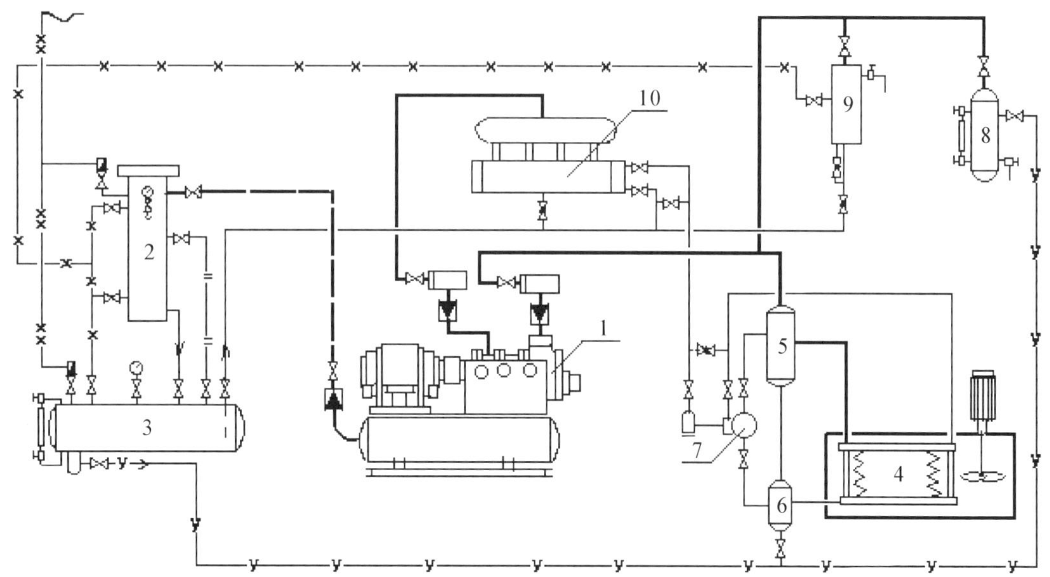

图 1-4-3　带经济器的螺杆压缩式制冷系统原理

1.单级螺杆压缩机组　2.立式冷凝器　3.高压贮液器　4.蒸发器
5.氨液分离器　6.集油包　7.浮球阀　8.集油器　9.空气分离器
10.经济器(液体过冷器)

第五节　冷库制冷装置部分自控方案

冷藏库制冷装置的自动控制都采用电动，在半自动控制中，人们可以根据仪表的指示进行操纵性的操作。在全自动控制中，则无须操作者参与，设备能按事先规定好的工艺过程进行生产。目前国内的技术水平，已能实现制冷装置的最佳工况调节，但要做到这一点就需要采用较多的自控设备，电气控制线路也较复杂，因而投资费用也相应增大。因此在确定一个冷藏库的自动化程度时，要从冷藏条件、食品质量以及各方面的经济费用来全面衡量。目前要求新设计的中、小型冷藏库制冷装置的自动控制至少要达到第二类的程度(即局部自动控制)，在进行冷藏库制冷装置的自控设计时，应掌握以下原则：

1. 必须确保制冷装置运行的安全可靠性。

2. 为保证食品在冷藏期间的质量，在局部自控和半自控系统中应优先考虑库房温度控制，以保持库房温度的稳定性。

3. 自动控制系统应着重考虑对机器设备台数多，系统复杂，操作比较频繁和操作条件较差的装置，以提高工作效率，改善劳动条件。

4. 在保证工艺合理要求的前提下，应尽量简化制冷装置和系统，以减少自控元件，节约资金。

关于冷库制冷装置的自动化控制的制冷工艺回路设计以及电气线路设计，在《制冷装置自动化》一书中有详尽的介绍，本节主要根据我国国情，着重介绍局部回路自动控制在实际设计中的应用。

最普遍应用的局部回路自控为氨泵回路自控；中冷器、氨液分离器以及低压循环桶等容积设备的液位自控；库房回路自控。

一、库房回路自控方案

库房的自动控制主要包括库温，湿度和融霜控制等项目。

库温的自动控制，一般由温度继电器(亦称温度控制器)和电磁主阀所组成的回路来实现。温度继电器的感温元件安装在库房内，当库温达到温度继电器调定值的下限时，感温元件发出信号，使继电器的触头断开，切断电磁阀电源而使阀门关闭，停止向蒸发器供液和回汽；当库温回升至温度继电器调定值的上限时，继电器的触头闭合，接通电磁阀电源而使阀门重行开启，并通过与压缩机、辅助设备的连锁配合，使库温又开始下降，实现对库温的双位式控制。

湿度的自动控制，一般包括湿度的检测、加湿控制和减湿控制，以保持室内一定的空气湿度，这对于贮存鲜蛋、果蔬的冷却物冷藏间，是非常重要的。若湿度过高，会引起库内霉菌大量繁殖，使食品发生霉变、腐烂、出芽等病变，甚至影响冷库的建筑；若其相对湿度过低，则食品的干耗将会增加，并使其色、香、味遭到破坏。所以对冷却物冷藏间，一定要合理控制湿度，并保持其稳定。

融霜的自动控制：是指设置在冻结间、冷却物冷藏间内的冷风机融霜，一般有水融霜、水和热氨结合融霜两种。自动融霜可以根据风机运转时间、风压变化、霜层厚度、电动机电流大小等因素来实现；半自动融霜则是通过操作人员的观察与判断，认为需要融霜时，发出指令，使融霜时间程序继电器工作，融霜过程自动完成。

目前冷库中的库房主要有：(1)冻结物冷藏间(亦称低温冷藏间)；(2)冷却物冷藏间(亦称高温冷藏间)；(3)冻结间；(4)冰库。现将这些库房的自动控制分述如下：

(一)冻结物冷藏间的自动控制

冻结物冷藏间的自动控制一般有库温遥测、蒸发器的供液和回汽控制、融霜控制等内容，冻结物冷藏间的库温遥测一般由感温元件和温度指示仪表(显示仪表)组成。感温元件多采用铂热电阻，温度指示仪有动圈式、补偿式(力矩电机式)和电子式(自动平衡电桥式)等多种。除了用转换开关进行人工检测外，也有配以巡回检测仪、数字显示或自动显示记录仪等，进行库温的自动测量和记录。冻结物冷藏间的库温一般要求控制在设计库温的±1 ℃范围内，如设计库温为−20 ℃，库温降至−21 ℃时，关闭供液和回汽电磁主阀；库温升至−19 ℃时，又令供液和回汽电磁主阀开启。目前我国冻结物冷藏间大多采用光滑顶、墙排管，以人工扫霜为主，只有库房存货出空以后，才用热氨融霜。一年内用热氨融霜 1～2 次，以排除管内积油和管外积霜，因融霜周期很长，所以热氨融霜采用手动，以简化自控系统。

设有两间冻藏间，每间两组顶管，供液用 ZCL-00YB 电磁主阀控制，回汽用ZCL-00QB气用常闭型电磁主伐控制，氨泵供液，则库房回路的自动阀门接法如图 1-5-1 所示。

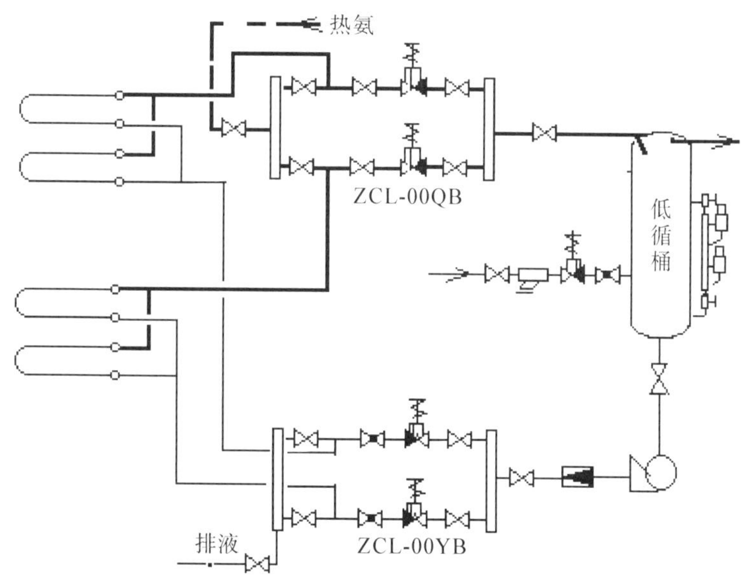

图 1-5-1　回汽管采用 ZCL-00QB 电磁主伐，库房回路自控示意

当库温升至调定值上限时，温度继电器动作，使供液电磁主阀 ZCL-00YB 和回汽电磁主阀 ZCL-00QB 开启，制冷系统投入运行；直到库温降至调定值下限时，温度继电器动作，使供液电磁主阀 ZCL-00YB 关闭，延时几分钟，再令回汽电磁主阀 ZCL-00QB 关闭。

若供液和回汽电磁主阀同时关闭，当回汽阀关闭时，若液体继续通过供液主阀进入排管，直至阀门全部关闭为止，这样容易使液体充塞排管，有时会产生“水锤”现象。延时关闭回汽主阀就能使排管中液体蒸发掉一部分，以防止回汽阀再次开启时液体突然返回低压循环贮液桶，又可避免上述“水锤”现象。

因为 ZCL-00QB 气用常闭型电磁主阀的全开压降为 14 kPa(约 0.14 kgf/cm^2)，当蒸发温度为－28～－30 ℃条件下，这个压降将引起 2～2.5 ℃的温升，也就是说要维持排管内－28～－30 ℃的蒸发温度，则系统回汽压力须保持在－30～－32.5 ℃所对应的饱和压力，这样就降低了压缩机的产冷量，是不经济的。为了消除这压降，回汽管道可采用双电磁主阀或常开型电磁主阀。

为了使自控系统更简单，冻藏间可采取供液自控，回汽不自控的方法，这样，可省一个自控阀门和一个手动阀门又避免在回汽管上产生额外压降，这种方案是目前国内冷库最普遍采用的，如图 1-5-2 所示。

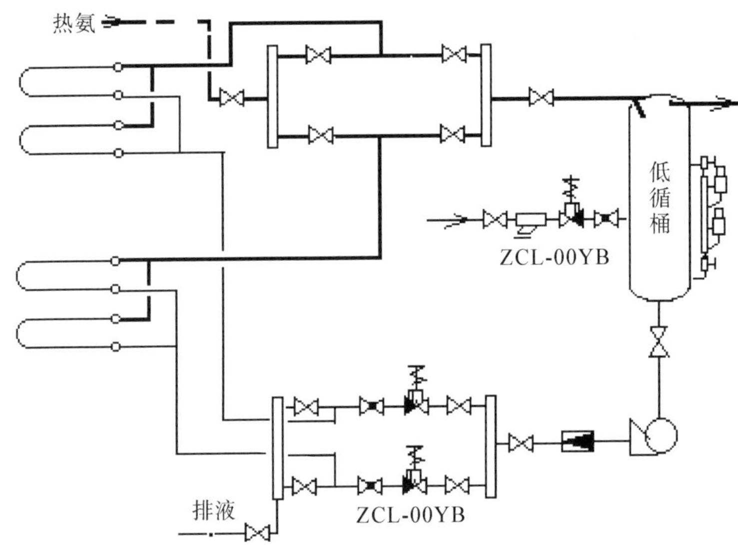

图 1-5-2 供液自控，回汽不自控方案

但由于回汽管道上取消了自控阀门，是否会产生下列问题，还必须进一步摸索探讨：

1. 各库房回汽管经调节站合为一根回汽总管接至低压循环贮液桶，当某一个库房的库温降至调定值的下限时，该库房的供液电磁主阀即关闭；若其他库房继续在降温，压缩机还在运转，将使排管中的存液继续蒸发，会不会使库温继续下降，超过规定的库温波动 1 ℃的下限。

2. 当多数库房的库温降到下限，只有少数库房继续在保温时，由于从围护结构进入的热量 $Q1$ 总是存在的，则多数库房排管中的存液将继续不断地蒸发，被压缩机吸走，最后聚集在高压贮液桶中。这样高压贮液桶内液面是否会过载，对这种自控回路的冷库，高压贮液桶的容积需增加多少？高压贮液桶是否需要设高液位遥控液位计或控制装置，过量液体应排至何方？

3. 由于上述两种原因，致使库房排管内的存液较少，开始供液时，低压循环贮液桶内液面下降是否会很快，产生液泵断液现象；或者低压循环贮液桶设两套供液装置，以维持桶内一定的液面。

对于上述问题，在自控系统中如何来实现这些操作过程，以保证系统的安全运行，还有待进一步研究。

这种形式的自控方案，若采用“上进下出”的供液方式，可以避免上述可能出现的弊病，提高库温控制精度，而且融霜快，不积油。但这种做法只有在蒸发器位置高于低压循环桶时才可采用，且多组蒸发器共用一根供液管时，供液不易均匀，须采用孔板或调节阀来调节流量。此外由于蒸发器内存液全部流至低压循环桶内，因此在选用低压循环桶容积时要考虑到这点。

上述几种自控回路接法中，供液电磁主阀后均须设手动调节阀，起调节流量的作用，使各层冷库的蒸发器或同一层多组蒸发器供液均匀，手动调节阀在系统投入运行后需进行调整。调整的方法是调节手动调节阀使各组蒸发器出口的温度相近，这就说明各组蒸发器的供液量是均匀的。调节时注意：如果阀门开得太大，供液过多，蒸发器出口温度就会升高；如果阀门开得太小，供液不足，蒸发器出口处产生过热，温度亦为升高。所以，投产后一定要调整好手动调节阀，否则由于每层或每组蒸发器的供液不均匀，造成各库房库温下降先后相差很大，延长了不必要的运转时间，又增加了电耗。

由于液用常闭型电磁主阀的最大反压差（即阀后压力大于阀前压力的差值）为 20 kPa（约 0.2 kgf/cm^2），为防止热氨融霜时电磁主阀发生背压开启，融霜前，须将手动阀关闭。

冻结物冷藏间自控回路中，为了减少压缩机启闭频繁和充分发挥其制冷能力，当任意一间库房的温度达到调定值的上限时，其他库房的库温虽未达到上限，也会随同降温（除非库温已达下限，则不开启），效果较好。

（二）冷却物冷藏间

冷却物冷藏间的冷却设备一般采用冷风机配均匀送风道，融霜也较冻藏间的冷却排管频繁。图 1-5-3 是“下进上出”供液，供液、回汽及热氨融霜、排液全采用自动控制的方案。

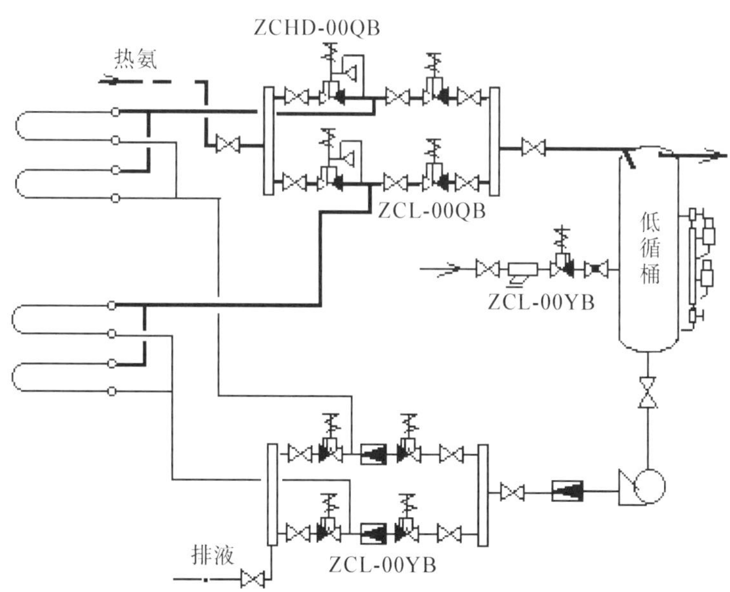

图 1-5-3　冷却物冷藏间供液、回汽和融霜自控方案

当冷却物冷藏间设置在低层时，冷风机位置一般低于低压循环贮液桶，排管内的液体制冷剂难以自动流至低压循环贮液桶内。因此，蒸发器应选择"下进上出"的进液方式。回汽管道上装 ZCL-00QB 常闭型电磁主阀，供液管道上装 ZCL-00YB 常闭型电磁主阀，当库温升至调定值上限时，设在库内的 TDW-12 型温度调节器动作，使供液和回汽电磁主阀开启，使风机运转，库房开始降温，当库温降至调定值的下限时，TDW-12 动作，使供液电磁主阀关闭，风机停止运转，延时几分钟(一般延时 3 分钟)，再令回汽电磁主阀关闭。

对于"下进上出"制冷系统采用热氨和水相结合的融霜方法时，热氨管上装ZCHD-00QB型反恒电磁主阀为融霜阀，以控制阀门出口端压力；排液管上采用ZCL-00YB型电磁主阀，为了防止热氨融霜时，使 ZCL-00YB 供液电磁主阀背压开启，阀后设有 ZZRN-00Y 型止逆阀，上水管道装 ZCS-00W 型水电磁阀，放水管上设有水流继电器以检验水电磁阀是否开启。

若冷却物冷藏间蒸发器位置高于低压循环桶，也可以用"上进下出"供液，回汽不设自动阀门，只要在供液管道上装设电磁主阀 ZCL-00YB 即可。由于当库温达下限时供液主阀关闭。蒸发器排管中无存液，蒸发排管表面的霜层可采用水冲霜，不必设热氨融霜阀门。当库内有两台以上冷风机而共用一根供液管时，须考虑多台冷风机供液均匀措施。一般在每台冷风机的供液管上增设一个调节阀或增设孔板(经过计算的孔板)，使液体均匀分配至每台冷风机。

"下进上出"制冷系统，亦可采用水单独自动融霜，为了除去积聚在排管(蒸发器)中的油，一般设有手动控制的热氨融霜阀，平时用水自动融霜。定期辅以手动热氨融霜，但水自动融霜时，因供液和回汽电磁主阀是关闭的，往往会使蒸发器内压力升高，产生事故。为了保证蒸发器安全，在排液管上除设置 ZCL-00YB 型电磁主阀外，还可以用 ZZRP-32 型自动旁通阀(调定压力范围为 0.4～0.6 MPa(约 4～6 kgf/cm^2)。融霜时当蒸发器内压力超过调定值时，旁通阀自动开启，液体排至低压循环贮液桶，也可以接至回汽电磁主阀出口侧的回汽管上，再流至低压循环贮液桶内。采用自动旁通阀，可使电气线路简化，但亦有缺点，融霜后蒸发器内仍然保持一定压力，不能通过排液管把压力降到与低压循环贮液桶内压力一样，见图 1-5-4 和图 1-5-5。

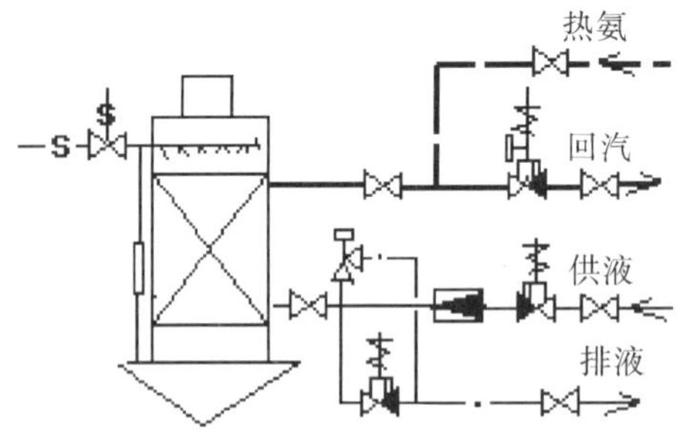

图 1-5-4 冷却物冷藏间回汽管装恒压电磁主伐

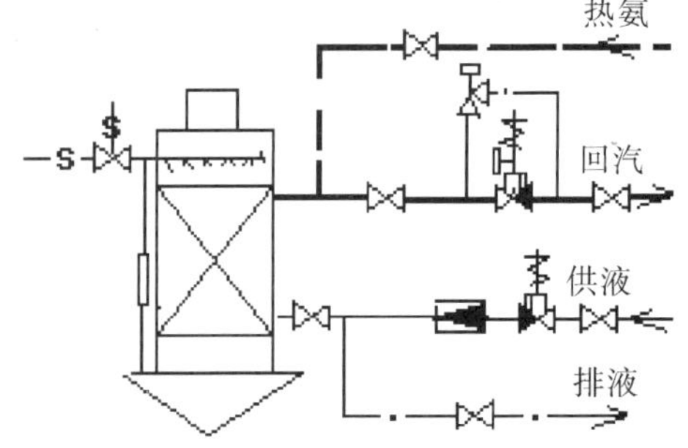

图 1-5-5 冷风机水融霜，旁通阀装在回汽阀前

当热氨融霜时，为了避免供液电磁主阀会因反压差超过额定值而被强制开启而产生误动作，所以在供液电磁主阀后应增设 ZZRN-00Y 型止逆阀。

一般冷却物冷藏间对库内温湿度要求比较高，库温波幅在±0.5℃以内，湿度波幅在±5%以内，湿度自控目前国内尚处研究阶段。而要提高库温的控制精度，可采用图1-5-4所示的接法：回汽管道上装ZCHA-00QB气体常闭型恒压电磁主阀，电磁导阀受库房温度调节器控制，正恒导阀可按给定的蒸发压力调整，所以主阀受电磁导阀和正恒导阀的控制。只有当库温回升到调定值的上限，而且蒸发压力也超过调定值时，回汽主阀才开启，因此可保持蒸发压力恒定，库温的控制精度亦比较高。

（三）冻结间的自动控制

冻结间与冷藏间自控回路不同，它除了降温和应维持恒定的库房温度外，还要保证食品所必需的冷加工时间，融霜及输送机构的自动控制。另外，冻结间或冻结装置的种类很多，工艺流程也各不相同，现以吊轨型冻结间为例叙述冻结间的自动控制。

按照冻结间的工艺流程，一般可分为五个阶段：空库降温（或空库保温）、进货、冻结、出货和融霜。

1.冻结间温度的要求

①空库保温：对某一时期内停止使用的冻结间须处于一定的负温。一般保持在－5℃以下，以防止构筑物因冻融循环而引起的破坏，空库保温一般由设在机房的遥测温度计显示室温，使用按钮操作使系统投入或停止运行，同时也受温度调节器的控制。

②空库降温：进货前，先将冻结间内温度降低到一定的负值，一般采用－10～－15℃。它有两个作用，一个是防止热货进入后使构筑物表面温度升高至0℃以上，产生冻融循环；另一个是使热货尽快降温。空库降温一般由装在冻结间内的温度调节器控制，在空库或进货情况下，当库温回升至上限值时，温度调节器动作。使供液和回汽电磁主阀开启，系统投入运行。

③冻结时间：当进货完毕，系统自动进入冻结过程，时间继电器动作，冻结制冷系统按调定的冻结时间开始工作，在冻结过程中如因停电、停机等时间均不计在内，当累计冻结时间达到预定值（一般一次冻结的累计时间定为20 h，可根据货物实际的冻结时间进行调整），又库温降至下限值，机房控制屏出现“冻结完成”信号，供液电磁主阀关闭，风机停止运转，延时几分钟，回汽电磁主阀关闭，制冷系统停止运行。所以，制冷系统投入运行是受库房温度的控制，而制冷系统停止运行则受库温和冻结时间两者的控制，这样可避免在冻结过程中出现库温已降至下限值，而食品还未冻透，制冷系统已停止运行的现象。

2.冻结间自控设计中采用的几种回路

在蒸发温度较低的冻结自控回路中，选用合适的主阀，以降低管道压力损失，显得更重要，如ZCL-00QB气体常闭型电磁主阀，全开时压力损失为14 kPa，而这14 kPa的压力损失所对应的温度差值在低蒸发温度下要比高蒸发温度时大得多。例如对氨，当蒸发温度t_z＝－40℃时，14 kPa的压力损失对应的温度差值为4℃左右；而当t_z＝－10℃时，对应的温度差值只有1℃，为了降低压力损失，在冻结间回汽管道上选用压力损失很微小的ZCLT-00QB气体常闭型双电磁主阀或ZCL-00QK气体常开型电磁主阀。

融霜采用热氨和水相结合的方法：热氨管道上装有ZCHD-00QB气体常闭型电磁恒压主阀，以控制出口端压力不超过0.6 MPa，排液管道上装有ZCL-00YB液体常闭型电磁主阀。为了防止融霜时供液电磁主阀背压开启，因此在ZCL-00YB供液电磁主阀后应设置

ZZRN-00Y 止逆阀。供水管上装有 ZCS-00W 型水电磁阀，阀后接有放水管，以防阀后水管冻裂，放水管还装有水流继电器，以检验水泵或电磁水阀是否开启及上水管是否有水。

为了简化融霜自控系统，冻结间融霜当水温高于+20 ℃时，可采用水单独自动融霜，为了排除蒸发器内油及外面霜层，每星期用热氨手动融霜 1～2 次。由于供液和回汽主阀是关闭的，为了防止水融霜时蒸发器内压力超过预定值，则可在排液管道上或回汽管道上装设 PF32 型自动旁通阀，当压力超过预定值时，液体或汽体通过自动旁通阀排至低压循环贮液桶内以降压。

冻结间自控回路形式与图 1-5-3 类似，不同点在于回汽管道上一般不采用常闭型电磁主阀，而改用双电磁主阀或常开型电磁主阀，以免在回汽管上引起过大的温度降。

为了使自控系统更简单，国内小型冷库更多采用供液自控，回汽不自控的方案。

另外，在小型冷库中，为了简化系统，一般将冻结间与冻藏间合为一个蒸发温度回路。这样，当冻结间大量进货时，蒸发压力将会升高，回汽压力相应升高。冻结间的回汽可能倒窜至冻藏间蒸发器中，影响冻藏间温度的稳定性，即可能因反压差使冻藏间回汽主阀强行开启。若冻藏间回汽不用自动阀门，更会使冻结间“倒窜”来的回汽长驱直入。克服这个弊病较常用的方法是在冻藏间回汽管上装设 ZZRN-00Q 气用止回阀，当阀后压力大于阀前压力约 8 kPa 时，止回阀自动关闭，待阀后压力降至低于阀前压力 8 kPa 时，止回阀又开启，如图 1-5-6 所示。

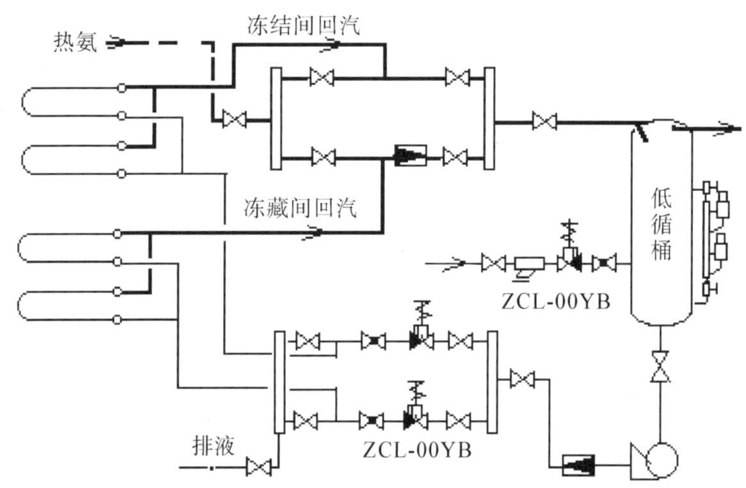

图 1-5-6 冻结间与冻藏间共一回路的回汽处理

（四）冰库的自动控制

冰库为一个单一的－15 ℃蒸发温度回路时，其自控和采用排管的冻藏间基本相同，仅是温度控制的精度不同。冰库温度一般保持在－4～－10 ℃之间。

但在大多数中小型冷库中，冰库常与制冰合为一个蒸发温度回路，多采用直流供液，供液自控，回汽管上不设自动阀门的方案。由于冰库的热负荷与制冰热负荷相比小得很多，且制冰热负荷波动较大，因此若回汽管合并时，也要考虑制冰回汽“倒窜”的问题。

二、供液的自动控制

(一)液泵循环供液的自动控制(液泵回路)

液泵循环供液(如氨泵系统)的自动控制一般包括液位控制、高液位报警、流量旁通、液泵保护等项目。

1. 液位控制

低压循环贮液桶装有 UQK-40 浮球液位控制器,控制供液电磁主阀的启闭,保证低压循环贮液桶的液位。低压贮液桶的液位,在允许变化的范围内是一种没有自平衡的调节对象。若低压循环贮液桶的液体消耗量为 G_2 kg/s,则当供液主阀关闭时,液位下降的速度:

$$\frac{dh}{dt}=\frac{G_2}{F\cdot r}(m/s) \quad (1-4-1)$$

式中:F——循环贮液桶横断面面积(m^2);

r——氨液的比重(kg/m^3)

供液阀关闭时间的长短可以从下式求得:

$$\Delta t_{关}=\frac{\Delta h\cdot F\cdot r}{G_2} \quad (1-4-2)$$

式中:Δh——液位允许下降高度(m)

在供液阀开启时,液位升高的速度

$$\frac{dh}{dt}=\frac{G_1-G_2}{F\cdot r}(m/s) \quad (1-4-3)$$

式中:G_1——进入低压循环贮液桶的氨液量(kg/h)

供液阀开启时间的长短为:

$$\Delta t_{开}=\frac{\Delta h\cdot F\cdot r}{G_1-G_2}(s) \quad (1-4-4)$$

式中:Δh——液位允许升高高度(m)

在双位控制中其值从公式(1－4－4)可知:G_1 应大于 G_2;当 $G_1=G_2$ 时,供液阀将无限期地开启,这显然是不合理的。若 $G_1=2G_2$,则 $\Delta t_{关}=\Delta t_{开}$。在氨泵供液系统中,由于从蒸发器回到低压循环贮液桶的是二相流体,其中仍有液体,因此贮液桶中液体的消耗量 G_2 不等于氨泵的流量,而是等于被压缩机所吸走的蒸发量。在双位控制器中,只有全开和全关两位,因此在供液电磁主阀后面(按液体流向)应装一调节阀,以调节流量。每只低压循环贮液桶装设 UQK-40 型遥控液位计两套。如图 1-3-24 所示,其中一套 UQK_1-40 型控制 ZCL-00YB型供液电磁主阀的启闭,使低压循环贮液桶内的正常工作液位保持在桶身高度的 30%～35%左右。UQK_1-40 型是一种浮球电感式的遥控液位计,可控液位的范围为 1～6 cm,当液位降至 UQK_1-40 调定值的下限时发出信号,令供液主阀 ZCL-00YB 开启,即向低压循环贮液桶供液,而当液位回升至 UQK_1-40 调定值的上限时则使供液主阀 ZCL-00YB关闭,停止供液,所以它是一种非连续调节作用的双位式控制。为了防止 ZCL-00YB供液电磁主阀启闭频繁,减少自动化的可动部件磨损,应适当调整主阀后的调节阀开启度,适当延长启闭周期,一般可维持 10～20 min 启闭一次,新建冷库待其库体温度下降后，启闭周期会延长些。

高液位报警：为了防止液体进入制冷压缩机，在低压循环贮液桶的高液位处，立式桶一般在桶身高度处70%，亦装设一套 UQK_2-40 型遥控液位计，当桶内液体达到高液位时，发出报警信号，而与压缩机电机线路连锁。经延时后切断压缩机电源作事故停车，防止发生液击，起安全保护作用，所以 UQK_2-40 只接上限信号。

2. 流量旁通

氨泵排出管道上应装设 ZZRP-32 旁通阀，以自动旁通多余的流量，在生产中，往往一台氨泵要负担几个库房的供液。当一部分库房的库温降到调定值的下限时，该库房的供液电磁主阀关闭，就容易发生氨泵供液量过剩，排出压力升高，并会影响蒸发压力。这不仅使蒸发器中液温升高，库房反而难以降温，又增加动力消耗，所以应将旁通阀调至一定压力。当泵的排出压力超过设定值时，旁通阀自动开启，将一部分流量旁通至低压循环贮液桶。泵压就能控制在一定范围内，旁通阀的压差应根据实际所需的流量和扬程，并查泵的特性曲线来确定。根据经验一般把旁通阀调在泵的排出管压力表读数与低压循环贮液桶压力表读数的差值为 0.24 ～ 0.27 MPa。

3. 氨泵保护

氨泵保护取决于泵的形式，目前冷库中一般常用的有齿轮泵、离心泵和屏蔽泵三种。

齿轮泵：一般选用上海液压泵厂生产的 11/2-11N 型泵，其本身带有安全回放阀，调节压力为排出压力的150%左右，除泵出口处须设止逆阀，以防止液体倒流外，其他不需要设置安全保护装置。

屏蔽泵(或称半封闭泵)：该泵的石墨轴承需要氨液来润滑和冷却，屏蔽电机的涡流也需要氨液来冷却，因此屏蔽泵不能断液。一断液就容易烧坏石墨轴承，屏蔽泵对气蚀又特别敏感，液位波动或压力波动都能引起气蚀而导致断液，泵的本身又没有安全保护装置，因此须设压差控制器(CWK-11 型)，用以控制液泵的进出口压差。当低压循环贮液桶内液位过低或泵发出气蚀时，出液量迅速下降，压差低于某一调定值时，发出报警信号，停止氨泵运转，以防止氨泵空转而受损失。压差控制器的调定值应按主库高度来确定，当主库高度低于 20 m时一般可取 50～60 kPa。

开启式离心泵：该泵对气蚀敏感不如屏蔽泵，内没有利用氨液润滑的部件，只要进口处有足够的液柱即能保证泵的正常运转。

泵在停止运转时，为了防止液体倒流冲击，在任何一种泵的排出管道上都必须装设 ZZRN-00Y 型止逆阀。

另外在有些自控设计中，为了使氨泵容易上液，增添了一些自控阀门。如抽气电磁阀，当氨泵要启动前或在氨泵发生气蚀时(利用 CWK-11 型压差控制器发讯)，开启抽气电磁阀 ZCL-00(若干秒后自动关闭)，以排除泵体内和进液管道内产生的气体，有利于氨泵正常上液；还有热氨加压法和机器卸载法等措施来解决泵上液问题。其实，抽气电磁阀、热氨加压阀等只起了一个辅助作用，如果改进管道设计，这些自控阀门是可以不必设置的。当然氨泵的气蚀是一个比较复杂的问题，需进一步研究，以使液泵循环供液自动控制更完善。

（二）浮球伐控制供液（图 1-5-7，图 1-5-8）

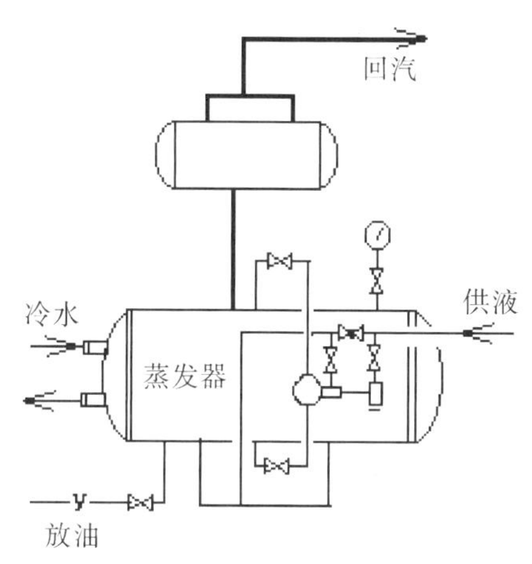

图 1-5-7　壳管式蒸发器的供液方式

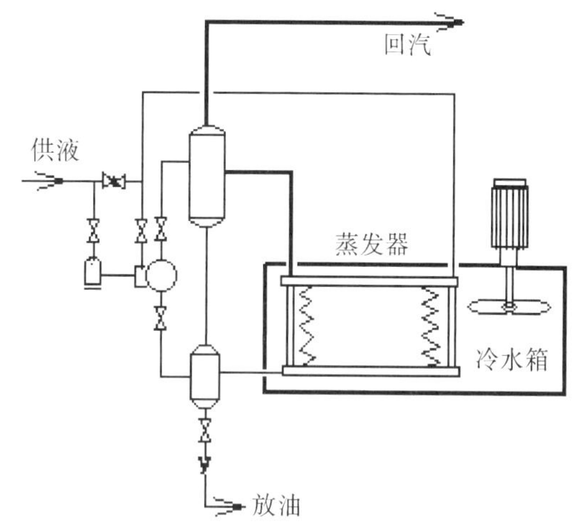

图 1-5-8　沉浸式蒸发器供液

沉浸式蒸发器，卧式蒸发器等一般都采用低压浮球阀来控制供液。它比较简单，校验和检修亦比较方便。若有两组以上蒸发温度不相同的蒸发器并联使用时，则在回流管道上需设置恒压主阀，而在供液管道上可以不装。

三、中间冷却器的自动控制

中间冷却器的自动控制见图 1-5-9 所示。

1. 液位控制

每个中间冷却器装设两套 UQK-40 型液位控制器，作用同低压循环贮液桶，其中一套 UQK_1-40 与供液电磁主阀 ZCL-00YB 配合，以维持中间冷却器内的标准液面。另一套 UQK_2-40 起安全保护作用，高液位报警，由人控排液至低压循环贮液桶内，并切断压缩机电源，作事故停车。

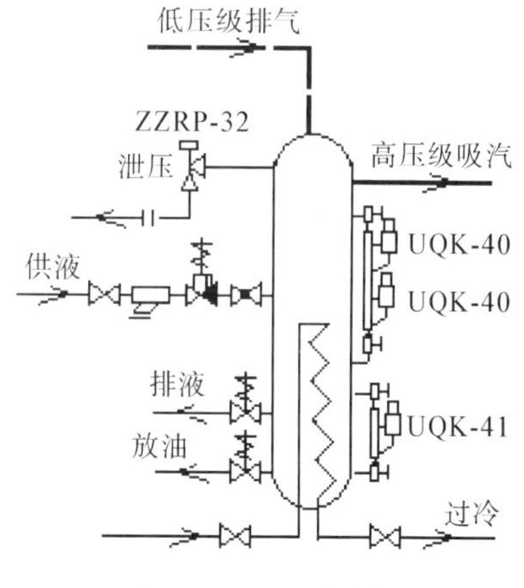

图 1-5-9　中冷器自控

2. 中压保护

为了防止中间冷却器压力过高，造成压缩机启动困难，启动电流过大，在中间冷却器上设一根泄压管与低压循环贮液桶连接，泄压管上可装 ZZRP-32 型旁通阀，当中间压力超过预定值阀门自动开启并减压至低压桶，也可在减压管上装设 ZCL-20 型电磁阀和 YWK-11 型压力控制器，与压缩机同时接通电源。当中间压力超过预定值时电磁阀开启泄压至低压桶；还可以在泄压管上装设 ZCHD-32QB 型恒压电磁主阀，此阀的电磁导阀和恒压导阀是串联的。临开机前使电磁导阀开启，恒压导阀即能保证中间冷却器内压力不超过一定值。若超过一定值时，主阀就开启，向低压循环贮液桶泄压。恒压阀的调定值，为了便于压缩机启动，有可能调得比运转时的中压更低，因此在启动后即使电磁导阀关闭，恒压导阀失去作用，主阀不会因中压超过恒压阀的调定压力而开启，保证压缩机的正常运转。

3. 若考虑自动放油，则须增设 UQK-41 型油位控制器和 ZCL-20 型放油电磁阀。

中间冷却器一般不必设排液电磁阀，可改为手动排液，当中间冷却器发生超高液位时，即说明系统工作不正常或供液电磁主阀失去控制作用，因此在超高液位事故报警后，应立即停车，检查故障原因，及时排除，再使压缩机恢复运转。如果用自动排液处理超高液位事故，这只不过是暂时解决的办法不可能查出事故根源。

第二章　制冷负荷计算

计算制冷负荷的目的，是为正确地选择制冷机器、设备和管道提供可靠的依据，它是设计冷库制冷装置的最初工作之一。

计算制冷负荷，首先应根据必要的基础资料和设计参数，求出在最不利条件下，各库房在单位时间内所必须取走的热量，即库房耗冷量。然后再根据不同的因素对库房的各类耗冷量进行适当的修正，从而确定出冷库的制冷负荷，即冷却设备负荷和压缩机负荷。

第一节　计算的基础资料和一般规定

一、基础资料

1. 建库地区的气象资料：包括气温、相对湿度、水文、风向、潮位等等。

2. 注明座向、尺寸和围护结构构造的库房平面图和剖面图，以便确定库房承受太阳辐射的方向，围护结构的面积和传热系数的大小等。

3. 各冷间的进货量。

4. 各冷间设计温度和相对湿度要求，这主要是由食品冷加工工艺条件，贮藏食品的性质，贮藏期限以及技术经济分析所决定的，可参见表 2-1-1。

表 2-1-1　冷间的设计温度和相对湿度

冷间名称	室温(℃)	相对湿度(%)	适用食品范围
冷却间	0		肉、蛋等
冻结间	−18～−23 −23～−30		肉、禽、兔、冰蛋、冰淇淋等 鱼、虾等
冷却物冷藏间	0 −2～0 −1～+1 0～+2 −1～+1 +2～+4 +7～+13 +11～+16	85～90 80～85 90～95 85～90 90～90 85～90 85～95 80～90	冷却后的肉、禽 鲜蛋 冰鲜鱼 苹果、鸭梨等 大白菜、蒜薹、菠菜、香菜、胡萝卜、甘蓝、芹菜、莴苣等 土豆、橘子、荔枝等 柿子椒、菜豆、黄瓜、番茄、菠萝、柑等 香蕉等
冻结物冷藏间	−15～−20 −18～−23	85～90 90～95	冻肉、禽、兔和副产、冰蛋、冻蔬菜、冰淇淋、冰棒等 冻鱼、虾等
储冰间	−4～−6		盐水制冰的冰块

注：冷却物冷藏间设计温度一般取 0 ℃，在储藏过程中应按食品的产地、品种、成熟度和降温时间等调节其温度与相对湿度。

二、设计参数的确定

(一)室外计算温度($t_{外}$)的确定

冷库室外温度一般均低于外界大气温度(个别严寒地区例外),由于室内外温差的存在,外界热量则透过库房围护结构向库内传递。当库房冷藏门开启或进行通风换气时,外界的热空气更直接影响库温的变化。当然,对于围护结构的传热量,除了要考虑室外空气温度外,还与太阳辐射热有关,但为了简化计算,这部分热量可按照围护结构所处的位置通过“温差修正系数 a”来加以修正。

我国的地理环境差异很大。不同的地区,室外温度都不相同;即使同一地区,室外温度也随季节和昼夜而变化。所以,我们不能简单地取某一时刻的温度(如极端最高温度)作为室外计算温度,因为此温度持续时间一般不长也不是经常出现,可能是几十年,甚至几百年才出现一次。而且,目前国内的冷库一般均为重体性围护结构,这种结构热稳定性很大,室外气温波动而产生的传入热由于受到围护结构的衰减作用(衰减度可达几千倍),将被滞后甚至阻止在隔热层内而不致引起库温的变化。显然,用这个温度作为室外计算温度算出的传入热要比实际的传入热为大,那么,应如何确定室外计算温度呢?

确定室外计算温度的原则是:既要考虑冷库最不利的工作条件,又要忽略室外热作用中的短期不稳定因素,以保证库房的隔热层在合理的经济的厚度下能达到工况稳定。因此,要确定室外计算温度,就必须以当地较长一段时间(近 10～20 年)的气象资料为依据,从中确定出有代表性的某个室外温度值,用此值来计算库房热量与实际热量相仿,具体方法按《冷库设计规范》规定。

1. 计算围护结构传热量时,应取历年(近 10～20 年)平均每年不保五天的日平均温度(称夏季空气调节室外计算日平均温度)为室外计算温度;

2. 计算通风换气耗冷量时,应以每年最热月下午 2 点的月平均温度的历年平均值(即夏季通风室外计算温度)为室外计算温度;

各主要城市的室外计算温度,可直接从附录一中查取,没有列入该表中的地区或城市,可以根据当地气象资料自行统计得出,也可参照该表中相距较近城市的数值。

(二)邻室计算温度($t_{邻}$)的确定

若对两个库房之间或库房与其他建筑物之间进行传热计算时,则应以邻室计算温度代替室外计算温度。若邻间是冷藏间时,则按其设计库温来计算;若邻间为冷却间或冻结间时,则应取该冷间空库保温的温度,即:冷却间按 10 ℃,冻结间按 −10 ℃计算;若该冷间地坪下设有通风加热装置时,其外测温度按 1～2 ℃计算。对于两用间的计算温度可这样确定,进行本房间热量计算时,室内温度取低库温值;作为其他库房的邻室时,则取高库温值。

(三)室外计算相对湿度的确定

在校核库房外围结构高温侧是否会结露以及根据两侧空气水蒸汽分压力计算隔汽层时需用的室外相对湿度,选用“最热月月平均相对湿度”,可查附录一。

在计算“通风换气”和“开门”热量时,相对湿度取“夏季通风室外计算相对湿度”,可查附录一。

（四）货物进出库时温度的确定

1. 货物进库时的温度

（1）未经冷却的鲜肉温度按 35 ℃计算，已经冷却的鲜肉温度按＋4 ℃计算；

（2）从外库调入的冻结货物温度按－8～－10 ℃计算；

（3）冷藏车、船运来的冰鲜鱼虾温度取＋15 ℃，经整理后进入冷加工间的温度则按鱼（虾）的用水温度；

（4）鲜蛋、果蔬的进货温度，应按当地食品进库旺月的月平均温度，或按室外计算温度乘以季节修正系数 n_1（n_1 值见表 2-3-2）。

2. 货物的出库温度应根据冷库规模、产品品种以及产品冷加工工艺要求等来确定，无具体要求时，下列数据可供参考：

（1）肉类从冷却间出库时温度可按＋4 ℃计；

（2）肉类、鱼品从冻结间（或再冻间）出库时的温度可按－15 ℃计；

（3）冷却物冷藏间出库温度可按±0 ℃计；

（4）冻结物冷藏间出库温度可按－18 ℃计。

（五）货物冷加工时间 τ 的确定

影响货物冷加工时间的因素有：采用冷却设备的类型、冷冻介质温度、空气流速以及食品种类和包装器材等。计算加工周期时，应包括进出库时间（一般为 2～4 h）。在实际设计中，对食品冷加工时间一般都不经过繁琐的计算，而是根据冷冻加工食品的种类、冷冻加工的方式和工艺要求来确定，具体数据可参考表 2-1-2。

表 2-1-2 各类库房特性表

序号	室　名	室　温（℃）	相对湿度（%）	制冷设备	进货温度（℃）	出货温度（℃）	冷加工时间（h）	每米吊轨载货量（kg）	每立方米容积载货量（kg）	每平方米地板载货量（kg）	备　注
1	冷却间										
	（1）肉 （2）分割肉副产品	－2 ±0	90 90	干式冷风机 干式冷风机	＋35 ＋30	＋4 ＋4	20/10 20	200～230		100	分母为快速冷却内销副产品不冷却
2	冻结间										
	（1）肉	－23～30		干式冷风机	＋30/＋4*	－15	20/10**	200～230			*分子为一次冻结 **分母为快速冻结
	（2）副产品、分割肉	－23～30		干式冷风机或吹风式搁架排管	＋30/＋4*	－15	20/24～72**	每平方米搁架 60～80		200	*分子为未经冷却 **分母为分割肉，24 h 为铁盘装，72 h 为纸盒装

续表

序号	室　名	室　温（℃）	相对湿度（%）	制冷设备	进货温度（℃）	出货温度（℃）	冷加工时间（h）	每米吊轨载货量（kg）	每立方米容积载货量（kg）	每平方米地板载货量（kg）	备　注
	(3)禽、兔	−23～30		干式冷风机或吹风式搁架排管	+30－+25	−15	24～40/80*	每平方米搁架60～80			*分子为铁盘装分母为纸盒装
	(4)盘装冰蛋	−23～30		干式冷风机或吹风式搁架排管		−15	24	每平方米搁架60～80			
	(5)听装冰蛋	−23～30		干式冷风机或吹风式搁架排管		−15	52				
	(6)鱼虾	−23～30		干式冷风机或吹风式搁架排管	+15	−15	12/8*	400～540/270**			*分子为鱼分母为虾 **吊笼吊挂，分子为鱼分母为虾
3	冷却物冷藏间	±0～2	85～90	干式冷风机	+25/+4*	±0～2	24～72		230～260		*分子为未经冷却
4	冻结物冷藏间	−18～20	90～95	干式冷风机或墙、顶排管	−15/−8	−18～20	24/48		400～600		用干式冷风机时货间风速应不大于0.5 m/s
5	冷却物包装间	常温									
6	冻结物包装间	−5		干式冷风机或墙管							
7	贮冰间	−4～6		干式冷风机或顶排管	±0	−4			750		不能采用翅片管
8	再冻间	−23		干式冷风机	−8	−15	20	200～230			

冷库贮藏吨位可按下式计算：

$$G=\frac{\sum V_i \cdot \gamma_i \cdot \eta_i}{1\ 000}$$

式中：G——各冷库贮藏吨位(t)；

V_i——各冷藏间或贮冰间的公称容积(m^3)；

η_i——冷藏间或贮冰间的容积利用系数，不应小于表 2-1-3 的规定值；

表 2-1-3　冷藏间、贮冰间的容积利用系数 η

冷藏间公称容积(m^3)（高低温分别汇总）	η	贮冰间净高(m)	η
500～1 000	0.40	≤4.20	0.4
1 001～2 000	0.50	4.21～5.00	0.5
2 001～10 000	0.55	5.01～6.00	0.6
10 001～15 000	0.60	>6.00	0.65
>15 000	0.62		

γ_i——食品的计算密度(kg/m³),按表 2-1-4 选用。

表 2-1-4　食品的计算密度

序号	食　品　名　称	密度(kg/m³)
1	冻猪白条肉	400
2	冻牛白条肉	330
3	冻 羊 腔	250
4	块装冻剔骨肉或副产品	600
5	块装冻鱼	470
6	块装冻冰蛋	630
7	冻猪油(冻动物油)	650
8	罐 冰 蛋	600
9	纸箱冻家禽	550
10	盘 冻 鸡	350
11	盘 冻 鸭	450
12	盘 冻 蛇	700
13	纸箱冻蛇	450
14	纸箱冻兔(带骨)	500
15	纸箱冻兔(去骨)	650
16	木箱鲜鸡蛋	300
17	篓装鲜鸡蛋	230
18	篓装鸭蛋	250
19	筐装新鲜水果	220(200～230)
20	箱装新鲜水果	300(270～330)
21	托板式活动货担存菜	250
22	木杆搭固定货架存蔬菜(不包括架间距离)	220
23	篓装蔬菜	250(170～340)
24	机 制 冰	750
25	其　　他	按实际密度采用

注:同一冷库如同时存放猪、牛、羊肉(包括禽兔)时,其密度均按 400 kg/m³ 计;当只存冻羊腔时,密度按 250 kg/m³ 计;只存冻牛、羊肉时,密度按 330 kg/m³ 计。

三、冷库的设计规模

冷库的设计规模应以冷藏间或储冰间的公称容积为计算标准。

公称容积为冷藏间或储冰间的净面积(不扣除柱、门斗和制冷设备所占的面积)乘以房间净高。

第二节 冷间内各项冷负荷的确定

库房耗冷量，即在单位时间里必须从库房内取走的热量，根据产生的热源不同，库房耗冷量可分为五类。

Q_1——围护结构传入热；

Q_2——货物放热量；

Q_3——通风换气耗冷量；

Q_4——电机运转热当量；

Q_5——操作管理耗冷量。

但由于不同库房的作用不同，所以每间库房不一定会同时出现这五项热量，以下分别介绍各项热量的计算方法。

一、围护结构传入热 Q_1

$$Q_1 = K \cdot F \cdot a(t_w - t_n) \tag{2-2-1}$$

式中：K——围护结构的传热系数，单位 $W/m^2 \cdot K$。

$$K\text{ 的计算公式为：}K = \frac{1}{R_0} = \frac{1}{(\frac{1}{a_w} + \sum\frac{\delta_i}{\lambda_i} + \frac{1}{a_n})} \tag{2-2-2}$$

式中：δ_i——围护结构各层材料的厚度，m；

λ_i——围护结构各层材料的导热系数，$W/m \cdot K$，可从附录二中查取；

a_n、a_w——库房围护结构内、外表面的放热系数，$W/m^2 \cdot K$ 见表 2-2-1。

表 2-2-1 围护结构内、外表面放热系数 a_n、a_w

围护结构部位及环境条件	$a_w(W/m^2 \cdot K)$	$a_n(W/m^2 \cdot K)$
无防风设施的屋面、外墙的表面	23.20	—
冷间上为阁楼或常温房间的顶棚的外表面、外墙外部紧邻其他建筑物的外表面	11.6	—
外墙和顶棚的内表面、内墙和楼板的表面，地面的上表面： 1. 冻结间、冷却间设有强力通风装置时 2. 冷却物冷藏间设有强力通风装置时 3. 冻结物冷藏间设送风的冷却设备时 4. 冷间无机械送风装置时		 29.075 17.445 11.63 8.14
地面下为通风架空层	8.14	—

注：地面下为通风加热管道和直接铺设于土壤上的地面以及半地下室外墙埋入地下的部位，外表面放热系数均可不计。

a——围护结构两侧温差修正系数，其大小主要取决于围护结构外侧的环境条件，围护结构的热特性指标以及库房的特性等。温差系数见表 2-2-2。

表 2-2-2　计算温差修正系数 a

<table>
<tr><th colspan="3">围护结构</th><th>部　位</th><th>a</th></tr>
<tr><td rowspan="7">墙</td><td rowspan="3">外侧无遮阳设施</td><td rowspan="2">$D>4$</td><td>冻结间、冻结物冷藏间</td><td>1.05</td></tr>
<tr><td>冷却间、冷却物冷藏间、冰库</td><td>1.10</td></tr>
<tr><td>$D\leqslant4$</td><td>所有冷间</td><td>1.30</td></tr>
<tr><td rowspan="2">与常温房间相邻</td><td rowspan="2">$D>4$</td><td>冻结间、冻结物冷藏间</td><td>1.00</td></tr>
<tr><td>冷却间、冷却物冷藏间、冰库</td><td>1.00</td></tr>
<tr><td>两侧均为冷间</td><td></td><td></td><td>1.00</td></tr>
<tr><td rowspan="7">顶棚</td><td rowspan="4">有阁楼层，屋面有隔热层或通风间层
$D>4$</td><td rowspan="2">为通风阁楼</td><td>冻结间、冻结物冷藏间</td><td>1.15</td></tr>
<tr><td>冷却间、冷却物冷藏间、冰库</td><td>1.20</td></tr>
<tr><td rowspan="2">不通风阁楼</td><td>冻结间、冻结物冷藏间</td><td>1.20</td></tr>
<tr><td>冷却间、冷却物冷藏间、冰库</td><td>1.30</td></tr>
<tr><td rowspan="3">无阁楼层屋顶</td><td rowspan="2">有通风间层 $D>4$</td><td>冻结间、冻结物冷藏间</td><td>1.20</td></tr>
<tr><td>冷却间、冷却物冷藏间、冰库</td><td>1.30</td></tr>
<tr><td>$D\leqslant4$</td><td>冻结物冷藏间</td><td>1.60</td></tr>
<tr><td rowspan="4">地坪</td><td rowspan="2">地坪直接铺设于土壤上</td><td colspan="2">隔热层下有通风等加热设施</td><td>0.60</td></tr>
<tr><td colspan="2">地面下无通风等加热设施</td><td>0.20</td></tr>
<tr><td colspan="3">一半地下室外墙为土壤时</td><td>0.20</td></tr>
<tr><td colspan="3">地坪为通风架空层</td><td>0.70</td></tr>
</table>

注：①地下有通风加热设施的两侧温度取值根据 T 邻项规定；

②负温川堂可参照冻结物冷藏间选用 a 值；

③表内未列出的其他室温 0 ℃的冷间可参照各项里的冷却间选用 a 值。

R_0——围护结构的总热阻，$m^2 \cdot K/W$，在确定隔热层的厚度时，常常需要用到《规范》所推荐的 R_0 值（见表 2-2-3 至表 2-2-7）。

表 2-2-3　外墙、无阁楼的屋面、有阁楼的顶棚的总热绝缘系数 R_0（$m^2 \cdot K/W$）

室内外温差 $a \cdot \Delta t$（℃）	单位面积传入热量（W/m^2）					室内外温差 $a \cdot \Delta t$（℃）	单位面积传入热量（W/m^2）				
	8	9	10	11	12		8	9	10	11	12
90	11.25	10.00	9.00	8.18	7.50	50	6.25	5.56	5.00	4.55	4.17
80	10.00	8.89	8.00	7.27	6.67	40	5.00	4.44	4.00	3.64	3.33
70	8.75	7.78	7.00	6.36	5.83	30	3.75	3.33	3.00	2.73	2.50
60	7.50	6.67	6.00	5.45	5.00	20	2.50	2.22	2.00	1.82	1.67

表 2-2-4 隔墙的总热绝缘系数 R_0 ($m^2 \cdot K/W$)

隔墙两侧室名及设计室温	单位面积传入热量(W/m^2)	
	10	12
冻结间－23 ℃——冷却间 0 ℃	3.80	3.17
冻结间－23 ℃——冻结间－23 ℃	2.80	2.33
冻结间－23 ℃——穿堂＋4 ℃	2.70	2.25
冻结间－23 ℃——穿堂－10 ℃	2.00	1.67
冻结物冷藏间－18～－20 ℃——冷却物冷藏间 0 ℃	3.30	2.75
冻结物冷藏间－18～－20 ℃——贮冰间－4 ℃	2.80	2.33
冻结物冷藏间－18～－20 ℃——穿堂＋4 ℃	2.80	2.33
冷却物冷藏间 0 ℃——冷却物冷藏间 0 ℃	2.00	1.67

注:隔墙总热绝缘系数已考虑生产中的温度波动因素。

表 2-2-5 楼面的总热绝缘系数 R_0

楼板上下冷间设计温度差(℃)	R_0($m^2 \cdot K/W$)	楼板上下冷间设计温度差(℃)	R_0($m^2 \cdot K/W$)
35	4.77	8～12	2.58
23～28	4.08	5	1.89
15～20	3.31		

注:1. 楼板总热绝缘系数已考虑生产中温度波动因素。
2. 当冷却物冷藏间楼板下为冻结物冷藏间时,其楼板总热绝缘系数不宜小于 4.08 $m^2 \cdot K/W$。

表 2-2-6 直接铺设在土壤上的地面总热绝缘系数 R_0

冷间设计温度(℃)	R_0($m^2 \cdot K/W$)	冷间设计温度(℃)	R_0($m^2 \cdot K/W$)
0～－2	1.72	－23～－28	3.91
－5～－10	2.54	－35	4.77
－15～－20	3.18		

注:当地面隔热层采用炉渣时,总热绝缘系数按本表乘以 0.8 修正系数。

表 2-2-7 铺设在架空层上的地面总热绝缘系数 R_0 表

冷间设计温度(℃)	R_0($m^2 \cdot K/W$)	冷间设计温度(℃)	R_0($m^2 \cdot K/W$)
0～－2	2.15	－23～－28	4.09
－5～－10	2.71	－35	4.77
－15～－20	3.44		

t_w——围护结构外侧计算温度 ℃,当计算外墙、层面和顶棚时,按 $t_{外}$ 规定取值,计算内墙、楼面和地坪时,按 $t_{邻}$ 规定取值;

t_n——库内设计温度,℃;

F——围护结构的传热面积,m^2;

对于围护结构的传热尺寸,参见《规范》中的规定来进行计算,具体如下:

1. 屋面、地面和外墙的长、宽度应按图 2-2-1 中 l_1、l_2、l_3、l_4 计算;

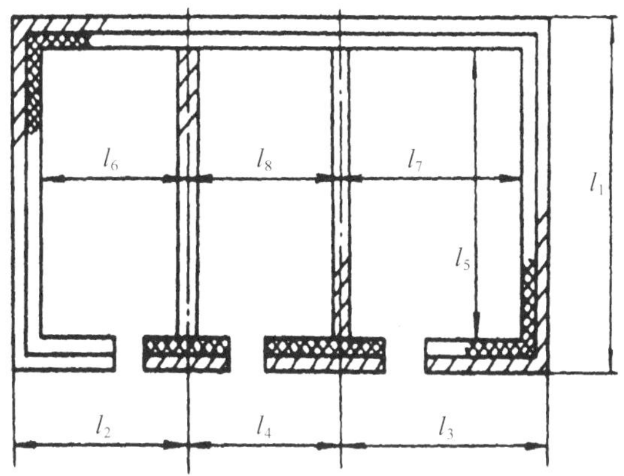

图 2-2-1　屋面、地面、楼面、外墙和内墙长、宽度示意图

2. 楼板和内墙长、宽度应按图 2-2-1 中 l_5、l_6、l_7、l_8 计算；

3. 外墙的高度：地下室应按图 2-2-2 中 h_1、h_2 计算；底层应按 h_3 计算；中间层应按 h_4、h_5 计算；顶层应按 h_6、h_7 计算。

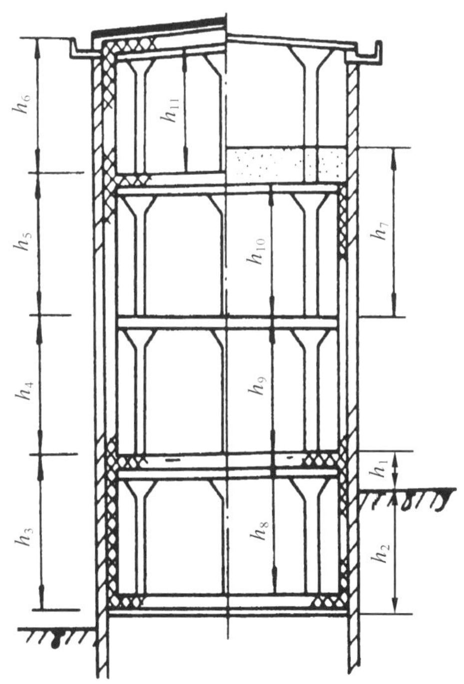

图 2-2-2　外墙和内墙高度示意图

4. 内墙的高度：地下室、底层和中间层，应按图 2-2-2 中 h_8、h_9 计算；顶层应按 h_{10}、h_{11} 计算。

计算冷间楼板、地板面积时，不必扣除门斗所占的面积。

对于传热系数 K，传热面积 F 和围护结构传热量 Q_1，工程上一般均列表进行计算，这样不仅方便，而且结果明了，易于校对。

《冷库设计规范》中根据冷间设计温度和限定单位面积传入热，对冷库围护结构各部位总热阻 R_0 都有相应的规定值，见表2-2-3至表 2-2-7。当我们遇到冷间设计温度和使用隔热材料等为已知，但围护结构具体构造还不清楚时，可以根据已知条件从表2-2-3至表 2-2-7 中查到各部位的总传热阻从而计算出 K 值，这样就可以提前进行围护结构传热量计算，既方便又可以不影响设计进度。但是，在确定围护结构构造时，其传热阻一定不能小于查表值。

二、货物放热量 Q_2

一般，食品进库时的温度比库内的温度要高。对于活性食品，在冷加工贮藏过程中还要不断进行需氧呼吸等(为放热反应)，这就形成食品向周围空气不断地传递热量，这种在单位时间内食品向库内空气放出的热量就叫货物放热量。

食品在冻结过程中放热，是分三个阶段：显热—潜热—显热进行的。因各种食品在不同的温度下都具有不同的含热量值。所以，在工程设计时，一般均以食品冷加工或贮藏前后的焓差、温度差或果蔬的呼吸热平均值作为计算基础。

货物热量的计算，包括下列四项内容：

Q_{2a}——食品放热量；

Q_{2b}——食品包装材料和承载工具的热量；

Q_{2c}——食品冷加工过程的呼吸热；

Q_{2d}——食品冷藏过程中的呼吸热；

如果冻结过程中加水量较大时(如冻出口对虾等)，还需要增加一项加水热量。

将以上写成一个恒等式为：

$$Q_2 = Q_{2a} + Q_{2b} + Q_{2c} + Q_{2d}$$

$$= \frac{G'(h_1 - h_2) \times 10^3}{\tau} + \frac{G'BC_b(t_1 - t_2) \times 10^3}{\tau} + \frac{G'(q_1 + q_2)}{2} + (G_n - G')q_2 \tag{2-2-4}$$

式中：G'——冷间每天进货量(kg)；

G'的取值应符合下列要求：

1. 冷却间、冻结间按设计的每项冷加工能力计算；

2. 冷却物冷藏间，当存放果蔬时应不大于库容量的 8%，存放鲜蛋时应不大于库容量的 5%。

3. 冻结物冷藏间，当有从外库调入货物时，G'应按库容量的 5%计算。无外库调入货物，当冻结量较小时，可按冷库每日冻结量入库，但不应大于库容量的 5%；当冻结量较大时，可根据具体情况按比例分摊入库。

h_1、h_2——货物进出冷间的焓值 kJ/kg，可根据货物的品种和初、终温度查食品焓值表 2-2-8。

表2-2-8 食品的焓值表(kJ/kg)

食品温度(℃)	牛肉各种禽类	羊肉	猪肉	肉类副产品	去骨牛肉	少脂鱼	多脂鱼	鱼片	鲜蛋	蛋黄	纯牛奶	奶油	炼制奶油	奶油冰淇淋	牛奶冰淇淋	葡萄杏子樱桃	水果及其他浆果	水果及糖浆浆果	加糖的浆果
-25	-10.9	-10.9	-10.5	-11.7	-11.3	-12.2	-12.2	-12.6	-8.8	-9.6	-12.6	-9.2	-8.8	-16.3	-14.7	-17.2	-14.2	-17.6	-22.2
-20	0.0	0.0	0.0	0.0	0.0	0.0	0.0	0.0	0.0	0.0	0.0	0.0	0.0	0.0	0.0	0.0	0.0	0.0	0.0
-19	2.1	2.1	2.1	2.5	2.5	2.5	2.5	2.5	2.1	2.1	2.9	1.7	1.7	3.4	2.9	3.8	3.4	3.8	5.0
-18	4.6	4.6	4.6	5.0	5.0	5.0	5.0	5.4	4.2	4.6	5.4	3.8	3.4	7.1	6.3	7.5	6.7	8.0	10.0
-17	7.1	7.1	7.1	8.0	8.0	8.0	8.0	8.4	6.3	6.7	8.4	5.9	5.0	11.3	9.6	11.7	10.0	12.0	15.5
-16	10.0	9.6	9.6	10.9	10.5	10.9	10.9	11.3	8.4	8.8	11.3	8.0	7.1	15.5	13.4	15.9	13.4	16.8	21.0
-15	13.0	12.6	12.2	13.8	13.4	14.2	14.2	14.7	10.5	11.3	14.2	10.1	9.2	19.7	17.6	20.5	17.2	21.4	26.8
-14	15.9	15.5	15.1	17.2	16.8	17.6	17.2	18.0	12.6	13.8	17.6	12.6	11.3	24.3	22.2	25.6	21.0	26.4	33.1
-13	18.9	18.4	18.0	20.5	20.1	21.0	20.5	21.8	15.1	15.9	21.4	15.1	13.4	29.3	27.2	31.0	25.1	31.4	39.8
-12	22.2	21.8	21.4	24.3	23.5	24.7	24.3	25.6	17.6	18.4	25.1	17.6	15.9	34.8	33.1	36.5	29.7	36.9	46.9
-11	26.0	25.6	25.1	28.5	27.2	28.9	28.1	29.7	20.1	21.4	28.9	20.5	18.0	40.6	39.8	42.7	34.4	43.2	54.9
-10	30.2	29.7	28.9	33.1	31.4	33.5	32.7	34.8	22.6	24.3	32.7	23.5	20.5	46.9	47.3	49.9	39.4	49.4	63.7
-9	34.8	33.9	33.1	38.1	36.0	38.5	37.3	40.2	25.6	28.5	37.3	26.4	23.5	54.1	55.7	57.8	44.8	56.6	73.7
-8	39.4	38.5	37.3	43.2	41.1	43.6	42.3	45.7	28.5	31.0	42.3	29.3	26.0	62.4	65.4	66.6	51.1	64.9	85.9
-7	44.4	43.6	41.9	48.6	46.1	49.4	47.8	51.5	31.8	34.4	48.2	32.7	28.5	72.9	77.1	78.8	58.7	75.8	101.0
-6	50.7	49.4	47.3	55.3	52.4	56.6	54.5	58.7	36.0	39.0	54.9	36.5	31.4	86.7	92.2	93.9	68.7	89.7	120.3
-5	57.4	55.7	54.5	62.9	59.9	74.2	61.6	67.0	41.5	44.8	62.9	40.6	34.4	105.6	111.9	116.1	82.1	108.1	147.5
-4	66.2	64.5	62.0	72.9	69.1	80.9	71.2	77.5	47.8	52.0	73.7	44.8	36.9	132.0	138.7	150	104.3	135.3	169.7
-3	75.4	77.1	73.7	88.0	83.0	89.2	85.5	93.9	227.9/57.8*	63.3	88.8	50.7	39.8	178.9	181.4	202.8	139.1	180.6	173.5
-2	98.9	96.0	91.8	109.8	103.5	111.9	106.4	117.7	230.9/75.8*	83.4	111.5	60.3	43.2	221.2	230.0	229.2	211.2	240.1	176.4
-1	186.0	179.8	170.1	204.5	194.4	212.4	199.9	225.0	234.2/128.6*	142.0	184.4	91.8	49.0	224.6	233.4	233.0	268.2	243.9	179.8
0	232.5	224.2	212.0	261.5	243.0	266.0	249.3	282.0	237.6	264.4	319.3	95.1	52	227.9	236.7	236.3	271.9	247.2	182.7
1	235.9	227.5	214.9	264.8	246.4	269.8	253.1	285.8	240.5	267.7	323.0	98.0	55.3	231.3	240.1	240.1	275.7	251.0	186.0
2	238.8	230.5	217.9	268.6	249.7	273.2	256.4	289.1	243.9	271.1	326.8	101.4	58.2	234.6	243.4	243.4	279.5	254.3	189.0
3	242.2	233.8	221.2	271.9	253.1	277.0	259.8	292.9	246.8	274.4	331.0	104.8	61.2	238.0	247.2	249.7	283.2	258.1	192.3
4	245.5	236.7	224.2	275.3	256.4	280.3	263.1	296.7	250.1	277.8	334.8	107.7	64.1	241.3	250.1	250.6	287.0	261.5	195.3
5	248.5	240.1	227.1	279.1	259.8	283.7	266.5	300.4	253.1	281.6	339.0	111.5	67.5	244.7	253.9	254.3	290.8	266.5	198.6
6	251.8	243.0	230.0	282.4	263.1	287.4	269.8	303.8	256.4	284.9	342.7	114.4	70.8	248.0	257.3	257.7	294.6	268.6	201.5
7	255.2	246.4	233.4	285.8	266.5	290.8	273.2	307.5	259.4	283.3	346.5	117.7	74.2	251.4	260.6	260.6	298.3	272.4	204.9
8	258.5	249.3	236.3	289.5	269.4	295.4	277.0	311.3	262.7	291.6	350.7	121.5	77.5	254.8	264	264.8	302.1	275.7	207.8
9	261.5	252.6	239.2	292.9	272.8	297.9	280.3	315.1	265.6	295.0	354.5	125.7	81.3	258.1	267.3	268.6	305.9	279.5	211.2
10	264.8	255.6	242.2	296.2	276.1	301.3	283.7	318.4	269.0	298.7	358.7	129.9	85.5	261.5	270.7	271.9	309.6	282.8	214.1
11	268.2	258.9	245.5	300.0	279.5	305.0	287.0	322.2	271.9	302.1	362.4	134.1	90.1	264.8	274.4	275.7	313.4	286.6	217.5

续表2-2-8 食品的焓值表(kJ/kg)

食品温度(℃)	牛肉各种禽类	羊肉	猪肉	肉类副产品	去骨牛肉	少脂鱼	多脂鱼	鱼片	鲜蛋	蛋黄	纯牛奶	奶油	炼制奶油	奶油冰淇淋	牛奶冰淇淋	葡萄杏子樱桃	水果及其他浆果	水果及糖浆浆果	加糖的浆果
12	271.1	261.9	248.5	303.4	282.8	308.4	290.4	326.0	275.3	305.5	366.6	138.7	95.1	268.2	277.8	279.1	317.2	289.9	220.4
13	274.4	265.2	251.4	306.7	286.2	312.2	293.7	329.3	278.6	308.8	370.4	144.1	100.6	271.5	281.1	282.8	321.0	293.7	223.7
14	277.8	268.2	254.3	310.5	289.5	315.5	297.1	333.1	281.6	312.2	374.6	149.6	106.4	274.9	284.5	286.2	324.7	297.1	226.7
15	280.7	271.5	257.3	313.8	292.9	318.9	300.8	336.9	284.9	315.9	378.8	155.4	112.3	278.2	287.9	289.9	328.5	300.8	230.0
16	284.1	274.4	260.6	317.2	296.2	322.6	304.2	340.6	287.9	319.3	382.5	161.3	118.6	281.6	291.2	293.3	332.3	304.2	233.0
17	287.4	277.8	263.6	321.0	299.6	326.0	307.5	344.0	291.2	322.6	386.7	166.8	124.9	284.9	294.6	297.1	336.5	308.0	236.3
18	290.4	280.7	266.5	324.3	302.9	329.8	310.9	347.8	294.1	326.0	390.9	172.2	130.3	288.3	297.9	300.4	339.8	313.4	239.2
19	293.7	284.1	260.4	327.7	306.3	331.1	314.3	351.5	297.5	329.3	394.7	177.7	136.2	291.6	301.3	304.2	343.6	315.1	242.6
20	297.1	287.0	272.8	331.4	309.6	336.5	317.6	355.3	300.4	333.1	398.9	182.7	141.2	295.0	304.6	307.5	347.4	318.4	245.5
21	300.0	290.4	275.7	334.8	313	340.2	321.4	358.7	303.8	336.5	402.7	187.7	146.2	298.3	308.0	311.3	351.1	322.2	248.9
22	303.4	293.3	278.6	338.1	315.9	343.6	324.7	362.4	307.1	339.8	406.8	192.3	150.8	301.7	311.3	315.1	354.9	325.6	251.8
23	306.7	296.7	281.6	341.9	319.3	346.9	328.1	366.2	310.1	343.2	410.6	196.5	155.4	305.0	314.7	318.4	358.7	329.3	255.2
24	310.1	299.6	284.9	345.3	322.6	350.7	331.4	369.6	313.4	346.5	414.8	200.7	159.6	308.4	318.0	321.8	362.4	332.7	258.1
25	313.0	302.9	287.9	349.0	326.0	354.1	334.8	373.3	316.3	350.3	418.6	204.9	163.8	311.4	321.4	325.6	366.2	336.5	261.5
26	316.4	305.9	290.8	352.4	329.3	357.8	338.1	377.1	319.7	–	422.8	208.7	167.6	315.1	325.1	328.9	370.0	339.8	264.4
27	319.7	309.2	293.7	356.2	332.7	361.2	341.5	380.9	322.6	–	426.5	212.4	171.0	318.4	328.5	332.7	373.8	343.6	267.3
28	322.6	312.2	297.1	359.5	336.0	365.0	345.3	384.2	326.0	–	430.7	215.8	174.3	321.8	331.9	336.0	377.5	344.4	270.7
29	326.0	315.5	300.0	362.9	339.4	368.3	348.6	388.0	328.9	–	434.5	219.1	177.7	325.1	335.2	339.8	381.3	350.7	273.6
30	329.3	318.4	302.9	366.6	342.7	371.7	352.0	391.8	332.3	–	438.7	222.9	181.4	328.5	338.6	343.2	385.1	354.1	277.0
31	332.7	321.8	305.9	370.0	346.1	375.4	355.3	395.5	335.2	–	442.5	226.7	185.2	331.9	341.9	346.9	388.8	357.8	280.0
32	335.6	324.7	309.2	373.3	349.5	378.8	358.7	398.9	338.6	–	446.2	230.45	189.0	335.2	345.3	350.3	392.6	361.2	283.2
33	339.0	328.1	312.2	377.1	352.8	382.6	362.0	402.7	341.5	–	450.4	234.2	192.3	338.6	348.6	354.1	396.4	365.0	286.2
34	342.3	331.0	315.1	380.5	356.2	385.9	365.8	406.4	344.8	–	454.2	237.6	195.7	341.9	352.0	357.4	400.2	368.3	290.0
35	345.7	334.4	318.0	384.2	359.1	389.3	369.1	409.8	347.8	–	458.4	240.5	198.6	345.3	355.7	361.2	403.9	372.1	292.5
36	348.6	337.3	321.4	387.6	362.4	393.0	372.5	413.6	351.1	–	462.2	243.4	201.1	348.6	359.1	364.5	407.7	375.4	295.8
37	352.0	340.7	324.3	390.9	365.8	396.4	375.8	417.3	354.1	–	465.9	246.4	203.6	352.8	362.4	368.3	411.5	379.2	298.8
38	355.3	343.6	327.2	394.7	369.1	400.2	379.2	421.1	357.0	–	470.1	248.9	206.2	355.3	365.8	371.7	415.2	382.6	302.1
39	358.7	347.0	330.2	398.1	372.5	403.5	381.3	424.5	360.3	–	473.9	251.4	208.2	358.7	369.1	375.4	419.0	386.3	305.0
40	361.6	349.9	333.5	401.4	375.8	406.9	385.9	428.2	363.3	–	477.7	253.9	210.8	362.0	372.5	378.8	422.8	389.7	308.4

注：1.*分子为冷却鸡蛋的焓值，分母为冻蛋的焓值。
2.以-20 ℃为基准，其时各种食品的焓值均为零。

τ——货物冷加工时间，s；

B——货物包装材料和运载工具的重量系数，见表 2-2-9；

表 2-2-9　货物包装材料和运载工具的重量系数 B

序　号	食品类别	冷加工方式重量系数 B	
1	肉类，鱼类和冻蛋类	冷藏	0.1
		肉类冷却和冻结（猪单轨叉挡式）	0.1
		肉类冷却和冻结（猪双轨叉挡式）	0.3
		肉类、鱼类、冻蛋类（搁架式）	0.3
		肉类、鱼类、冻蛋类（吊笼式或架子式手推车）	0.6
2	鲜蛋类	冷却物保鲜	0.25
3	鲜水果	冷却物保鲜	0.25
4	鲜蔬菜	冷却物保鲜	0.25

C_b——包装材料或运载工具的比热，kJ/kg・K 参考表 2-2-10；

表 2-2-10　食品包装材料的比热(kJ/kg・K)

材料名称	C_b	材料名称	C_b
木板类	2.51	布类	1.21
铁皮类	0.42	竹器类	1.51
玻璃容器类	0.84	黄油纸类	1.51
瓦楞纸类	1.47	铝皮	0.88
黄铜	0.39		

t_1——包装材料或运载工具进入冷间时的温度 ℃，可按下列规定取值；

①在本库进行包装的货物，其包装材料或运载工具温度取值按“夏季空气调节日平均温度”乘以生产旺月温度修正系数，该系数见表 2-2-11；

表 2-2-11　包装材料或运载工具进入冷间的温度修正系数

进入冷间月份	1	2	3	4	5	6	7	8	9	10	11	12
温度修正系数	0.10	0.15	0.33	0.53	0.72	0.81	1.00	1.00	0.83	0.62	0.41	0.20

②自外库调入已包装货物，其包装材料温度应为该货物的进入冷间的温度，其运载工具温度按①项规定取值；

t_2——包装材料或运载工具在冷间内降温终止时的温度，一般为库房设计温度，℃；

q_1、q_2——鲜果、蔬菜冷却初始、终止温度时的呼吸热，W/kg，见表 2-2-12；

2-2-12 **一些主要水果与蔬菜的呼吸热表**

品　　名	不同温度(℃)下的呼吸热(W/t)						
	0	2	5	10	15	20	25
杏	17	27	56	102	155	199	—
香蕉(青)	—	—	52	98	131	155	—
香蕉(熟)	—	—	58	116	164	242	—
成熟柠檬	9	13	20	33	47	58	78
甜樱桃	21	31	47	97	165	219	—
橙	10	13	19	35	56	69	96
西瓜	19	23	27	46	70	102	—
梨(早熟)	20	28	47	63	160	278	—
梨(晚熟)	10	22	41	56	126	219	—
苹果(早熟)	19	21	31	60	92	121	149
苹果(晚熟)	10	14	21	31	58	73	—
李	21	35	65	126	184	233	—
葡萄	9	17	24	36	49	78	102
香瓜	20	23	28	43	76	102	—
桃	19	22	41	92	131	181	236
菠萝(熟)	—	—	45	70	80	87	—
酸樱桃	22	34	53	107	184	242	—
草莓	47	63	92	175	242	300	453
坚果	2	3	5	10	10	15	—
抱子甘蓝	67	78	135	228	295	520	—
菜花	63	17	88	138	259	402	—
卷心菜	33	36	51	78	121	194	—
结球甘蓝(冬天)	19	24	24	38	58	116	—
马铃薯	20	22	24	26	36	44	—
胡萝卜	28	34	38	44	97	135	—
黄瓜	20	24	34	60	121	174	—
甜菜	20	28	34	60	116	213	—
西红柿	17	20	28	41	87	102	—
蒜	22	31	47	71	128	152	—
葱头	20	21	26	34	46	58	—
青豆	70	82	121	206	412	577	721
莴苣	39	44	51	102	189	339	—
蘑菇	121	131	160	252	485	635	—
豌豆	104	143	189	267	460	645	872
芹菜	20	—	29	—	102	—	—
玉蜀黍	80	—	116	—	465	—	756
青椒	33	—	64	96	114	131	—
芦笋	65	—	85	160	279	363	—
菠菜	82	—	199	313	523	897	—

注:表中抱子甘蓝又称嫩芽卷心菜,青豆又称四季豆。

G_n——冷却物冷藏间的冷藏量，kg。计算货物冷加工热量 Q_{2a} 时，对于从表 2-2-8（食品热焓表）里查不到焓值的货物品种，可根据下式计算货物的焓值：

$$\Delta h = C_1(t_1 - t_d) + L + C_o(t_d - t_2) = C_1(t_1 - t_d) + 335W\psi + C_o(t_d - t_2) \quad (2-2-5)$$

式中：C_1、C_o——食品冰冻点温度前、后的比热，kJ/kg·K；

t_d——食品冰冻点温度，℃；

t_1、t_2——食品进入冷间初、终状态时的温度，℃；

L——食品冻结潜热，kJ/kg；

ψ——食品含水率，%；

W——食品在冻结终温时的水分冻结率，%；

335——水的冻结潜热，kJ/kg。

C、L、ψ 各值可查附录三，W 值可查表 2-2-13。

表 2-2-13　食品在不同温度下的水分冻结量 W(%，按重量计)

食品名称	食品温度(℃)												
	−1	−2	−3	−4	−5	−6	−7	−8	−9	−10	−12.5	−15	−18
肉类、家禽	0～25	52～60	67～73	72～77	75～80	77～82	79～84	80.5～85.5	81～86.5	82.5～87.5	85～89	87.5～90	89～91
鱼类	0～45	0～68	32～77	45～82	53～84	58～85.5	62～87	65～88.5	68～89.5	70.5～90.5	72.5～92	74～93.5	76～95
蛋类、菜类	60	78	84.5	87	89	90.5	91.5	92	92.5	93	94	94.5	95
乳类	45	68	77	82	84	85.5	87	88.5	89.5	90.5	92	93.5	95
西红柿	30	60	70	76	80	32	84	85.5	87	88	89	90	91
葱、豌豆	10	50	60	71	75	77	79	80.5	82	83.5	86	87.5	89
蚕豆、萝卜	0	28	50	58	64.5	68	71	73	75	77	80.5	83	84
苹果、梨、土豆	0	0	32	45	53	58	62	65	68	70	74	78	80
橙子、柠檬、葡萄	0	0	20	32	41	48	54	58.5	62.5	65.5	69	72	75
樱桃	0	0	0	20	32	40	47	52	55.5	58	63	67	71

对于贮冰间的冷负荷，则可按下式进行计算：

$$Q_2 = \frac{2.1 \times 10^3 \cdot (0 - t_n) \cdot G \cdot 10^3}{24 \times 3\,600} = 24.3 \cdot t_n \cdot G \quad (2-2-6)$$

式中：2.1——冰的比热，kJ/kg·K。

G——制冰设备的生产能力，t/日；

t_n—贮冰间温度，℃。

三、通风换气冷负荷 Q_3

新鲜果蔬等活性食品，在冷藏过程中要不断地进行呼吸作用。使库内 O_2 的含量逐渐减少，CO_2 含量逐渐增多，这样能抑制果蔬的呼吸作用，延缓果蔬的成熟过程。但是，若空气中含 O_2 量太低，含 CO_2 太高，则会引起果蔬发生生理病害而死亡。所以，果蔬冷藏间需要定期进行通风换气，以供果蔬呼吸，排除产生各种有害气体和贮藏异味等，对于有人操作的低温车间，为满足工人呼吸所需，也要补充新鲜空气，以提供必要的生产条件。这种从外界补充温度较高的新鲜空气进入库内所放出的热量叫通风换气耗冷量，它有两项计算内容：

(一)货物换气冷负荷

$$Q_{3a}=\frac{(h_w-h_n)n\cdot V\cdot \rho_n\times 10^3}{24\times 3\ 600} \qquad (2-2-7)$$

式中：h_n、h_w——室内、外空气的焓值，kJ/kg，可查附录四；

n——每日换气次数，一般取 2～3 次；

V——冷间的内净容积，m^3；

ρ_n——冷间内空气密度，kg/m^3；

为了计算方便起见，在工程上常用干空气的容重 r 代替。干空气的容重可以查表 2-2-14。

表 2-2-14 干空气对传热有影响的物理参数(760 mmHg)

温度 (℃)	容重 r (kg/m^3)	比热 C_p (kJ/kg·K)	导热系数 $\lambda\cdot 10^2$ (W/m·K)	导温系数 $a\cdot 10^3$ (m^2/s)	黏度系数 $\mu\cdot 10^6$ ($kg\cdot s/m^2$)	运动黏度系数 $v\cdot 10^6$ (m^2/s)
−50	1.584	1.013	2.04	1.27	1.49	9.23
−40	1.515	1.013	2.12	1.38	1.55	10.04
−30	1.453	1.013	2.20	1.49	1.60	10.80
−20	1.395	1.009	2.28	1.62	1.65	12.79
−10	1.342	1.009	2.36	1.74	1.70	12.43
0	1.293	1.005	2.44	1.88	1.75	13.28
10	1.247	1.005	2.51	2.01	1.80	14.16
20	1.205	1.005	2.59	2.14	1.85	15.06
30	1.165	1.005	2.67	2.29	1.90	16.00
40	1.128	1.005	2.76	2.43	1.95	16.96
50	1.093	1.005	2.83	2.57	2.00	17.95

(二)低温车间操作人员呼吸换气冷负荷

$$Q_{3b}=0.008\ 3n_r\cdot r(h_w-h_n)\times 10^3=8.3n_r\cdot r(h_w-h_n) \qquad (2-2-8)$$

式中：0.0083——每人每秒需要补充的新鲜空气量，m^3/s；

n_r——操作人员数量，可按具体要求而定。

其余各项同式(2-2-7)。

在计算中应注意：

① Q_{3a}系指果蔬冷藏间而言，对于专用的鲜蛋库，此项可不计，对于鲜蛋库的冷藏工艺可详见第六章。

② Q_{3b}此项指有操作工人长期停留的冷间，如加工间、包装间等，其余冷间可不计。

四、电机运行热当量 Q_4

从能量守恒的观点来看，输入电动机的电能都会以各种形式(如电机本身运转和带动其他设备运行以及搅动库内空气)而最终全部转化为热量，在计算这部分热量时应考虑以下几个因素：

1. 电动设备的运转形式，基本有两种情况，即间歇式运转和连续运转。间歇式运转的电动设备主要有：电动机带动的风机，运输链带及搬运设备（堆垛机，电瓶车）等；连续运转的电动设备主要指冻结间或冷却间内的冷风机，其特点是在冷加工的全过程中电机是连续运转的。

2.电动机的安装位置，一般有两种情况：①电动设备装在库内而电机装在库外；②电动设备和电机都装在库内。

电机运行热当量可按下式计算：

$$Q_4 = \sum N_i \cdot \xi_i \cdot \rho_i \times 10^3 \quad (2-2-9)$$

式中：N_i——各电动机的额定功率，kW；

ξ_i——各热转化系数，电机在库内时取 $\xi_i=1$；电机不在库内时取 $\xi_i=0.75$；

ρ_i——各电机运转时间系数，冷风机配用的电动机取1，冷间其他设备配用的电动机按实际情况而定，一般可按每昼夜运行8小时，即 $\rho_i=8/24=0.33$。

在计算电机运行热量 Q_4 时，冷风机中所用的电机功率是未知的，因为该电机功率是在制冷装置的总耗冷量确定之后才能进行设备选型计算得出来，而 Q_4 又是总耗冷量的一部分。因此，必须先假设一个电动机功率，来求总耗冷量，然后再对该功率数值进行校验，若所得的结果与假定相差较大，则应再进行假设和计算。假设电机功率时可以采用估算法求出该冷间的蒸发器负荷 Q_z（见本章第四节），然后根据产品目录或其他资料查得冷风机型号，根据具体型号配用的电机可得额定功率。

五、操作管理冷负荷 Q_5

这部分热量主要包括：库房内照明热量，出入库房时开启冷藏门冷负荷以及操作人员散发热量等三部分，即：

$$Q_5 = Q_{5a} + Q_{5b} + Q_{5c}$$

$$= q_d \cdot F + \frac{V \cdot n(h_w - h_n)M \cdot r_n \times 10^3}{24 \times 3\,600} + 0.125 n_r \cdot q_r \quad (2-2-10)$$

式中：q_d——冷间每平方米地板面积照明热量，W/m²；

冷藏间可取 $q_d=1.7 \sim 2.3$ W/m²

人工处理加工间、包装间可取 $q_d=4.7$ W/m²

F——冷间地板面积，m²；

V——冷间内净容积，m³；

n——每日开门时引起换气次数，与库内容积有关，可以从表2-2-15或图2-2-3里取值；

表2-2-15　冷藏间开门换气次数表

公称容积(m³)		10	15	20	25	30	40	50	75	100	125	150
每天换气次数 n	0 ℃以下	24.2	19.6	16.9	14.9	13.5	11.7	10.7	8.0	6.7	6.0	5.4
	0 ℃以上	31.1	25.3	21.2	18.7	16.7	14.3	12.8	10.1	8.7	7.7	7.0
公称容积(m³)		200	250	375	500	625	750	1 000	1 250	1 800	2 400	3 000
每天换气次数 n	0 ℃以下	4.6	4.1	3.2	2.8	2.5	2.3	1.9	1.7	1.42	1.22	1.11
	0 ℃以上	5.9	5.3	4.2	3.7	3.3	2.9	2.5	2.2	1.66	1.43	1.35

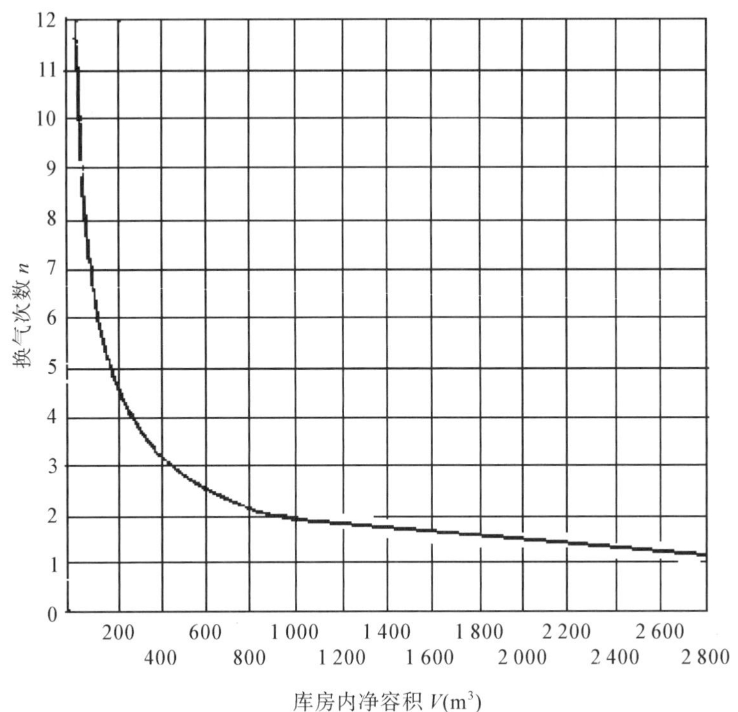

图 2-2-3 冷间开门换气次数图

M——空气幕效率修正系数，可取 0.5，不设空气幕时 $M=1$，若既设空气幕又设塑料帘者，M 应取更小值；

0.125＝3/24——工人每日操作时间系数；

n_r——操作人员数量；

q_r——每个操作人员每秒的放热量，库温高于或等于－5 ℃时，取 $q_r=280$ W；库温低于－5 ℃时，取 $q_r=395$ W，其他参数同前。

第三节 冷却设备负荷和机械负荷的计算

冷却设备负荷和机器负荷并不等于库房耗冷量 Q_i（即库房各类热量）的总和，因为还要考虑到库房各类热量的特性，比如围护结构传入热 Q_1 与通风换气耗冷量 Q_3 随季节和昼夜大气温度而变化，食品冷加工放热量则随加工过程而变化，操作管理耗冷量则受管理的合理程度影响等等。

一、库房冷却设备负荷 Q_q

库房冷却设备负荷即蒸发器负荷，其计算的原则是要保证即使各种不利因素同时出现，库房冷却设备也能及时带走各种热源产生的热量，以便维持库房所需的工况，确保冷加工食品的质量。由于实际上食品在冷加工过程中其放热过程是不均衡的，比如，对肉类冻结间，食品在冻结第二阶段的单位时间放热量要比冻结全过程平均放热量大 1.2～1.4 倍。对于果蔬冷却间，由于刚进货时食品与库温的温差最大，而且其呼吸强度也较大，所以在冷却初期单位时间的放热量也比冷却全过程的平均放热量大。由于在计算 Q_2 时是按均衡放热来考虑的，故必须对 Q_2 加以修正，即：

$$Q_q = Q_1 + PQ_2 + Q_3 + Q_4 + Q_5 \qquad (2-3-1)$$

式中：P——冷却或冻结加工负荷系数。对冷却间和冻结间：$P=1.3$；其他冷间：$P=1.0$。

由于冷间冷却设备的配置都是以各自的制冷负荷为依据，所以在计算 Q_q 时要逐间分别进行，由于各冷间的作用不同，所以各冷间冷却设备负荷的内容也不一样，计算时要按表 2-3-1 的形式分间汇总。

表 2-3-1　各冷间冷却设备负荷 Q_q 汇总表

序号	热量类别 / 冷间类别		Q_1	PQ_2	Q3	Q_4	Q_5	Q_q
1	冷却间		Q_1	$1.3Q_2$	/	Q_4	/	
2	冻结间		Q_1	$1.3Q_2$	/	Q_4	/	
3	冷却物冷藏间		Q_1	Q_2	Q_3	Q_4	Q_5	
4	冻结物冷藏间	排管式	Q_1	Q_2	/	/	Q_5	
		风冷式	Q_1	Q_2	/	Q_4	Q_5	
5	贮冰间	排管式	Q_1	Q_2	/	/	Q_5	
		风冷式	Q_1	Q_2	/	Q_4	Q_5	

对于制冰的蒸发器负荷，则不必考虑制冰过程水放热的不均衡因素，因为盐水的蓄热量很大，而且全池冰桶中的水也不是在同一刻结冰（因冰桶入池有先后），就是水在结冰过程放出的潜热没有及时取走，也不会影响冰块的质量，所以其蒸发器负荷就等于制冰各类耗冷量之和，即：

$$Q_q = \sum_{i=1}^{5} Q_i \qquad (2-3-2)$$

二、机械负荷 Q_j

机械负荷是压缩机选型的依据，它不仅要能满足冷库生产高峰负荷的要求，还要考虑到经济性和合理性。前面讲过，冷库各类耗冷量都是按库房在最不利的生产条件下求得的，而在实际生产过程中，各种不利因素同时出现的概率很少。以 Q_1 和 Q_2 为例，Q_1 的最大值出现在夏季，但冷库的生产旺季往往却不在夏季，比如：肉联厂旺季一般在冬初，水产冷冻旺季一般在秋末至来年春，鲜蛋旺季多在四至六月份等。所以，压缩机所担负的最大负荷不是 Q_{1max} 和 Q_{2max} 的代数和，而是比它为小的某个值，即 $(Q_1+Q_2)_{max}$（参见图 2-3-1）。还有压缩机承担多个库房制冷负荷时，各个库房不一定同时操作和使用等等。因此，若以冷库的总耗冷量作为机器负荷，势必造成经济上的浪费。为此，应把同一

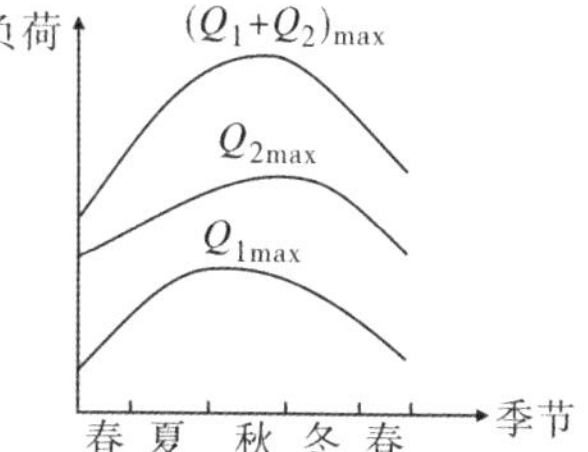

图 2-3-1　季节与负荷的关系

蒸发温度的库房的各类热量按不同情况加以修正，再考虑管路、设备等冷量损失来确定机器负荷，即：

$$Q_j = R \cdot \sum_{i=1}^{5}\sum_{k=1}^{k}(n_{ik} \cdot Q_{ik}) \tag{2-3-3}$$

式中：R——制冷装置的管道和设备等冷量损耗补偿系数，对直接冷却系统取 $R=1.07$；间接冷却系统取 $R=1.12$；

n_{ik}——各项负荷对应的修正系数，k 为回路的冷间数；

n_{1k}——围护结构传热量的季节修正系数。应根据所在地区地理纬度和生产旺季出现的月份，从表 2-3-2 里取值，当全年生产无明显淡旺季区别时，取 $n_{1k}=1$；

表 2-3-2 季节修正系数 n_{1k}

纬度	库温 t_n(℃) \ 月份 n_{1k}	一	二	三	四	五
北纬 40°以上	0	−0.7	−0.5	−0.1	0.4	0.7
	−10	−0.25	−0.11	−0.19	0.59	0.78
	−18	−0.02	0.10	0.33	0.64	0.82
	−23	0.03	0.18	0.40	0.68	0.84
	−30	0.19	0.28	0.47	0.72	0.86
北纬 35°～40°	0	−0.30	−0.20	0.20	0.50	0.80
	−10	0.05	0.14	0.41	0.65	0.86
	−18	0.22	0.29	0.51	0.71	0.89
	−23	0.30	0.36	0.56	0.74	0.90
	−30	0.39	0.44	0.61	0.77	0.91
北纬 30°～35°	0	0.10	0.15	0.33	0.53	0.72
	−10	0.31	0.36	0.48	0.64	0.79
	−18	0.42	0.46	0.56	0.70	0.82
	−23	0.47	0.51	0.60	0.73	0.84
	−30	0.53	0.56	0.65	0.76	0.85
北纬 25°～30°	0	0.18	0.23	0.42	0.60	0.80
	−10	0.39	0.41	0.56	0.71	0.85
	−18	0.49	0.51	0.63	0.76	0.88
	−23	0.54	0.56	0.67	0.78	0.89
	−30	0.59	0.61	0.70	0.80	0.90
北纬 25°以下	0	0.44	0.48	0.63	0.79	0.94
	−10	0.58	0.60	0.73	0.85	0.95
	−18	0.65	0.67	0.77	0.88	0.96
	−23	0.68	0.70	0.79	0.89	0.96
	−30	0.72	0.73	0.82	0.90	0.93

续表 2-3-2　季节修正系数 n_{1k}

纬度	库温 t_n(℃) \ 月份 n_{1k}	六	七	八	九	十	十一	十二
北纬 40°以上	0	0.9	1.00	1.00	0.7	0.3	−0.1	−0.5
	−10	0.92	1.00	1.00	0.78	0.49	0.19	−0.11
	−18	0.93	1.00	1.00	0.82	0.58	0.33	0.1
	−23	0.94	1.00	1.00	0.84	0.62	0.40	0.18
	−30	0.95	1.00	1.00	0.86	0.67	0.47	0.28
北纬 35°～40°	0	0.90	1.00	1.00	0.70	0.50	0.10	−0.20
	−10	0.92	1.00	1.00	0.78	0.65	0.35	0.14
	−18	0.93	1.00	1.00	0.82	0.71	0.33	0.29
	−23	0.94	1.00	1.00	0.84	0.74	0.40	0.36
	−30	0.95	1.00	1.00	0.86	0.77	0.47	0.44
北纬 30°～35°	0	0.86	1.00	1.00	0.83	0.62	0.41	0.20
	−10	0.86	1.00	1.00	0.88	0.71	0.55	0.38
	−18	0.90	1.00	1.00	0.88	0.76	0.62	0.48
	−23	0.91	1.00	1.00	0.89	0.78	0.65	0.53
	−30	0.92	1.00	1.00	0.90	0.81	0.69	0.58
北纬 25°～30°	0	0.88	1.00	1.00	0.87	0.65	0.45	0.26
	−10	0.90	1.00	1.00	0.90	0.73	0.59	0.44
	−18	0.92	1.00	1.00	0.92	0.78	0.65	0.53
	−23	0.93	1.00	1.00	0.92	0.80	0.67	0.57
	−30	0.93	1.00	1.00	0.93	0.82	0.72	0.62
北纬 25°以下	0	0.97	1.00	1.00	0.93	0.81	0.65	0.49
	−10	0.98	1.00	1.00	0.95	0.85	0.75	0.63
	−18	0.98	1.00	1.00	0.96	0.88	0.79	0.69
	−23	0.98	1.00	1.00	0.96	0.87	0.81	0.72
	−30	0.98	1.00	1.00	0.97	0.90	0.83	0.75

n_{2k}——机械负荷折减系数，与库房的性质以及同类库房的间数有关，冷却间和冻结间取 $n_2=1$；冷却物冷藏间宜取 $n_2=0.3\sim0.6$；冻结物冷藏间宜取 $n_2=0.5\sim0.8$；

n_{3k}——同期换气次数，一般取 0.5～1.0，当同期最大换气量与全库每日换气量的比值较大时，应取大值；

n_{4k}——冷间电动设备的同期运转系数；对冷却间、冻结间的冷风机，取 $n_4=1$，其余从表 2-3-3 中取值；

表 2-3-3　n_4 和 n_5 系数表

库房总间数	1	2～4	5～10	>10
n_4 和 n_5	1	0.5	0.4	0.2

注：库房总间数，应按同一蒸发温度，同一用途计算。

n_{5k}——冷间同期操作系数，与库房间数有关，见表 2-3-3。

在计算机器负荷 Q_j 时，应按不同的蒸发温度回路分别统计汇总（参见表 2-3-4），以便根据不同的蒸发温度负荷来选配压缩机和其他设备。

表 2-3-4 －33 ℃蒸发温度回路机器负荷 Q_j 计算汇总表格式

类别	n_1Q_1	n_2Q_2	n_3Q_3	n_4Q_4	$n_5\sum Q_5$	R	Q_j
冻结间(1)							$R\sum\sum n_{ik}Q_{ik}$
冻结间(2)							
……							
冷藏间(1)							
冷藏间(2)							
……							
$\sum n_{ik}Q_{ik}$							

当冻结间和冷藏间共用一条回路时，Q_j 应分开统计再合并，冷却间和冷却物冷藏间共用回路也是这样处理。

对于制冰压缩机的负荷，只要考虑管道和设备冷量损耗补偿系数 R 即可，即：

$$Q_j = R \cdot \sum_{i=1}^{n} Q_i \qquad (2-3-4)$$

Q_j——制冰设备的各项负荷，具体参见第七章相关内容。

第四节 小型冷库制冷负荷估算图表

负荷估算法是冷库建设规划阶段或扩初阶段常用的工程计算手段，特别是制冷工程技术人员在接受咨询或洽谈业务的情况下，快捷的估算法就显得特别有用，以下摘录了商业部设计院编制的有关估算图表，仅供参考。

一、小型冷库单位制冷负荷估算表

表 2-4-1 小型冷库单位制冷负荷估算表

序号	冷间名称	冷间温度(℃)	单位制冷负荷(W/t)	
			冷却设备负荷	机械负荷
一、肉、禽、水产品				
1	50 t 以下冷藏间	－15～－18	195	160
2	50～100 t 冷藏间		150	130
3	100～200 t 冷藏间		120	95
4	200～300 t 冷藏间		82	70
二、水果、蔬菜				
1	100 t 以下冷藏间	0～2	260	230
2	100～300 t 冷藏间		230	210
三、鲜蛋				
1	100 t 以下冷藏间	0～2	140	110
2	100～300 t 冷藏间		115	90

注：1. 本表内机械负荷，已包括管道等冷损耗补偿系数 7%。

2. －15～－18 ℃冷藏间进货温度按－12～－15 ℃，进货量按 5%计算，如果进货温度为－5 ℃时，需要适当增大表中的数值。

二、装配式冷库冷却面积比及单位制冷负荷性能表

表 2-4-2　装配式冷库冷却面积比及单位制冷负荷性能表

制冷剂	公称吨位（t）	室外计算温度（℃）	冷间名称	温度（℃）	公称容积（m^3）	容积利用系数	冷间容量（t）	每 m^2 冷间净面积与冷却设备表面积之比	单位制冷负荷（W/t）		备　注
									设备负荷	机械负荷	
氟利昂	4	32	冷藏间	−18	20	0.5	4		900	900	未冻结货物每天进货量按 10%
	20	32	冷藏间	−18	100	0.5	20		700	700	
	60	32	冷藏间	−18	300	0.5	60		600	600	
	500	29	冷藏间	0	941	0.545	174	1∶1.82	190	140	每天进货量按 8%，共有 2 间，每天进货量按 5%
			冷藏间	0	735	0.51	127	1∶1.55	180	140	
			冷藏间	−15	200	0.51	38	1∶1.429	280	210	
	500＊＊	32	冷藏间	−18	1 188	0.57	250	1∶1.46	100	125	每天进货量按 8%，进货温度 −8 ℃ 机器按 20 h 计算
			冷藏间	−18	1 188	0.57	250	1∶1.46	100	125	
氨	4	28	冷藏间	−18	17	0.5	4	1∶2.46	350	290	采用小车盘装冻虾，设地轨
			冻结间	−23	53		4	1∶13.95	7 940	6 110	
	20	29	冷藏间	−15	64.5		3.6	1∶3.91			共有 3 间采用管架鱼盘贮藏
			冷藏间	−15	64.6		4.7	1∶2.81			
			冷藏间	−15	52.5		2.6	1∶3.22			
	50	29	冷藏间	−18	217.6	0.49	50	1∶1.56	195	160	每天进货量按 10%
	100	30	冷藏间	−18	472.2	0.7	100	1∶1.9	110	90	每台 4 h 冻 1 t，共 3 台
			平板冻结间		536		15		29 080	29 080	
	200	28	冷藏间	−20	450	0.45	95	1∶1.06	115	90	共有 2 间每台 7 h 冻 2.1 t，共 5 台
			平板冻结间				21		20 350	20 350	
	500	30	冷藏间	0～12	1 281	0.55	162	1∶1.5	215	185	每天进货量按 8%，共有 3 间
	200	30	冷藏间	0	1 170	0.705	215	1∶1.76	160	100	每天进货量按 5%，共有 2 间，每天进货量按 10%，共有 6 间
			冷藏间	−18	1 206	0.653	315	1∶1.71	100	70	
	2300	28	冷藏间	−20	2 960	0.53	589	1∶1.68	75	50	每天进货量按 3%，
			共有 4 间								

三、土建冷库冷却面积比及单位制冷负荷性能表

表 2-4-3　土建冷库冷却面积比及单位制冷负荷性能表

制冷剂	公称吨位（t）	室外计算温度（℃）	冷间名称	温度（℃）	公称容积（m³）	容积利用系数	冷间容量（t）	每 m² 冷间净面积与冷却设备表面积之比	单位制冷负荷（W/t）		备　注
									设备负荷	机械负荷	
氟利昂	5	29	冷藏间 熟食间	−5 +4	26.9 5.14	0.47	4.8 0.2	1∶1.12 1∶0.75	320	520	进货温度−5 ℃以下采用货架
	10	36	冷藏间 冻结间	−15 −20	86.4 16.5		7.0 1.0	1∶1.53 1∶2.46	1 370 5 020	1 370 5 020	设吊架及货架
	11	29	冷藏间	−5	48.9	0.56	11	1∶2.94	620	930	未冻结肉每天进货量按 6%
	20	29	冷藏间 熟食间	−5 +4	56 18.2	0.45	9.5	1∶1.14 1∶0.76	240	350	进货温度−5 ℃以下，共有 2 间采用货架
	20*	33.8	冷藏间	−2 +10	121	0.49	20	1∶7.40	1 190 800	1 000 680	一次进货，按 4 天降温
	30	32	冷藏间 冷藏间 冻结间	0～5 −15 −20	26 199 48	0.425 0.445	3.5 33 1.39	1∶0.6 1∶1.124 1∶3.37	320 150 5 520	320 150 4 260	设管架及挂架，冻结时间按 35 h 计算
	50	32	冷藏间 冷藏间 冻结间	0～5 −15 −20	37 296 67	0.425 0.425	5 47 2.0	1∶0.77 1∶1.09 1∶4.77	250 130 7 560	250 130 5 990	设管架及挂架，冻结时间按 20 h 计算
	50**	29	冷藏间 冷藏间 冻结间	0 −15 −20	153 240 62	0.41 0.44	16 50 1.6	1∶1.22 1∶1.0 1∶10.0	370 100 7 130	360 100 5 800	每天进货量按 8%
	100	32	冷藏间 冷藏间 冻结间	0～5 −15 −20	64 505 85	0.395 0.523	8 99 3.3	1∶0.45 1∶0.88 1∶4.04	240 90 4 650	240 90 3 900	设管架及挂架，冻结时间按 30 h 计算
	270**	23	冷藏间 冻结间 穿　堂	−20 −30 0	1035 178	0.435	270 5.6	1∶1.4 1∶8.1 1∶1.0	80 4 260	75 3 700	冻结时间按 44 h 计算，共有 3 间
氨	30	32	冷藏间 冻结间	−15 −18	183 60	0.44	30.2 1.92	1∶1.22 1∶6.9	150 7 090	120 5 910	
	50	32	冷藏间 冷藏间 冻结间	0 −15 −18	108 108 106.4	0.5 0.42	17 17 3	1∶0.67 1∶1.29 1∶7.52	250 150 8 660	220 120 6 610	共有 2 间
	100	32	冷藏间 冷藏间 冻结间	0 −15 −18	158 476 154	0.52 0.42	26.3 75 5	1∶0.66 1∶1.27 1∶7.8	220 120 8 140	200 110 6 660	
	500	32	冷藏间 冷藏间 冻结间 冻结间	−18 −18 −23 −23	805 805 180 185	0.56 0.5	213 100 3 7	1∶0.84 1∶0.84 1∶8.89 1∶8.64	60 60 7 560 7 560	50 50 5 820 5 820	共有 2 间 共有 2 间

说明：1. 表 2-4-2 和表 2-4-3 氟利昂制冷剂所对应的栏目中带“*”号为 R_{22} 气调库，带“**”为 R_{22} 系统的冷库，不带符号者为 R_{12} 系统的冷库。

2. 未列出容积利用系数的冷间为冻结间，川堂或采用货架、挂架或管架堆垛的冷藏间。

四、小型系列装配式冷库制冷负荷表

表 2-4-4　4～80 m^3 装配式冷库制冷负荷(W)

公称容积(m^3)	公称吨位(t)	+2 ℃冷藏		−12 ℃冷藏,每天进货量(kg/d)					−18 ℃冷藏,每天进货量(kg/d)				
		一般操作	频繁操作	0	136	340	680	1 360	0	136	340	680	1360
3.6	0.7	675	820	791				1 407	908	1 554			
6.3	1.3	997	1 201	1 084	1 700				1 230	1 876			
10.2	2.0	1 319	1 641	1 407	2 022	2 960			1 524	2 169	3 135		
12.2	2.4	1 495	1 876	1 524	2 140	3 077	4 631		1 699	2 345	3 312	4 924	
15.0	3.0	1 700	2 140	1 699	2 316	3 253	4 807		1 876	2 520	3 488	5 100	
17.4	3.5	1 905	2 374	1 847	2 462	3 399	4 953		2 052	2 696	3 663	5 275	
20.6	4.1	2 140	2 667	2 023	2 638	3 575	5 129		2 227	2 873	3 839	5 451	
23.5	4.7	2 374	2 931	2 170	2 784	3 722	5 275		2 403	3 048	4 015	5 627	
30.6	6.1	2 842	3 517	2 491		4 045	5 598	8 704	2 784		4 396	6 008	9 232
37.4	7.5	3 253	4 074	2 784		4 338	5 891	8 997	3 166		4 778	6 390	9 613
42.3	8.5	3 546	4 454		3 019	4 572	6 126	9 232	3 370		4 983	6 594	9 818
47.3	9.5	3 839	4 807	3 195		4 747	6 301	9 408	3 575		5 187	6 799	10 023
50.0	10.0	3 957	4 953	3 312		4 865	6 419	9 525	3 693		5 304	6 916	10 140
55.9	11.1	4 250	5 335	3 517		5 071	6 623	9 730	3 957		5 568	7 180	10 404
57.7	11.5	4 308	5 451	3 575			6 683	9 789	4 044			7 269	10 493
65.4	13.1	4 631	5 832	3 810			6 916	10 023	4 308			7 532	10 755
72.1	14.4	5 011	6 301	4 103			7 210	10 316	4 572			7 796	11 019
81.7	16.3	5 334	6 741	4 367			7 473	10 580	4 865			8 087	11 313

注:1. 表中室外计算温度按 32 ℃,冷间温度+2 ℃时每天开机 16 h,−12 ℃及−18 ℃时每天开机 18 h。

2. 表中推荐值只适用有保温层的地坪,进货温度按+4 ℃计算。

第三章　制冷机器设备的选型计算

本章主要介绍如何根据计算的制冷负荷来选配合适的机器和设备，其中对于《制冷原理与设备》中已讲过的一些计算原理（如热交换器的传热系数计算）和机器设备的结构特点等，不再赘述，而着重介绍工程上常采用的实用计算法。

第一节　活塞式压缩机的选型计算

压缩机是制冷装置中最主要的设备之一，其设备费在全部设备费中占据的比重较大，且运转费用又是冷库经营管理费用中最主要的一项。所以，正确合理地选择压缩机的型号和台数，对整个制冷装置的设备费用、运行费用以及保证冷库的正常生产有重大的影响。

一、选型的一般原则

（一）型号

1. 尽可能选用大型压缩机，因为大型压缩机的输气系数和效率比小型的要高。

2. 同一机房内选配压缩机的型号不宜超过两个系列，以便零部件的互换，当仅有两台机器时，则尽量选用同一系列。

3. 采用双级压缩循环时，应优先选用单机双级压缩机，因为它与配组式双级机相比，具有单位功率制冷量高，初次投资费用省，机器占地面积少等优点。

（二）台数

1. 为了简化系统和便于操作，压缩机配备台数应尽量少，但机器总台数不宜少于 2 台，以便适应负荷变化调节容量和检修之用。

2. 压缩机总制冷量以满足生产要求为准，不考虑备用机。

3. 新系列压缩机的能量调节装置，只宜用作运行中适应负荷波动的调节，而不宜作季节性负荷变化的调节。“大马拉小车”是不经济的，所以在确定台数时应注意这一点。

（三）选用压缩机的工作条件不得超过制造厂规定的使用条件，新近制定的国产活塞式制冷压缩机的极限工作条件见表 3-1-1 和表 3-1-2。

表 3-1-1　中型活塞式单级制冷压缩机的设计和使用条件

使用条件 \ 制冷剂	R_{717}	R_{12}		R_{22}		R_{502}
		高冷凝压力	低冷凝压力	高冷凝压力	低冷凝压力	
最高排气压力饱和温度（℃）	46	60	49	60，55①	49	49
最大压力差　（MPa）	1.6	1.4	1.4	1.8	1.6	1.4
最高吸气压力饱和温度（℃）	5	10	10	10	10	−10

续表

使用条件＼制冷剂		R_{717}	R_{12} 高冷凝压力	R_{12} 低冷凝压力	R_{22} 高冷凝压力	R_{22} 低冷凝压力	R_{502}
最高排气温度(℃)		150	125	125	145	145	145
使用温度范围(℃)	高温	—	−10～10	−10～10	−10～10	−10～10	—
	中温	−15～5	−20～0	−20～0	−20～0	−20～0	—
	低温	−30～−10	−30～−10	−30～10	—	−35～−10	−40～−10

① 60 ℃为高温用，55 ℃为中温用。

表 3-1-2　中型活塞式单机双级制冷压缩机设计和使用条件

使用条件＼制冷剂		R_{717}	R_{12}	R_{22}
最高排气压力饱和温度(℃)	高压级	46	49	49
	低压级	18	15	16
最大压力差(MP_a)	高压级	1.6	1.4	1.6
	低压级	0.8	0.5	0.8
最高吸气压力饱和温度(℃)	低压级	−20	−25	−25
最高排气温度(℃)	高压级	150	125	145
	低压级	120	100	115
使用温度范围(℃)		−50～−20	−50～−25	−50～−25

二、几个主要计算参数的确定

压缩机的制冷量和耗功量，与制冷工况有关，在满足使用条件的前提下，应尽量提高制冷系统的蒸发温度，降低冷凝温度，以提高压缩机的制冷量和减小耗功量。

(一)蒸发温度 t_z 的确定

蒸发温度确定的原则第一章已讲过，主要是在保证食品冷加工质量的前提下，不要划分过细，以简化系统。当把蒸发器直接布置在库房时蒸发温度一般比库温低 8～10 ℃；在间接冷却系统中，蒸发温度要求比液体载冷剂低 5 ℃。

(二)冷凝温度 t_l 的确定

1. 水冷式冷凝器的冷凝温度

水冷式冷凝器进水温度 t_l 取决于建库地区水文地质条件及气象条件。采用一次用水的取决于水源的温度。现在冷库的冷却用水多采用循环用水，进水温度 t_{s1} 取决于当地室外空气湿球温度 t_s 和冷却塔的冷幅高 Δ。冷却塔的冷幅高定义为冷却塔出水温度 $t_{塔出}$ 与室外空气湿球温度 t_s 之差，即 $\Delta = t_{塔出} - t_s$，实际冷却塔的冷幅高 $\Delta \geqq 3$ ℃。对采用循环水冷却的制冷系统，冷却塔的出口连接冷凝器进水口，冷凝器出水口连接冷却塔进水口，可以认为冷凝器的进水温度 t_{s1} 等于 $t_{塔出}$，而冷凝器的出水温度 $t_{s2} = t_{塔进}$。冷却塔的冷幅高和湿球温度的关系、冷却塔的进出水温与冷凝器进出水温的关系见图 3-1-1。

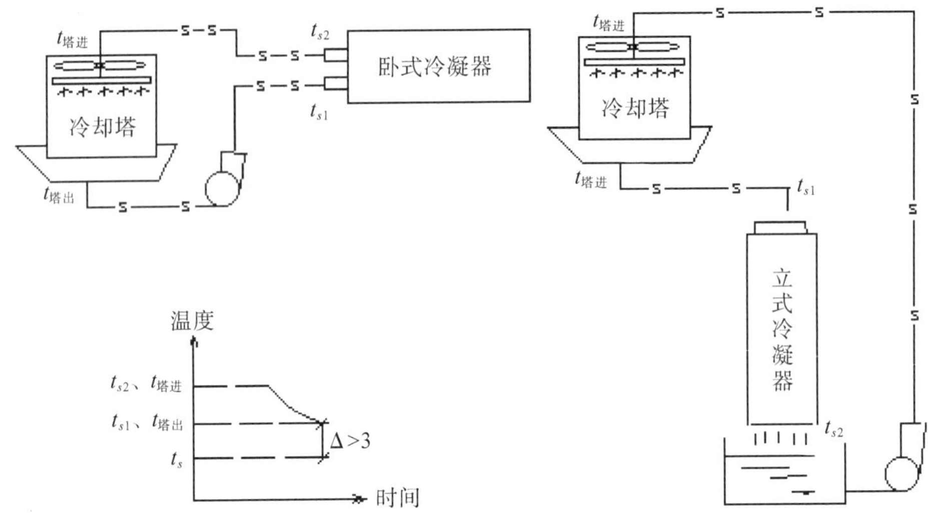

图 3-1-1 冷凝器进出水温度、冷却塔进出水温度和室外空气湿球温度的关系

水冷式冷凝器进出水的温度范围如下：

立式冷凝器：$t_{s2}=t_{s1}+(1.5\sim3)$ ℃

卧式冷凝器：$t_{s2}=t_{s1}+(4\sim6)$ ℃

淋水式冷凝器：$t_{s2}=t_{s1}+(2\sim3)$ ℃

取值原则是 t_{s1} 偏高时取小值，t_{s1} 偏低时取大值。

冷却水与制冷剂的传热温差用对数平均温差表示：

$$\Delta t_m=\frac{t_{s2}-t_{s1}}{\ln\dfrac{t_{s1}-t_l}{t_{s2}-t_l}} \tag{3-1-1}$$

式中：Δt_m——对数平均温差，Δt_m的经济取值范围为 4～6 ℃，据此可以算出式中的冷凝温度 t_l。

2. 蒸发式冷凝器和风冷式冷凝器的冷凝温度

蒸发式冷凝器和风冷式冷凝器的冷凝温度分别取决于建库地区室外空气计算温度。

①蒸发式冷凝器：$t_l=t_s+(5\sim10)$ ℃

②风冷式冷凝器：$t_l=t_w+(10\sim15)$ ℃

t_s——夏季室外计算湿球温度

t_w——夏季室外计算干球温度

(三)吸入温度 t_x 的确定

由于吸入管受周围空气温度的影响，压缩机吸入气体的温度都高于制冷剂的蒸发温度(称回汽过热度)，对氨泵供液系统，由于蒸发器至低压循环桶的回汽管内为汽液两相流体，一般是不会产生过热的，只有在低压循环桶至压缩机的吸入管才可能产生过热，但因吸入管较短，故过热度很小，在重力供液系统中，回汽管一般较长，所以回汽过热度就较大。表3-1-3列出了氨压缩机的允许吸气温度。设计工况的吸气温度可根据具体情况在表中的 t_z 和 t_x 之间取值。

表 3-1-3　氨压缩机允许吸气温度(℃)

t_z	±0	−5	−10	−15	−20	−25	−28	−30	−33	−40
t_x	+1	−4	−7	−10	−13	−16	−18	−19	−21	−25

(四)过冷温度 t_g 的确定

当采用过冷器时，过冷温度比过冷器的进水温度高 3 ℃；采用中间冷却器时，过冷温度比中间温度高 5～7 ℃。

三、名义工况及名义制冷量

压缩机名牌上标注的制冷量是在规定的各种名义工况下测得的冷量，叫名义制冷量。由于实际工况常常有别于名义工况，所以不能直接地把名义工况作为设计工况下的制冷量来进行选型。但名义制冷量毕竟是衡量压缩机工作能力的一种重要指标，它们常常会出现在制造厂家提供的产品样本、使用说明书等资料中及机器的标牌上，为了避免在概念上可能出现的混淆，在进行各种压缩机的选型计算之前，我们有必要了解一下国标最新规定的各种名义工况及相应的名义制冷量。我国 20 世纪 80 年代以前的标准对各种型式的制冷压缩机规定了两种名义工况，即标准工况和空调工况(见表 3-1-4)。目前，一些书刊、杂志和厂家的广告材料中已采用了新的标准规定来说明压缩机的产冷量。新的标准中对各种型式的制冷压缩机规定了三种名义工况，即：高温工况、中温工况和低温工况，见表 3-1-5 至表 3-1-8。

表 3-1-4　活塞式制冷压缩机的标准工况和空调工况

工　况	制冷剂	冷凝温度(℃)	蒸发温度(℃)	过冷温度(℃)	吸入温度(℃)
标准工况	R_{717}	30	−15	25	−10
	R_{22}	30	−15	25	15
	R_{12}	30	−15	25	15
	R_{502}	30	−15	25	15
空调工况	R_{717}	40	5	35	10
	R_{22}	40	5	35	15
	R_{12}	40	5	35	15

表 3-1-5　全封闭活塞式制冷压缩机名义工况

工　况	制冷剂	冷凝温度(℃)	蒸发温度(℃)	过冷温度(℃)	吸入温度(℃)	环境温度(℃)
高温工况	R_{22}	54.4	7.2	46.1	35	35±3
低温工况	R_{22}、R_{12}、R_{502}	30	−15	25	15	

表 3-1-6　小型活塞式单级制冷压缩机名义工况(GB10871-89)

使用温度	制冷剂	吸入压力饱和温度(℃)	吸入温度(℃)	排出压力饱和温度(℃)	制冷剂液体温度(℃)
高温	R12	7	18	49	44
	R22	7	18	49	44
中温	R12	−7	18	43	38
	R22	−7	18	43	38
低温	R12	−23	5	43	38
	R22	−23	5	43	38
	R502	−23	5	43	38

表 3-1-7　中型活塞式单级制冷压缩机名义工况(GB10873-89)

使用温度	制冷剂	吸入压力饱和温度(℃)	吸入温度(℃)	排出压力饱和温度(℃)		制冷剂液体温度(℃)	
				低冷凝压力	高冷凝压力	低冷凝压力	高冷凝压力
高温	R_{12}	7	18	43	55	38	50
	R_{22}	7	18	43	55	38	50
中温	R_{12}	−7	18	35	55	30	50
	R_{22}	−7	18	35	55	30	50
	R_{717}	−7	1	35	—	30	—
低温	R_{12}	−23	5	35	55	30	50
	R_{22}	−23	5	35	—	30	—
	R_{502}	−23	5	35	—	30	—
	R_{717}	−23	−15	35	—	30	—

表 3-1-8　中型活塞式单机双级制冷压缩机名义工况(ZBJ73)

制冷剂	吸入压力饱和温度(℃)	低压级吸气温度(℃)	排出压力饱和温度(℃)	制冷剂液体温度(℃)/高压级吸气温度(℃)
R_{12}	−40	−10	35	中间压力饱和温度+5
R_{22}	−40	−10	35	中间压力饱和温度+5
R_{502}	−40	−10	35	中间压力饱和温度+5
R_{717}	−40	−20	35	中间压力饱和温度+5

注:中间压力由制造厂设计时规定。

四、选型计算

压缩机的选型计算步骤是:先根据设计工况和机器负荷 Q_j 求出所需要的压缩机排气量

V_p，再根据 V_p 选用压缩机，然后根据选用压缩机校核其实际制冷量 Q_c 和实际电机功率 N。

（一）单级压缩机的选型计算

图 3-1-2 是单级压缩制冷循环图。

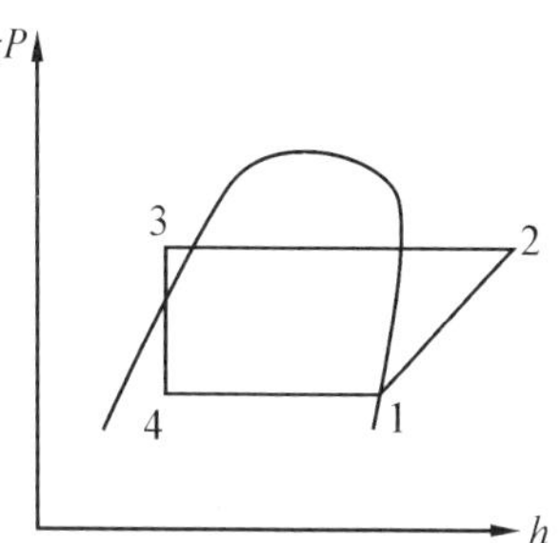

图 3-1-2　单级压缩制冷循环图

1. 选型

（1）单位制冷量

$$q_o = h_1 - h_3 \qquad (3-1-6)$$

（2）冷剂重量流量

$$G = \frac{Q_j}{q_o} \qquad (3-1-7)$$

（3）压缩机输气量

$$V_p = \frac{Gv_1}{\lambda} \qquad (3-1-8)$$

式中：h_1、v_1——吸入气体的焓和比容，kJ/kg，m³/kg；

h_3——节流阀后制冷剂的焓值，kJ/kg；

Q_j——该蒸发温度压缩机总负荷，kW；

λ——压缩机的输气系数，高速多缸压缩机的 λ 可按经验公式 3—1—9 计算，对于氨压缩机也可查表 3-1-9。

$$\lambda = 0.94 - 0.085\left[\left(\frac{P_l}{P_z}\right)^{\frac{1}{n}} - 1\right] \qquad (3-1-9)$$

式中：n——压缩指数，无因次。R_{717}，$n=1.28$；R_{12}，$n=1.13$；R_{22}，$n=1.18$。

其他符号同前。

表 3-1-9　单级氨压缩机输气系数

蒸发温度（℃）	冷凝温度（℃）				
	20	25	30	35	40
5	0.90	0.88	0.86	0.84	0.82
±0	0.88	0.86	0.84	0.82	0.79
−5	0.85	0.83	0.81	0.78	0.75
−10	0.83	0.80	0.77	0.74	0.71
−15	0.79	0.76	0.73	0.69	0.65
−20	0.75	0.71	0.67	0.63	0.59
−25	0.70	0.65	0.60	0.55	—
−28	0.66	0.61	0.56	—	—

（4）查压缩机产品目录，按压缩机选型原则选择适当的型号和台数，使得压缩机总输气量 $\sum V_p$ 大于等于计算的 V_p。

2. 校核

(1)实际制冷量

$$Q_c = \sum G_c q_o \geqq Q_j \quad (3-1-10)$$

式中：$\sum G_c$——制冷剂实际总流量，kg/s；

$$\sum G_c = \frac{\sum V_p \cdot \lambda}{v_1}。$$

式中：$\sum V_p$——选用压缩机理论总输气量，m^3/s。

(2)电动机功率

由于制造厂是按最大轴功率工况配备电动机，或同时配备几种型号的电机，所以，对电动机功率应进行校核计算，以免“大马拉小车”或超载运行。

A. 理论功率

$$N_l = G_c(h_2 - h_1) \quad (3-1-11)$$

式中：h_1，h_2——进排出气体的焓值，kJ/kg；

B. 指示功率

$$N_{zs} = N_l / \eta_{zs} \quad (3-1-12)$$

式中：η_{zs}——指示效率，考虑到实际压缩过程偏离理论压缩过程的修正。对于开启式压缩机，可按下式计算：

$$\eta_{zs} = \frac{T_z}{T_l} + b \cdot t_z \quad (3-1-13)$$

式中：T_z、T_l——绝对蒸发温度和冷凝温度，K。

b——系数，见表 3-1-10。

表 3-1-10　各种机型的 b 值和 P_m 值

压缩机型号	b	P_m（kP_a）
立式氨压缩机	0.001	49～78
卧式氨压缩机	0.002	69～88
氟压缩机	0.0025	34～64

C. 摩擦功率

$$N_m = V_p \cdot P_m \quad (3-1-14)$$

式中：P_m——平均摩擦压力 kP_a 见表 3-1-10。

D. 有效功率

$$N_y = N_{zs} + N_m \quad (3-1-15)$$

电机轴功率

$$N_z = N_y / \eta_c \quad (3-1-16)$$

式中：η_c——传动效率，平皮带传动，$\eta_c = 0.96$；三角皮带传动，$\eta_c = 0.97 \sim 0.98$；直接驱动，$\eta_c = 1.0$。

通常，选配电机时，应按计算的电机轴功率增大10%～15%的裕度。

配用电动机功率

$$N=(1.10\sim1.15)N_z \tag{3-1-17}$$

（二）双级压缩机的选型计算

双级压缩机的选型计算步骤与单级机差不多，但多了中间温度的确定。本教材为了满足实际设计中的选型计算需要分别介绍单机双级压缩机和配组式双级压缩机的选型计算。

1. 单机双级压缩机的选型

由于设计制冷装置为双级压缩的前提是：压力比$\frac{P_1}{P_z}>8$，符合这个标准必须在蒸发温度t_z低于−25 ℃，冷凝温度$t_l\geqq30$ ℃。

而我国生产的系列单机双级压缩机的温度范围是，蒸发温度在−25～−50 ℃，冷凝温度在30～40 ℃。在实际当中，虽然设计条件不会完全与机器标准工况相同。但是，在目前条件下，设计采用双级压缩条件，不会超出机器工况范围，因此单机双级压缩机的选型计算可以省略烦琐的中间温度计算，而直接根据Q_j等条件，按照选机的原则，从产品品样中直接查得合适的型号和台数。

目前国内氨单机双级制冷压缩机的性能可参见表3-1-11，大部分厂家在产品样本中给出了各压缩机在各种工况下的产冷量和轴功率的曲线图（即压缩机的性能曲线图）。对配有性能曲线图的机器，选型时，只要在图上找到该机器在设计工况的产冷量，按计算的Q_j与之比较，即可方便地确定出所需压缩机的台数，图3-1-3是一种压缩机性能曲线的示意图。上部三条线分别为冷凝温度30 ℃、35 ℃和40 ℃时的产冷量，其刻度在左边纵坐标。下部三线为压缩机在各种工况下的轴功率，其刻度在右边纵坐标。

表3-1-11　单机双级制冷压缩机性能表

序号	型号	工况		制冷量(kW)	生产厂
		t_z℃	t_1℃		
1	$4ASJ_{10}$	−35	+35	18.60	大冷
2	$8ASJ_{10}$	−35	+35	37.21	大冷
3	$S_{8\text{-}12.5}$	−30	+40	95.93	北冷、上一冷、洛冷
4	$S_{6\text{-}12.5}$	−30	+40	69.77	上一冷
5	$S_{4\text{-}12.5}$	−30	+40	47.91	上一冷，洛冷
6	$8ASJ_{17}$ ($S_{8\text{-}17}$)	−35	+35	162.79	大冷、武冷、上一冷
7	$8ASJ_{25}$	−35	+35	422.67	大冷

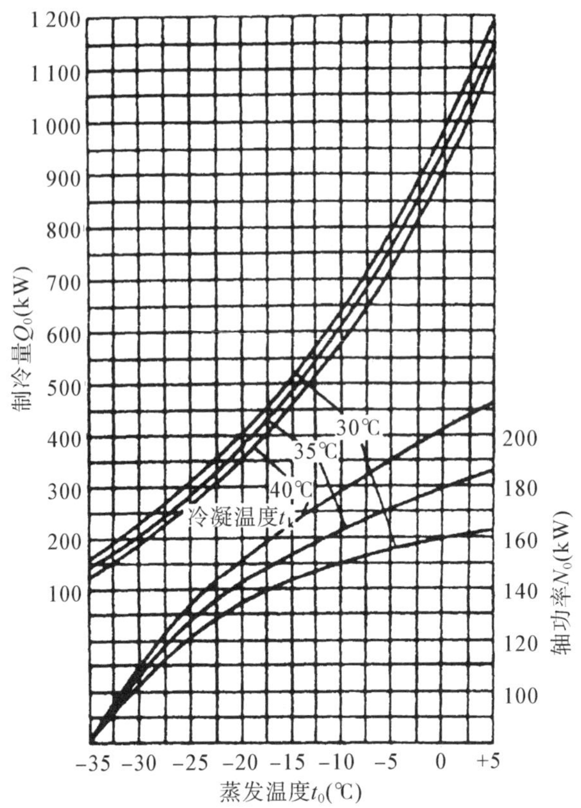

图 3-1-3 8ASJ$_{17}$ 性能曲线

制冷剂:R_{717};转速:720 r/min

例题 1. 已知制冷系统蒸发温度 $t_z=-33$ ℃,冷凝温度 $t_l=35$ ℃,机器负荷 $Q_j=255.81$ kW,试根据选机原则,直接从有关产品样本中选择单机双级压缩机的型号并确定台数。

解:(1)首先根据机器负荷 Q_j 和 $t_z=-33$ ℃,$t_l=35$ ℃时,从各型号单机双级性能曲线图中查出其制冷量。查得:8ASJ$_{10}$ 的制冷量为 43.02 kW,$S_{8\text{-}12.5}$ 的制冷量为 86.05 kW,8ASJ$_{17}$ 的制冷量为 186.05 kW。

(2)根据机房压缩机不能少于 2 台的原则,确定机器型号和台数:

①如果选用同一系列机器,可选 3 台 $S_{8\text{-}12.5}$ 型的压缩机,其总制冷量为:

$$\sum Q = 86.05 \times 3 = 258.15$$

机器制冷量能满足机器负荷要求。

②如果选两台机器,只能选两个系列,即一台 $S_{8\text{-}12.5}$ 型,制冷量为 86.05 kW,一台 8ASJ$_{17}$ 型,制冷量为186.05 kW。总制冷量 $\sum Q=86.05+186.05=272.1$ kW,也满足要求。

2. 配组式双级压缩机的选型计算

(1)确定中间温度 t_{zj} 及压缩机选型

配组式双级压缩机的选型计算,关键是确定中间冷却温度 t_{zj},下面介绍用图解法确定中间温度的步骤:

①用拉赛公式确定最佳中间温度：

$$t_{zjo}=0.4t_l+0.6t_z+3 \quad (3-1-18)$$

②设 $t_{zj1}=t_{zj0}+5$

$t_{zj2}=t_{zj0}-5$

查出各状态点的参数(见图 3-1-3)：

	h_1	V_1	h_2	h_3	V_3	h_5	h_6
t_{zj1}							
t_{zj2}							

③列表求 t_{zj1} 和 t_{zj2} 所对应的高低压级容积比 ξ

	$t_{zj1}=t_{zjo}+5$ ℃	$t_{zj2}=t_{zj0}-5$ ℃
$Gd=\frac{Q_j}{h_1-h_6}$		
$V_{pd}=\frac{Gd\cdot v_1}{\lambda d}$		
$G_g=\frac{h_2-h_6}{h_3-h_5}\cdot Gd$		
$V_{pg}=\frac{G_g\cdot v_3}{\lambda g}$		
$\xi=V_{pg}/V_{pd}$		

其中：λ_d、λ_g——低压级、高压级的输汽系数，可按下式计算：

$$\lambda_d=0.94-0.085[(\frac{P_{zj}}{P_z-0.01})^{\frac{1}{n}}-1] \quad (3-1-19)$$

$$\lambda_g=0.94-0.085[(\frac{P_l}{P_{zj}})^{\frac{1}{n}}-1] \quad (3-1-20)$$

P_{Zj}——中间压力，MP_a；

P_2——蒸发压力，MP_a；

P_l——冷凝压力，MP_a。

氨压缩机的 λ_d 也可查表 3-1-12。λ_g 可利用表 3-1-9，但查表时要用 t_{zj} 取代表中的 t_z。

表 3-1-12　低压级压缩机输气系数表

蒸发温度(℃)	中间温度(℃)						
	−25	−20	−15	−10	−5	±0	5
−28	—	—	—	0.87	0.84	0.81	0.78
−30	—	—	—	0.85	0.82	0.79	0.76

续表

蒸发温度(℃)	中间温度(℃)						
	−25	−20	−15	−10	−5	±0	5
−33	—	—	0.86	0.83	0.80	0.76	0.72
−35	—	—	0.85	0.82	0.78	0.74	0.70
−40	—	0.84	0.81	0.77	0.73	0.68	0.63
−45	0.84	0.80	0.76	0.71	0.66	0.60	0.53

根据表中 $V_{pd1}\sim V_{pd2}$,$V_{pg1}\sim V_{pg2}$ 的范围,选适当的压缩机,即定 V_{pd}、V_{pg};并计算出实际高低压输气比 ξ。

3. 作 $t_{zj}-\xi$ 图,定实际 t_{zj}

$$\left.\begin{array}{l} t_{zj1}、\xi_1 \rightarrow 点1 \\ t_{zj2}、\xi_2 \rightarrow 点2 \end{array}\right\} 定\ tzj-\xi 线$$

$\xi \rightarrow t_{zj}$

(2)校核制冷量

定出中间温度后,就可以作出双级制冷循环图(如图3-1-4)。查出有关系数,目的是为了校核实际制冷量是否符合要求。

$$Q_c=\sum V_{pd}\cdot\lambda_d\cdot q_v=\sum V_{pd}\cdot\lambda_d\cdot(h_1-h_6)/v_1 \tag{3-1-21}$$

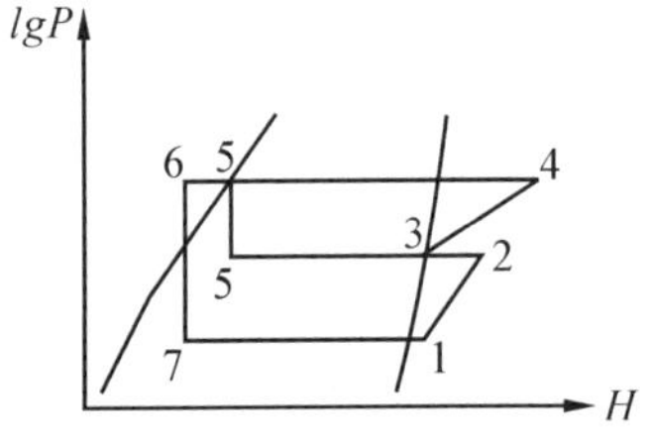

图 3-1-4 双级压缩系统循环图

要求:$Q_c\geqslant Q_j$。

(3)校核电机功率

实际上也就是计算所需电机功率,看看制造厂家所配的电机是否合用,若不合用要按计算结果另选。计算时要分高、低压级、分台进行。现将计算内容和步骤列表如下:

低压级	高压级
$G_d=\dfrac{V_{pd}\lambda_d}{v_1}$	$G_g=\dfrac{h_2-h_6}{h_3-h_5}G_d$
$N_{1d}=G_d(h_2-h_1)$	$N_{lg}=G_g(h_4-h_3)$
$\eta_{zSd}=\dfrac{T_z}{T_{zj}}+bt_z$	$\eta_{zsg}=\dfrac{T_{zj}}{T_l}+bt_{zj}$
$N_{zsd}=N_{cd}/\eta_{zsd}$	$N_{zsg}=\dfrac{N_{eg}}{\eta_{zsg}}$
$N_{md}=V_{pd}P_m$	$N_{mg}=V_{pg}\cdot P_m$
$N_{yd}=N_{zsd}+N_{md}$	$N_{yg}=N_{zsg}+N_{mg}$
$N_{zd}=N_{yd}/\eta_{ed}$	$N_{zg}=N_{yg}/\eta_{eg}$
$N_d=(1.10\sim1.15)N_{zd}$	$N_g=(1.10\sim1.15)N_{zg}$

人们通过大量的数据，用计算机整理出 $t_{zj}=f(\xi)$ 为：

$$t_{zj}=0.24t_l+2.054t_z+0.0087\,t_z^{\,2}-(74.4+1.2t_z)\xi+A \qquad (3-1-22)$$

当 $t_z=-25\sim-35$ ℃时，$A=58.2$；

$t_z=-35\sim-40$ ℃时，$A=58.6$。

我们可以利用这个公式来简化选型计算：

①用拉赛公式求 t_{zj0}，查出与 t_{zj0} 相对应的参数 h_1，h_6、v_1、λ_d；

②利用公式(3－1－22)移项，求出 t_{zj0} 所对应的 ξ_0；

③求出最佳高、低压级输气量：

$$V_{pdo}=\frac{Q_j\cdot v_1}{(h_1\text{-}h_6)\lambda_d}, \qquad V_{pgo}=V_{pdo}\cdot\xi_o;$$

④根据 V_{pd0}，V_{pg0} 在样本中选压缩机，确定 V_{pd}，V_{pg}，ξ；

⑤再用公式(3-1-20)求出 t_{zj}。

下面举例来说明。

例 2：某 500 吨冷库的冻结量为 20 吨/日，冻结间负荷为 87.21 kW，冻藏间负荷为 23.26 kW，冷凝温度为 $t_l=38$ ℃，试选压缩机。

解：先确定制冷方案为氨泵供液，双级压缩中间过冷循环，取 $t_z=-33$ ℃。

选压缩机

1.　$t_{zj0}=0.4t_l+0.6t_z+3$

$=0.4\times38+0.6\times(-33)+3=-1.6$

2.　$\xi_0=\dfrac{-t_{zj0}+0.24t_l+2.054t_z+0.0087\,t^2_{\ z}+A}{(74.4+1.2t_z)}$

$=\dfrac{+1.6+0.24\times38+2.054(-33)+0.0087\,(-33)^2+58.2}{74.4+1.2(-33)}$

$=0.305$

3. 几个参数的确定：

①过冷温度 $t_{g0}=t_{zjo}+5$ ℃$=3.4$ ℃；

②取吸汽温度 $t_x=-25$ ℃<-21 ℃；

③作 $\lg p-H$ 图，查参数 $h_1=1\,654$ kJ/kg，$v_1=1.14$ m^3/kg；

$h_6=435$ kJ/kg，$\lambda_d=0.76$

④ $V_{pd0}=\dfrac{Q_jv_1}{(h_1-h_6)\cdot\lambda_d}=\dfrac{(87.21+23.26)\times1.14}{(1\,654-435)\times0.72}=0.144(\text{m}^3/\text{s})$

$V_{pg0}=V_{pd0}\cdot\xi_0$

$=0.144\times0.305$

$=0.044(\text{m}^3/\text{s})$

⑤根据 V_{pd0} 和 V_{pg0} 查压缩机产品目录：

选 $S_{8\text{-}12.5}A$ 一台为低压级，$V_p=0.157$ m^3/s；

6AW10 一台为高压级，$V_p=0.053\ m^3/s$；

$\xi=0.053/0.157=0.34$；

⑥校核压缩机产冷量

$t_{zj}=0.24t_l+2.054t_z+0.0087t_z^2-(74.4+1.2t_z)\xi+58.2$

$=0.24\times38+2.054(-33)+0.0087(-33)^2-[74.4+1.2\times(-33)]\times0.34+58.2$

$=-2.82\ ℃$

$h_1=1\ 654\ kJ/kg$ $\upsilon_1=1.14\ m^3/kg$

$t_g=t_{zj}+5=2.3\ ℃$ $h_6=432.6\ kJ/kg$ $\lambda_d=0.77$

$Q_c=V_{pd}\cdot\lambda_d(h_1-h_6)/\upsilon_1$

$=0.157\times0.77(1\ 654-432.6)/1.14$

$=129.5\ kW>Q_j=110.47$。

所选机器符合要求。

第二节　螺杆式制冷压缩机的选型

一、型号标识

螺杆制冷机一般分为开启式、半封闭式和全封闭式三种型式。

ZB173080-89 规定压缩机的型号由大写汉语拼音字母和阿拉伯数字组成，根据这一规定，JB2780-79 只对开启式与半封闭式的型式作了说明。

1.螺杆式制冷压缩机型号表示方法

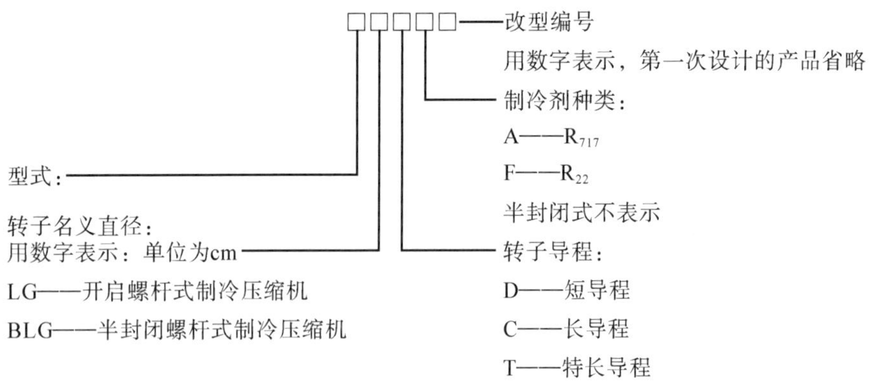

2.螺杆式制冷压缩机组型号表示方法

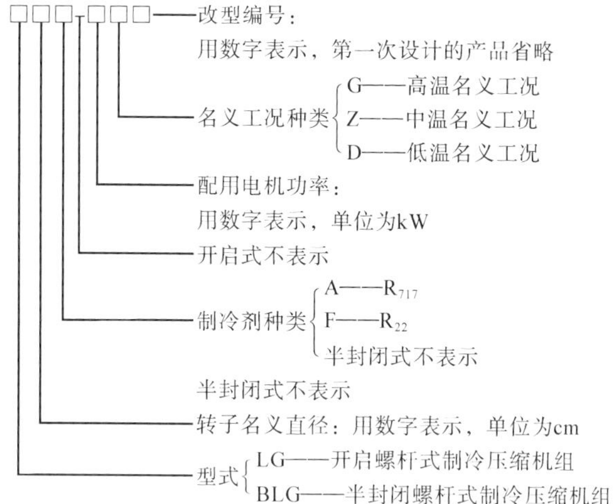

3.经济器螺杆式制冷压缩机组型号表示方法

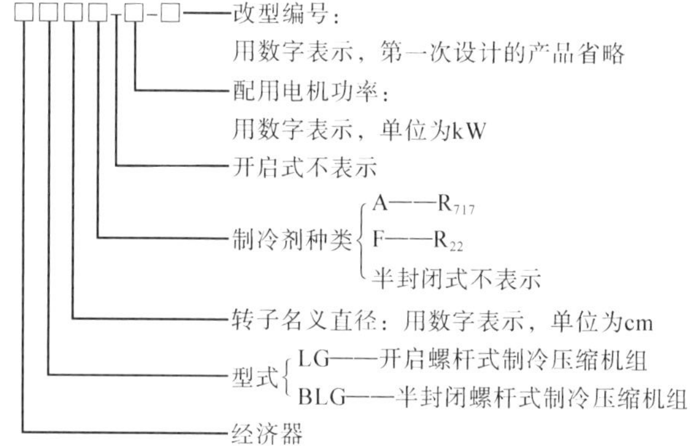

4.螺杆式热泵机组型号表示方法

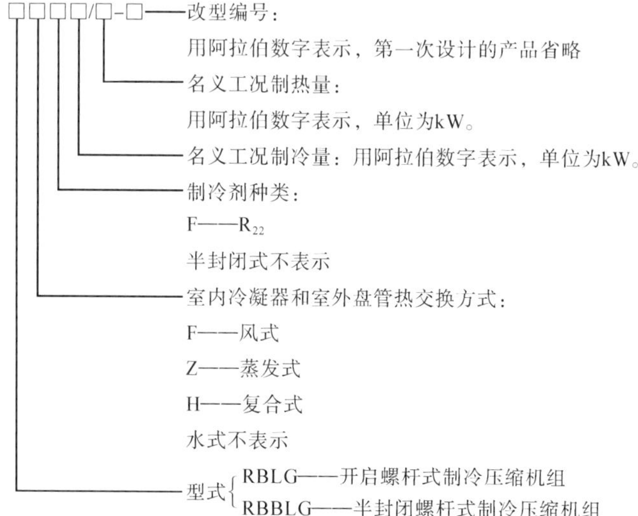

型号标记示例

1. LG16CA：表示转子名义直径为 16 cm，以氨为制冷剂，长导程的开启式螺杆单级制冷压缩机。

2. BLG10DF2：表示转子名义直径为 10 cm，以氟利昂为制冷剂，短导程，第二次改型的半封闭式螺杆单级制冷压缩机。

3. LG16A100Z2：表示转子名义直径为 16 cm，以氨为制冷剂，配用电机功率为 100 kW，用于中温名义工况的第二次改型的开启式螺杆单级制冷压缩机组。

4. BLG12.5F-55D1：表示转子名义直径为 12.5 cm，以氟利昂为制冷剂，配用电机功率为 55 kW，第一次改型的经济器开启式单级螺杆制冷压缩机组。

5. JLG12.5F-55-1：表示转子名义直径为 12.5 cm，以氟为制冷剂，配用电机功率为 55 kW，第 1 次改型的经济器开启式单级螺杆制冷压缩机。

6. RBLGHF500/350：名义工况制冷量为 500 kW，名义工况制热量为 350 kW，室内冷凝器和室外盘管热交换方式为复合式，以氟利昂为制冷剂的开启式螺杆热泵机组。

7. RBBLGFF200/150：名义工况制冷量为 200 kW，名义工况制热量为 150 kW，室内冷凝器和室外盘管热交换方式为风冷式，以氟利昂为制冷剂的半封闭螺杆式热泵机组。

二、名义工况及机器的工作条件

与活塞式压缩机的选型类似，在进行螺杆机的选型之前，必须先了解新规定的螺杆式制冷压缩机的名义工况及机器适应的极限工作条件，表 3-2-1 给出了各种螺杆机及机组的名义工况，表 3-2-2 给出了机器的设计使用条件，在设计选型时，所选压缩机的运行条件不能超出表 3-2-2 中所限的范围。

表 3-2-1 螺杆式制冷压缩机及机组的名义工况

<table>
<tr><th rowspan="2">名义工况</th><th rowspan="2">制冷剂</th><th rowspan="2">吸入压力饱和温度（℃）</th><th rowspan="2">吸入温度（℃）</th><th colspan="2">排出压力饱和温度（℃）</th><th colspan="2">制冷剂液体温度（℃）</th></tr>
<tr><th>水冷式</th><th>风冷式</th><th>水冷式</th><th>风冷式</th></tr>
<tr><td>高温(G)</td><td>R_{22}</td><td>7</td><td rowspan="2">18</td><td>43</td><td rowspan="2">55</td><td>38</td><td rowspan="2">50</td></tr>
<tr><td rowspan="2">中温(Z)</td><td>R_{22}</td><td rowspan="2">−7</td><td rowspan="3">35</td><td rowspan="4">30</td></tr>
<tr><td>R_{717}</td><td>1</td><td>—</td><td>—</td></tr>
<tr><td rowspan="2">低温(D)</td><td>R_{22}</td><td rowspan="2">−23</td><td>5</td><td rowspan="2">—</td><td rowspan="2">—</td></tr>
<tr><td>R_{717}</td><td>−15</td><td></td></tr>
</table>

表 3-2-2　螺杆式制冷压缩机设计及使用条件

设计和使用条件	制冷剂		
	R_{22}、R_{12}		R_{717}
	水冷式	风冷式	
最高排出压力饱和温度(℃)	49	60	46
最低吸入压力饱和温度(℃)	−40	−20	−40
最高吸入压力饱和温度(℃)	10		5
最高排气温度(℃)	105(90)		

注:排出压力为油分离器前的压力;括号中的数值为 R_{12} 的排气温度。

三、计算与选型

(一)压缩机理论输气量

设计选型时,在蒸发温度回路所需冷负荷 Q_0 已知的情况下,相应于 Q_0 螺杆压缩机理论输气量的计算方法同活塞式,即

$$V_P \cdot \eta_V = Q_0 / q_0 \cdot v_1 \tag{3-2-1}$$

式中:V_P——计算所需的压缩机理论输气量,m/s;

η_V——螺杆压缩机的输气系数,由厂家提供,一般在 0.75～0.9 之间。

Q_0——计算所需的回路制冷量,kW/kg;

q_0——设计工况下单位质量制冷剂的产冷量,kJ/kg;

v_1——压缩机入口处制冷剂的比容,m/kg。

由所算得的理论排量便可根据厂家提供的技术参数来进行选型。表 3-2-3 为目前常见的几种螺杆压缩机的主要技术参数表,表中有理论排量这一项,所以选型计算就很简单。当厂家没有直接给出某种机型的理论排量,而是给出机器的转速、螺杆的公称直径和有效长度等参数时,也可通过理论计算获取机器的理论排量,具体算式为:

$$V_P = C_\psi \cdot C_n \cdot D_0^2 \cdot L \cdot n_1 / 60 \tag{3-2-2}$$

式中:C_ψ——扭角系数,在齿的扭角分别为 240°、270°、300°,扭角系数值相应为 0.999、0.989 和 0.971;

C_n——面积利用系数,其值在 0.472～0.488 之间,非对称圆弧型线取大值,对称圆弧型线取小值;

D_0——转子的公称直径,m;

L——转子长度,m;

n_1——主动转子的转速,r/min。

表 3-2-3　螺杆式制冷压缩机的主要技术参数表

项目 ＼ 型号		LG10A30D/Z/G (KA10-5.5)	LG10F30D/Z/G (KF10-5.3)	LG12.5A55Z/65G (KA12.5-12)	LG12.5F55Z/65G (KF12.5-11)	LG12.5A65Z/85G (KA12.5-18)	LG12.5F65Z/85G (KF12.5-17)
制冷剂		R_{717}	R_{22}	R_{717}	R_{22}	R_{717}	R_{22}
阳转子转速	r/min	2 960		2 960		4 440	
转子公称直径	mm	100		125		125	
转子长度	mm	150		190		190	
理论排量	m^3/h	133		264		396	
标准工况制冷量	kW	64.9	61.8	137	133	205	200
标准工况功率	kW	21.6	21.4	40	40.5	60	60.7
配用电机 低温工况标准工况 型号		Y180M-2		YW200L-2		YW200L1-2	
配用电机 低温工况标准工况 功率	kW	30		55		65	
配用电机 低温工况标准工况 电压	V	380		380		380	
配用电机 空调工况 型号		Y180M-2		YW200L1-2		YW225M-2	
配用电机 空调工况 功率	kW	30		65		85	
配用电机 空调工况 电压	V	380		380		380	
转子间传动方式		阳带阴		阳带阴		阴带阳	
油泵 流量	L/min			80		120	
油泵 电机型号				Y90L-4		Y100L1-4(B35)	
油泵 电机功率	kW			1.5		2.2	
油泵 电压	V			380		380	
能量调节范围				15%～100%无级调节		15%～100%无级调节	
内容积比		2.6～5 连续调节		2.6　3.6　5		2.6　3.6　5	
噪音	dB(A)	≤76		≤85		≤86	
振动	μm	≤10		≤20		≤20	
冷冻机油 牌号	N46	N46		N46		N46	
冷冻机油 注入量	kg	50		75		85	
进气管直径	mm	φ57×3.5(DN50)		φ89×4(DN80)		φ98×4(DN80)	
排气管直径	mm	φ51×2(DN45)		φ76×3.5(DN70)		φ76×3.5(DN70)	
油冷却器进出水管直径	in	G1¼″		G1¼″		G1¼″	
油冷却器冷却水量	m^3/h	≤2		≤8		≤8	
油冷却器热交换面积	m^2	2.5		5.5		5.5	
机组外形尺寸 长	mm	1 980		2 820		2 820	
机组外形尺寸 宽	mm	615		800		845	
机组外形尺寸 高	mm	1 390		1 786		1 786	
机组重量	kg	800		1 700		1 700	
运行重量	kg	890		1 820		1 820	

续表 3-2-3　螺杆式制冷压缩机的主要技术参数表

项目 \ 型号				LG16A 100Z/150G (KA16-25)	LG16F 100Z/125G (KF16-25)	LG20A 200Z/250G (KA20-50)	LG20F 200Z/250G (KF20-48)	400Z LG25A440Z 500G (KA25-100)	400Z LG25F440Z 500G (KF25-100)	LG31.5A800D (KA31.5-200)
制冷剂				R_{717}	R_{22}	R_{717}	R_{22}	R_{717}	R_{22}	R_{717}
阳转子转速			r/min	2 960		2 960		2 960		2 960
转子公称直径			mm	160		200		250		315
转子长度			mm	240		300		375		520
理论排量			m^3/h	552		1 086		2 160		4 290
标准工况制冷量			kW	290	281	580	563	1 162	1 130	2 330
标准工况功率			kW	80.5	80	160.5	160	317	317	610
配用电机	低温工况 标准工况	型号		JK_2 111-2		JK_2 123-2		JB400-2(低)JK134-2(标)		$JB0710M_3$-2
		功率	kW	100		200		400	400	800
		电压	V	380		380		6 000		6 000
	空调工况	型号		JK_1 113-2	JK_2 112-2	JK_2 124-2		KJ135-2		
		功率	kW	150	125	250		500		
		电压	V	380		380		6 000		
转子间传动方式				阳带阴		阳带阴		阳带阴		阳带阴
油泵	流量		L/min	120		120		333		740
	电机型号			$Y100L_1$-4(B35)		$Y100L_2$-4(B35)		Y132-6		$YB160M_1$-2
	电机功率		kW	2.2		3		5.5		11
	电压		V	380		380		380		380
能量调节范围				15%～100%无级调节		15%～100%无级调节		15%～100%无级调节		40%～100% 无级调节
内容积比				2.6～5 连续调节		2.6～5 连续调节		2.6　3.6　5		2.6～5 连续调节
噪音			dB(A)	≤90		≤91		≤99		≤112
振动			μm	≤20		≤20		≤20		≤20
冷冻机油	牌号			N46		N46		N46		N46
	注入量		kg	140		180		1 000		1 600
进气管直径			mm	φ108×4(DN100)		φ159×4.5(DN150)		φ219×6(DN200)		φ278×8 (DN250)
排气管直径			mm	φ89×4(DN80)		φ108×4(DN100)		φ159×4.5(DN150)		φ219×7 (DN200)
油冷却器进出水管直径			in	G1 1/4″		G2″		φ89×4.5(DN80)		φ89×4.5 (DN80)
油冷却器冷却水量			m^3/h	≤10		≤16		≤60		≤120
油冷却器热交换面积			m^3	11.8		17		35		80
机组外形尺寸	长		mm	3 260		3 500		5 750		6 730
	宽		mm	820		980		1 670		1 850
	高		mm	2 040		2 153		2 850		3 720
机组重量			kg	2 800		4 000		1 2000		19 400
运行重量			kg	3 000		4 270		13 200		22 000

把式 3－2－2 算得的 V_P 与式 3－2－1 的 V_P 值进行比较，便可选择合理的压缩机。

(二)压缩机的轴功率

螺杆压缩机轴功率的计算式如下

$$N=G\cdot(h_2-h_1)/\eta_{ad} \qquad (3-2-3)$$

式中：G——制冷剂的质量流量，kg/s；

h_1——压缩机入口处制冷剂的焓值，kJ/kg；

h_2——压缩机等熵压缩时出口处的焓值，kJ/kg；

η_{ab}——压缩机的绝热效率，即考虑到摩擦功率和内效率等因素的压缩机总效率，一般由厂家提供其数值；也可根据情况在 0.72～0.85 之间取值。

(三)直接选型用的压缩机组性能表

在有些情况下可直接根据设计工况和回路所需冷负荷从厂家提供的机组性能表中选用成套机组，不必计算理论排气量。表 3-2-4 为几种机组的性能表，从该表中选用压缩机不必进行理论排气量的计算。但有些工况的选型需要采用内插法。

表 3-2-4 螺杆式制冷压缩机组性能表

型号	冷凝温度	蒸发温度(℃) 制冷量(kW)/轴功率(kW)									
	(℃)	+5	0	−5	−10	−15	−20	−25	−30	−35	−40
LG10A30Z/G (D)	+30	145/21.7	121/21.9	98.0/22.3	81.5/21.8	64.9/21.6	51.9/20.2	40.1/20.8	29.9/20.2	22.5/19.7	16.0/19.2
	+35	140/25.1	115/25.0	94/25.0	76.3/24.8	60.1/24.4	47.1/23.2	37.1/22.9	27.8/22.7	20.1/22.4	14.0/21.7
	+40	132/28.4	108/28	88.8/27.6	70.5/27.1	56.3/26.8	43.8/26.4	32.7/25.8	24.9/25.1	18.7/24.0	12.4/23.7
LG10F30Z/G (D)	+30	131/21.0	114/21.4	95.5/21.6	78.4/21.5	61.8/21.4	51.8/21.4	40.3/21.2	30.0/20.9	23.4/20.5	17.3/19.2
	+35	124/23.8	104/24.2	88.0/24.4	71.2/24.5	55.6/24.7	46.6/24.2	37.3/24.1	28.2/23.6	21.3/22.8	15.4/21.3
	+40	115/26.9	98.5/27.2	80.6/27.5	63.8/28.0	51.7/27.1	42.9/26.5	32.8/26.0	25.5/24.8	19.3/19.1	13.5/12.4
LG12.5A 55Z/65G	+30	309/43.5	255/44	207/42.5	170/41	137/40	109/37.5	85/35	65/33	48/32	36/31
	+35	299/50.5	243/50	201/47.5	165/45	133/43	105/40.5	80/38.5	61/36	45/34	34/33
	+40	285/55.5	234/55	192/52	158/50	126/47	99/44.5	76/42	58/40	43/38	31/36
LG12.5F 55Z/65G	+30	285/45.7	235/45.2	194/43	163/41.5	133/40.5	109/39.3	88/37.7	69/53	53/35.2	42/34
	+35	263/49.8	221/48.6	185/47.5	150.5/46	127/44.5	102/42	82.6/40	63/38.5	49/37	39/35.5
	+40	250/53.5	207/53	173/51	143/49.5	121/48	96/46	77/44	59/42.5	45/41	36/39

续表

型　号	冷凝温度(℃)	蒸发温度(℃) 制冷量(kW)/轴功率(kW)									
		+5	0	−5	−10	−15	−20	−25	−30	−35	−40
$LG12.5A^{65Z}_{85G}$	+30	463/65.3	382/66	310/63.7	255/61.5	205/60	163/56.2	127/52.5	97/49.5	72/48	54/46.5
	+35	448/75.7	364/75	301/71.2	247/67.5	200/64.5	157/60.7	120/57.7	91/54	67/51	51/49.5
	+40	427/83.2	351/82.5	288/78	237/75	189/70	148/66.7	114/63	87/60	64/57	46/54
$LG12.5A^{65Z}_{85G}$	+30	427/68.5	352/67.8	291/64.5	244/62.2	200/60.7	163/58.9	132/56.5	103/54.7	79/52.8	63/51
	+35	394/74.7	331/72.9	277/71.2	226/69	190/66.7	153/63	124/60	94/57.7	73/55.5	58/53.2
	+40	375/80.2	310/79.5	259/76.5	214/74.2	181/72	144/69	115/66	88/63.7	67/61.5	54/58.5
$LG16A^{100Z}_{150G}$	+30	654/89.5	545/90	440/88	363/84	290/80.5	228/76	178/71	136/68	102/66	76/63.5
	+35	628/102	514/101	421/98	347/95	278/89	219/84	170/79	131/74.5	95/70	71/68
	+40	599/112	492/111	402/107	333/103	266/98	212/92	162/86	126/82	90/79	66/75
$LG16F^{100Z}_{150G}$	+30	593/94	448/93	409/88	337/83	281/80	226/77	183/74	142/72	110/70	90/67
	+35	570/104	465/103	390/99	322/95	264/90	215/86	173/83	134/80	101/76	84/73
	+40	547/112	442/111	366/107	305/103	250/99	200/94	163/91	124/87.5	73/83	79/82
$LG20A^{200Z}_{250G}$	+30	1303/179	1086/180	878/175	727/167	580/160.5	458/153	355/141	273/134	204/130	151/125
	+35	1256/203	1029/201	843/193	694/186	556/176	440/168	340/158	263/149	192/141	142/136
	+40	1198/223	984/221	809/212	665/206	534/196	424/184	323/172	251/165	180/158	133/148
$LG20F^{200Z}_{250G}$	+30	1186/188	977/186	820/176	675/166	563/160	453/154	366/148	285/144	221/139	180/134
	+35	1140/208	930/205	779/198	645/190	529/180	430/172	347/166	269/160	203/150	169/146
	+40	1093/224	884/221	372/214	611/206	500/197	401/188	326/183	250/176	186/166	156/163

续表

型号	冷凝温度（℃）	蒸发温度（℃） 制冷量(kW)/轴功率(kW)									
		+5	0	−5	−10	−15	−20	−25	−30	−35	−40
400D LG20F440Z 500G	+30	2605/358	2174/359	1758/348	1458/333	1162/317	914/306	713/282	552/270	409/260	308/251
	+35	2515/407	2053/404	1694/385	1396/362	1116/355	884/338	688/315	533/300	290/283	288/274
	+40	2396/446	1970/442	1619/420	1333/410	1068/390	849/365	647/354	502/332	361/318	267/298
400D LG25F440Z 500G	+30	2372/376	1954/372	1641/352	1352/332	1130/317	908/307	731/296	570/288	442/278	360/268
	+35	2280/416	1680/410	1559/396	1291/380	1060/360	860/344	694/332	538/320	406/304	338/296
	+40	2186/448	1768/442	1464/428	1223/412	1001/394	802/376	652/366	500/352	272/332	312/326
LG31.5A800D	+30	5230	4460	3720	3020	2330	1860	1390	1070	790	600
		638	640	640	636	610	600	576	550	520	480
	+35	5060	4280	3580	2900	2280	1770	1350	1020	740	560
		736	744	736	725	704	680	648	610	570	508
	+40	4880	4140	3430	2790	2180	1670	1280	950	700	510
		880	864	840	816	784	750	712	672	630	584

第三节 冷凝器的选型计算

一、选型的一般原则

冷凝器的选型，取决于建厂地区的水温、水质、水量、气象条件、热负荷大小以及机房的布置等因素。其选型原则如下：

1. 水源丰富，但水质较差或水温较高的地区，宜选用立式冷凝器；
2. 水温较低，水质较好的地区，可采用卧式冷凝器和分组式冷凝器；
3. 水源不足，水质较差，而空气相对湿度较低的地区，应采用淋水式冷凝器；
4. 对于相对湿度较低，又缺水的地区，宜采用蒸发式冷凝器；
5. 采用循环水时，不受上述原则的限制。

二、选型计算

（一）冷凝器热负荷 Q_l 的计算

冷凝器的热负荷就是使高温高压的制冷剂气体在冷凝器中液化所必须取走的热量。

1. 单级压缩循环(见图 3-1-2)

$$Q_l = G \cdot (h_2 - h_3) \tag{3-3-1}$$

式中：G——制冷剂流量，kg/s；

h_2, h_3——冷凝器进出口制冷剂焓值，kJ/kg

2. 双级压缩循环(见图 3-1-4)

$$Q_l = G_g(h_4 - h_5) \tag{3-3-2}$$

式中：G_g——高压级制冷剂流量，kg/s；

h_4, h_5——冷凝器进出口制冷剂焓值，kJ/kg

3. 单、双级综合系统

在冷库设计中，一个系统常常是既有单级压缩循环回路，又有双级压缩循环回路。在低压部分不同的回路分开，在高压部分合并，这时计算冷凝器负荷就要考虑两个回路的冷凝器总负荷。如一个系统分－15 ℃回路和－33 ℃回路，总的冷凝负荷为：

$$Q_l = [G(h_2 - h_3)]_{-15\ ℃} + [G_g(h_4 - h_5)]_{-33\ ℃} \tag{3-3-3}$$

(二)冷凝面积的计算

$$F = \frac{Q_l}{K\Delta t_m} = \frac{Q_l}{q_f} \tag{3-3-4}$$

式中：F——冷凝器传热面积，m^2；

K——冷凝器传热系数，$kW/m^2 \cdot K$，此值的计算比较复杂，在设计中可参考表 3-3-1 取值；

Δt_m——对数平均温差，℃，其计算见式 3－1－1。

q_f——冷凝器单位面积热负荷，kW/m^2，可从表 3-3-1 中取值。

表 3-3-1　常用冷凝器的技术数据表

冷凝器型式	K ($kW/m^2 \cdot K$)	q_f (kW/m^2)	水温升 $\Delta t = t_2 - t_1$	循环水量 ($m^3/m^2 \cdot h$)	备　　注
立式 卧式 淋水式	0.7～0.81 0.81～0.93 0.7～1.04	2.90～3.5 3.4～4.0 2.0～2.5	2～3 4～6 2	1～1.7 0.5～0.9 0.8～1.0	$\Delta t_m = 4 \sim 6$ $\Delta t_m = 4 \sim 6$ $\Delta t_m = 4 \sim 6$
蒸发式	0.58～0.70	2.1～2.6 1.6～2.0		0.15～0.20	$\Delta t_m = 2 \sim 3$，需通风量为 300～340 m^3/h
风冷式	0.023～0.035	0.14～0.35			风速 $W \approx 1.5 \sim 2.5$ m/s
氨卧式(肋片)	0.87～0.93	4.65～5.23			$\Delta t_m = 5$ ℃

第四节　冷却设备的选型计算

1985 年 6 月 1 日起开始施行的《冷库设计规范》中，把制冷装置中的排管、冷风机和其他类型蒸发器统称为“冷却设备”。

一、选型原则

冷却设备的选型应根据食品冷加工或冷藏的要求确定，原则上应有利于冷间的温度场均匀；使设备费用、安装费用低；便于安装维修；使传热系数尽可能高，当然，前提是保证冷加工对象的质量，还要符合下列要求：

1. 冷却间、冻结间和冷却物冷藏间的冷却设备应采用冷风机；
2. 冻结盘装，箱装或听装食品时，可采用搁架式排管或平板冻结设备；
3. 冻结物冷藏间冷却设备宜选用墙排管、顶排管，当食品有良好包装时，也可采用冷风机；
4. 包装间的冷却设备当室温低于 −5 ℃时应选用排管；当室温高于 −5 ℃时宜采用冷风机。

二、冷却面积计算

冷却设备的传热面积应按下式计算：

$$F=\frac{Q_q}{K \cdot \Delta t} \tag{3-4-1}$$

式中：F——冷却设备的传热面积，m^2；

K——冷却设备的传热系数，$W/m^2 \cdot K$；

Δt——冷却设备的计算温度差，℃；

Q_q——冷却设备负荷，W。

计算时注意，Q_q 是按冷间汇总的，冷却设备的选型是以每个冷间为单位进行的。

(一)传热系数 K 值的计算

1. 光滑顶排管和光滑墙排管的传热系数

$$K=K' \cdot C_1 \cdot C_2 \cdot C_3 \tag{3-4-2}$$

式中：K——光滑管在设计条件下的传热系数，$W/m^2 \cdot K$；

K'——光滑管在特定条件下的传热系数，$W/m^2 \cdot K$；

按附表 3-4-0(a)～表 3-4-0(c)选用。

特定条件为：管子外径＝38 mm；管间距 S 与管外径 d_w 之比＝4；

冷间相对湿度 $\psi_n=90\%$；霜层厚度 $\delta=6$ mm；非泵供液。

C_1——排管的构造换算系数，从表 3-4-1 取值，$C_1=S/d_w$；

C_2——管径换算系数，从表 3-4-1 中取值；

C_3——供液方式换算系数，从表 3-4-1 中取值。

附表 3-4-0(a)　氨光滑 U 形顶排管和氨双层光滑蛇形顶排管的 K′值[W/(m² · K)]

冷间空气温度(℃)	计算温度差 Δt(℃)				
	6	8	10	12	15
0	8.14	8.61	8.96	9.19	9.42
−4	7.79	8.02	8.26	8.49	8.72
−10	7.09	7.44	7.68	7.91	8.02
−12	6.86	7.21	7.44	7.68	7.91
−15	6.63	6.98	7.21	7.44	7.68
−18	6.40	6.75	6.98	7.21	7.44
−20	6.28	6.63	6.86	7.09	7.33
−23	6.16	6.40	6.63	6.86	7.09
−25	6.05	6.28	6.51	6.75	6.98
−30	5.82	6.16	6.40	6.51	6.75

注:表列数值为外径 38 mm 光滑管,管间距与管外径之比为 4,冷间相对湿度为 90%,霜层厚度为 6 mm时的传热系数。

附表 3-4-0(b)　氨单层光滑蛇形顶排管的 K′值[W/(m² · K)]

冷间空气温度(℃)	计算温度差 Δt(℃)				
	6	8	10	12	15
0	8.60	9.07	9.42	9.65	9.88
−4	8.14	8.49	8.72	8.96	9.19
−10	7.44	7.79	8.02	8.26	8.49
−12	7.21	7.56	7.79	8.02	8.26
−15	6.98	7.33	7.56	7.79	8.02
−18	6.75	7.09	7.33	7.56	7.79
−20	6.63	6.98	7.21	7.44	7.68
−23	6.51	6.74	6.98	7.21	7.44
−25	6.40	6.63	6.86	7.09	7.32
−30	6.16	6.51	6.74	6.86	7.09

注:表列数值为外径 38 mm 光滑管,管间距与管外径之比为 4,冷间相对湿度为 90%,霜层厚度为 6 mm时的传热系数。

附表 3-4-0(c)　氨单排光滑蛇形墙排管的传热系数 K′值[W/(m² · K)]

高度方向上的横管数(根)	计算温度差 Δt(℃)	冷间空气温度(℃)									
		0	−4	−10	−12	−15	−18	−20	−23	−25	−30
4	6	8.84	8.02	7.68	7.44	7.21	6.98	6.86	6.63	6.51	6.28
	8	9.30	8.72	8.02	7.79	7.56	7.33	7.21	6.98	6.86	6.63
	10	9.65	8.96	8.26	8.02	7.79	7.56	7.44	7.21	7.09	6.86
	12	9.89	9.19	8.49	8.26	7.91	7.68	7.56	7.44	7.33	7.09
	15	10.12	9.42	8.61	8.49	8.14	7.91	7.79	7.68	7.56	7.33
6	6	9.19	8.49	7.79	7.68	7.44	7.09	6.98	6.86	6.75	6.51
	8	9.54	8.96	8.14	8.02	7.68	7.44	7.33	7.21	7.09	6.86
	10	9.89	9.19	8.49	8.26	7.91	7.68	7.56	7.44	7.33	7.09
	12	10.12	9.42	8.61	8.49	8.14	7.91	7.79	7.56	7.44	7.21
	15	10.35	9.65	8.84	8.61	8.37	8.14	8.02	7.79	7.68	7.44
8	6	9.42	8.84	8.14	7.91	7.68	7.44	7.33	7.09	6.98	6.75
	8	9.89	9.30	8.49	8.26	8.02	7.79	7.56	7.44	7.33	7.09
	10	10.23	9.54	8.72	8.49	8.26	8.02	7.79	7.68	7.56	7.33
	12	10.47	9.77	8.96	8.72	8.37	8.14	8.02	7.79	7.68	7.44
	15	10.58	10.00	9.19	8.96	8.61	8.37	8.26	8.02	7.91	7.68
10	6	10.00	9.42	8.61	8.37	8.02	7.91	7.68	7.56	7.44	7.09
	8	10.47	9.77	8.96	8.72	8.37	8.14	8.02	7.79	7.68	7.44
	10	10.82	10.00	9.19	8.96	8.61	8.37	8.26	8.02	7.91	7.68
	12	10.93	10.23	9.42	9.19	8.84	8.61	8.49	8.26	8.14	7.91
	15	11.16	10.47	9.54	9.42	9.07	8.84	8.61	8.49	8.37	8.14

续表

高度方向上的横管数(根)	计算温度差 Δt (℃)	冷间空气温度(℃)									
		0	−4	−10	−12	−15	−18	−20	−23	−25	−30
12	6	10.70	10.00	9.19	8.96	8.61	8.37	8.26	8.02	7.91	7.56
	8	11.16	10.35	9.54	9.30	8.96	8.72	8.49	8.26	8.14	7.91
	10	11.40	10.70	9.77	9.54	9.19	8.96	8.72	8.49	8.37	8.14
	12	11.63	10.82	9.89	9.65	9.42	9.07	8.96	8.72	8.61	8.37
	15	11.75	11.05	10.12	9.89	9.54	9.30	9.19	8.96	8.84	8.61
14	6	11.28	10.58	9.65	9.42	9.19	8.84	8.72	8.49	8.37	8.14
	8	11.75	10.93	10.00	9.77	9.42	9.19	8.96	8.84	8.61	8.37
	10	12.10	11.28	10.35	10.00	9.65	9.42	9.19	9.07	8.84	8.61
	12	12.21	11.40	10.47	10.23	9.89	9.54	9.42	9.19	9.07	8.84
	15	12.44	11.63	10.70	10.47	10.12	9.77	9.65	9.42	9.30	9.07
16	6	12.10	11.28	10.35	10.12	9.77	9.42	9.30	9.07	8.96	8.61
	8	12.56	11.75	10.70	10.47	10.12	9.77	9.54	9.30	9.19	8.96
	10	12.79	11.98	10.93	10.70	10.35	10.00	9.77	9.54	9.42	9.19
	12	13.03	12.10	11.16	10.82	10.47	10.12	10.00	9.77	9.65	9.30
	15	13.14	12.33	11.28	11.05	10.70	10.35	10.23	10.00	9.89	9.54
18	6	12.91	12.10	11.05	10.70	10.47	10.12	9.89	9.65	9.54	9.30
	8	13.37	12.44	11.40	11.16	10.82	10.47	10.23	10.00	9.89	9.54
	10	13.72	12.79	11.63	11.40	11.05	10.70	10.47	10.23	10.12	9.77
	12	13.84	12.91	11.86	11.51	11.16	10.82	10.70	10.35	10.23	10.00
	15	14.07	13.03	11.98	11.75	11.40	11.05	10.82	10.58	10.47	10.23
20	6	13.84	12.91	11.75	11.51	11.16	10.70	10.58	10.35	10.23	9.77
	8	14.30	13.26	12.21	11.86	11.40	11.16	10.93	10.70	10.47	10.12
	10	14.54	13.61	12.44	12.10	11.63	11.28	11.16	10.82	10.70	10.35
	12	14.77	13.72	12.56	12.21	11.86	11.51	11.28	11.05	10.93	10.58
	15	14.89	13.84	12.79	12.44	12.10	11.75	11.51	11.28	11.16	10.82

注：表列数值为外径 38 mm 光滑管，管间与管外径之比为 4，冷间相对湿度为 90%，霜层厚度为 6 mm 时的传热系数。

表 3-4-1 各型排管换算系数表(K 值修正项)

换算系数 / 排管形式	C_1		C_2	C_3	
	$\frac{S}{d_w}=4$	$\frac{S}{d_w}=2$		非氨泵供液	氨泵强制供液
单排光滑蛇形墙管	1.0	0.987 3	$(\frac{0.038}{d_w})^{0.16}$	1.0	1.1
单层光滑蛇形顶管	1.0	0.975 0	$(\frac{0.038}{d_w})^{0.18}$	1.0	1.1
双层光滑蛇形顶管	1.0	1.000 0	$(\frac{0.038}{d_w})^{0.18}$	1.0	1.1
光滑 U 型顶排管	1.0	1.000 0	$(\frac{0.038}{d_w})^{0.18}$	1.0	1.0

2. 氨搁架式排管的传热系数

氨搁架式排管的传热系数应按表 3-4-2 规定采用。

表 3-4-2　氨搁架排管的传热系数(W/m^2·K)

空气流动状态	自然对流	风速 1.5 m/s	风速 2.0 m/s
传热系数	17.5	21.0	23.3

3. 冷风机的传热系数

冷风机的传热系数，与冷风机的结构，空气在内部的流向及流速大小以及蒸发温度等因素有关。一般应按制造厂提供的产品性能表(或曲线)选用，在缺少资料或进行非标设计时，也可按表 3-4-3 和表 3-4-4 取值。

表 3-4-3　氨光滑管冷风机的传热系数 K

空气流动形式	最小流通截面上的空气流速(m/s)	K(W/m^2·K)
沿管子轴向流动	1.5～2.5	18.6～21.0
横掠管子流动	3～5	29.1～40.7

注：氨泵供液时 K 值按本表增加 10%。

表 3-4-4　氨翅片管冷风机的传热系数 K

蒸发温度 t_z(℃)	最小流通截面上的空气流速 W(m/S)	K(W/m^2·K)
−40	3～5	11.6
−20	3～5	12.8
−15	3～5	14.0
≧0	3～5	17.0

4. 冷却载冷剂蒸发器的传热系数

常用的冷却载冷剂蒸发器的传热系数以及单位面积热负荷，可按表 3-4-5 中取用。

表 3-4-5　常用冷却载冷剂蒸发器的 K 与 q 值

制冷剂	型式　参数	载冷剂种类	K (kW/m^2·K)	q (kW/m^2)	Δt_m (℃)
氨	壳管式	水	0.47～0.52	2.35～3.12	5～6
		盐水	0.41～0.47	2.05～2.35	5～6
	立式列管式	水	0.52～0.58	2.6～3.48	5～6
		盐水	0.47～0.52	2.35～3.12	5～6
	螺管式	水	0.52～0.58	2.6～3.48	5～6
氟利昂壳管式		盐水	0.47～0.52	2.35～2.6	5

(二)计算温差 Δt 的确定

冷却设备的计算温差应根据减少食品干耗、提高制冷机效率、节省能源、降低投资的要求,通过技术经济比较确定。一般可按下列规定采用:

1. 墙排管、顶排管和搁架式排管的计算温度差宜按算术平均温度差采用,并不宜大于 10 ℃。

设冷却设备进口处空气温度为 t_1,出口处空气温度为 t_2,冷却设备内制冷剂的蒸发温度 tz 近似认为不变($t_z=t_{z1}=t_{z2}$),则:

$$\Delta t=\frac{\Delta t'+\Delta t''}{2}=\frac{(t_1-t_{z1})+(t_2-t_{z2})}{2}$$

$$=\frac{t_1+t_2}{2}-t_z=t_n-t_z\leqslant 10\ ℃ \quad (3-4-3)$$

式中:$\Delta t'$——大头温差;

$\Delta t''$——小头温差。

2. 冷风机的计算温度差应按对数平均温度差确定,冷却间、冻结间和冻结物冷藏间宜取 10 ℃,冷却物冷藏间宜取 8~10 ℃。

由于受迫运动的空气流经冷风机盘管时,其温度是随空气的流动逐渐降低,同时由于盘管中的流动阻力和液柱静压的作用,制冷剂的压力和对应的饱和温度在盘管中也是沿着它的流程不断地变化(在盘管设计时,因流动阻力引起的压力降,一般采用对应于盘管进出口处制冷剂的饱和温度降低 1 ℃来考虑),即在冷风机中各处空气和制冷剂之间的温差是不相同。所以,对于冷风机的传热计算,空气和制冷剂之间的计算温差应采用对数平均温差 Δt_m。

直接蒸发式冷风机根据空气和制冷剂的流动方向,空气和制冷剂的温度变化主要有顺流、逆流和恒压蒸发时的流动三种类型。

上列各种流动和温度变化工况下的对数平均温差 Δt_m 计算公式为

$$\Delta t_m=\frac{\Delta t'-\Delta t''}{\ln\dfrac{\Delta t'}{\Delta t''}} \quad (3-4-4)$$

式中:$\Delta t'$——空气与制冷剂之间的最大温度差,℃;

$\Delta t''$——空气与制冷剂之间的最小温度差,℃。

必须指出:在相同的条件下,直接蒸发式冷风机的 Δt_m,顺流工况比逆流工况要大,但这一结论对于间接冷却式冷风机则相反,其原因是:间接冷却式冷风机中载冷剂的温度从入口至出口的流程中是逐渐升高的。因此,对氨直接蒸发式冷风机,除非受特殊条件(如供液方式等)限制外,应优先采用顺流流动。

在冷库设计时,各种蒸发器的计算温度差可从表 3-4-6 选用,在某些特定条件下也可酌情增减。

表 3-4-6　各种蒸发器计算温度差 Δt 和 Δt_m

冷间名称	蒸发器形式	计算温差(℃)	
		* Δt	Δt_m
冷却间	冷风机	10	7～9
冻结间	冷风机	10	7～9
	搁架式排管	12～15	
冻结物冷藏间 贮　冰　间	冷风机	10	7～9
	排管	10	
冷却物冷藏间	冷风机	6～8	5～6

* 注:冷风机的 Δt 指库内空气平均温度和蒸发器出口蒸发温度之差。

3. 当冻结物冷藏间与冻结间的冷却设备为同一蒸发温度回路时,冻结物冷藏间冷却设备的计算温度差不应大于 10 ℃。

小型冷库常常在设计时将冻结物冷藏间与冻结间的负荷合并到同一蒸发温度回路(-33 ℃回路)。这时,冻结物冷藏间库内平均温度 t_n 为-18 ℃,不能采用第 1 条将 Δt 计算为 $\Delta t=t_n-t_z=-18-(-33)=15$ ℃,而应按 $\Delta t=10$ ℃作为计算温差来配冷却设备面积,使 F 足够大以减少库内食品的干耗,维持该冷间内 t_z 在-28 ℃左右可采用恒压阀控制,或采取其他适当措施。

三、冷却设备每通路的压力降

冷却设备每通路的压力降应控制在对应的饱和温度降低 1 ℃的范围内。冷却设备的蒸发管内制冷剂在流动过程中受到沿程流动的摩擦阻力、局部阻力和流态变化所引起的附加阻力等等,使其压力降至低于设计蒸发压力的数值,因此引起饱和温度降低,为了维持 t_z 在一定的范围内不致偏离设计值太远,在设计蒸发管通路长度时,应进行阻力计算,使制冷剂通过每一通路的压力降控制在使饱和温度降低 1 ℃的范围内,具体计算详见第四章。

第五节　节流阀的选型计算

节流阀在制冷系统中的作用是:对高压液体制冷剂进行节流,达到降压和调节流量的目的,若选用的节流阀容量(即制冷量)太小,则不能满足设备的制冷负荷要求;若节流阀容量太大,则会使调节困难。因此,节流阀的选择是否合理,也是衡量制冷系统优劣的重要指标之一。

制冷工程中常见的节流阀有手动节流阀、浮球节流阀和热力膨胀阀三种形式,它们的原理、结构及工作特性在《制冷原理与设备》一书中已有介绍,这里只重点介绍其选型方法。

一、流量计算

对于具有 5 ℃过冷度左右的制冷剂液体,通过各节流阀阀门通道的流量,可用下式计算

$$G=\sqrt{2}\cdot C_D A\ \sqrt{\rho_l\cdot\Delta P_v} \qquad (3-5-1)$$

式中:G——流经节流阀的制冷剂流量,kg/s;

A——通道截面积,m^2;

ρ_l——节流阀前液体的密度，kg/m^3；

ΔP_v——节流阀前后的压力差，Pa；

C_D——流量系数，无因次。

按美国 Detroit 公司 D. D. Wile 推荐的公式：

$$C_D = 0.02005\sqrt{\rho_l} + 0.63v_2 \quad (3-5-2)$$

式中：v_2——阀出口处制冷剂比容（m^3/kg）；

ρ_l 同上式。

由式（3－5－2）可算得在一般制冷机的工作条件下，C_D 的变化范围是：

$$R_{12}, R_{22}: C_D = 0.6 \sim 0.8$$

$$R_{717}: C_D = 0.35 \text{ 左右}$$

节流阀在工作期间，是通过调节其通道截面积 A 来调节制冷剂流量的，当通道截面调到最大时，通过节流阀的制冷剂流量达到最大，此时：

$$A = A_{max} = \frac{\pi}{4}D_n^2$$

即：

$$G_{max} = \sqrt{2}C_D \cdot \frac{\pi}{4}D_n^2\sqrt{\rho_l \Delta P_v} \quad (3-5-3)$$

如果所选择的节流伐其内径 D_n（m）满足：

$$G_{max} \cdot q_o \geqq Q_{on}$$

式中：G_{max} 为节流阀所能接受的最大制冷剂流量（kg/s），q_o 为每公斤工质在蒸发温度条件下的制冷量（kJ/kg），Q_{on} 为节流阀所对应的蒸发温度回路的总制冷量（kW），即所选型号满足要求。但是如果所选的 D_n 太大，却会使调节带来困难。因此，选择 D_n 时，一般考虑使 $G_{max} \cdot q_o$ 在 1.5～2.0Q_{on} 的范围内。

二、选型

为了方便设计人员的选型，大部分制造厂家在产品说明书或产品样本中提供了节流阀的工作特性。有的厂家给出了各种型号节流阀的容量随压差的变化特性，如表 3-5-1；有的给出了各种型号节流阀的最大流量或者是节流阀所适用的流量调节范围，如表 3-5-2。有的甚至提供了更详细的技术数据，如表 3-5-3 至表 3-5-6。

表 3-5-1　手动节流阀容量(kW)

压力差 / 容量(kW) / 公称口径(mm)	压力差 ΔP(kp_a)				阀门接口外径
	6×98	8×98	10×98	12×98	
D_g 3	17.39	24.33	28.95	32.41	∅14×2
D_g 5	51.40	73.81	84.93	96.51	∅18×2
D_g 10	176.05	247.07	289.53	328.14	∅25×2

表 3-5-2　节流阀的流量

公称口径 D_g(mm)	10	15	20	25	32	50
流量(1/min)	0～3	3.78	7.56	11.3～15	118.9～28.4	37.8

表 3-5-3　FPF 型热力膨胀阀主要技术数据

型　　号	孔径(mm)	使用工质	适应温度范围(℃)	可调节关闭过热度(℃)	标准制冷量(kW)	空调制冷量(kW)	接管规格(mm) 进口	接管规格(mm) 出口
D_g08FPF	08	F-12 F-22	+10～−30 −30～−80	8<t<2	11.6 18.6	10.5 —	∅10×1	∅12×1
D_g1FPF	1	F-12 F-22	+10～−30 −30～−80	8<t<2	13.9 23.2	12.8 —	∅10×1	∅12×1
D_g12FPF	12	F-12 F-22	+10～−30 −30～−80	8<t<2	17.4 29.1	15.1 —	∅10×1	∅12×1
D_g15FPF	15	F-12 F-22	+10～−30 −30～−80	8<t<2	22.1 36.0	19.8 —	∅10×1	∅12×1
D_g2FPF	2	F-12 F-22	+10～−30 −30～−80	8<t<2	29.1 47.7	25.6 —	∅10×1	∅12×1
D_g3FPF	3	F-12 F-22	+10～−30 −30～−80	8<t<2	58.1 100.0	53.5 —	∅10×1	∅12×1
D_g4FPF	4	F-12 F-22	+10～−30 −30～−80	8<t<2	104.6 174.4	93.0 —	∅10×1	∅12×1
D_g5FPF	5	F-12 F-22	+10～−30 −30～−80	8<t<2	131.4 215.1	116 —	∅12×1	∅16×12
D_g6FPF	6	F-12 F-22	+10～−30 −30～−80	8<t<2	148.8 262.8	139 —	∅12×1	∅16×12
D_g7FPF	7	F-12 F-22	+10～−30 −30～−80	8<t<2	183.7 302.3	162.8 —	∅12×1	∅16×12

表 3-5-4　RF 型热力膨胀阀主要技术数据

型　号	孔径(mm)	使用工质	适应温度范围(℃)	制冷量(kW)配管尺寸(mm)			
				标准工况	空调工况	进口	出口
RF15	1.5	F-12 F-22	+10～−30 −30～−70	1.74		D_g8	D_g10
RF2	2	F-12 F-22	+10～−30 −30～−70	4.65		D_g8	D_g10
RF5	5	F-12 F-22	+10～−30 −30～−70		11.6	D_g8	D_g12
RF9	9	F-12 F-22	+10～−30 −30～−70		23.2	D_g13	D_g13
RF11	11	F-12 F-22	+10～−30 −30～−70		34.9	D_g16	D_g16

表 3-5-5 AF 型热力膨胀阀主要技术数据

型　号	通径(mm)	标准工况下最大制冷能力(kW)	蒸发温度(℃)	阀体材料	备　　注
AF	4.5	氨:34.9	－5～－35		1.配有单独过滤器,易于清洗 2.有内平衡(AF-1)外平衡(AF-2)两种

表 3-5-6 氨低压浮球阀主要技术数据(上海一冷厂)

代　号	设备最大制冷量(kW)(标准)	接管通径(mm)			外形尺寸(mm)	重量(kg)
		进　液	出　液	汽液平衡		
ZF-15	69.8	15	15	20	256×152×227	13
ZF-45	209.3	20	20	20	256×152×227	13
ZF-150	697.7	25	25	32	330×180×324	22

在设计选型时,如果手中拥有比较齐全的阀门技术数据或特性图表,便可方便地根据阀门所处制冷回路的制冷量 Q_{on} 来选择合适的节流阀。如果缺乏必要的技术数据,即要首先由 Q_{on} 算出回路的制冷剂流量 G_{on},令 $G_{max}=1.5\sim2.0G_{on}$,再由式(3－5－3)计算出所需的阀门通径 D_n,选择与之相应的节流阀型号。

第六节　辅助设备的选型计算

一、中间冷却器的选型计算

中间冷却器在氨双级压缩制冷循环系统中,起着降低低压级排出的过热制冷剂蒸汽和冷却高压液体制冷剂的作用。所以,中间冷却器的选型计算包括桶体直径计算和盘管冷却面积计算两部分。

(一)桶径的选型计算

桶径计算的目的是使中间冷却器桶体内制冷剂气体的流速保持在 0.5 m/s,从而使低压级排出的过热气体冷却为饱和气体,所挟带的润滑油得到分离,其计算公式为:

$$D=\sqrt{\frac{4G_g v_3}{\pi w}}=1.128\sqrt{\frac{G_g \cdot v_3}{w}}=1.595\sqrt{V_{pg}\cdot\lambda_g} \qquad (3-6-1)$$

式中:G_g——高压级压缩机的实际输气量,kg/s;

V_{pg}——高压级压缩机的理论输气量,m^3/s;

λ_g——高压级压缩机的输气系数;

w——桶内气体制冷剂流速,取 $w=0.5$m/s。

$$G_g=G_d+G_{zj} \qquad (3-6-2)$$

式中:G_d——低压级压缩机实际输气量,kg/s;

G_{zj}——中间冷却器制冷剂蒸发量，kg/s。

从中间冷却器热平衡关系可得出：

$$G_{zj}=\frac{G_d[(h_2-h_3)+(h_5-h_6)]}{(h_3-h_5)} \tag{3-6-3}$$

将式3—6—3代入式3—6—2可得：

$$G_g=G_d\frac{h_2-h_6}{h_3-h_5} \tag{3-6-4}$$

（二）盘管面积的计算

计算盘管面积的目的是为了确保高压制冷剂在节流阀前具有一定的过冷度，冷却面积计算公式为：

$$F=\frac{G_d(h_5-h_6)}{K\Delta t_m} \tag{3-6-5}$$

式中：K——中间冷却器盘管的传热系数，$kW/m^2\cdot K$，可按制造厂提供的数据，缺乏资料时，可采用K＝0.465～0.581（$kW/m^2\cdot K$）；

Δt_m——对数平均温差，℃；

$$\Delta t_m=\frac{t_l-t_g}{\ln\frac{(t_l-t_{zj})}{(t_g-t_{zj})}} \tag{3-6-6}$$

式中：t_l、t_{zj}——冷凝温度、中间冷却温度，℃；

t_g——盘管出液温度，即高压液体制冷剂的过冷温度，一般比 t_{zj} 高5～7 ℃。

二、油分离器的选型计算

油分离器的选型计算，是确定油分离器的直径，以保证器内气体制冷剂的流速符合要求，达到分油效果，计算公式为：

$$D_{YF}=\sqrt{\frac{4V_p\lambda v_p}{\pi w v_x}}=1.128\sqrt{\frac{G\cdot v_p}{w}} \tag{3-6-7}$$

式中：V_p——压缩机（双级压缩指高压机）的理论输气量，m^3/s；

λ——压缩机（双级压缩指高压机）的输气系数；

v_x、v_p——压缩机吸、排气口（双级压缩指高压机）制冷剂蒸汽的比容，m^3/kg；

G——制冷剂流量（双级压缩指高压机制冷剂流量），kg/s；

w——油分离器内气体流速，可取0.1～0.2 m/s。

一般冷库的制冷系统都是既有单级压缩循环回路，又有双级压缩循环回路，在高压部分都合在一起，共用油分离器、冷凝器、贮氨器等设备。若系统分为－15 ℃回路（单级压缩）和－33 ℃回路（双级压缩），则油分的计算公式为：

$$D_{YF}=1.128\sqrt{\frac{1}{w}[(G\cdot v_p)_{-15℃}+(G_g\cdot v_{pg})_{-33℃}]} \tag{3-6-8}$$

三、贮液器的选型计算

贮液器的容积，是根据系统制冷剂总循环量进行计算的，其公式为：

$$V_{zA}=3\ 600\sum G\frac{\psi v'}{0.7} \tag{3-6-9}$$

式中：v'——冷凝温度下液态制冷剂的比容，m^3/kg；

$\sum G$——制冷系统制冷剂总循环量，kg/s；

0.7——贮液器的允许液体充满度；

ψ——贮液器的容量系数，可从表 3-6-1 中取值。

表 3-6-1 贮液器的容量系数表

冷库公称容积(m^3) ≤2 000	2 001～10 000	10 001～20 000	>20 000
ψ 1.20	1.00	0.80	0.50

对于氟制冷系统，贮液器的选型原则和方法同上，即制冷装置越小，贮液器应相对选大些，以保证检修时，制冷剂能全部收回到贮液器内，对小型氟制冷机组，一般卧式冷凝器常兼作贮液器用。

四、汽液分离器的选型计算

液体分离器主要用于氨制冷系统，其作用主要是分离和收存回汽中夹带的液滴和由于蒸发器负荷骤增而泛滥出来的液体，并使节流后产生闪气直接回到压缩机以提高蒸发器的传热效果，在重力供液系统中还起着保持液位和分配液体的作用。

汽液分离器应按蒸发温度回路分别根据供液循环量进行选型计算，其桶身直径的计算公式为：

$$D_{ef}=\sqrt{\frac{4G\cdot v''}{\pi\cdot w}}=1.128\sqrt{\frac{Gv''}{w}} \tag{3-6-10}$$

式中：G——通过汽液分离器供液量，kg/s；

v''——在该蒸发压力下气体制冷剂的比容，m^3/kg；

w——气体制冷剂流速，取 $w=0.5$ m/s。

汽液分离器桶身高度一般为桶身直径的 3～4 倍，即：

$$H_{ef}=3\sim 4D_{ef}$$

五、低压循环桶的选型计算

低压循环桶的选型计算，也应按不同蒸发温度回路分别进行，其选型计算包括桶径计算和容积计算。

1. 低压循环桶径计算公式为：

$$D=\sqrt{\frac{4V_p\cdot\lambda}{\pi\cdot w\cdot\xi\cdot n}}=1.128\sqrt{\frac{V_p\cdot\lambda}{w\cdot\xi\cdot n}} \tag{3-6-11}$$

式中：V_p——压缩机（双级压缩时指低压机）的理论输气量，m^3/s；

λ——压缩机（双级压缩时指低压机）的输气系数；

w——低压循环桶内气体流速，立式取 $w=0.5\ m/s$；卧式取 $w=0.8\ m/s$；

ξ——低压循环桶的面积系数，立式取 $\xi=1$；卧式取 $\xi=0.3$；

n——低压循环桶气体进口个数，立式 $n=1$；卧式取 $n=2$。

2.低压循环桶容积的计算

低循桶的容积需要考虑三部分内容（图 3-6-1），即

$$V_d=V_1+V_2+V_3$$

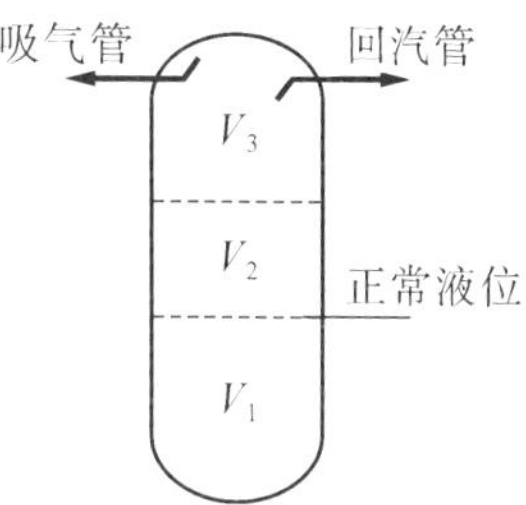

图 3-6-1　低循桶体积组成

式中：V_d——低循桶的内净体积；

V_1——保证泵能正常进液所需的体积；

V_2——停泵后从蒸发器的回汽管返回的制冷剂液体所占体积；

V_3——汽液分离所需的最小安全体积。

冷库设计规范按蒸发器的进液形式把低循桶的容积计算归纳如下：

（1）上进下出供液系统：

$$V_d=(\sum\theta_q\cdot V_q+0.6V_h)/0.5 \tag{3-6-12}$$

式中：V_d——低压循环桶的容积，m^3；

θ_q——冷却设备设计注氨量容积的百分比，可参见表 3-6-2；

表 3-6-2　制冷设备注氨量表

设备名称	注氨量（%）	设备名称	注氨量（%）
冷凝器	15	下进上出式排管	50～60
洗涤式油分离器	20*	下进上出式冷风机	60～70
贮氨器	70	重力供液	
中间冷却器	30*	排　管	50～60
低压循环桶	30*	冷风机	70
氨液分离器	20	搁架式排管	50
氨泵供液		平板式蒸发器	50
上进下出式排管	25	壳式蒸发器	80
上进下出式冷风机	40～50	回汽管	60

注：* 该类设备注氨量，原则上按制造厂规定。注氨量的氨液重度按 650 kg/m^3 计算。

V_q——冷却设备的内净容积，m^3；

V_h——回汽管内净容积，m^3。

（2）下进上出式供液系统：

$$V_d=(0.2V'_q+0.6V_h+\tau_b\cdot q_b)/0.7 \tag{3-6-13}$$

式中：V'_q——各冷间中，冷却设备注氨量最多一间蒸发器总净容积，m^3，不兼作排液桶时可以不计；

q_b——一台氨泵的流量，m^3/s；

τ_b——氨泵由启动到液体制冷剂自蒸发器返回低压循环桶的时间，一般可采用540～720秒。

在低压循环桶选型时，可能会出现选择一种规格桶径，但其容积却满足不了需要，这时桶径可加大一档，再校核容积，若桶径超过产品规格时，可选用几个低压循环桶并联使用。

六、氨泵的选型计算

氨泵的选型计算包括流量和扬程两部分

1. 氨泵的流量

$$q_b=\frac{\beta Q_q v'}{q_o} \qquad (3-6-14)$$

式中：Q_q——氨泵回路蒸发器负荷，kW；

v'——该蒸发温度下液体制冷剂的比容，m^3/kg；

q_o——制冷剂单位重量制冷量，kJ/kg；

β——氨泵的供液倍率，β取3～4倍，对负荷波动较大的冻结间，β取5～6倍。

2. 氨泵扬程的计算

为了保证氨泵的正常供液量，氨泵的排出压力（扬程）应能克服供液管道上的全部压力损失（包括管道的摩擦阻力和阀门，弯头等局部阻力）以及氨泵中心到蒸发器里液面的液柱，即管道总压降为：

$$\Delta P=\Delta P_m+\Delta P_\xi+\Delta P_h \qquad (3-6-15)$$

式中：ΔP_m——沿程摩擦阻力，P_a；

ΔP_ξ——管阀局部阻力，P_a；

ΔP_h——输送液体高度的压力损失，P_a。

（关于管道的阻力计算，将在第四章详述。）

为了保证氨泵能稳定输液，以及便于调节各蒸发器的流量，有的设计单位建议在蒸发器进液管截止阀前应保留100 kP_a的压头（P_y）。

根据以上计算，即可得出氨泵的扬程

$$H=\frac{\Delta P+P_y}{\rho\cdot g}$$

式中：ρ——氨液密度，$\rho=650\ kg/m^3$；

g——重力加速度，$9.807\ m/s^2$。

下面列出几种国产氨泵的技术性能，供设计时参考。

表3-6-3 国产氨泵的技术性能表

名　称	型　号	流量（m^3/h）	扬程（排出压力）（P_a）	进出管口径
齿轮泵	11/2～11N	5.5	392 280	40 m/m
叶轮泵	AB～3	3	107 877	40 m/m
双级泵	D40	5	245 175	40 m/m
屏蔽泵	PDB-Ⅱ	6	50(m)	∅27 m/m

七、排液桶的选型计算

排液桶的容积，应能容纳注氨量最多的一间库房蒸发器的注氨量，其计算公式为：

$$V_p=\frac{G_z \cdot v' + \tau_r \cdot G_r \cdot v'}{0.7} \tag{3-6-19}$$

式中：G_z——注氨量最多的一间库房蒸发器的注氨量，kg；

v'——在该蒸发温度下，液体制冷剂的比容，m^3/kg；

0.7——排液桶允许充满度。

τ_r——融霜时间，秒；

G_r——融霜蒸发器热氨流量，kg/s

八、低压贮液器的选型

低压贮液器是用于收集机房汽液分离器分离出来的液体，并经加压后再重新供入系统。系统设计和调整得合理，二次分离出来的液体制冷剂不会太多，因此，选用低压贮液器不需要计算，根据系统大小在 0.25～1 m^3 范围内选择就可以了。

低压贮液器的数量，每一蒸发温度回路可设一台或几个蒸发温度回路合用一台，排液桶可以兼作低压贮液器。

九、空气分离器的选型

空气分离器可根据冷库的规模按使用要求进行选型。一般，压缩机标准工况总制冷量在1 160 kW以下，采用冷却面积为 0.45 m^2 的空气分离器一台，总制冷量在 1 160 kW 及其以上时，采用冷却面积为 1.82 m^2 的空气分离器一台。

十、集油器的选型

集油器的选型也不需要进行计算，压缩机在标准工况下的总制冷量在 230 kW 以下者选用桶身直径 159 mm 集油器 1 台，总制冷量在 230～1 160 kW 者选用桶身直径 325 mm 集油器 1～2 台，当总制冷量在 1 160 kW 以上者，选用桶身直径 325 mm 集油器 2 台。

十一、干燥器和过滤器的选型

干燥器一般用于氟制冷系统，因为氟利昂不溶于水，所以，若系统内有水，会产生“冰塞”事故。常使用的干燥剂为硅胶，其粒度为 2～3 mm。

过滤器是用来清除制冷剂中的机械杂质，氨制冷系统用的过滤器一般是由 2～3 层，网孔为 0.4 mm 的钢丝网组成；氟制冷系统的过滤器则由网孔为 0.1～0.2 mm 的钢丝网组成。

干燥器和过滤器作成一体时，称作干燥过滤器。

干燥器和过滤器的结构都很简单，其选型时可根据系统管道口径进行选用。

第四章　制冷管道设计计算

第一节　制冷管道的阻力计算

一、单相流体的阻力计算

单相流体在管内的流动阻力有两种型式，即由于流体与管壁之间的摩擦而产生的摩擦阻力和流体通过弯头、阀门等附件因流速和流向的变化而产生的局部阻力，其计算方法如下。

（一）摩擦阻力计算

$$\Delta p_m = f \cdot \frac{L}{d_n} \cdot \frac{w^2}{2}\rho \qquad (4-1-1)$$

式中：f——摩擦阻力系数，无因次；

L——管子长度，m；

d_n——管子内径，m；

w——流体流速，m/s；

g——重力加速度，取 9.81 m/s^2；

ρ——流体的密度　kg/m^3

式（4—1—1）中的摩擦阻力系数 f 可表示成流体雷诺数和管子相对粗糙度的函数，即 $f=F(R_e,\frac{e}{d})$，具体的函数关系式视雷诺数的大小而定。雷诺数的计算式为

$$R_e = \frac{w \cdot d_n}{\upsilon} \qquad (4-1-2)$$

式中：υ——流体的运动粘度（m^2/s），$\upsilon=\mu/\rho$，μ 为动力黏度，kg/m·s。

对 R_{717} 液体：

$$\ln\mu = -7.973\,20 + 2\,614.41/T - 243\,288/T^2, 10^{-3}\ \mathrm{N \cdot s/m^2} \qquad (4-1-3)$$

式中：T——液体温度（K），温度范围：240～390 K；

$$饱和汽体\ \mu = A + BT + CT^2 + DT^3, 10^{-3}\ \mathrm{N \cdot s/m^2} \qquad (4-1-4)$$

$$过热气体\ \mu = \sqrt{T}/(A + B/T + C/T^2 + D/T^3), 10^{-6}\ \mathrm{N \cdot s/m^2} \qquad (4-1-5)$$

上述两式中的 A、B、C、D 值查表 4-1-1。

表 4-1-1　动力黏度计算式的系数表(R_{717})

状态	温度范围(k)	A	B	C	D
饱和汽体	240～350	-5.34835×10^{-3}	1.14180×10^{-4}	3.35825×10^{-7}	4.72675×10^{-10}
	350～390	−0.806 40	6.87245×10^{-3}	-1.93571×10^{-5}	1.83333×10^{-8}
过热气体	200～500	0.419 86	492.273	−34 532	2.73559×10^{5}
	500～1 000	0.431 06	481.745	−31 700	0.0

d_n 和 w 同式(4—1—1)。

根据尼古拉兹实验曲线图,流体的流动情况按 R_e 的大小可分为 5 个流区:①层流区,$R_e\leqslant2300$;②层流到紊流的过渡区,$2300<R_e<4000$;③紊流光滑管区,$4000<R_e<\frac{11d_n}{e}$ $(\delta>e)$;④紊流粗糙管过渡区,$\frac{11d_n}{e}<R_e<445\frac{d_n}{e}(\delta<e)$,$\delta$—边界层厚度,$e$—管子粗糙度;⑤阻力平方区,$R_e>445\frac{d_n}{e}$。

制冷剂在管道中的流动情况一般在③区和④区这两种流区。在紊流光滑管区,可供选择的计算式:

1. 布拉休斯公式:$f=0.3164R_e^{-0.25}$,适用于 $R_e<10^5$　(4—1—6)

2. 尼古拉兹公式:$f=0.0032+0.221R_e^{-0.237}$,适用于 $R_e>10^5$　(4—1—7)

3. 克纳柯夫公式:$f=\frac{1}{(1.8\lg R_e-1.5)^2}$,适用于整个光滑管区　(4—1—8)

4. 卡曼—尼古拉兹公式 $f=\frac{1}{[2\lg(R_e\sqrt{f}-0.8)]^2}$,适用于 $3\times10^3<R_e<3\times10^6$

(4—1—9)

在紊流粗糙管过渡区,摩阻系数的计算式可采用

$$f=0.0055[1+(20000\frac{e}{d_n}+\frac{10^6}{R_e})^{\frac{1}{3}}] \tag{4—1—10}$$

或

$$\frac{1}{\sqrt{f}}=2\lg(\frac{e}{3.7d_n}+\frac{2.51}{R_e\sqrt{f}}) \tag{4—1—11}$$

在层流区

$$f=\frac{64}{R_e}。 \tag{4—1—12}$$

其他参数同式(4—1—1)。

相对粗糙度是管子的绝对粗糙度与管子内径的比值($\frac{e}{d_n}$),各种管子的绝对粗糙度见表4-1-2。

表 4-1-2　管子绝对粗糙度 e

管　　子	e(mm)	管　　子	e(mm)
新的无缝铜管或黄铜管	0.0～0.001 5	使用若干年后的钢管	
新的钢管	0.05～0.10	非腐蚀性气体及蒸汽管	0.10
新的铸铁管	0.26～0.3	非腐蚀性液体管	0.30
新的镀镜钢	0.15	弱腐蚀性液体管	0.50
		强腐蚀性液体管	0.80

(二)局部阻力计算

$$\Delta p_{\xi}=\xi\cdot\frac{w^2}{2}\cdot\rho=f\frac{L_e}{d_n}\cdot\frac{w^2}{2}\cdot\rho \tag{4-1-13}$$

式中：ξ——局部阻力系数，无因次；

L_e——管件的当量管长，m。

其他符号同式 4-1-1。

所谓当量长度就是把局部阻力造成的压力降折算成流体在某一长度管道上流动的摩擦压力降。一般当量长度常以管径的倍数(称当量直径)来表示，即：$L_e=nd_n$。

式中：n——管件的当量直径，见表 4-1-3。

表 4-1-3　各种管件的当量直径 n

<table>
<tr><th colspan="2">管件名称</th><th>n</th><th colspan="3">管件名称</th><th>n</th></tr>
<tr><td colspan="2">球形阀(全开)</td><td>340</td><td rowspan="2">三通</td><td colspan="2">→</td><td>20</td></tr>
<tr><td colspan="2">闸门阀(全开)</td><td>8</td><td colspan="2">其他流向</td><td>60</td></tr>
<tr><td colspan="2">止回阀(全开)</td><td>80</td><td rowspan="3">管径突然扩大</td><td rowspan="3">$\frac{d}{D}$</td><td>$\frac{1}{4}$</td><td>30</td></tr>
<tr><td colspan="2">角阀(全开)</td><td>170</td><td>$\frac{1}{2}$</td><td>20</td></tr>
<tr><td colspan="2">方弯 90°</td><td>80</td><td>$\frac{1}{2}$</td><td>17</td></tr>
<tr><td rowspan="2">管弯 90°</td><td>$R=d$</td><td>20</td><td rowspan="4">管径突然缩小</td><td rowspan="4">$\frac{d'}{d}$</td><td>$\frac{1}{4}$</td><td>15</td></tr>
<tr><td>$R\geqslant 1\frac{1}{2}d$</td><td>15</td><td>$\frac{1}{2}$</td><td>11</td></tr>
<tr><td rowspan="2">标准弯头</td><td>90°</td><td>40</td><td rowspan="2">$\frac{3}{4}$</td><td rowspan="2">7</td></tr>
<tr><td>45°</td><td>24</td></tr>
</table>

则密封系统单相流体的总阻力为：

$$\Delta p=\Delta p_m+\Delta p_{\xi}=f\cdot\frac{L+L_e}{d_n}\cdot\frac{w^2}{2}\rho \tag{4-1-14}$$

二、两相流体的阻力计算

管路中气体和液体共存流动的流体叫两相流体，在制冷系统中，节流阀后液管中的流体、蒸发器中的流体、液泵供液系统中回气管(蒸发器到低压循环桶的管段)中的流体，均为两相流体，这种流体的流动阻力既大于单纯液体，也大于单纯气体。

在两相流体管内，流体的流态又分为两种：

1. 流动过程中与外界没有热交换，汽、液相的比例不变。如直流供液系统中节流阀后至蒸发器前的管段以及液泵供液的回气管。这种流态，制冷剂在管内的流动阻力损失为沿程摩擦阻力损失和局部阻力损失之和：

$$\Delta P=\Delta P_m+\Delta P_\xi$$

2. 流动过程中与外界不断有热交换，流体的汽、液比例沿程发生变化，如蒸发管内。在蒸发管内液体制冷剂由于吸热不断汽化，干度 x 不断增大，而由于泵的流量不变，因此蒸发管内制冷剂流速增大。这种由于比容增大引起流速增大而使得管内阻力损失增大的部分，我们称之为加速压力降，用 ΔP_a 表示，则 $\Delta P=\Delta P_m+\Delta P_\xi+\Delta P_a$。

下面按这两种流态分别叙述。

（一）对第一种流态，可用全液折算法。

$$\Delta P=\varphi^2(1-x)^{1.75}\cdot\Delta P_{液} \qquad (4-1-15)$$

式中：$\Delta P_{液}$——假设管内是全液体时的阻力损失(Pa)计算式参见式 4—1—14；

$\varphi^2(1-x)^{1.75}$——系数；

x——流体的干度；

φ——计算参数；

φ 值与另一计算参数 X 有关，可通过计算得出。制冷管道中，X 值按下式计算：

$$X=\left[\left(\frac{1}{x}-1\right)^{1.8}\frac{\rho''}{\rho'}\left(\frac{\mu'}{\mu''}\right)^{0.2}\right]^{0.5} \qquad (4-1-16)$$

式中：ρ'——饱和液体密度，kg/m^3；

ρ''——饱和汽体密度，kg/m^3；

μ'——饱和液体动力黏度，kg/m·s；

μ''——饱和汽体动力黏度，kg/m·s。

对于紊流状态的流体（制冷管道一般为紊流），φ 值可用下式计算：

$$\varphi^2=1+\frac{20}{X}+\frac{1}{X^2} \qquad (4-1-17)$$

（二）第二种流态，管道中的阻力损失比第一种流态多一项“加速压力降”ΔP_a，即：

$$\Delta P=\Delta P_m+\Delta P_\xi+\Delta P_a \qquad (4-1-18)$$

ΔP_a 可由下式计算：

$$\Delta P_a=G_w^2\cdot\Delta\upsilon \qquad (4-1-19)$$

式中：G_w——单位截面积上的流量，kg/s·m^2；

$\Delta\upsilon$——管道进出口比容变化，(m^3/kg)。

$$\Delta\upsilon=(x_2-x_1)(v''-v') \qquad (4-1-20)$$

$$\therefore\quad \Delta P=\varphi^2(1-x)^{1.75}\cdot\Delta P_{液}+G_w^2(x_2-x_1)(v''-v') \qquad (4-1-21)$$

第二节　制冷管道设计计算

一、管径的选择计算

（一）主要管道管径

在制冷系统的设计中，如何科学地确定各主要连接管道的管径也是一件很重要的工作。管径的确定是否合理，将直接影响到系统的设计质量。一般地说，管径的选择主要考虑以下两个问题：(1)制冷剂流经管道的阻力损失引起的额外电耗不宜太大；(2)制冷管道型号不宜太大以免造价太高。对此两者的综合考虑便产生了最佳经济管径这一概念。即在制冷系统的有效生命期限内，使管材的成本与其内工质流阻对应的额外电耗费用之和为最小的管径就是最佳经济管径。由于管材价格和用电价格随地区、年代的不同而异，所以，即便是同样的产冷量，同样几何尺寸的制冷系统，若其建造的时间、地点不同，最佳经济管径就可能不一样。严格地说，最佳经济管径是动态的，涉及的因素如电度价、管材价、系统寿命等都比较难以准确确定。在工程设计中，为了简化计算，一般是采用限定管段的流动阻力损失来确定对应管径的大小。其依据是把各管段流动阻力产生的额外能耗限制在系统能耗的1%～4%的范围内。对应阻力所产生的饱和温度差正好在0.5～1 ℃的范围内。表4-2-1至表4-2-3便是在这一前提下得出的限定值。其中表4-2-1和表4-2-2是在管长给定的情况下把限定压降[ΔP]转化成限定流速[w]。这三个表可供我们作为管径选型计算的依据。

表4-2-1　氨在管道内的允许流速[w](m/s)

管道类型			[w]m/s
	回汽管	单相气体管	10～16
		两相气体管	6～8
	吸入管		10～16
	排气管		15～25
	高压液管	冷凝器→贮液器	0.5
		贮液器→节流阀	0.5～1.5
	低压液管	节流阀→蒸发器	0.8～1.4
		氨液分离器→分调节站	0.2～0.25
		氨泵进出液管	0.5～1.5
	溢流管		0.2

表4-2-2　R_{12}、R_{22}在管内的允许流速[w]m/s

制冷剂	吸入管	排气管	液　管	
			冷凝器到贮液器	贮液器到蒸发器
R_{12}、R_{22}	5.8～20	10～16	0.5	0.5～1.25
氯甲烷	5.8～20	10～20	0.5	0.5～1.25

表 4-2-3　氨制冷管道允许压力降〔ΔP〕(Pa)

类别		工作温度(℃)	〔ΔP〕Pa
回气管 吸入管		−40	3 830
		−33	5 160
		−28	6 300
		−15	10 100
		−10	11 900
排气管		90～150	20 000
液体	冷凝器→贮氨器	常温	1 200
	贮氨器→调节器	常温	25 000

1. 利用上述表格来确定管径的步骤

①根据限定流速$[w]$，由公式$\frac{\pi}{4}d_n^2[w]=G/\rho$，得出

$$d_n=1.128\sqrt{\frac{G}{[w]\cdot\rho}} \tag{4-2-1}$$

式中：d_n——管子内径，m；

G——制冷剂流量，kg/s；

ρ——制冷剂密度，kg/m^3；

$[w]$——制冷剂限定流速，m/s(见表 4-2-1 和表 4-2-2)。

②由式 4－1－14 算出这一管径所对应的 ΔP。并把结果与表 4-2-3 中的$[\Delta P]$进行比较。

③沿着使 ΔP 与$[\Delta P]$差值减少的方向修正 d_n。

④重复步骤 2 和步骤 3，直至误差在工程计算允许的范围内。

2. 建立计算机程序绘制计算图表

在制冷剂种类、流动工况已知的情况下，压力降只是内径、管长和流量的函数，即：

$$\Delta P=F_1(d_n,L,G) \tag{4-2-2}$$

而在工况给定的情况下，流量 G 与产冷量 Q_0 有单一对应关系，所以

$$\Delta P=F_2(d_n,L,Q_0) \tag{4-2-3}$$

把表 4-2-3 中各种管段的限定压降$[\Delta P]$引入此式，便可导出 d_n，L，Q_0 三者间的关系。由计算机程序算出的各种关系值便可组成各种条件下制冷管径的计算图。

图 4-2-1 至图 4-2-15 就是采用这种方法绘制的，在管径选型时，可直接利用这些计算图确定管径。

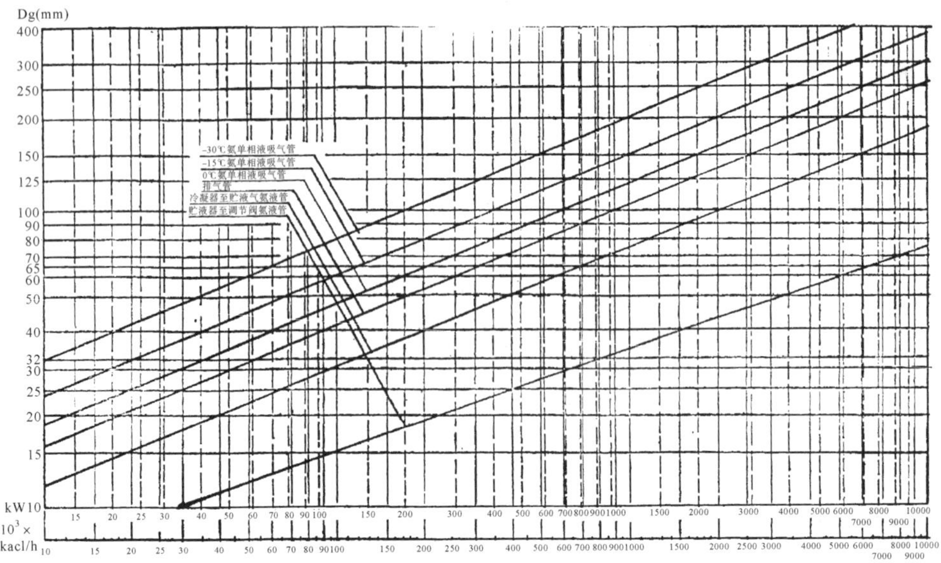

图 4-2-1　管长小于 30 m 管管径计算图

注：本图表制定时总压力损失的依据如下：

吸气管　$t_z=-30$ ℃　$\sum \Delta P \leqslant 1.471$，kPa(0.015 kgf/cm^2)；

$tz=0$ ℃，$\sum \Delta P \leqslant 5.884$，kPa(0.060 kgf/cm^2)；

$t_z=-15$ ℃，$\sum \Delta P \leqslant 2.942$，kPa(0.030 kgf/cm^2)；

排气管　$\sum \Delta P \leqslant 5.884$ kPa(0.060 kgf/cm^2)。

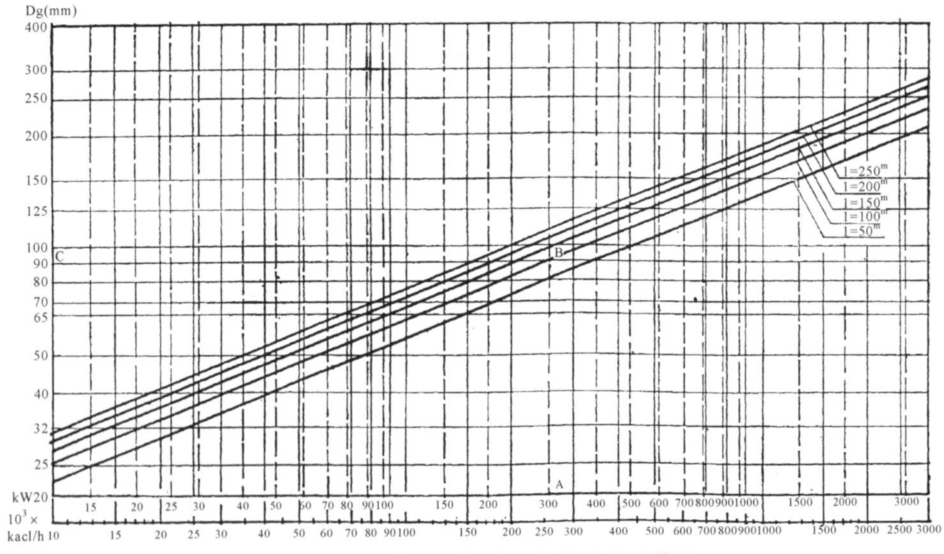

图 4-2-2　−15 ℃氨单相流吸气管管径计算图

注：管径系根据总压力损失 $\sum P \leqslant 12.258$ kPa(0.125 0 kgf/cm^2)计算确定，该压力损失相当于蒸发温度降低约 1 ℃及压缩机制冷量降低 4%。

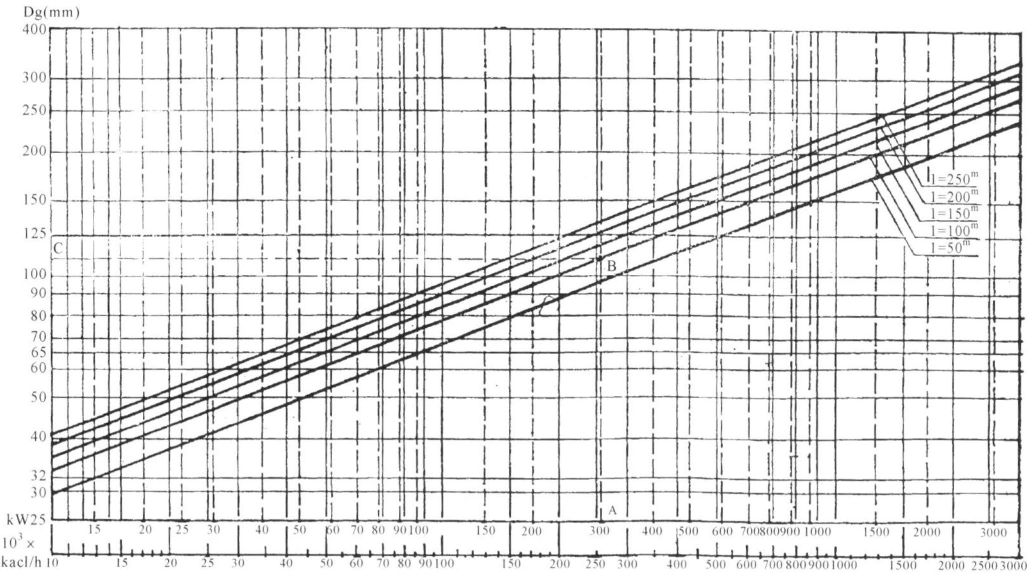

图 4-2-3　−28 ℃氨单相流吸气管管径计算图

注：管径系根据总压力损失 $\sum \Delta P \leqslant 5.884$ kPa(0.060 0 kgf/cm²)计算确定，该压力损失相当于蒸发温度降低约 1 ℃及压缩机制冷量降低 4%。

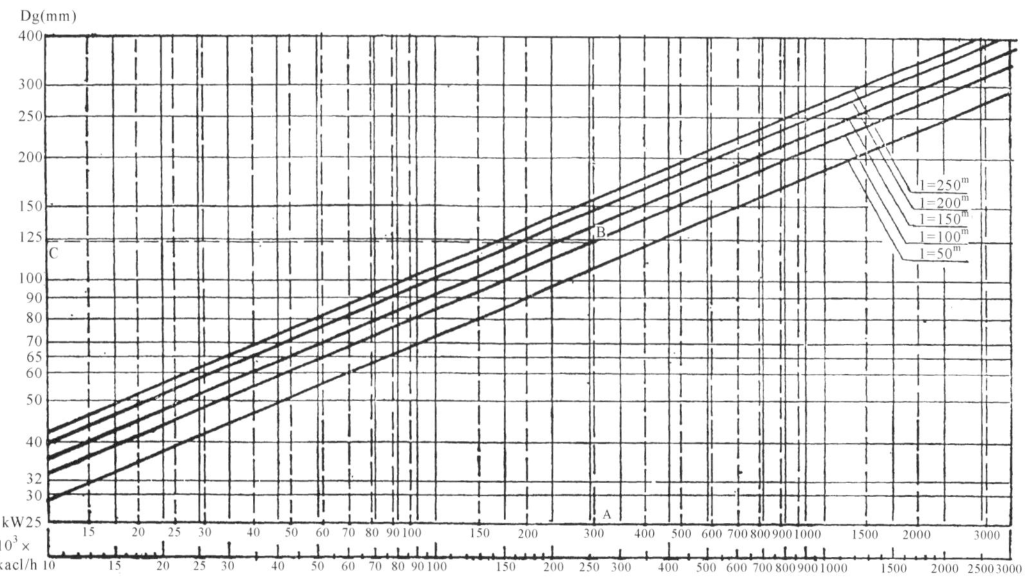

图 4-2-4　−33 ℃氨单相流吸气管管径计算图

注：管径系根据总压力损失 $\sum \Delta P \leqslant 4.903$ kPa(0.050 0 kgf/cm²)计算确定，该压力损失相当于蒸发温度降低约 1 ℃及压缩机制冷量降低 4%。

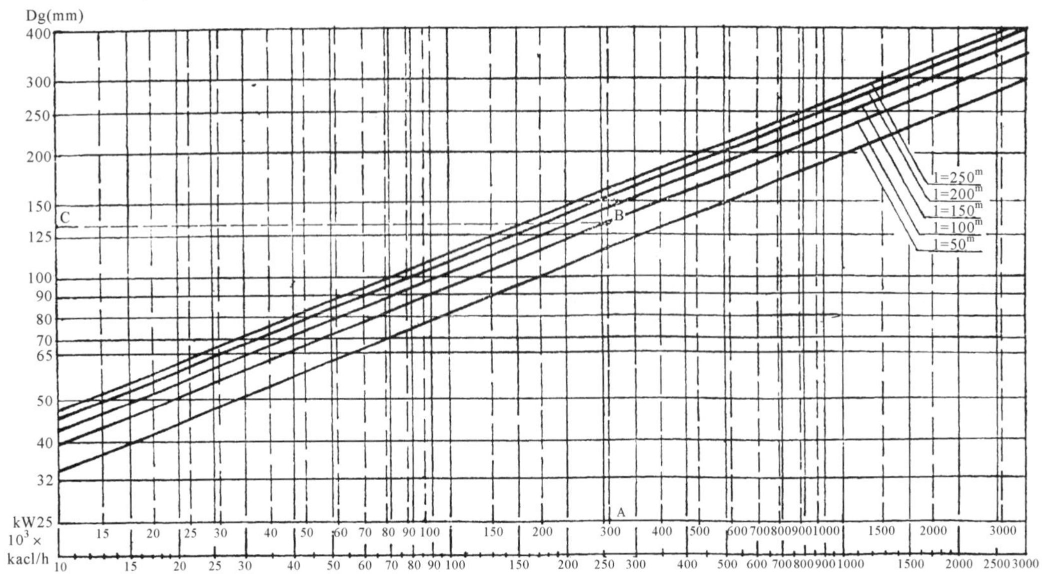

图 4-2-5　－40 ℃氨单相流吸气管管径计算图

注:管径系根据总压力损失 $\sum \Delta P \leqslant 3.923$ kPa(0.040 0 kgf/cm²)计算确定,该压力损失相当于蒸发温度降低约 1 ℃及压缩机制冷量降低 4%。

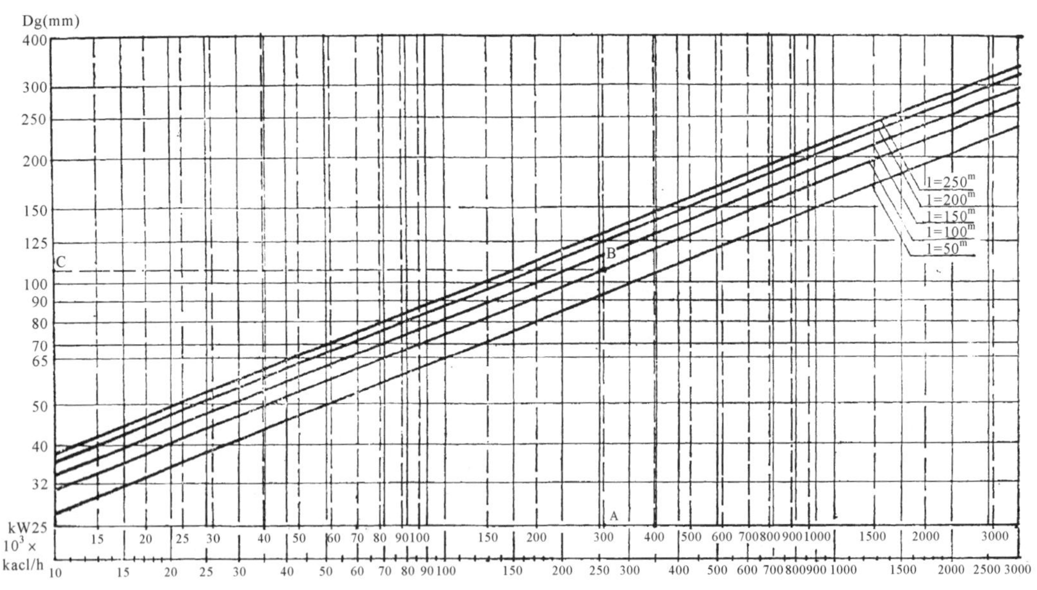

图 4-2-6　－10 ℃氨两相流回汽管管径计算图

注:管径系根据当量管长的摩阻引起压力降和相应饱和温度差 $\Delta t=1$ ℃,氨泵供液倍数 $N=4$ 计算确定。

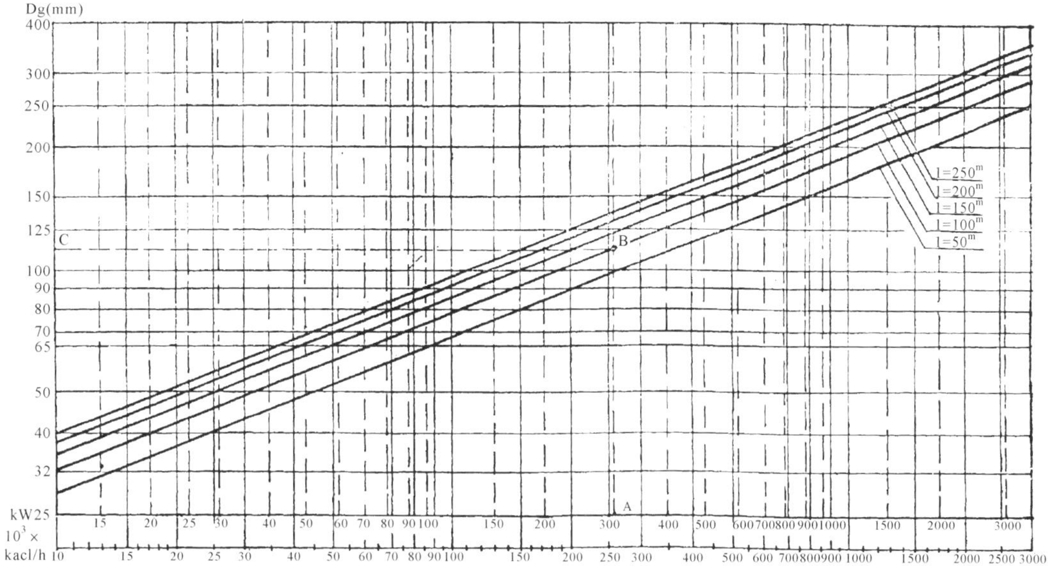

图 4-2-7　－15 ℃氨两相流回汽管管径计算图

注：管径系根据当量管长的摩阻引起压力降和相应饱和温度差 $\Delta t=1$ ℃，氨泵供液倍数 $N=4$ 计算确定。

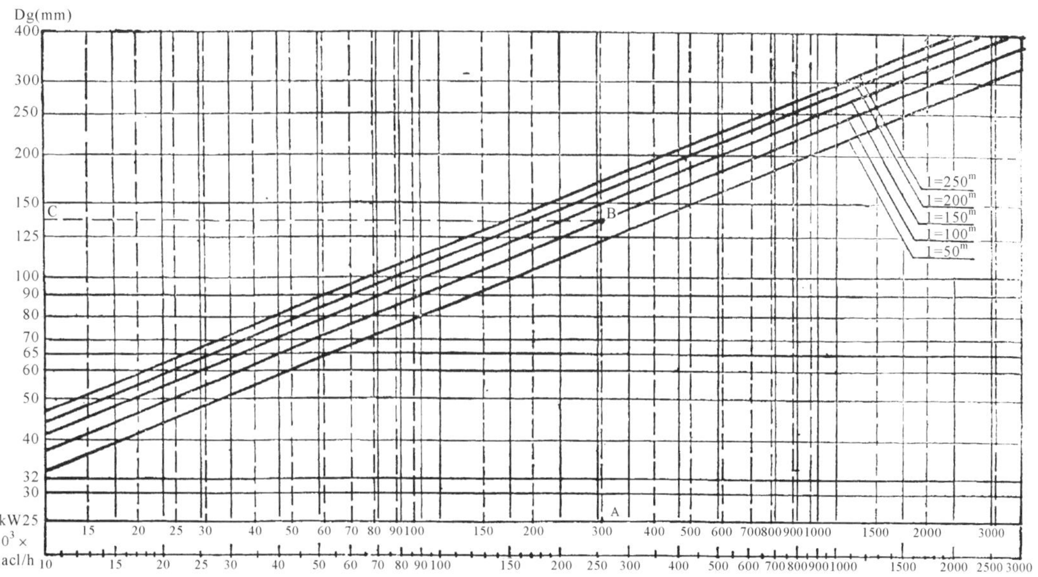

图 4-2-8　－28 ℃氨两相流回汽管管径计算图

注：管径系根据当量管长的摩阻引起压力降和相应饱和温度差 $\Delta t=1$ ℃，氨泵供液倍数 $N=4$ 计算确定。

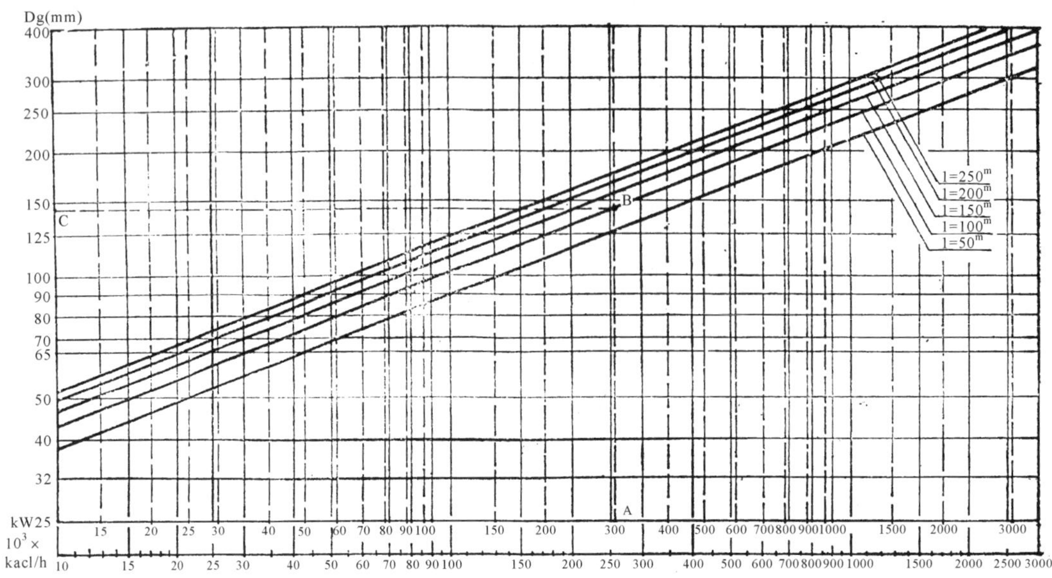

图 4-2-9 －33 ℃氨两相流回汽管管径计算图

注：管径系根据当量管长的摩阻引起压力降和相应饱和温度差 $\Delta t=1$ ℃，氨泵供液倍数 $N=4$，计算确定。

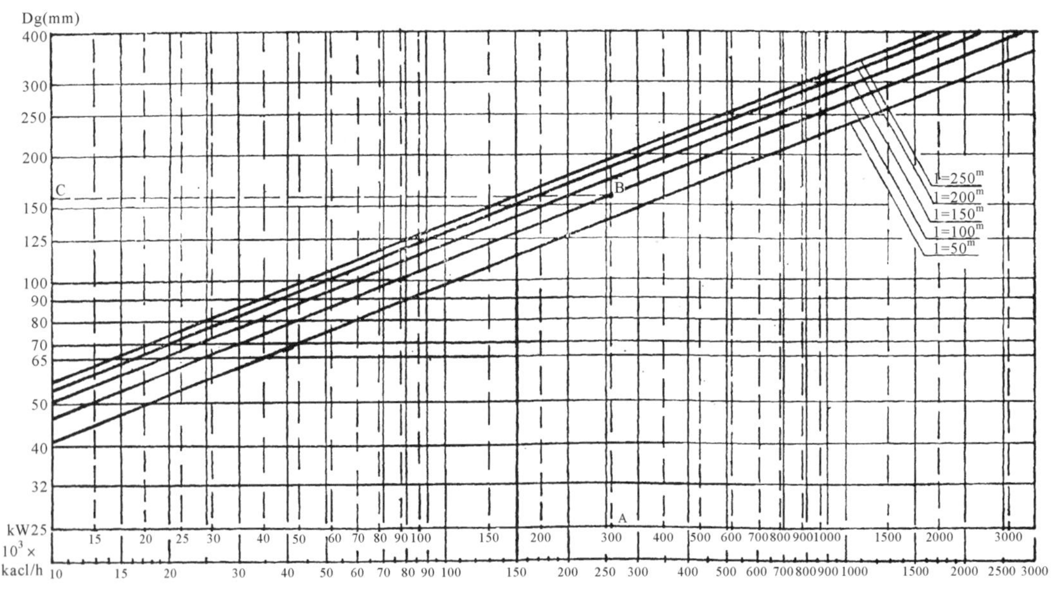

图 4-2-10 －40 ℃氨两相流回汽管管径计算图

注：管径系根据当量管长的摩阻引起压力降和相应饱和温度差 $\Delta t=1$ ℃，氨泵供液倍数 $N=4$，计算确定。

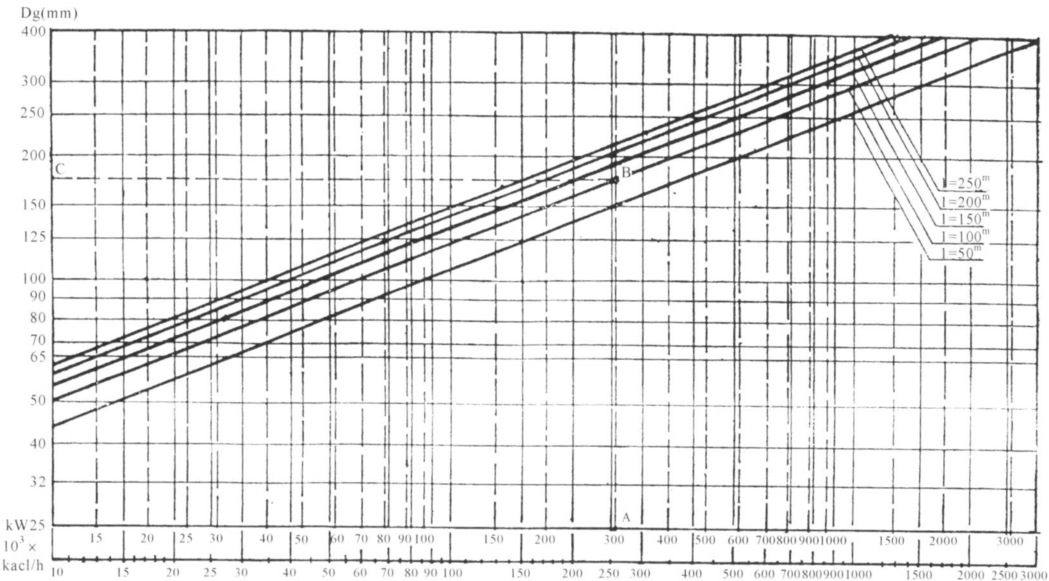

图 4-2-11　－45 ℃氨两相流回汽管管径计算图

注:管径系根据当量管长的摩阻引起压力降和相应饱和温度差 $\Delta t=1$ ℃,氨泵供液倍数 $N=4$,计算确定。

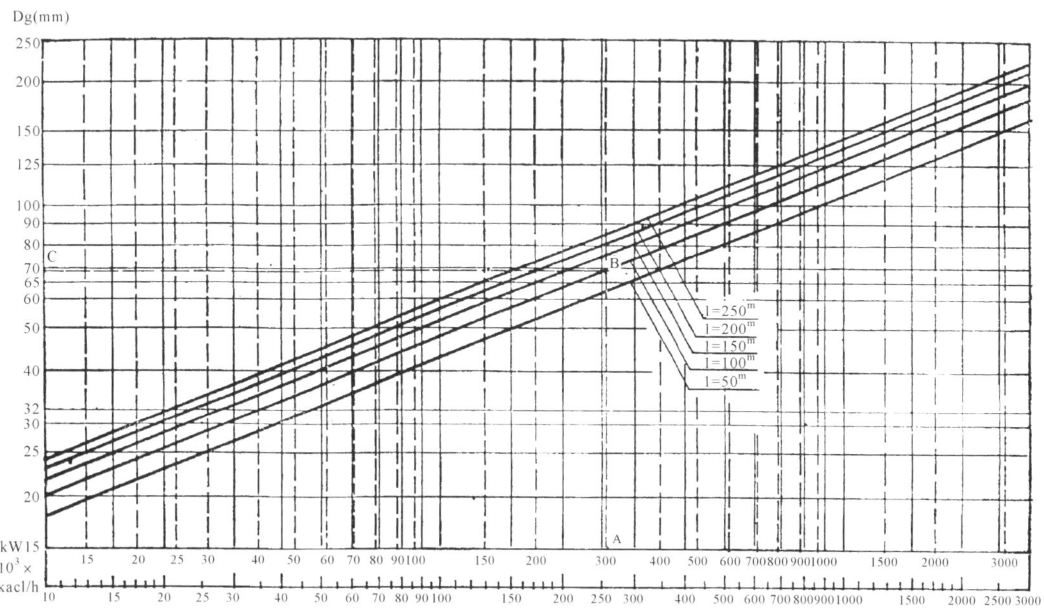

图 4-2-12　氨排气管管径计算图

注:管径系根据总压力损失 $\sum \Delta P \leqslant 14.710$ kPa(0.150 0 kgf/cm²)计算确定,该压力损失相当于冷凝温度升高约 0.5 ℃及压缩机电耗增加 1%。

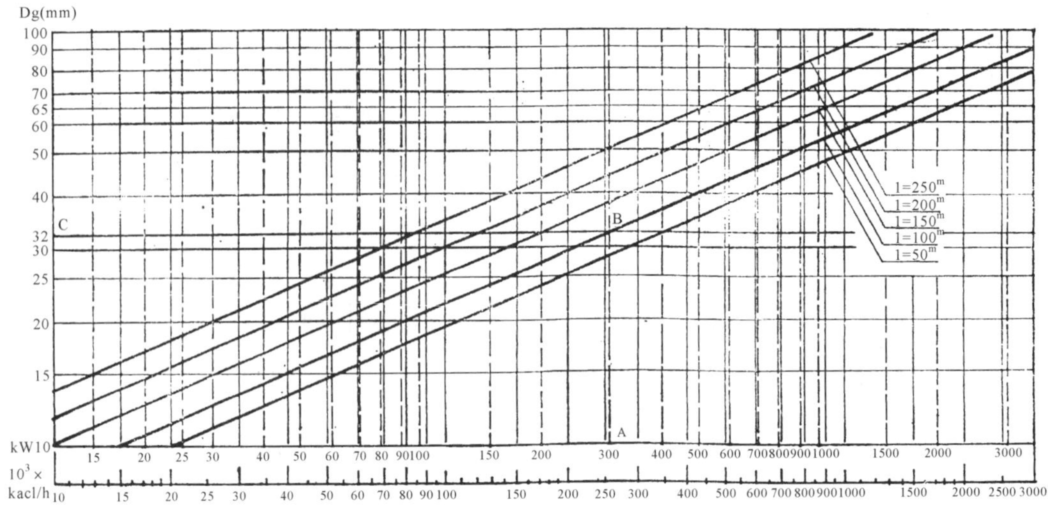

图 4-2-13　冷凝器到贮氨器之间氨液管径计算图

注：管径系根据总压力损失 $\sum \Delta P \leqslant 1.177$ kPa(0.012 0 kgf/cm²)计算确定。

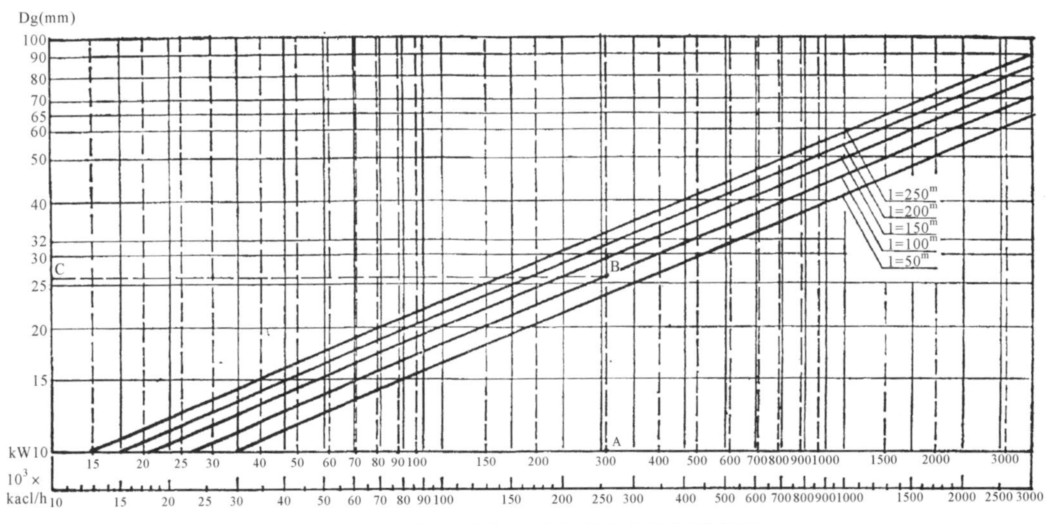

图 4-2-14　贮氨器到分配站之间氨液管径计算图

注：管径系根据总压力损失 $\sum \Delta P \leqslant 24.517$ kPa(0.250 0 kgf/cm²)，该压力损失相当于冷凝温度升高约 0.5 ℃计算确定。

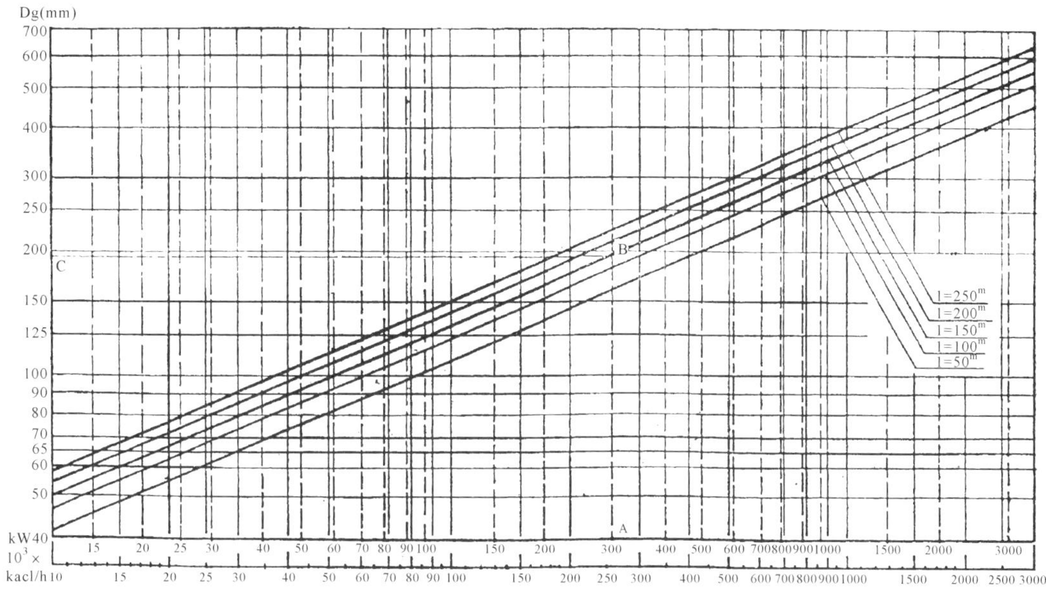

图 4-2-15 盐水管管径计算图

注：管径系根据总压力损失 $\sum \Delta P \leqslant 49.033$ kPa(0.500 0 kgf/cm²)，盐水温差 $\Delta t=1.5$ ℃计算确定。

(二)其他辅助管道的管径

对于其他辅助管道的管径，一般是根据经验来确定，以下数值是冷库氨制冷系统常见的，设计时可参考择用。

名称	外径×壁厚	备注
热氨管	38×2.2～57×3.5 25×2.0～38×2.2	融霜用 加压用
排液管	32×2.2～38×2.2	
放油管	25×2.0～32×2.2	
安全管	25×2.0～38×2.2	
放空气管	25×2.0～32×2.2	
均压管	25×2.0～32×2.2	
降压管	25×2.0～57×3.0	
冲霜水管	57×3.0	

二、管材的选用

(一)材料

制冷系统包括制冷剂管系、冷媒管系和冷却水管系等，分别采用以下材料：

1. 氨管一律采用 A10 或 A20 碳素钢无缝钢管。不得用铜管或其他有色金属管，内壁不得镀锌。

2. 氟利昂管用无缝钢管或紫铜管；管内壁不得镀锌，一般公称管径在 25 mm 以下者宜用紫铜管。

3. 盐水管（$CaCl_2$ 或 NaCl 溶液）多用焊接钢管（水、煤气管），也可用无缝钢管。

4. 冷凝器的冷却水（海水或江水）管一般用镀锌钢管，也可用铝黄铜管和铜镍合金管。

5. 制冷系统的润滑油管按制冷剂管选材。

（二）壁厚

管子的壁厚取决于工作压力，管径和管子材料的应力，管道的最小壁厚可按下式计算：

$$\delta_{min}=\frac{P\,d_n}{2[\sigma]-P}+C \qquad (4-2-4)$$

式中：P——计算压力，MPa，一般可用试验压力的 2/3 或 3/4，也可直接采用试验压力，制冷系统的试验压力见表 4-2-4。对于载冷剂，冷却水可按实际工作压力取用，但不得低于 0.6 MPa。

表 4-2-4 制冷装置的气密试验压力 P

系　　统	P (MPa)		
	R_{717}	R_{12}	R_{22}
高压系统	2.1	1.6	2.1
低压系统	1.4	1.0	1.4

d_n——管子内径，mm；

$[\sigma]$——管子材料的许用应力，MPa，见表 4-2-5；

表 4-2-5 管子材料的许用应力$[\sigma]$

材　　料	抗拉极限强度 δ_b	许用应力$[\sigma]$(MPa)	
		无缝管	焊接管
10# 碳素钢	340	53	42.4
20# 碳素钢	400	63	49.8
12# 铬钼钢	420	75	60
15# 免钼钢	450	80	64
铜	210	30	18

C——附加度 mm；

对于各种用途的无缝铜管，取 $C=1.0$ mm；

对于接触制冷剂的无缝钢管，取 $C=1.5$ mm；

对于其他管路，取 $C=2.0$ mm。

由于制冷装置内的工作压力并不很高，从有关制冷设计手册中查出的管道的壁厚均满足需要，所以不必再进行计算。

（三）管子的规格表示法

管子的规格表示法有用公称口径表示和用“外径×壁厚”表示等方法，如表 4-2-6 所示。

表 4-2-6 钢管规格表

公称口径 D_g	(mm)	6	10	15	20	25	32	40	50
		$\frac{1}{4}''$	$3/8''$	$\frac{1}{2}''$	$3/4''$	$1''$	$1\frac{1}{4}''$	$1\frac{1}{2}''$	$2''$
外径×壁厚 mm		10×2.0	14×2.0	18×2.0	25×2.0	32×2.5	38×2.5	45×2.5	57×3.5
公称口径 D_g	(mm)	60	70	80	100	125	150	200	250
		$2\frac{3}{8}''$	$2\frac{3}{4}''$	$3''$	$4''$	$5''$	$6''$	$8''$	$10''$
外径×壁厚 mm		68×3.5	76×3.5	89×3.5	108×4.0	133×4.0	159×4.5	219×6.0	273×7.0

第三节 管道的伸缩和补偿

一、管道的伸缩

制冷系统的管道由于工作温度与安装时的温度不同，必然会产生热胀冷缩，其伸缩变化的数值 ΔL 与材质、温度变化的大小以及管道长短有关，可按下式计算：

$$\Delta L=\alpha \cdot L(t_2-t_1) \tag{4-3-1}$$

式中：ΔL——管道长度变化值，m；

α——管道材料的线膨胀系数，m/m·℃；普通碳素钢 $\alpha=12\times10^{-6}$ m/m·℃；铜，$\alpha=16.5\times10^{-6}$ m/m·℃。

L——管道长度，m；

t_2——管道的工作温度，℃；

t_1——管道的安装温度，℃。

如果管道可以自由伸缩，管道就不会产生热应力，若将管道两端固定，管道不能随温度变化而自由伸缩，管道将产生热应力，热应力的大小可由下列公式求得：

$$\sigma=E\varepsilon=E\frac{\Delta L}{L}=\alpha E(t_2-t_1) \tag{4-3-2}$$

式中：σ——热应力，MPa；

E——管材的弹性模数，MPa；

钢：$E=2.1\times10^5$，MPa；

铜：$E=9\times10^4$，MPa；

ε——管道受热或受冷后相对变形值。

在管道设计中，管道的热应力不允许超过管材的许用拉伸或压缩应力，即：

$$\sigma\leqslant[\sigma]$$

式中：$[\sigma]$——管材的许用拉伸或压缩应力，MPa；

普通无缝钢管 $[\sigma]=80$ MPa

铜　　　　管 $[\sigma]=30$ MPa

当 $\sigma>[\sigma]$ 时，则应考虑热补偿问题，热补偿的温度极限变化，可由式（4－3－2）移项得出：

$$\Delta t=\frac{[\sigma]}{E\alpha}$$

对于无缝钢管则为：

$$\Delta t=\frac{80}{2.1\times10^{5}\times12\times10^{-6}}=31.4(℃)$$

换句话说，当 $\Delta t<31$ ℃时，不需要热补偿。

二、热补偿方法

1. 自然补偿法

自然补偿是利用管道某一段弹性变形来吸收另一段热变形的补偿方法，常见的有 L 型自然补偿和 Z 型自然补偿两种，如图 4-3-1 所示。

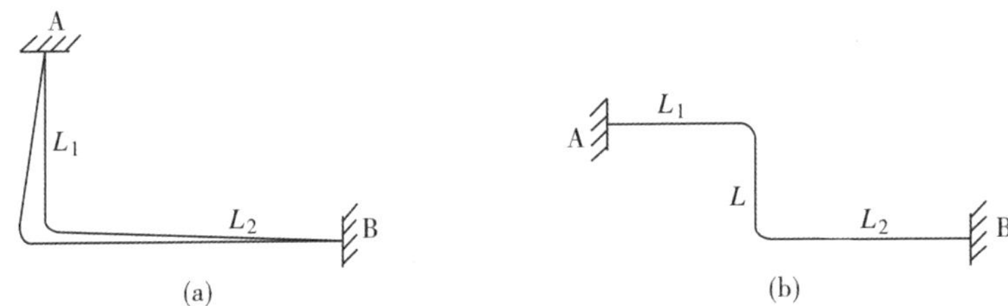

图 4-3-1 管道的自然补偿

(a)L 形补偿　(b)Z 形补偿

2. 采用伸缩弯

当低压管道直线段超过 100 m，高压管道直线段超过 50 m 时，热变形不能用自然补偿法，而应设置伸缩弯（即补偿器）。这种补偿器的伸缩能力较大。可以适应较大的温度变化范围，但流动阻力也较大。伸缩弯头的半径有两种形式。如图 4-3-2(a)和(b)所示，图(a)形式的弯曲半径，可按 $\Delta L/4$ 值从表 4-3-1 查得。

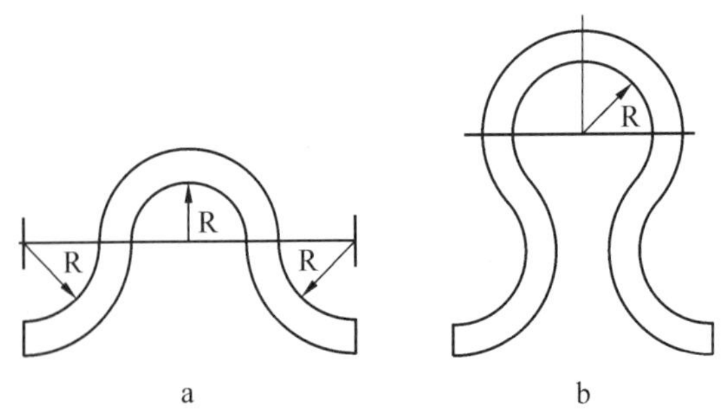

图 4-3-2　管道的伸缩弯

表 4-3-1 每个 90°弯头的允许膨胀量($\Delta L/4$ 或 $\Delta L/5$)

管径 (mm)	弯头半径 R(mm)											
	300	380	510	760	1 015	1 270	1 525	1 780	2 030	2 285	2 540	2 800
25	6	9	19	44	80	—	—	—	—	—	—	—
50	3	6	13	25	44	70	98	137	—	—	—	—
64	—	6	9	22	38	57	83	114	146	—	—	—
76	—	3	9	16	29	48	67	92	121	152	—	—
90	—	—	6	16	25	41	60	79	105	133	—	—
100	—	—	6	13	25	38	50	73	95	121	146	—
113	—	—	—	13	22	35	48	64	86	108	138	—
125	—	—	—	9	19	29	41	57	76	95	117	143
150	—	—	—	9	16	25	35	48	64	79	98	121
200	—	—	—	—	13	19	25	38	48	64	76	92
250	—	—	—	—	—	16	22	29	38	50	60	73
300	—	—	—	—	—	—	19	25	33	41	50	64

第四节 管道的隔热

低温管道隔热的目的主要是为了减少冷量损耗和回气过热，其次是为了防止管壁表面凝水结霜，对于热氨融霜管和经过低温库房的上下水管也须敷设隔热层，前者为了避免热氨气温度下降而影响融霜效果，后者是为了使水管不致结冰堵塞。

低温管道隔热层的计算原则是：应使求得的隔热层厚度能保证隔热层外表面的温度不低于当地露点温度，以防止管道外表凝结滴水或结霜。

由传热学可知，隔热管道的传热公式为：

$$q_l=\frac{t_{外}-t_{内}}{\frac{1}{\pi d_{内}\alpha_1}+\frac{1}{2\pi\lambda_1}\cdot\ln\frac{d_{外}}{d_{内}}+\frac{1}{2\pi\lambda_2}\cdot\ln\frac{D}{d_{外}}+\frac{1}{\pi D\alpha_2}} \tag{4-4-1}$$

式中：q_l——管道轴线方向上单位长度的传热量，W/m；

$t_{内}$——管道内制冷剂的温度，℃；

$t_{外}$——隔热层外表面周围空气的温度，℃；

λ_1——管材的导热系数，W/m·K；

λ_2——隔热材料的导热系数，W/m·K；

α_1——管内侧制冷剂流体放热系数，$W/m^2\cdot K$；

α_2——管外侧隔热层外表面空气的放热系数，$W/m^2\cdot K$；

$d_{内}$——管子内径，m；

$d_{外}$——管子外径，m；

D——包隔热层后的外径($D=d_{外}+2\delta$)，m；

δ——隔热层厚度，m；

上式中，热阻项$\frac{1}{\pi d_{内}\alpha_1}$和$\frac{1}{2\pi\lambda_1}\cdot\ln\frac{d_{外}}{d_{内}}$相对于其他热阻项要小得多，因此在计算式中可

忽略不计，即

$$q_l=\frac{t_{外}-t_{内}}{\frac{1}{2\pi\lambda_2}\cdot\ln\frac{D}{d_{外}}+\frac{1}{\pi D\alpha_2}} \tag{4-4-2}$$

又

$$q_l=\pi D\cdot\alpha_2\cdot(t_{外}-t_{表}) \tag{4-4-3}$$

式中：$t_{表}$——隔热层表面温度 ℃。

由式(4－4－2)和式(4－4－3)可得

$$\frac{t_{外}-t_{内}}{t_{外}-t_{表}}=\frac{\pi D\cdot\alpha_2}{\frac{1}{2\pi\lambda_2}\cdot\ln\frac{D}{d_{外}}+\frac{1}{\pi D\alpha_2}} \tag{4-4-4}$$

为保证隔热层外表面不结露，必须使 $t_{表}$ 高于当地日平均温度下的露点温度 2 ℃左右，代入上式即可求出包隔热层后的外径 D，从而得出隔热层厚度 δ。

第五章　机房设计

机房是控制整个制冷系统运行的场所。所以，人们常称之为冷库的心脏，机房设计，不仅要保证冷库的生产要求，而且要使机房布置合理紧凑，厂区管网简短，节省投资，并给投产后的运行、管理和维修创造有利条件。

机房设计，就是根据机房系统原理图所确定的制冷方案，把设计计算书所选用的制冷机器、设备及管道等进行合理的空间布置，确定出机房的位置、朝向、建筑面积以及具体的尺寸，并按一定的比例画成施工图，作为机房施工及设备安装的根据。

第一节　机房的建筑要求

一、机房在冷库总平面上的布置

机房宜独立建筑，并布置在冷库中心的附近，但不宜紧靠库区的主要交通干道。在冷库总平面图上宜布置在夏季主导风向的下风向，但在生产区内又应在锅炉房、煤场等易散发尘埃和有气味场所的上风向。

为了确保安全，机房不应靠近人员密集的房间或场所(如宿舍、幼儿园、食堂等)，以及有精密贵重设备的房间，以免发生事故时造成重大损失。

二、机房的组成

大中型冷库的机房一般分为机器间和设备间。根据全厂的具体情况确定在机房内建有变压室、配电室、自控室、油处理间以及小工具间。同时还应考虑设置工人值班室或休息室等，对于小型冷库，可将压缩机和其他设备布置在同一个房间内。

三、机房的建筑形式

机房的建筑形式、结构、柱网、跨度、高度、门窗等，最好与土建有关设计人员共同商定，目前国内以单层建筑为多。机房的高度除了应考虑压缩机安装时起吊的因素外，还应考虑通风和采光的要求。一般大、中型冷库机房(跨度≤13 m)的净高可取 6.5 ～7 m，中小型冷库(跨度≤9 m)的净高可取 5～ 5.5 m。对于利用旧厂房改建或设置小型机组的也不应低于 4 m。南方地区的大、中型冷库机房应适当加高，屋顶最好设置通风气楼，并要注意朝向和周围开阔，务使获得良好的自然通风和天然采光条件。

为了保证操作人员的安全和方便，机房内主要通道不宜过长，最好不超过 12 m。主通道长超过 12 m 的机器间应设置两个以上互不相邻直通室外的门。设备间设一个门。出入口门扇大小可视安装、检修机器设备的需要决定，但门洞净宽至少不小于1.5 m。机房侧窗宜分高低两排，以便在高低窗之间的墙面上敷设辅助管道。窗孔的采光面积不宜小于地板面积的1/7，但要注意在炎热季节不要有强烈的阳光经常直射入内。机房所有的门、窗应朝外开启，以便发生危急情况时易推门以脱离出事地点。但要注意门窗不允许直接开向生产性车间。

四、机房的地面、墙裙和机座的要求

机房地面通常做成水泥压光地面，为了防止油的污染，便于清洗，机座(包括机座周围0.5 m宽的地段)可做水磨石面层，墙裙用水泥砂浆粉刷。

五、考虑扩建余地

机房设计应考虑到生产的发展和冷库规模扩大的可能，在布置时根据远景规划的要求在机房的一端留出发展余地。

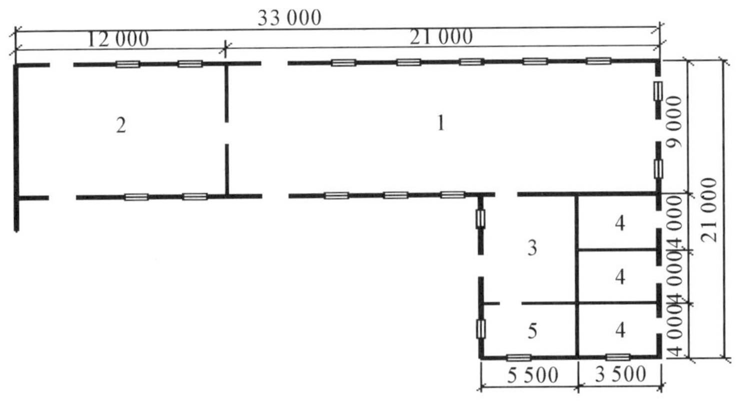

1.机器间 2.设备间 3.配电室 4.变压器室 5.工具间兼休息室

图 5-1-1 机房的建筑平面设计示例

第二节 机器设备和管道的布置原则

在布置制冷机器设备时，除了考虑机房的建筑形式和必要的操作空间外，主要还要考虑机房内主要管道的布置要求。因此，在进行机房设计时，对机器、设备及主要管道应同时考虑，才能完成确定机器设备定位尺寸的《设备布置平面图》。

一、机器和设备的布置原则

1. 机器和设备的布置必须符合制冷原理，使制冷剂循环流向顺畅，管段连接要短捷。

2. 机器、设备之间应留有适当间隙，以便施工、安装、操作与检修，同时应布置得合理紧凑，充分利用机房空间，以缩小机房的标高和建筑面积，节省建筑投资。

3. 所有的仪表及需要经常操作的阀门，应尽量面向主要操作通道，其安装高度要方便操

作(以 1.2～1.5 m 为宜)。

4.为了易于监听各机器运行时传动部件是否正常,机器间内不得设置水泵、搅拌器以及高频率通风机等产生噪音的设备,新建冷库机器间的噪声不应超过 85 分贝,改建冷库不得大于 90 分贝。当超过标准时,应采取降低噪音措施(如改进螺杆压缩机的消音器或隔音罩,将通风机安装在消音底座上),必要时可在机房的顶棚上设置消音板,既达到消音的效果,又美化了室内环境。

5.机器间内主要通道的宽度以及设备突出部位到配电盘或总调节站之间的距离以 1.5～2.0 m 为宜,非主要通道的宽度不小于 0.8 m,压缩机离墙不宜小于 0.5 m。并要考虑设置冲刷地面的排水设施和水盆,在适当位置留出放置办公桌和座椅之地,供工人值班记录用。

6.设备间内的主要通道宽度不应小于 1.5 m,设备之间的间距不应小于下列数值:

(1)需经常操作的不小于 0.8 m;(2)不经常操作的或不通行的不小于 0.2 m,在靠墙布置时,应考虑窗户的开启和自然采光的条件。

7.对大型设备,都应考虑设置安装检修用的起吊设备。

二、制冷管道的布置原则

1.必须符合工艺流程,尽量设计成短而平直;避免形成气囊、液囊,以减少阻力损失,并注意要整齐美观。

2.在受限空间布置弯管时,应考虑其允许弯曲半径,管子外径在 D57 mm 以下者,其弯曲半径不得小于其公称直径的 3.5 倍,大于 D57 mm 的管子,其弯曲半径不应小于规定的最小值。两个弯曲处的间距也有一定的要求,见表 5-2-1。一般情况下,管道的弯曲半径按管外径的四倍进行弯曲。管道离墙或管与管之间的净间距不宜小于 90 mm(包有隔热层的以隔热层外壁为准)。压缩机的吸排汽管的净间距要适当加大,一般不小于 250 mm。

3.管道通过人行道时,离地净高不应小于 3 m,通过行车道时,离地净高不应小于 4.5 m,管道敷设在管沟内,管底与沟底净距不小于 0.2 m。

表 5-2-1　管道的最小弯曲半径及两弯曲处距离

管径(mm)	∅57×3.5	∅76×3.5	∅89×3.5	∅108×4.0	∅133×4.0	∅159×4.5	∅219×6.0	∅245×8.0
最小弯曲半径(mm)	200	250	300	350	400	500	700	740
两个弯曲处最小距离(mm)	250	(300)	350	400	400	500	/	/

4.垂直平面上的管道布置的原则是:热管道在冷管道之上,气体管在液体管之上,大径管在小径管之上。水平面上的管道靠墙布置顺序为:大径管在小径管之内,支管少的管在支管多的管之内。

5.辅助管道在便于检修和不影响采光,门窗开启的条件下,宜集中布置,沿墙敷设。

6.排气管穿墙过楼时,应留有 20～30 mm 的间隙,以防震坏建筑物;低温管道穿墙过楼板时,其隔热层必须连续。高压管道直线段超过 50 m 时,应设置伸缩弯,以免因热胀冷缩的应力破坏设备及建筑物。

7.所有的管道必须设置支架和吊架固定牢靠，不得有震动现象。对低温管道在吊架处应根据管道隔热层厚度设置经过防腐处理的垫木，以免产生“冷桥”。

第三节 机器、设备和管道的布置

前面讲过，对于大中型冷库，为了室内的整洁卫生和操作监听等的需要，其机房都是分成机器间和设备间。一般把压缩机部分(压缩机、中冷器等)布置在机器间内，把低压设备(如低压循环桶、排液桶、二次气液分离器等)以及油处理设备等布置在设备间；而把经常向外溅水、外逸制冷剂以及产生高热的高压侧部分，如：油分离器、冷凝器、放空气器、紧急汇氨器以及加氨站等布置在紧靠机房而又不影响交通和美观的室外，并适当设置遮阳设施。对于有些设备，如贮液器、卧式冷凝器、集油器等，室内外均可布置。

下面就按不同设备分别阐述：

一、压缩机部分的布置

(一)压缩机的布置

压缩机的进排气阀和所有的压力表、温度计及其他仪表，应尽量面向主要操作通道。吸、排气阀高度超过1.5 m的应在压缩机旁设操作台。曲轴箱观察孔的下边缘，应高出机房地坪400 mm以上。两台压缩机突出部位间距不小于1 m，当轴承同向排列时，应考虑抽出曲轴长度的空间。

1.压缩机的平面布置

根据机器间的形状和压缩机的尺寸、台数，其平面布置形式大致有：

(1)单列式

压缩机布置在机器间的中间，成一直线排列，其他设备靠墙布置，如图5-3-1所示。这种布置方式适用于小型冷库的机房，其优点是走向整齐，操作管理方便。

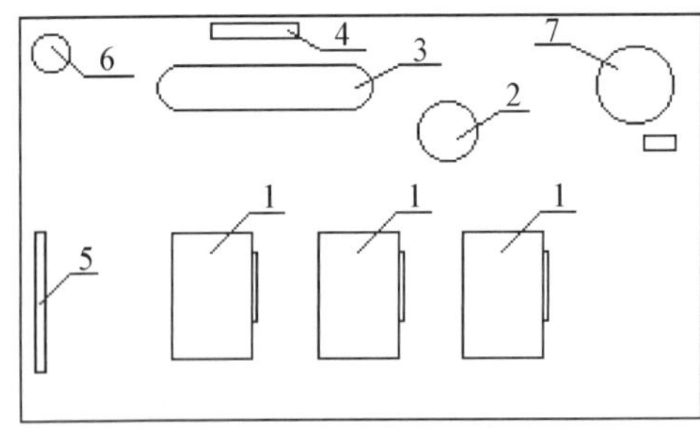

1.压缩机；2.中冷器；3.贮液器；4.放空气器；5.高压调节站；6.集油器；7.低循桶

图5-3-1 单列式同向布置示意图

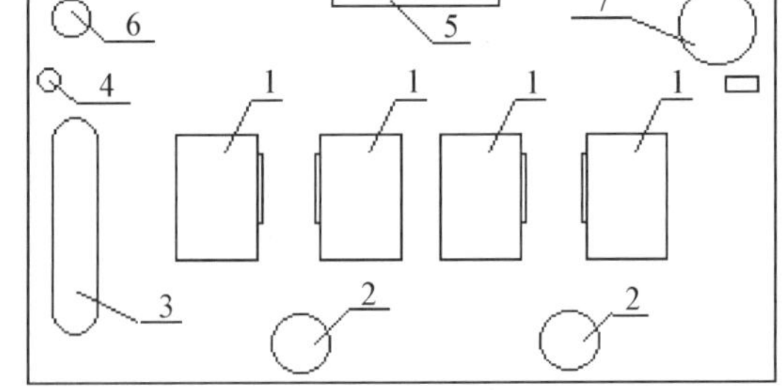

1.压缩机；2.中冷器；3.贮液器；4.放空气器；5.高压调节站；6.集油器；7.低循桶

图5-3-2 单列式对向布置示意图

(2)对列式

其布置形式与单列式相仿，但压缩机是按左型和右型成对地排列。在成对的两台压缩机间留有较宽的操作走道，见图5-3-2。

(3)双列式

压缩机在机房内排成双列,可以对面布置,也可以同向布置。机房中间为主要操作通道。吸排气管可集中布置在通道上空,其他设备仍靠墙布置,这种布置形式适用于大中型冷库,如图 5-3-3 所示。

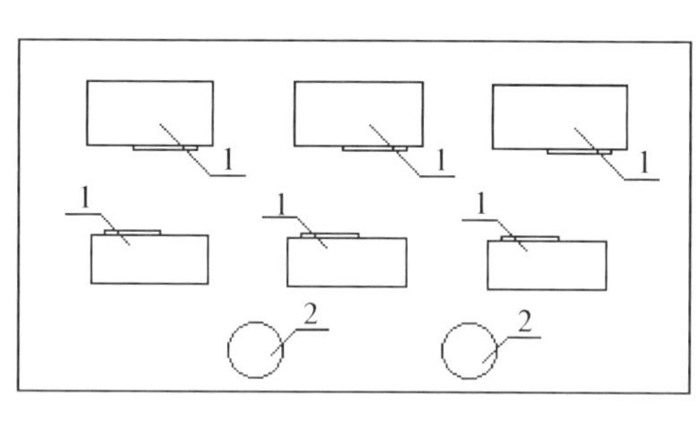

(a)对面布置　1.压缩机;2.中冷器

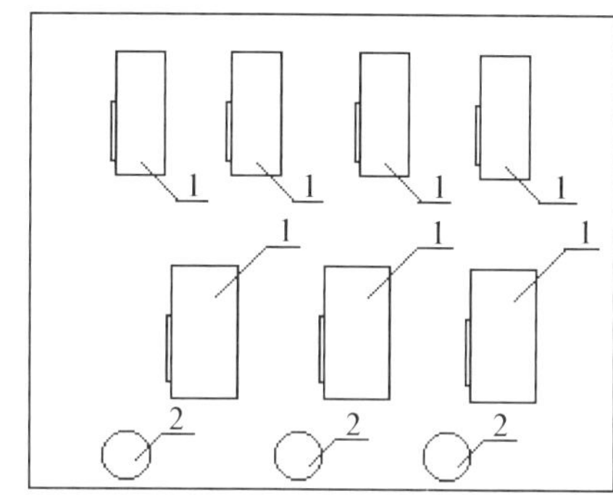

(b)同向布置　1.压缩机;2.中冷器

图 5-3-3 双列式布置示意图

图(a)为双列式对面布置。其优点是进排气阀门位于主要操作通道,其压力表及有关操作仪表亦面向主要操作通道。因此,平时操作时能清楚地观察到仪表,便于管理。这种布置形式适用于建筑物宽度方向尺寸有限的情况。

图(b)为双列同向布置,它适用于建筑物长度方向尺寸有限情况,其优点为:布置比较紧凑,建筑面较省。

2.压缩机的吸、排气管道的布置

(1)吸气管道:为了防止回气中可能夹带氨液进入压缩机而造成液击,保证压缩机在干饱和状态下安全运行,提高制冷效率,压缩机的吸气总管应向低压循环桶或氨液分离器保持 0.1% ～ 0.3% 的坡度。其吸气支管应从总管的顶部按介质流向接出(如图 5-3-4 所示)。

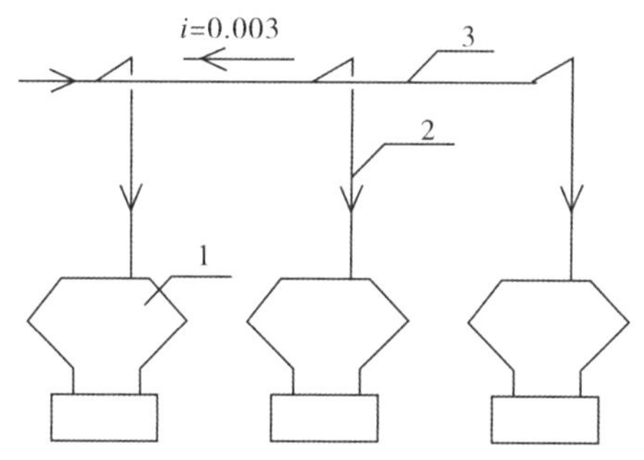

1.压缩机;2.支管;3.吸气主管;

图 5-3-4　吸气管道连接示意图

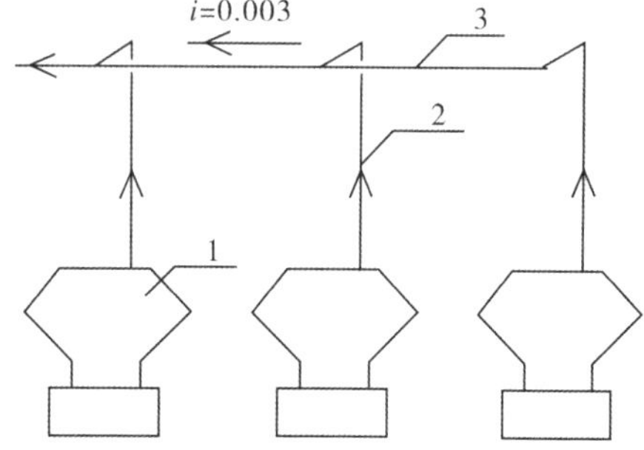

1.压缩机;2.支管;3.排气主管

图 5-3-5　排气管道连接示意图

(2)排气管道:为了防止压缩机停机后,排气总管内的润滑油或冷凝的液体返回压缩机,造成再次启动时产生的液击或油击事故,其排气总管应向油分离器保持 0.3%～0.5%的坡度,排气支管应从排气总管的顶部或上侧顺气流方向接出,如图 5-3-5 所示。多台压缩机的排气支管应错开接至排气总管。错开间距不小于 300 mm。

(二)中间冷却器的布置

中间冷却器应布置在与之配连的压缩机的近处,以缩短管道连接。在不影响窗户开启和采光的前提下,应靠墙布置。中间冷却器的工作温度较低,应包隔热层。为避免冷桥,需在其底脚下垫以经过防腐蚀处理的 50 mm 厚木块,其基础露出地面的高度不宜小于 300 mm。

二、高压侧设备的布置

(一)冷凝器的布置

1. 立式冷凝器

应布置在离机房出入口较近的室外。一般应利用其底部的下水池壁作基础。冷凝器的水池壁与机房等建筑物墙面间距不应小于 3 m,以防水滴长期溅浸损坏墙面。其安装高度,必须使液体能借助重力通畅地流入贮液器内,见图 5-3-6。水池一般是用钢筋混凝土做成。为了便于观察冷却水的分布情况,水池应做成敞开式或在池壁上开设观察孔。其支座可用槽钢或直接安装在池壁上。为了便于检修,调整分水器以及清除污垢等,冷凝器上部应设带有扶梯的操作平台。具体做法详见《冷库工艺制作安装通用图》。当冷凝器和贮液器不止一台时,还应注意液体分布均匀。

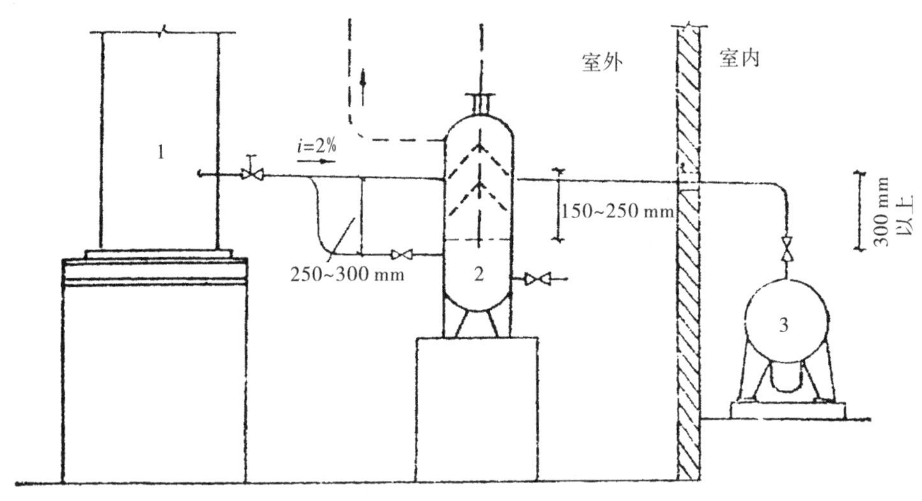

1. 冷凝器;2. 油分离器;3. 高压贮液器

图 5-3-6 立式冷凝器部分立面示意图

2. 蒸发式冷凝器

一般布置在机房顶上,由于制冷剂流过其盘管的压力损失较大(约达 0.02 MPa),所以管道连接应采取措施,并最好不要与其他形式的冷凝器并联使用。其具体布置方法如下:

(1)两台蒸发式冷凝器并联时,每台冷凝器的出液口至排液水平集管之间的垂直高度 H 内所形成的静液柱,应不小于蒸发式冷凝器在冷凝效率最高,即氨流量最大时的压力损失值(此值应由制造厂提供)。当缺乏数据时,H 值建议不小于 1.2～1.5 m。当采用通过式贮液器时,在排液立管与水平集管相接处应设 U 型液封,如图 5-3-7 所示。

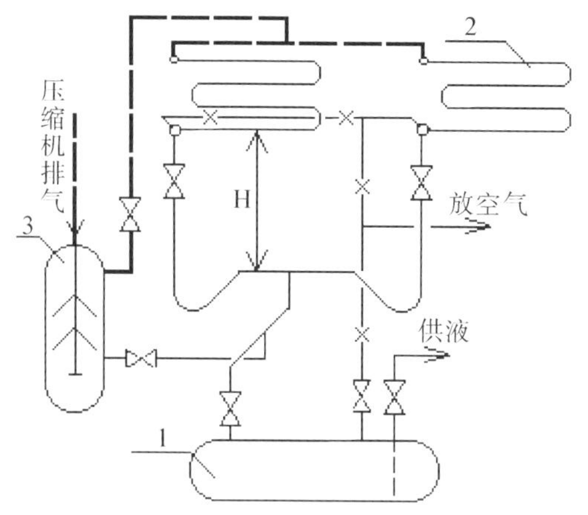

1.贮液器;2.蒸发式冷凝器;3.洗涤式油分离器

图 5-3-7　蒸发式冷凝器与贮液器的连接

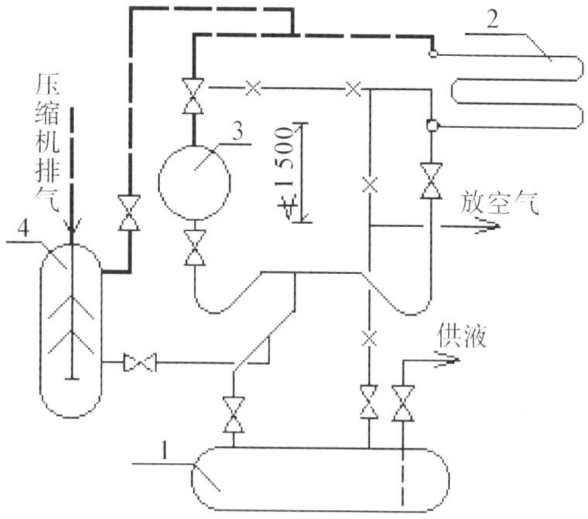

1.贮液器;2.蒸发式冷凝器;

3.卧式冷凝器;4.洗涤式油分离器;

图 5-3-8　蒸发式冷凝器与卧式冷凝器并联

(2)蒸发式冷凝器与壳管式冷凝器并联时,由于后者的压力损失接近于零,为了不影响蒸发式冷凝器的排液,其排液口应高于立式或卧式冷凝器的排液口至少 1.5 m,如图 5-3-8 所示。

3.淋水式冷凝器

淋水式冷凝器多布置在室外较宽广的地方,也可布置在机房的屋顶上。它的方位应使其排管平面垂直于该地区夏季的主导风向。在风速较大的地区,冷凝器的四周应设百页挡水板。

4.卧式冷凝器

卧式冷凝器通常与贮液器组装在一起,并安装在贮液器之上。它们可布置在室外,也可布置在设备间内。当布置在室内时,在冷凝器的一端应留有清洗和更换管子的距离,或正对门或窗口,在冷凝器两端的上空应有起吊端盖的设施。为了保证出液通畅,冷凝器出液管上的截止阀应至少低于出液口 300 mm,当布置两台以上的冷凝器时,其底部要设带有截止阀的连通管,并应留出 0.8～1.0 m 宽的操作走道,其平面和立面的具体尺寸见图 5-3-9。

(二)油分离器的布置

油分离器要根据其使用场合和结构形式进行合理布置。

专供蒸发器融霜用的油分离器,宜设在机器间内,并采用石棉、玻璃纤维等耐高温材料做隔热层。对带自动回油装置的油分离器,可随机安装。除此之外,当装机总容量大于 230 kW,宜布置在室外。

油分离器的位置要同管道走向一起考虑,要使从压缩机到冷凝器的排气管走向顺畅少弯,并尽量靠近冷凝器。对于洗涤式油分离器,在布置时应注意高度的要求,因为当压缩机工作时,油分离器中的压力比贮液器内的压力高(冷凝器及管道中阻力损失引起压力差)。

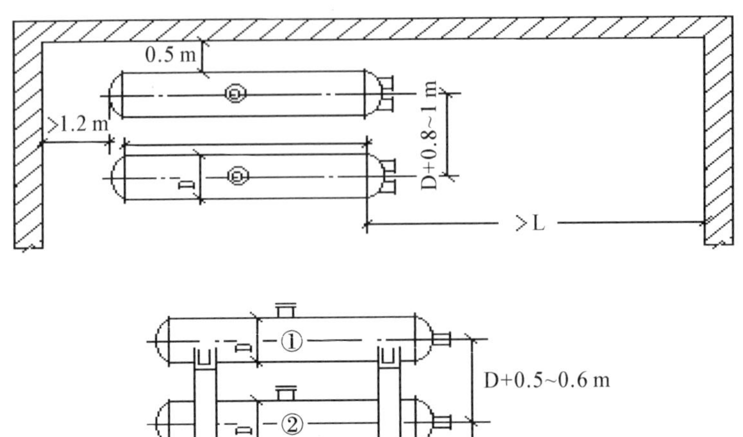

1.冷凝器;2.过冷器;3.高贮桶

图 5-3-9 卧式冷凝器的布置

因此,油分离器的进液管标高,应比冷凝器出液管标高低 300 mm,并从冷凝器出液集管的底部接出,见图 5-3-6。必要时,可设置液包,以便保证供液,其他形式的油分离器,无安装标高的要求。

当系统中选用两个以上的油分离器时,压缩机至油分离器的排气支管应采用变径管图 5-3-10(a)或羊角弯连接图 5-3-10(b)以保证气流分配均匀,提高分油效果。

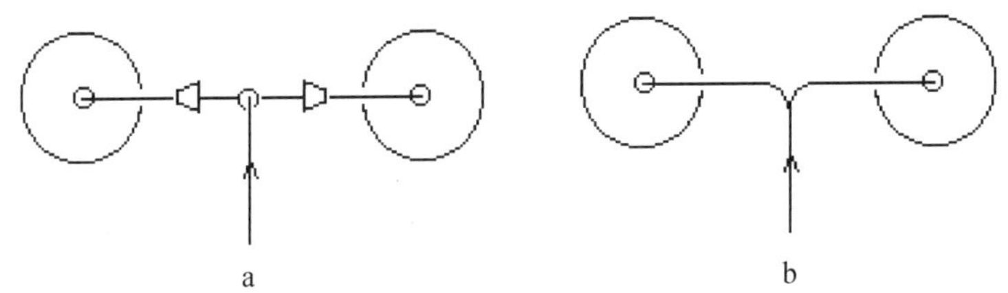

图 5-3-10 并联油分离器的进气管连接

(三)贮液器的布置

贮液器应设于设备间内靠近冷凝器一侧。若设在室外,应设有良好的遮阳设施。贮液器的安装高度应尽量低,以便能降低冷凝器的基础高度,且保证氨液能自行流入器内,同时也要考虑不使油包碰地以及放油方便。一般要求放油阀离地面间距不少于 100 mm。

如果设有两个或两个以上贮液器时,在其底部应设带有截止阀的液体均压管相连。当两桶直径不等时,应将小桶的基础提高,使两个桶顶标高相同。贮液器的布置尺寸见图 5-3-11。

油分离器、冷凝器、贮液器,应尽量顺着压缩机排气流程,且使布置紧凑,以便节约管材和方便操作。但不要布置在大门口以及建筑物的主要视面,以免影响美观。

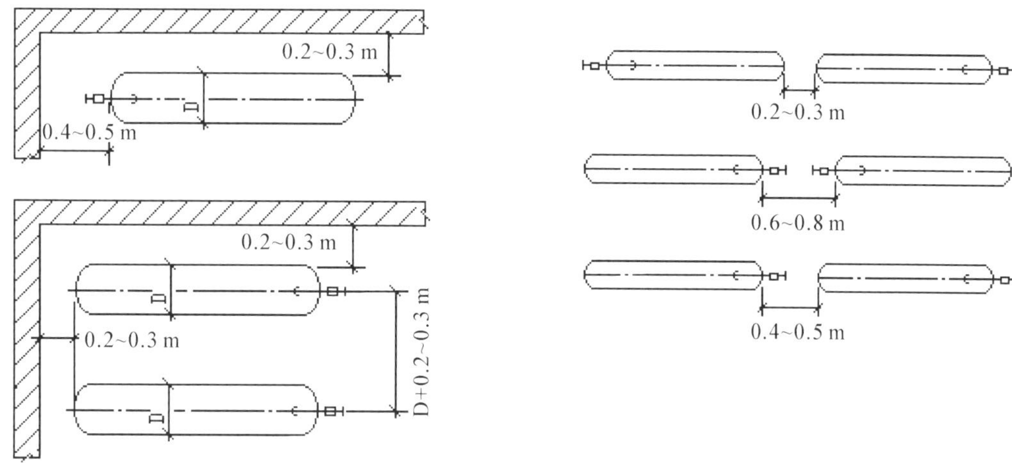

图 5-3-11　贮液器的布置

（四）集油器的布置

高压集油器一般布置在室外靠近放油较多的设备（如油分离器）附近。低压集油器也可以布置在设备间内，但其基础四周应设排水明沟，手动放油的集油器，其放油管应接到室外放油，以免放油时逸出的氨气污染室内空气。

（五）空气分离器的布置

空气分离器一般布置在靠近高贮桶和冷凝器的地方。卧式四层管式空气分离器一般是用支架支撑在操作比较方便的墙上，其安装高度以离地1.2 m为宜。安装时应有一定的倾斜度。即使进液管端比另一端高 20 mm。也可用支架支撑在贮液器上，以节省占地面积。

立式空气分离器也是用支架支撑在操作方便的墙上，若冷凝下的液体要排向贮液器时，则应安装在贮液器进液口 600 mm 以上的高处。

当然，当冷凝器和贮液器都布置在室外时，空气分离器也应布置在靠近这些设备的室外墙上。

（六）加氨站的布置

由于冷库在投产前必须向系统加氨，投产后也应根据具体情况定期向系统内添加制冷剂，所以需设置加氨站。加氨站可由 2～3 根∅22×3 的进液支管及一根∅38×3 的进液总管焊接在一根∅57×3.5 的集管组成。集管上设有压力表，有的还设有抽空阀，应注意的是进液总管上的阀门必须反装，见图 5-3-12。加氨站应布置在靠近总调节站以及机房出入口的室外墙上，并应考虑氨瓶运输的方便和加氨操作空间。

三、低压设备的布置

（一）低压贮液桶和排液桶的布置

1. 低压贮液桶

低压贮液桶应布置在机房气液分离器的下面，其进液口必须低于气液分离器的出液口，以保证液体靠自重流入桶内。

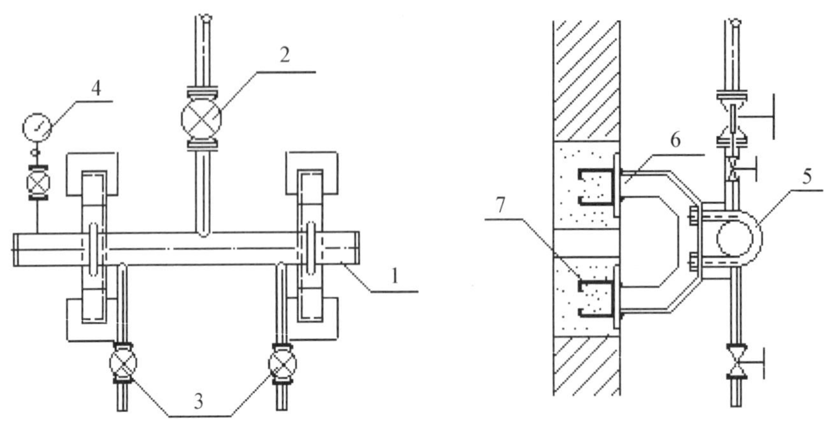

1.集管 2.进液总管阀门 3.进液支管阀门 4.压力表
5.管卡 6.支架 7.预埋件

图 5-3-12 加氨站制作安装图

2.排液桶

宜布置在设备间靠近库房墙的一侧,安装高度上要求尽可能低,以便使需排液的设备能顺畅地向桶内排液,排液桶上的进液口不得靠近抽气口。在重力供液系统中,若排液桶兼作低压贮液桶用时,其布置要求与低压贮液桶同。

(二)低压循环桶和液泵的布置

低压循环桶应布置在设备间内,其布置方位应同时考虑库房回气管和压缩机吸气管走向,尽量使管道少弯而短捷。其安装高度应满足不同的液泵防止气蚀所要求的高度(见第一章第三节)。低压循环桶的液位指示最好采用远距离液位指示器,集中布置在机器间内,以便随时监视管理。

根据支撑形式的不同,低压循环桶有两种安装方法:

1.安装在操作台上,通常立式低压循环桶和卧式低压循环桶均可采用这种安装法,如图5-3-13(a)和(b)所示。

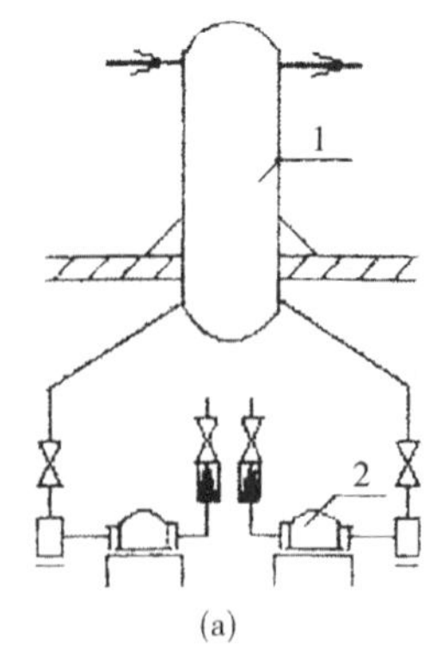

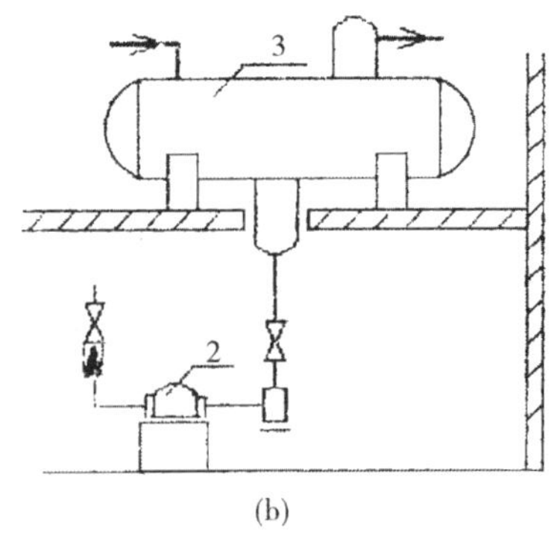

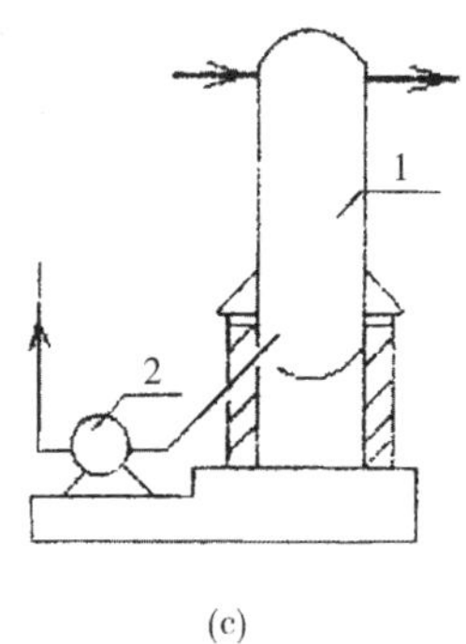

1.立式低压循环桶;2.氨泵;3.卧式低压循环桶

图 5-3-13 低压循环桶的安装示意图

操作平台可以是钢筋混凝土结构，也可以是钢架结构。操作平台标高一般约 2.4 m 左右，这种操作平台除了供安装固定和操作维修低压循环桶外，在其上还可以布置低压调节站。

2. 直接用支架安装在地坪基础上，如图 2-3-13(c)对大型冷库，低压循环桶容积大，数量多时，可采用这种布置方法，以便减轻操作平台的承载力，上海三批冷库就是采用这种形式。液泵应布置在低压循环桶的下方，两泵之间应留有大于 0.5 m 的间距，以便操作检修，液泵四周应设有排水明沟来排走停泵后泵体霜层的融化水。

(三)气液分离器的布置

1. 机房气液分离器，一般布置在设备间内，其安装高度，应以能保证器内的液体能借助液位差自行流入排液桶或低压贮液桶内为宜。

在平面上，要求其隔热层外表面与墙、柱的边缘的距离不应小于 200 mm。

2. 库房气液分离器

(1)对于多层冷库，气液分离器一般是分层设置，并均设有分调节站，其布置方法一般是将本层库房的气液分离器设置在上一层，而最高一层库房的气液分离器设置在阁楼上，分调节站属于"分散式"布置，具体详见本节第四点"调节站的布置"。

(2)对于大中型单层冷库，气液分离器可布置在汽车站台或火车站台侧的川堂阁楼上，而分调节站可设置在川堂阁楼上，也可以设置在川堂或走廊内，但这样会出现"液囊"或"气囊"。

(3)小型单层冷库的气液分离器可分置在机房的阁楼上，分调节站一般均设置在机房内。

(4)对于只有一个冻结间或少量冻结间的冷库，其气液分离器一般均布置在本层或本冻结间的贴顶棚处。

四、调节站的布置

(一)总调节站

总调节站是向系统分配制冷剂液体的枢纽。因此，应该布置在机器间内便于管道连接，便于观察仪表和便于根据负荷的变化进行调整的位置。总调节站也可布置在设备间，以使机器间更整洁，总调节站正面是主要操作通道，其后侧与墙的间距不应小于 0.8 m，以便安装和检修。各阀门应保持一定的间距，阀门中心离地以 1.2～1.5 m 为宜。

(二)低压调节站的布置

低压调节站的布置有分散式和集中式两种布置方法，在实际生产中都有采用。

1. 分散式布置

调节站是分层布置在库房各楼层的川堂内。这种布置方式的优点是：各层同温库房可以共用供液、回气、融霜和排液等管道，这不仅节省管材，而且便于安装、隔热和维修。其缺点是不能集中控制，操作不方便。

对于重力供液制冷系统，其每只气液分离器下均设有一组气体、液体调节站(见图 5-3-14)基本上属于分散布置。分调站的布置方案有两种。

A. 分调节站和气液分离器一起布置在上层，如图 5-3-14(a)所示。这样可以避免出现"气囊""液囊"，但操作不大方便。

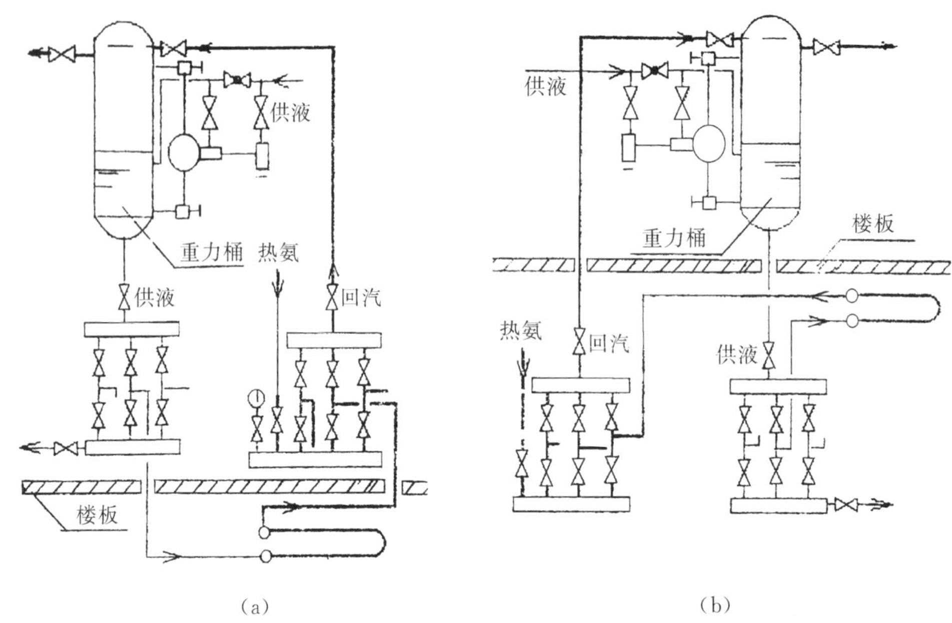

图 5-3-14 气液分离器和分调节站的布置

B.气液分离器安置在上层，分调节站布置在本层，见图 5-3-14(b)，这种方式操作方便，但制冷剂流向不太合理。

2.集中式布置

集中式布置即把调节站集中布置在设备间内靠近库房的一侧，液泵供液系统的低压调节站一般均采用这种布置。

设有低压循环桶操作平台的通常是布置在操作平台上，这种调节站的结构形式见图 5-3-15。对于采用库温遥测的冷库，这种布置方式可以大大减轻操作工人的劳动强度，提高了系统调节的灵活性。但由于各冷间的各组蒸发器的供液、回气管道都要分别接到设在设备间的低压调节站上，所以其消耗的管材比分散式布置的调节站大得多。

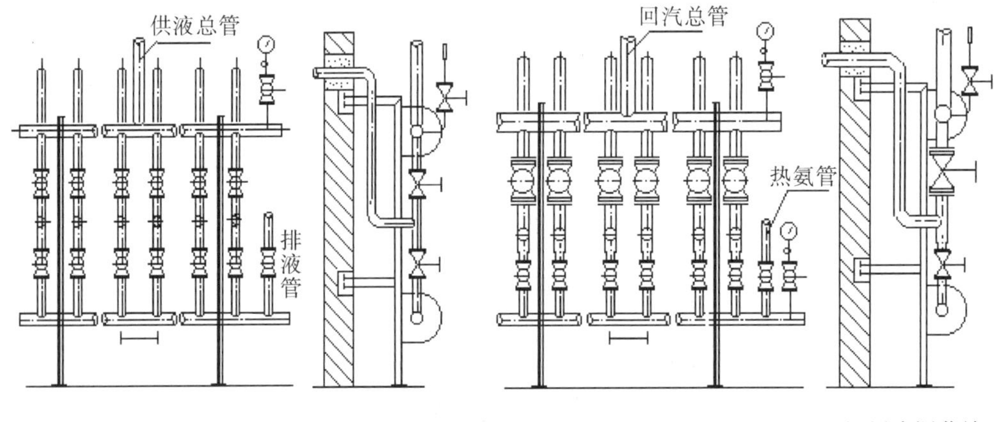

图 5-3-15 低压调节站制作安装示意图

图 5-3-16 和图 5-3-17 所示的是某 500 t 冷库机房的管道安装平面图和机房制冷系统透视图。

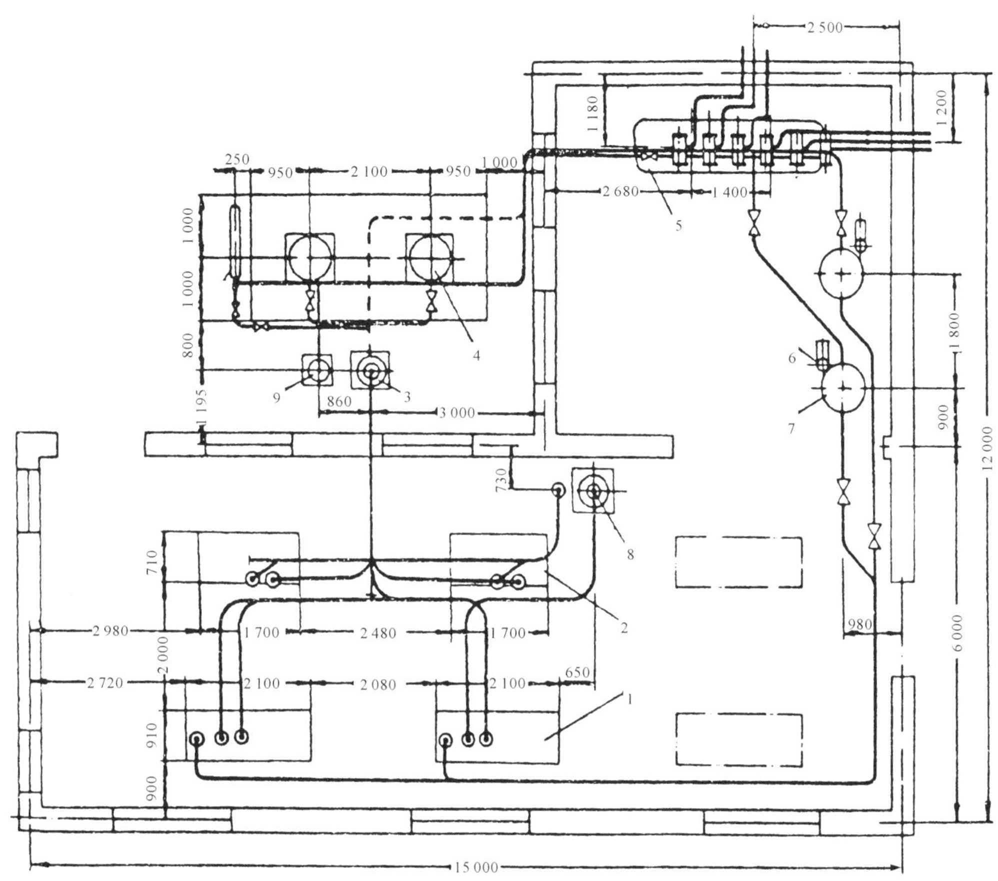

1. 氨制冷压缩机组(低压级);2. 氨制冷压缩机组(高压级);

3. 氨油分离器;4. 立式冷凝器;5. 贮液器;6. 氨泵;

7. 氨循环贮液桶;8. 中间冷却器;9. 集油器;10. 空气分离器;

图 5-3-16　500 t 冷藏库制冷站平面布置

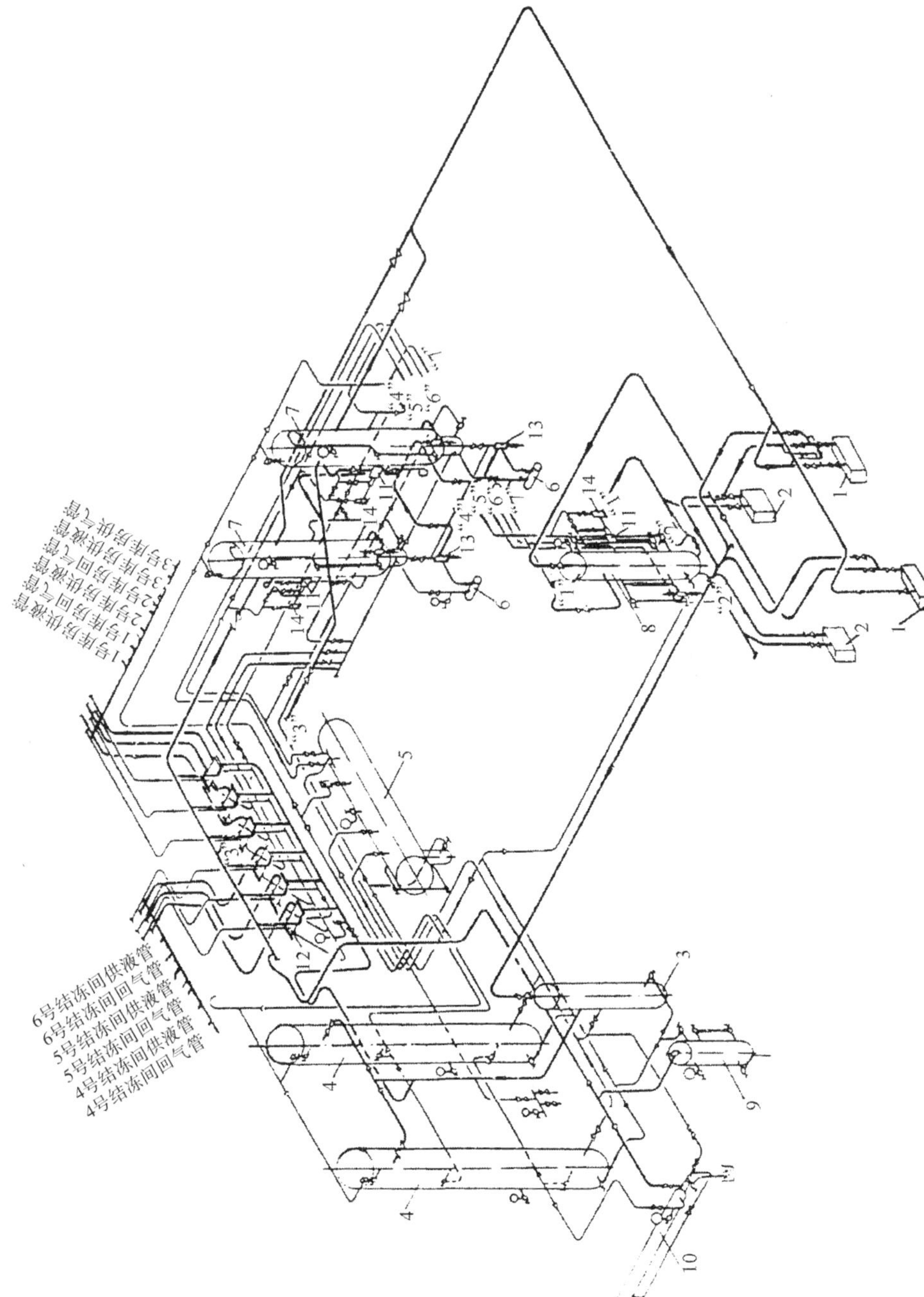

1.氨制冷压缩机组(低压级)；2.氨制冷压缩机组(高压组)；3.氨油分离器；4.立式冷凝器；5.贮液器；6.氨泵；7.氨循环贮液桶；8.中间冷却器；9.集油器；10.空气分离器；11.浮球阀；12.多路阀；13.氨液过滤器；14.氨液过滤器

图5-3-17 500 t冷库机房制冷系统图

第六章　冷间设备布置及气流组织

冷间是制冷装置把“冷量”传给食品的场所。按食品冷加工生产工艺流程的需要，冷库中的冷间按其用途可分为：冷却间、冻结间、冷却物冷藏间、冻结物冷藏间、贮冰间（冰库）和冷包装间。这些冷间的设计是整个冷库设计的重要组成部分，它们的质量好坏关系到产品的冷加工质量和产品干耗。从而直接关系到冷库经营的经济效益。所以，冷间设计得合理与否，也是整个制冷装置设计质量好坏的重要标志之一。设计内容主要是冷却设备选型、布置及冷间内的气流组织。以下按不同冷间分别叙述。

第一节　冷却间

冷却间是将常温食品迅速降温，使其温度接近冰点但不冻结的库房。一般，肉类、果蔬和蛋品冷库可设冷却间，以便将新鲜食品在运销市场或进行加工之前迅速降温、抑制微生物生长，以保证食品质量。同时可作为常温食品进入冷却物冷藏间之前预先冷却降温的设施，以免引起冷藏间内库温波动而影响原有库存货物的质量。

一、肉类冷却间

猪、牛、羊等牲畜，被屠宰后胴体温度一般为＋35 ℃左右。在这样的温度下，微生物极易繁殖。从而使肉食品迅速腐败变质。为了抑制微生物的活动，保持新鲜肉的质量，按冷冻工艺要求，肉温应尽快降至＋2～＋4 ℃，但肉温不应低于肉汁的冻结点（－0.6～－1.2 ℃）。为此，室内的设计温度为±0～－2 ℃。最好在进货前，将室温降至－2～－3 ℃，以便加速冷却过程。同时，为了减小肉体的干耗损失及加强肉体与空气间的换热，一般采用库内相对湿度为90%，空气流速为1～2 m/s，空气循环次数为50～60 次/h。冷却时间随肉胴的大小、厚薄而有所不同，一般约需 20 h 左右。冷却后的重量损失约为1.1%～1.5%。

目前，有的国家对肉类采用低温快速冷却法，冷却过程在同一冷却间分两阶段进行。但前后两阶段所用的风速和风温不同。第一阶段风温为－10～－15 ℃，冷却时间为 2～3 h，在这样的低温下，肉胴表面形成一层“冰壳”，大大减少了冷却过程中的干耗。同时，由于冰的导热系数接近于水导热系数的四倍，从而加快了冷却过程。第二阶段风温为 0～－2 ℃，经过 10～16 h 的冷却，使肉胴的中心温度从第一阶段的 18～25 ℃降至 3～6 ℃。

肉类冷却间的尺寸一般长 12～18 m，宽 6 m，高 4.5～5 m。室内一般装设吊轨。手动传送每米吊轨平均载荷为 230 kg，即每米吊轨可挂猪 3.5～4 头，羊 10～15 头，牛 3～4 片半白条。

肉类冷却间的设备布置见图 6-1-1。

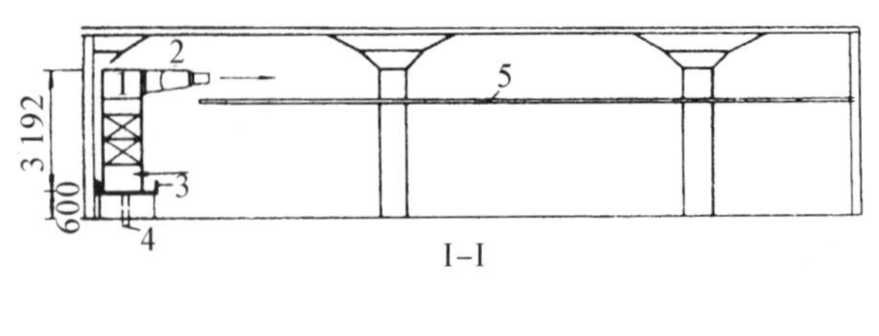

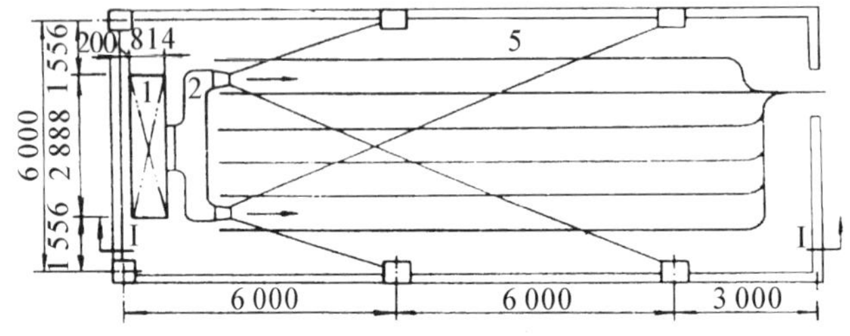

图 6-1-1 肉冷却间设备平面布置示意图

1. 冷风机 2. 喷风口 3. 水盘 4. 排水管 5. 吊轨

吊轨一般采用 5～6 根。吊轨的有关尺寸可参见表 6-1-1。

表 6-1-1 冷却间、冻结间吊轨尺寸(mm)

吊轨有关尺寸		猪半白条	牛半白条	鱼类
轨面高度		2 300～2 500	2 800 3 400(60 kg 以上)	2 100～2 300
间距	人力推运	750～850	800～900	1 000～1 100
	机械推运	900～1 000	950～1 100	
距墙面或柱边		400～500	400～500	
距冷风机突出部分		400～500	≥400	>1 000

冷却间内一般采用干式翅片管冷风机。布置在库房一端，也可布置在室外穿堂或邻间内。气流组织一般采用纵向吹风式，可采用吊顶式冷风机或落地式冷风机。一般采用大口径的短风管送风。

对采用吊顶式冷风机的冷却间，可采用挡风板配风形式。即使冷风通过冷风机从挡风板的一端吹出，经过冷却食品后从挡风板的另一端回风(见图 6-1-2(a))。也可以在挡风板上开孔，使冷风从孔上向下吹出(见图 6-1-2(b))。这种吹风风速较均匀，但挡风板易翘裂变形。

气流组织也可采用风管吹风形式，冷却设备采用落地式冷风机见图 6-1-2(c)。冷风机风口的设置高度应尽量利用库房净高，使其喷口上缘稍低于库房的楼板或梁底。经冷风机蒸发器冷却后的空气，借离心式风机从喷口射出，并沿吊轨上面射向冷却间末端，再折向吊轨下面。从吊挂的白条肉间流过又回到冷风机下面的回风口。由于喷口气流的引射作用，加速了空气循环，从而使冷却间温度比较均匀。

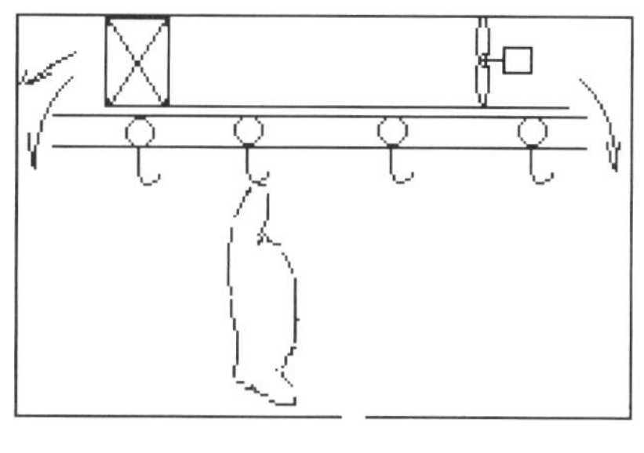

(a)挡风板配风

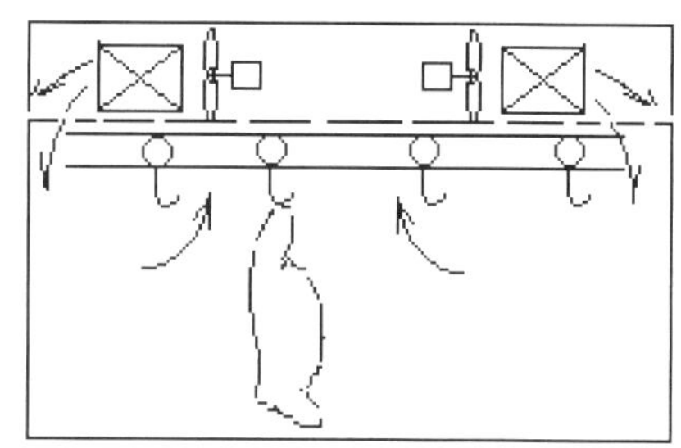
(b)开孔挡风板配风

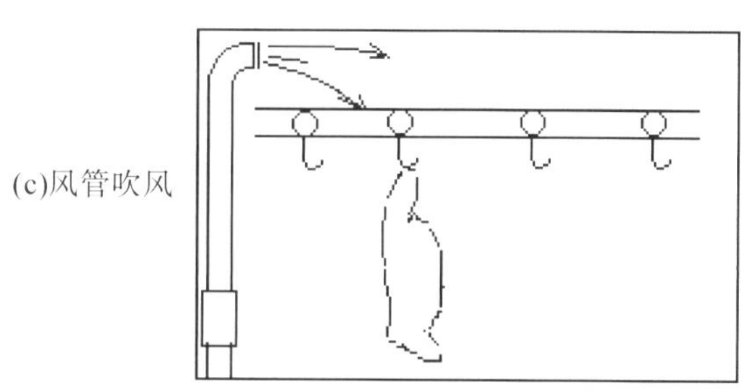
(c)风管吹风

图 6-1-2 冷却间的气流组织形式

冷风机的喷风口分单喷口和双喷口两种。双喷口应加风量调节装置。喷风口以圆形为宜。圆形喷嘴的出风口风速一般采用 20～25 m/s。喷风口长度 L 与喷嘴直径$\varnothing$之比：

冷间长度≤12 m 时，$L/\varnothing=3:2$；

冷间长度为 12～15 m 时，$L/\varnothing=4:3$；

冷间长度为 15～20 m 时，$L/\varnothing=1:1$。

喷嘴射程一般不宜超过 20 m(约为喷嘴直径的 60～100 倍)。喷嘴直径一般为 200～300 mm，喷嘴阻力系数为 0.93～0.97。目前对于喷嘴风口的送风形式，还存在许多问题，如：其射流在喷射过程中速度递减很快(当喷嘴出口流速为 20 m/s，到冷却间末端已降至 0.5～1 m/s)。但因其简单易行而被广泛应用。

二、果蔬冷却间

水果、蔬菜为活性食品，采摘、收获后体内还靠呼吸作用来进行新陈代谢的活动。其冷却条件视品种不同而有很大差异。对每一特定食品都有一冷却的极限温度。低于这个温度将会导致果蔬的“冷伤”，从而破坏它的生理机能。因此，特定品种的果蔬的冷却间的设计参数要严格按照具体条件控制。

一般大宗食品的设计室温为 0～5 ℃，相对湿度为 85%～90%，空气流速为 0.5 m/s，经 24 小时后使盛果蔬的容器中心温度达到 5 ℃左右即完成冷却过程。在冷却过程中一般采用交叉堆垛法，以保证冷空气流通，加速果蔬的冷却过程。对某些袋装的果蔬，如栗子、毛豆等需要拆包后倒在席子上摊开冷却。待冷却后再包装。

国内目前许多果蔬都采用直接入冷藏库的方法，这种情况下可逐步降温使果蔬从常温逐渐冷却，然后定温冷藏。为此，果蔬冷却间的设备布置及气流组织放在第三节一并叙述。

三、鲜蛋冷却间

将鲜蛋在进冷藏间之前预先冷却降温，可以减小冷藏间内的温度波动。冷却时速度必须缓慢，根据冷冻工艺要求，最好是使冷却间温度比鲜蛋温度低 2～3 ℃，然后每隔 1～2 h 将冷却间温度降低 1 ℃，在 24～28 h 内将室温降至 1～2 ℃，室内设计温度应为±0 ℃，相对湿度为 75％～80％，空气流速为 0.5 m/s。鲜蛋蛋白的冻结点接近于－0.5 ℃，应注意控制冷却温度，不可使蛋体温度降至其冻结点以下。

然而，由于许多原因，国内的禽蛋冷库更多地采用常温禽蛋直接进入冷却物冷藏间的做法，有时也利用穿堂兼作冷却间，但这样使用时应将库温按上述要求调整。

对于鱼类来说，由于鱼体内的水分和蛋白质含量较多而极易腐败，所以一般在船上捕捞现场即用碎水或冷海水等迅速冷却。因此鱼类运到冷库时就不需要冷却了。家禽目前一般都采用直接冻结的方法，一般也无需设冷却间。

第二节 冻结间

冻结间是食品进行冻结加工的库房。食品在冻结间内冻结时，其温度被迅速降至冰点以下。由于食品内部极大部分水分被冻结成冰，因而很大程度地抑制了微生物的活动，所以冻结食品的贮藏期较长。

国内冻结间的设计室温一般采用－23 ℃，目前国外趋向采用－30～－40 ℃或更低的温度。一般，设计室温越低，食品冻结速度就越快；冻结终了的温度越低，冻品的安全贮藏期就越长。但要考虑到技术水平的限制。设计室温越低，系统采用的蒸发温度也就越低。对制冷系统的密封性要求也就越高。其次还要考虑到平时运行的经济性。对于空气强制循环冻结间，其货间的最佳风速为 3～5 m/s。冻结时间视冻结品种类、冻结方式以及冷间的配管比、风量配比等的不同而异。一般为 10～20 h，冻盘装鱼类一般采用 10 h，冻吊挂白条肉一般需 20 h。空气自然循环冻结间的冻结时间为 48～72 h，吹风式搁架冻结间的冻结时间为 20～48 h。

冻结间设计时应考虑使冷间内的温度场和速度场尽可能均匀，使库内不同角落的食品在相近的时间间隔内完成冻结过程。从而缩短冻结周期，提高冻品质量。此外，冻结间内的设备应力求简单，使用方便，利于维修，并考虑用于多种食品的冻结。还要注意合理布置冷却设备，提高冷间的利用率，在有条件的情况下，应采用机械化或自动化的装卸搬运手段。以缩短操作时间，减轻劳动强度。

冻结间的分类法颇多，本教材从应用的角度出发，将其按冻结食品的形态分为白条肉冻结间和盘装、箱装食品冻结间。

一、白条肉冻结间

白条肉冻结间一般采用吊轨吊钩推送和吊挂白条肉胴体，冷却设备多采用冷风机，设备的布置首先考虑配风均匀以及安装、操作、维修的便利，还要考虑融霜排水等具体问题。冻结间的宽度一般采用 6 m 左右，吊轨一般是 5～6 根，吊轨的间距要求与肉类冷却间一样，可参见表 6-1-1。

图 6-2-1 为空气自然循环冻结间。冷却设备采用光滑的顶、墙排管，在冻结间的楼板上设置双层或四层顶管，在墙侧安装蛇形或立形排管，也有在吊轨中间安装排管。由于冷间内的空气循环是靠温差引起的比重不同进行自然对流运动，因此空气流速很小，约在 0.05～0.15 m/s。冻结时间长达 48～72 h，因此冻品干耗大，且冻结间的周转率低。所以目前冷库设计中已不采用。

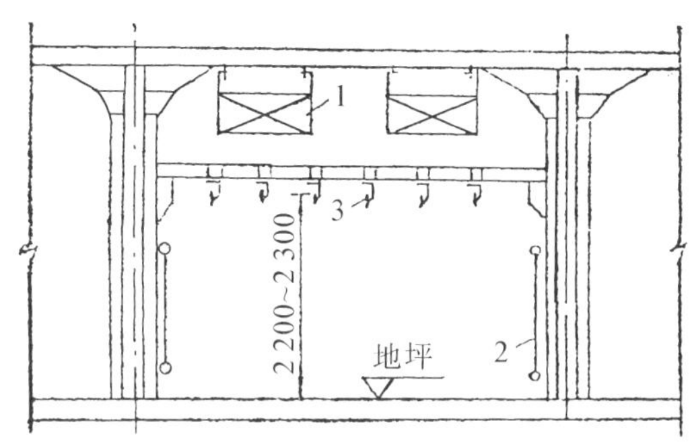

1. 顶排管　2. 墙排管　3. 吊轨

图 6-2-1　空气自然循环冻结间

图 6-2-2 所示为采用落地式冷风机纵向吹风的冻结间内的气流组织示意图。

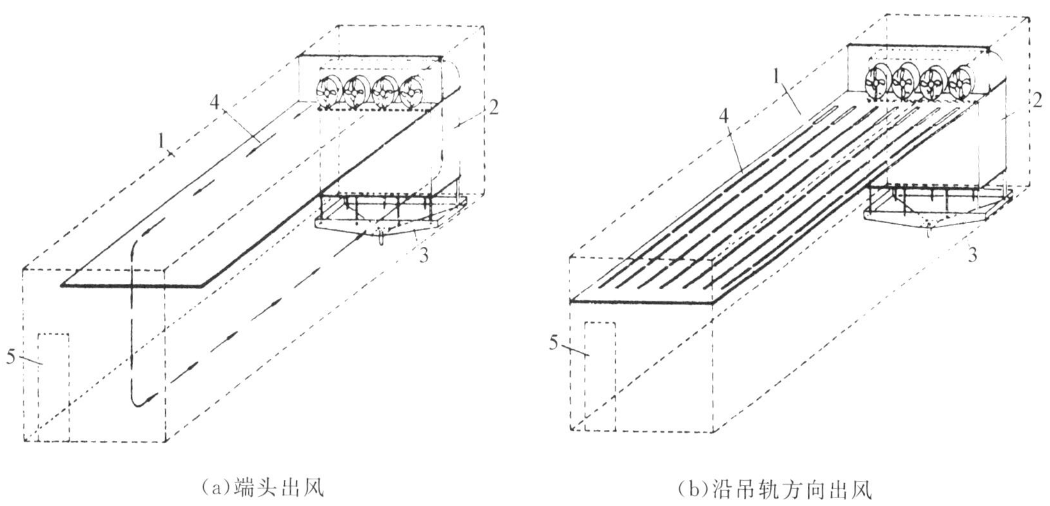

(a)端头出风　　(b)沿吊轨方向出风

图 6-2-2　落地式冷风机纵向吹风白条肉冻结间气流组织示意

冷风机布置在冻结间的一端，在吊轨上面铺设挡风板，挡风板与楼板之间形成吹出的冷风通道。图(a)与图(b)的不同处在于挡风板形式不同。图(a)中，挡风板在冻结间端头留出空隙，其空气流通距离长，食品冻结不均匀，所以冻结间长度不能太长，一般为 12～18 m。在图(b)中，挡风板沿着平行于吊轨的方向开缝，冷风从条缝中向下吹出。送风条缝的宽度一般为 30～50 mm，靠近冷风机处则要大些，为 60～70 mm。这种形式的白条肉冻结间冻结速度比较均匀。

挡风板与平顶之间的间距不小于 800 mm，挡风板上还应留有 1 m×0.8 m 的孔口，以便检修风机时上去。由于挡风板需耗费大量的建材，且容易翘裂变形，需经常维修，因此，当冻结间长度小于 10 m 时，一般不设挡风板，冷风从冷风机出风口直接吹出，在出风口上设短风管。

由于纵向吹风式冻结间空气流程长，故长度受限，当宽度为 6 m，长度为 12～18 m 时冻结能力为 15～20 t/d，冻结时间为 20 h，冻结量不大的分配性冷库的白条肉冻结间可以采用这种方式。

当冻结间长度超过 18 m 时，采用纵向吹风的方式显然是不合理的。这时，可采用图 6-2-3所示的横向吹风式。这种冻结间的宽度也多为 6 m，长度不限。可以沿房间的一侧布置多台冷风机，故多用于冻结量较大的生产性冷库。

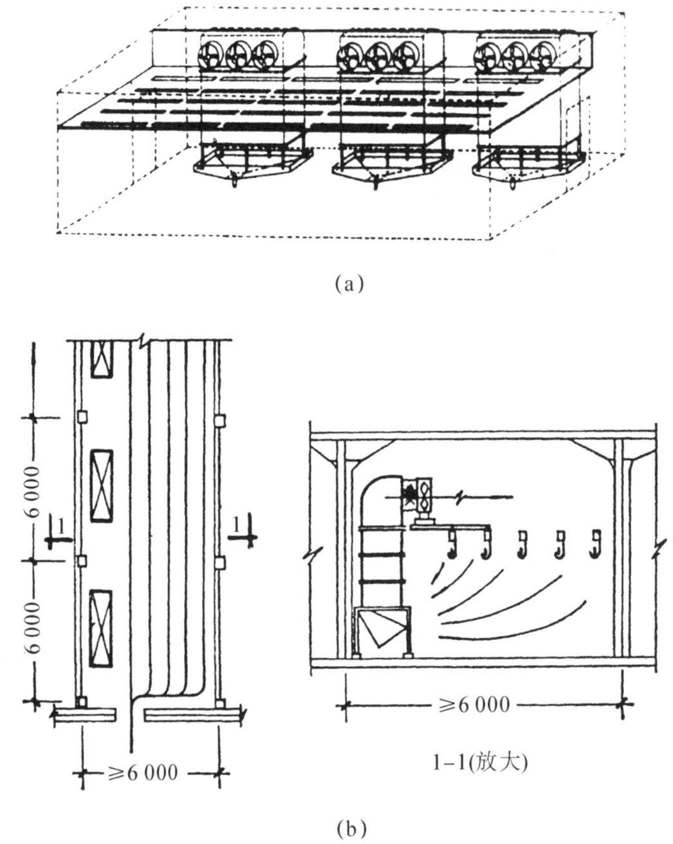

图 6-2-3 落地式冷风机横向垂直吹风白条肉冻结间气流组织示意

在图 6-2-3 中，图(a)是采用条缝式挡风板的配风形式。近年设计的白条肉冻结间大多不设计挡风板，轨道股数不多于五道，如图(b)所示，布置吊轨时，应优先从冷风机对面靠墙的一侧开始，不留走道，而冷风机出风口与最靠近的一根吊轨之间的间距要留出 1.2～1.5 m。冻结量大的冻结间(超过 20 t/d · 间)，最好采用回转式传送链条，每一冻结周期中定时开动链条顺序移动，使冷间各处的冻品都有可能得到最好的冻结条件。从而使冻结时间趋于一致。

不设挡风板的冻结间，既节省了建材和施工安装费用，而且冻结间内还可设临时货架或吊笼，以冻结分层搁置的盘装食品，适应性较强，故现已被广泛采用。

采用落地式冷风机横向吹风的白条肉冻结间的设备布置可参考图 6-2-4。冷风机之间应留有适当间距供安装供液回气管。

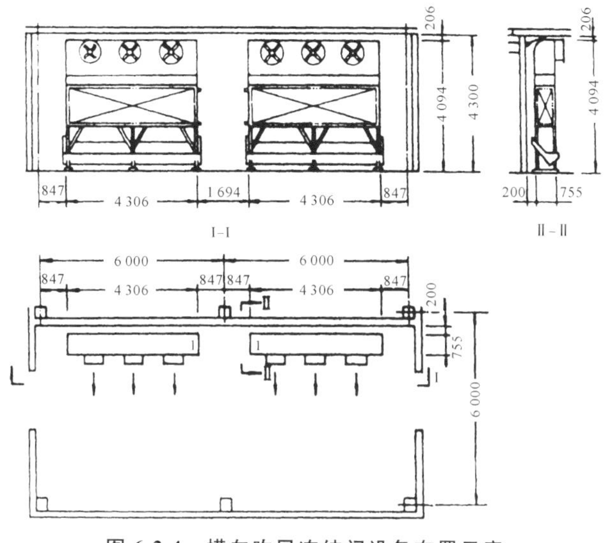

图 6-2-4　横向吹风冻结间设备布置示意

图 6-2-5 所示为横向向上吹风式冻结间的气流组织示意。这种冻结间是采用双进风离心式风机的冷风机，风机装在挡风板上面，翅片冷却排管安装在冻结间一侧。风机与排管之间配置风道，气流经风道向冷却排管集中喷射，以加强排管间的气流速度，减少进风时出现的涡流现象，然后气流由排管下面的出风口吹出，经过悬挂的白条肉后通过挡风板上的与吊轨方向平行的长缝回到风机。此外，还须在出风口处设置可调节的导风板，才能使库内气流均匀，缩短冻结时间。

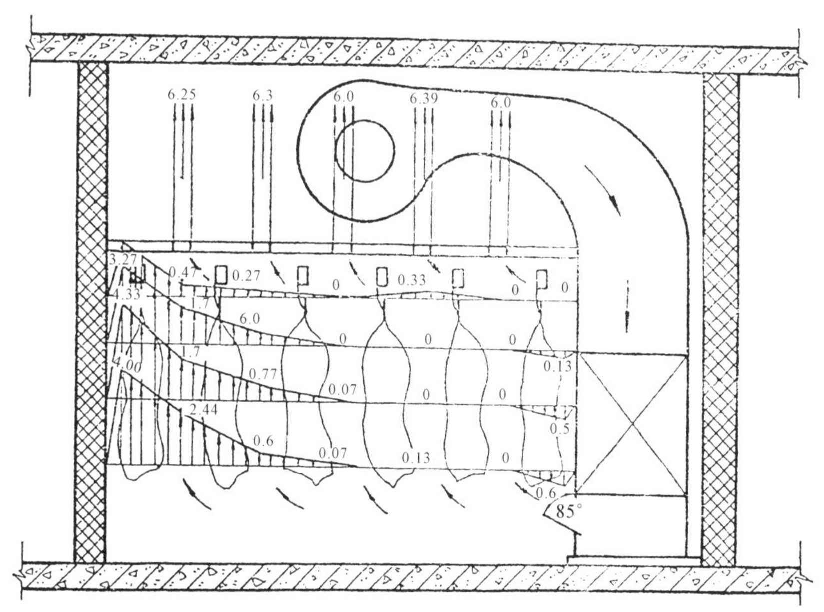

图 6-2-5　横向吹风离心式风机冻结间的气流组织

白条肉冻结间，也可采用吊顶式冷风机，如图 6-2-6 所示。这时的气流组织为“垂直下吹”。吊顶式冷风机的蒸发器沿着冻结间两侧的长度方向布置，在挡风板中间布置轴流风机。每台风机都能够独立与一个“人”字形风道联接，并通过喷风口垂直向下吹风。这种冻结间的优点是冷风的流程短，流动阻力小，消除了“死角”，库温均匀，冻结速度较快，且一次冻结量大。但需配置较多的风机，故投资和耗电量较大。另一方面，吊顶式冷风机的融霜水问题要特别加以注意。

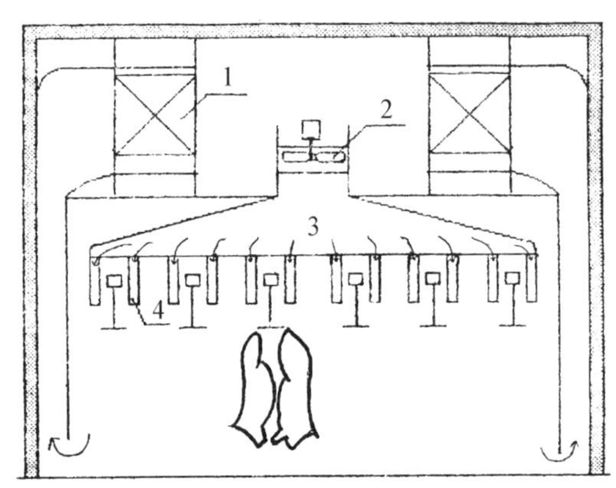

图 6-2-6 吊顶式冷风机垂直下吹风白条肉冻结间示意

1. 蒸发器 2. 轴流风机 3. “人”字形风道喷风孔

二、盘装、箱装食品的冻结间

盘装、箱装食品包括分割肉、剔骨牛、羊肉、家兔和水产品等等。这些食品的成型尺寸比较整齐，国外多采用隧道吊笼式及搁架式冻结装置来对这些食品进行冻结。

(一)轨道吊笼式冻结间

当冻结间采用吊笼轨道式时，其气流组织要求与白条肉冻结间完全不同。白条肉冻结间中经过肉胴体的气流方向要求垂直向下或向上，以使冷气与肉胴体有最大程度的接触。而盘装食品水平搁在吊笼上，要使气流沿盘的上、下表面作水平流动。而且，由于吊笼上、下层盘之间的间隙小，气流的阻力大，因此不能用纵向吹风，而是采用横向吹风，并且冻结间内只设两股吊轨。

这种冻结间设计的关键问题之一是如何实现均匀配风，经验表明，应尽量压缩吊笼的上、下空间。减少气流的旁通量。另外，适当地设置挡风板、导风板及节流板可以将气流组织成均匀的水平流。

图 6-2-7 所示为横向上吹风轨道吊笼冻结间的示意图。采用了挡风板和导风板使气流趋于水平均匀分布。

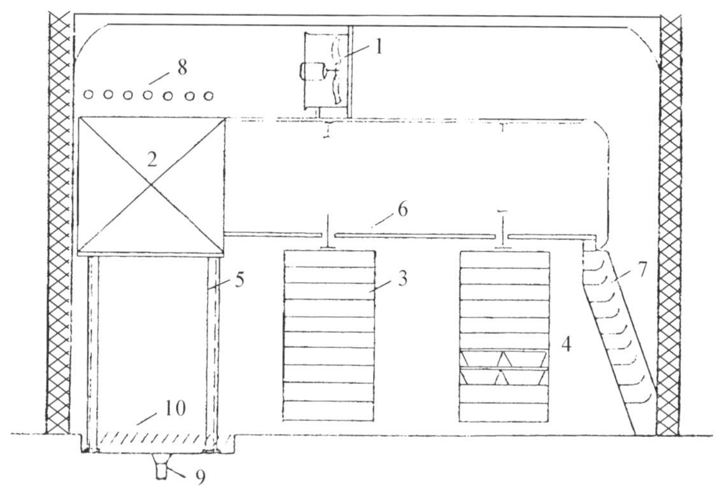

图 6-2-7　横向上吹风轨道吊笼式冻结间

1.风机　2.蒸发器　3.吊笼　4.鱼盘　5.支架　6.吊顶
7.导向板　8.融霜水管　9.融霜排水　10.反溅板

近年来轨道吊笼式冻结间更多采用图 6-2-8 的横向下吹风式。风机与蒸发器之间用帆布软道连接，安装时可以调节出风的角度和位置，以达到配风均匀。

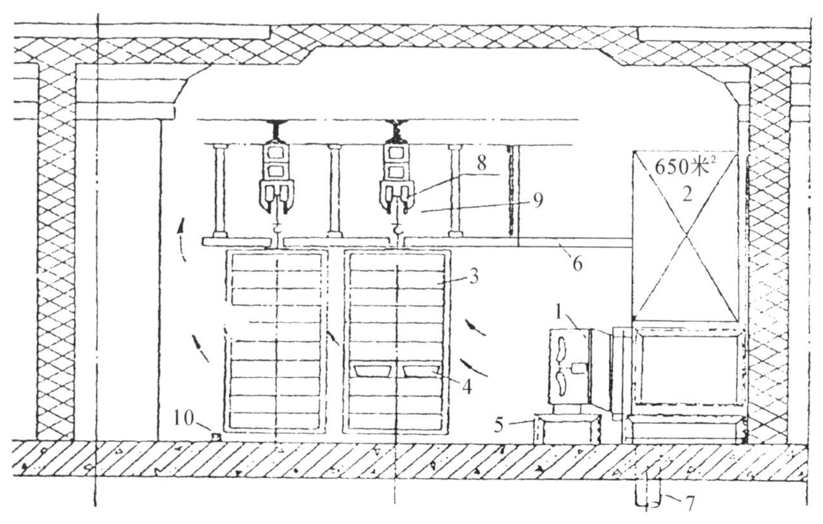

图 6-2-8　横向吹风式冻结间

1.风机　2.蒸发器　3.吊笼　4.鱼盘　5.支架　6.吊顶　7.融霜排水
8.滑轮　9.100×14 双扁钢导轨　10.挡风木条

轨道吊笼式冻结间的冷却设备也可以采用吊顶式冷风机。吊顶式冷风机由于可以安装在挡风板上部，因此可以充分利用冷间的空间。为了使气流能沿盘的上、下表面水平流动，可设置导风装置。图 6-2-9 是采用吊顶式冷风机时的配风示意，导风板可设在吊笼后部，也可在冷风机出风口装接风道，送风道的出口设有导风叶片。

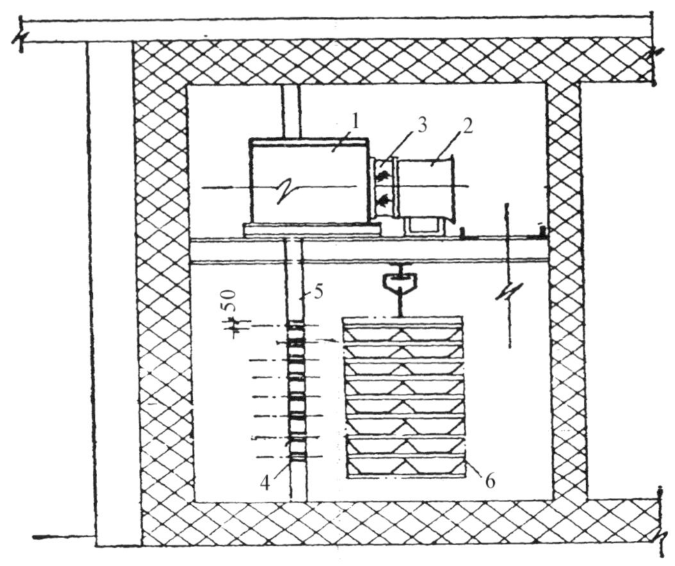

1. 蒸发器 2. 鼓风机 3. 帆布接管 4. 条缝送风口 5. 木制竖风道 6. 吊笼及鱼盘

图 6-2-9 设置导风装置的吊顶式冷风机冻结间

图 6-2-10 是吊顶式冷风机冻结间的设备布置示意图，冻结间的宽度为 3～6 m，长度不受限制。安装时冷风机距平顶应有 500 mm 以上的间隙，出风侧距墙应大于 500 mm，吸风侧应大于 700 mm，以改善循环冷风的气流组织。由于吊顶式冷风机设在冻结间顶部，故应妥善处理融霜水的排放问题和防止融霜水喷淋时外溅的问题。

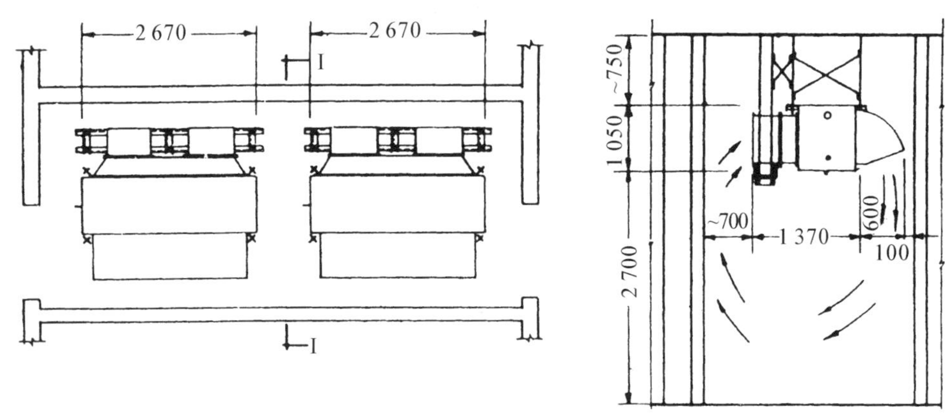

图 6-2-10 吊顶式冷风机冻结间冷风机布置示意

轨道吊笼式冻结间的轨道一般为两股，轨道间距取决于吊笼的尺寸。现在各水产冷库对鱼盘和吊笼的尺寸已趋于统一，一般鱼盘有 15 kg、20 kg 两种，20 kg 鱼盘尺寸为 600 mm×400 mm×130 mm，采用统一吊笼的尺寸为 880 mm×720 mm×1780 mm，上下共 10 层，每层装两个鱼盘。冻虾工艺中多采用冻鱼的吊笼。共十层每层搁置虾盘八盘，一个吊笼装 80 盘，共装虾 400 磅，相当于 180 kg。每米吊轨长度可挂吊笼 1.5 个，每米吊轨长度载货量为 270 kg。冷却间、冻结间的吊轨尺寸可参见表 6-1-1。

（二）搁架式冻结间

搁架式冻结间又称半接触式冻结间，它是以搁架式排管作为冷却设备兼货架，冻品（如鱼类、家禽、分割肉、副食品等）装在冻盘内直接放在搁架上冻结，由于食品与排管直接接触，所以传热效率高。冻结间的设计室温为－23 ℃，也有采用－30 ℃。

1. 搁架式排管的设计

首先应根据一次入货量和盛装容器等条件，计算出所需货物搁架的有效总面积，然后再确定每层搁架的长度、宽度、层高及层数。若搁架排管的制冷量小于冻结间的冷却设备负荷，余下部分可设计为顶排管，顶排管可集中安装在搁架排管上部。管架的宽度根据冻盘数量和操作方式而定。当单面操作时其宽度为 800～1 000 mm，若为两面操作，则以 1 200～1 500 mm为宜。排管管子的水平间距为 100～120 mm，每层的垂直间距视冻品的高度而定，一般为 220～400 mm，最低一层排管离地坪不宜小于 250～400 mm。管架的层数应考虑装卸操作方便，一般最上层排管的高度不宜大于 1 800～2 000 mm。

搁架排管用 D38 或 D57 无缝钢管制作，也可采用 40 mm×3 mm 矩形无缝钢管，为了减少排管的磨损，可在管架上铺 0.6 mm 厚镀锌薄钢板。排管的支架立柱用 C80×4 槽钢；横梁用 L50×50 角钢制作，立柱间距应保证排管的挠度要求，又要考虑冻盘或箱子外型尺寸的模数关系，一般间距为 1 300～1 400 mm，地坪应预埋 150 mm×150 mm 或 120 mm×120 mm 的钢板来固定立柱。

搁架式排管的供液方式，有分层供液和“一条龙”供液两种。分层供液将管子水平方向并联连接，由于每层管架各自成为一个通路，可避免液柱静压对蒸发温度不良影响。但由于受最小弯曲半径的限制，管子排列比较稀疏，往往不能把所要求的蒸发面积都安排下来。若采用双套弯，又增加了弯管的复杂性。“一条龙”供液的管子按垂直方向连接其弯曲半径不受限制，管子排列比较紧凑，但管架高度形成的液柱静压对蒸发温度影响较大，并且每通路管子总长度可能超过允许的合理长度。这时，可采用分段供液的办法来解决这个问题，如图 6-2-11 所示。

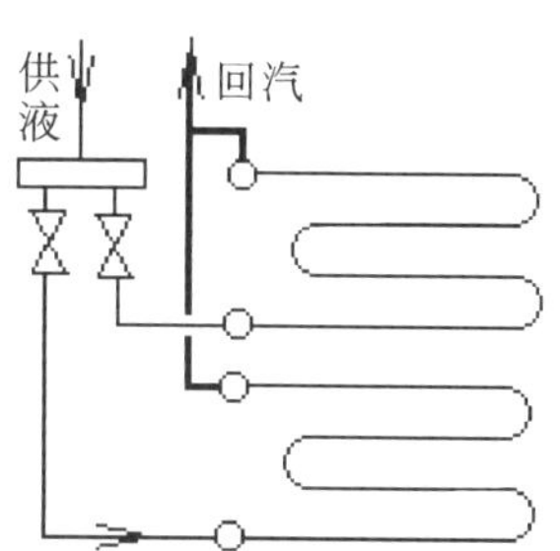

图 6-2-11　搁架式排管分段供液示意

2. 搁架式排管的布置

搁架式排管在冻结间的布置有三种方案（见图 6-2-12），图中(a)只适用于小批量生产服务性小冷库。批量生产较大的冻结间宜采用方案 C，以利提高装卸效率。

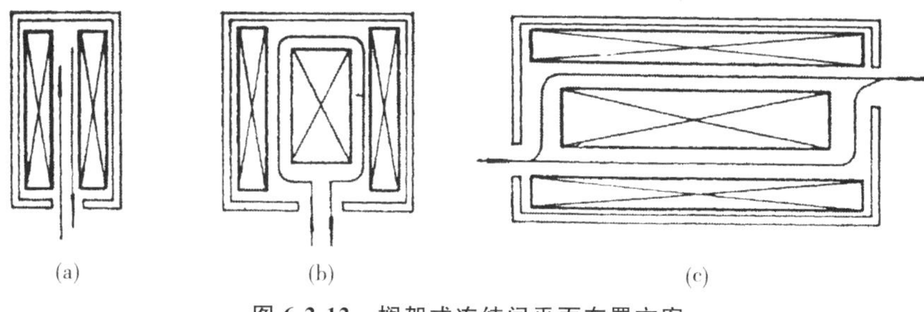

图 6-2-12　搁架式冻结间平面布置方案

冻结间内装卸货物的操作走道应能单向通过手推车，工人站在凳子上能向两侧操作，走道净宽不宜小于 1 000 mm，对于冻结量小于 5 吨/次的冻结间，应考虑手推空车和重车的行走路线，以提高装卸效率。搁架弯头离墙面的间距不宜小于 300 mm，立柱离墙面的间距为 100 mm，在搁架排管的一头，还应留有 500 mm 的空间布置供液、回汽管道。如图 6-2-13 所示。

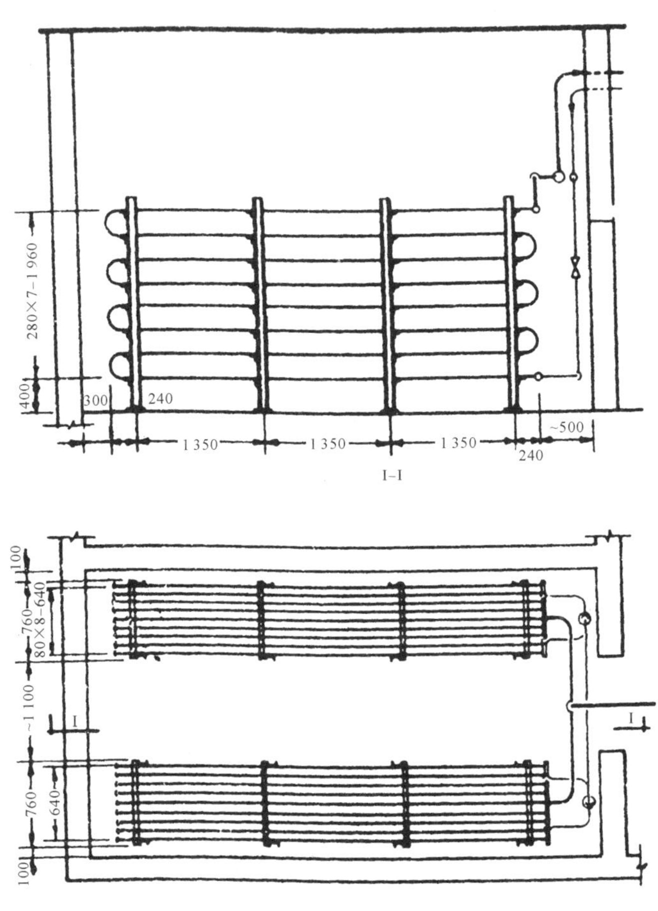

图 6-2-13 无吹风型搁架式冻结间

3. 搁架式冻结间的气流组织

采用空气自然循环冻结间，排管与食品之间的热交换较差，冻结速度也较慢。若在冻结间内装设鼓风机，加速空气循环，则冻结时间可大为缩短，冻结的食品质量也可提高。

吹风式搁架排管冻结间，根据鼓风机安装的位置不同，其气流组织基本有三种形式：顺流吹风式、直角吹风式和混流吹风式。

(1)顺流吹风式：即鼓风机装设在搁架式排管的一端或两端，气流方向与排管平行。一般用轴流式通风机，风速为 3 m/s 左右，见图 6-2-14 所示。这种吹风式面积利用率较低。

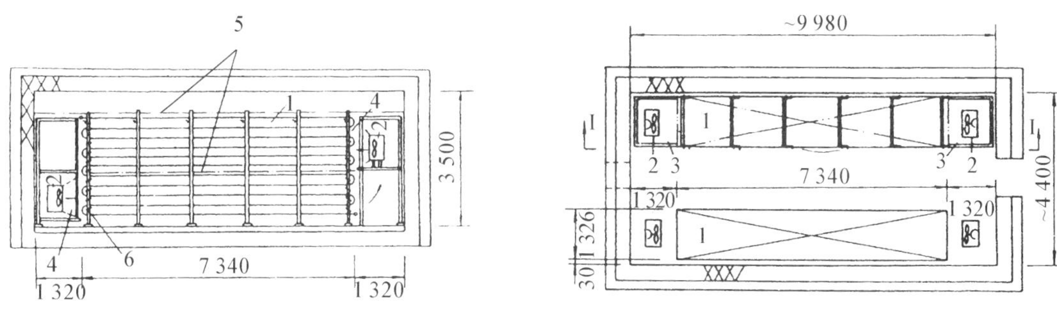

1.搁架排管　2.风机　3.导风机构　4.出风口　5.隔板　6.支柱

图 6-2-14　顺流吹风型搁架式冻结间设备布置

(2)直角吹风式:气流与排管垂直,鼓风机装置在搁架式排管上面,一般采用离心式通风机用支架支承,并设有风道和导风板,使气流有组织地吹向冻结食品,食品间的风速为1.5～2.0 m/s左右。如图6-2-15所示。

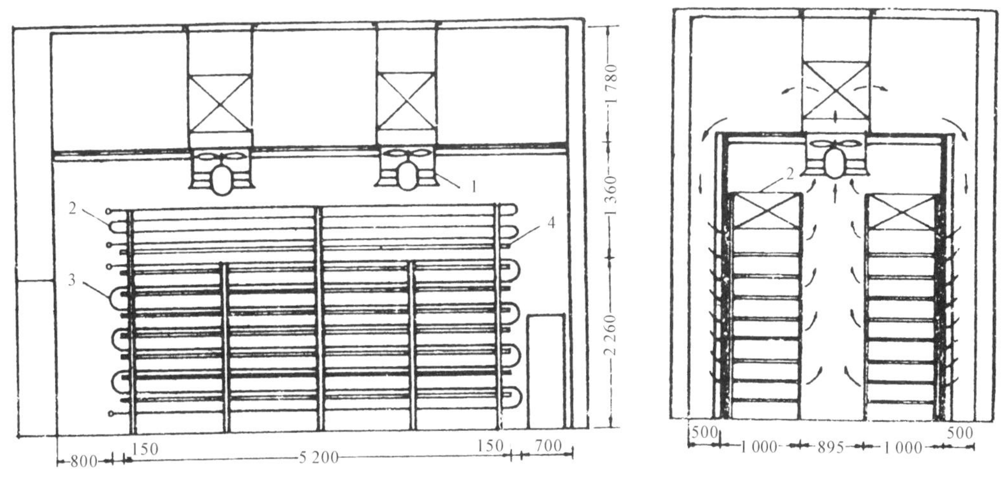

1.风机　2.顶管　3.搁架排管　4.出风口

图 6-2-15　直角吹风型搁架式冻结间设备布置

(3)混流吹风式:鼓风机安装在两组搁架排管之间的通道上方,由上向下吹风,整个冻结间内空气流动呈混合流状态,见图6-2-16所示。这种吹风方式,无设送风道,结构比较简单,但与前面两种比较,由于冻品是处于冷风回流区内,故风速小而且分布不均匀,食品不能在同一时间内冻好,从而延长了冻结时间。

搁架式冻结间的优点是设备制作容易,它的结构和操作简单,又不必经常维修,用电较省。其缺点是管架液柱静压较大,进出货的搬运劳动强度很大,融霜时间长,所以适用于每昼夜冻结量小于5 t的冷库。为了减小劳动强度,可根据搁架式排管上冻品尺寸较小的特点,在冷藏门上开进出货的小洞,冻结间内采用人工推送的移动式滚筒传送架,加工间至冻结间,冻结间至冷藏间之间采用机动传送带,这样既节省劳力,又可以减少由于冷藏门开启而带进冻结间内的热湿空气所造成的不良后果。

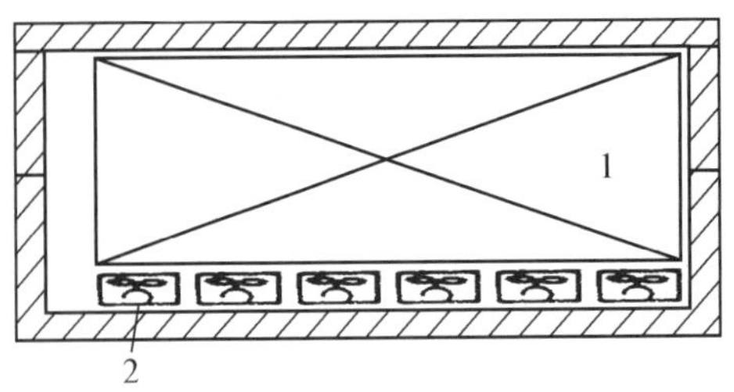

1.搁架　2.风机

图 6-2-16　混流吹风型搁架式冻结间设备布置

以上介绍的是我国目前较常采用的冻结间设计形式。我们知道,冻品的质量与冻结速度有关,其理想的冻结速度应为 2～5 cm/h。但我国目前设计的冻结间都达不到这个数值,比如,据测定冻鱼的冻结速度都不大于 0.5 cm/h。据分析,其主要原因是冻结间蒸发面积配比偏小,风机的风压不够。通常认为,提高蒸发面积的配比和风机功率(主要用来提高风压)会增加一次投资和日常运行费用,但其实随着蒸发面积和电机功率的增加,冻结时间大大减少,冻结速度上升线陡直,而反映在每冻 1 t 冻品折合的蒸发面积基本不变,而每冻 1 t 食品所消耗的电能反而下降。所以有人对冻结间的设计提出应提高蒸发面积的配比和风机的功率配比,以便提高食品的冻结速度和提高冻品质量,很多新型的速冻设备就是基于这种理念而设计出来的。

三、强吹风"单体速冻"冻结装置(IQF)

强吹风"单体速冻"冻结装置主要用于冻结小型体食品,如冻结各种豆类、水果片、虾仁、单体虾、各种鱼片、蟹块、各种分割肉和水饺、包子等小包装方便食品。以上食品在冻结过程中主要以个体表面与冷风接触,冻结速度很快,因此这种装置常被称作"IQF"(Individual Quality Freezing)冻结装置。其主要特点是冻区风速大(3.5 m/s 左右)、风压高(500 Pa 左右)、蒸发温度低(－40 ℃左右),并且食品在冻结过程中借助传送带或轨道机构在冻结区内移动从而使冻品受冻均匀,冻结速度快!通过对传送带或轨道机构的调速,还可改变食品的受冻时间。还有一个最明显的特征是装置的库体一律由组合式聚氨酯夹芯板拼装而成,外表十分亮丽!近年来,随着小包装食品在市场份额的迅速提高,IQF 冻结装置的发展也十分迅猛,国内从无到有,20 世纪 70 年代只能向国外买,80 年代初就有国产产品,目前国内已有多家企业能生产此种设备。许多食品冷冻厂已配有此类速冻装置,国内外五花八门的 IQF 设备不胜枚举,这里只能介绍几种有代表性的 IQF 冻结装置。

(一) 强吹风隧道网带式速冻装置

强吹风隧道网带式速冻装置适合于冻结各种轻小体型食品,如青刀豆、豌豆、毛豆、红小豆、虾仁等,冻结过程中自下而上的强气流可使某些轻体型食品悬浮于网带上方形成流态状,故它又被称作流态化速冻装置。如图 6-2-17 是该种装置的全貌图,从图上可看出冻结区内采用两段式网带结构。食品在第一段网带里表面得到快速冻结而硬化,在第二段网带里,冻结向食品的中心延伸,冻结速度随传热热阻的加大而减缓,所以第二段网带的传输速度要相应地调慢,这也是为什么要采用两段网带的原因。为防止受冻食品粘结在网带上,冷风采用下吹上回,并在第二段网带上设振动装置,国内有的厂家还把第二段网带设计成驼峰形,目的也是使食品不易粘结在网带上。强吹风隧道网带式速冻装置冷区内的设备布置及气流组织详见图 6-2-18。表 6-2-1 和表 6-2-2 分别为烟台埃克米制冷设备有限公司和安阳雪莲工业公司就自家产品为用户提供的技术参数性能表。两张表提供的参数不尽一样，前者侧重于某种机型对于某种食品的单位时间冻结量，并提供了货区的风速风压；后者却侧重于某种机型在特定工况下的产冷量及冻结时间，并提供了设备的外型尺寸。可以说两个表都不够完善，希望能互相取长补短，在今后为用户提供更全面、更具体的设备性能参数。

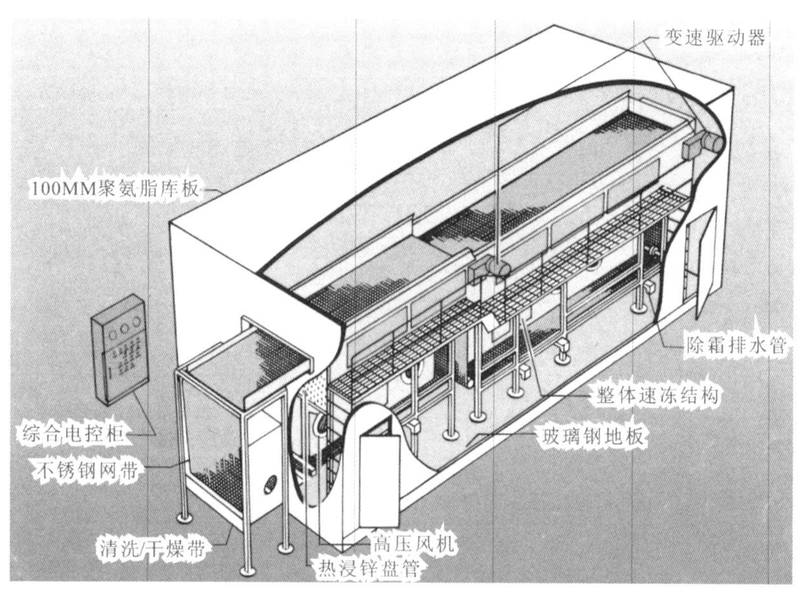

图 6-2-17　强吹风隧道网带式速冻装置全貌

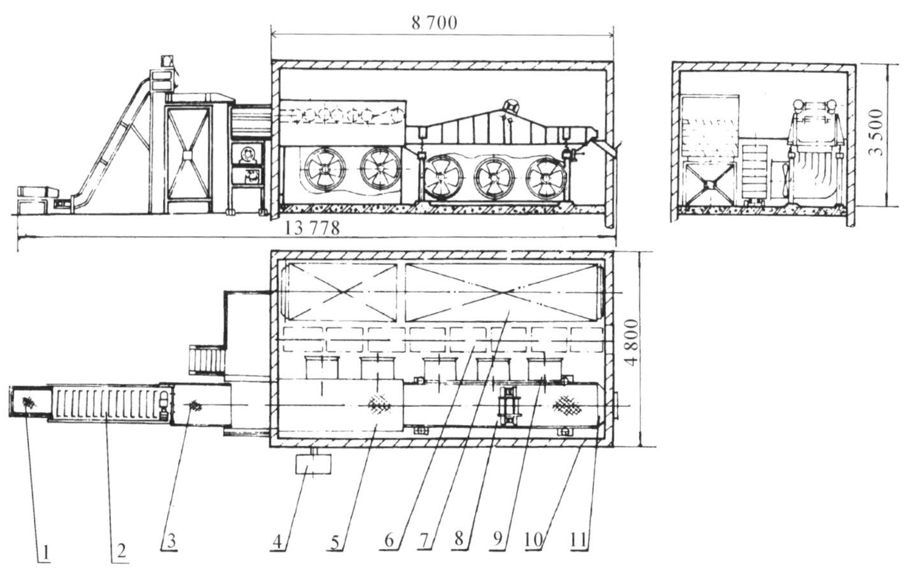

1. 送料筛　2. 提升机　3. 布料筛　4. 电控　5. 流化床
6. 小推车　7. 蒸发器　8. 流态化传送槽　9. 鼓风机　10. 隔热板　11. 出料机构

图 6-2-18

表 6-2-1 隧道网带式 IQF 设备性能表(烟台埃克米) 冻结能力 kg/h

冻结物品 \ 产品型号		312	412	413	513	523	524	525	624	625	636	637	648
青豌豆、扁豆		920	1 900	2 360	3 000	3 180	4 240	5 290	5 120	6 400	7 690	8 970	10 250
谷类、土豆片胡萝卜片		830	1 700	2 120	2 700	2 860	3 800	4 760	4 610	5 760	5 920	8 670	9 220
花菜、洋葱片、蘑菇		740	1 500	1 890	2 400	2 540	3 390	4 230	4 100	5 120	6 150	7 170	8 200
南瓜片、玉米、水果片		650	1 300	1 650	2 100	2 220	2 970	3 700	3 590	4 480	5 380	6 280	7 170
樱桃、硬花甘兰		560	1 240	1 530	1 950	2 060	250	3 440	3 330	4 160	5 000	5 830	6 660
海产品(扇贝丁、虾仁)		550	1 145	1 420	1 800	1 900	2 250	3 180	3 070	3 840	4 160	5 380	6 150
基本负荷(kW)		24	52	66	77	84	102	116	130	144	183	204	239
总负荷(kW)	蔬菜	130	270	337	421	449	588	725	717	878		1 064	1 226
	海产品	760	163	204	252	269	350	427	429	518	632	728	830
隧道风机	数量(台)	3	3	4	1/3	5	6	7	6	7	9	10	12
	功率(kW)	4	7.5		11/7.5	7.5			11.0				
	风速(m/s)	3.56											
	风压 Pa	500											
带宽		900	1 200		1 500	1 500			1 500				
条件进货温度 21 ℃。出货温度－18 ℃，蒸发温度－32 ℃													

总负荷包括基本负荷和产品冻结负荷。蔬菜以青豌豆为准，海产品以扇贝丁为准。

表 6-2-2 螺旋网带式 IQF 设备性能表(安阳雪莲)

特性 \ 型号	ZSL-0.5A 振动流态化	ZSL-1 振动流态化	XSJ-300 螺旋
冻结品种	青刀豆	青刀豆	饺子、包子、冰淇淋
产量(kg/h)	500	1 000	约 300
冻结时间(min)	9～12	9～12	≤45
进料温度(℃)	15	15	20
冻品终温(℃)	－18	－18	－18
冷间风温(℃)	－35～－30	－35	－35
冷凝温度(℃)	35	35	35
蒸发温度(℃)	－40	－40	－40
制冷剂	R_{717}	R_{717}	R_{717}
装机功率(kW)	22.4(不含冷源)	30(不含冷源)	45(含制冷系统)
制冷量(kW)	104	174	31
外型尺寸(长×宽×高)	10 450×4 700×3 480	13 778×4 820×3 500	5 100×4 100×3 500

(二) 强吹风螺旋网带式速冻装置

图 6-2-19 是强吹风螺旋网带式速冻装置的全貌图，这种装置的特点是结构紧凑、占地比隧道网带式省。但由于垂直方向上有多重螺旋网带，考虑到流动阻力的关系，冷风不能自下而上，只能顺着网带的流向水平吹向食品，这样便无法进行流态化冻结，加上整个装置只

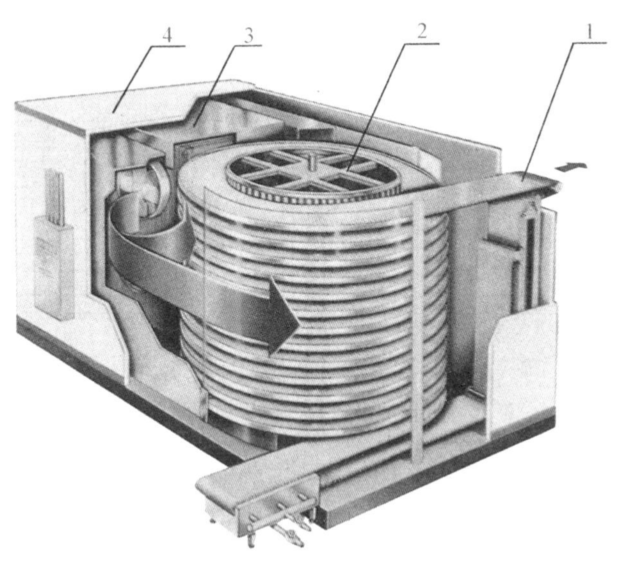

1. 输送网带　2. 转筒　3. 蒸发器(冷风机)　4. 保温库体

图 6-2-19　强吹风螺旋网带式速冻装置全貌

靠一个转筒来带动网带，所以网带也无法实行分段控速，在冻结过程中食品相对固定在网带上。一般只适合于速冻比重较大的单体食品，如烤鳗、单体鱼、单体虾及各种分割肉等，也有用于水饺、包子等方便食品的单体冻结。表 6-2-2 只列出了一种螺旋网带式速冻装置的相关技术参数，仅供参考。

(三) 强吹风链传动隧道式速冻装置

这种装置大多用来冻结单体排盘食品，在隧道中设有多层链式传动的货架，冻结时，只要把货盘从进口处推进(现已有在进出口处设自动推盘机构的装置)，在传动链的带动下，货盘便以调定速度慢慢地朝出口方向移动，到达出口处即完成冻结。货区照样采用低风温、高风压、大风速(－30 ℃、500 Pa、3.5 m/s)。操作时可根据冻品的不同情况及所需的冻结时间来调节链轮的传动速度。冷间内的设备布置及气流组织见图 6-2-20 和图 6-2-21，图 6-2-20的冷气流组织为上吹下导，图 6-2-21 却是下吹上回风。另外还有一种冻结方式是采用轨道台车搁置食品，在冻结过程中，台车被液压传动机构慢慢地“推向”出口。这种整车进出隧道的速冻设备在国外被称作 PTT(Push Through Tunnel)速冻装置，其设备布置形式类似于图 6-2-20 和图 6-2-21，把两图中的传动搁架换成轨道台车即可。从上述图中可见，强吹风链传动隧道式速冻装置的设备布置和气流组织类似于吊轨吊笼式冻结间，所不同的是该速冻装置在冻结期间能使冻品移动，即用不断改变冻品的位置来弥补冷间内可能的布风不均所引起的冻结时间的差距，使所有食品在同一时段内达到一致的冻结效果，从而节省冻结时间，提高冻品质量。还有一个差别是：该速冻装置冷区的空间比较紧凑，易于实现高风压，布风易均匀。因此，若冻品质量要求较高，单体规格又不大时，强吹风链传动隧道式速冻装置的冻结效果会明显优于吊轨吊笼式冻结间，具体体现在保质、省时、省电和改善工人的劳动条件等方面。表 6-2-3 是有关厂家为用户提供的设备性能表。

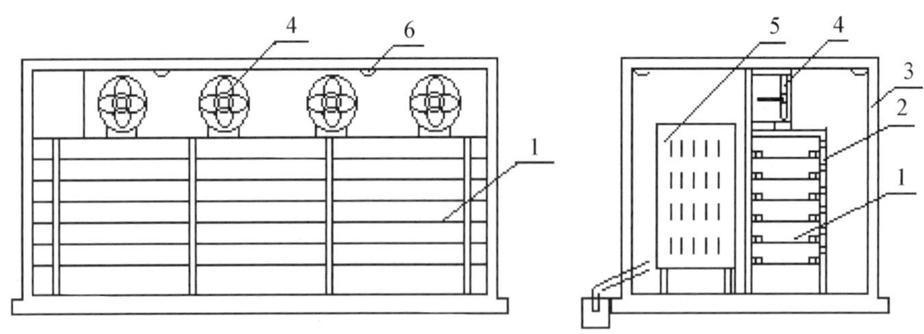

1. 传动机构；2. 导风板；3. 围护结构；4. 鼓风机；5. 蒸发器；6. 吸顶灯

图 6-2-20 强吹风链传动隧道式冻结装置气流组织(上吹下导)

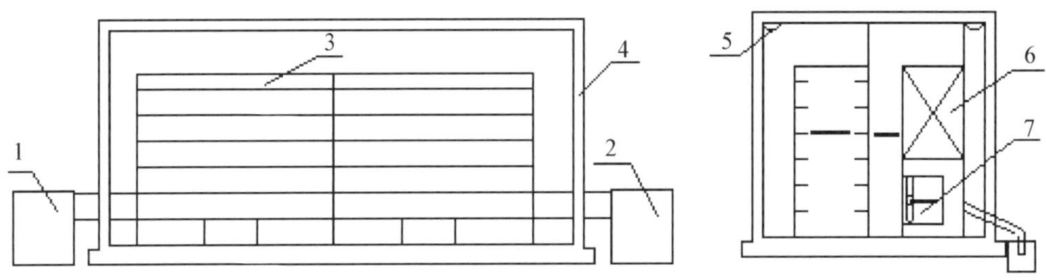

1. 输出机构；2. 输入机构；3. 传动机构；4. 围护结构；5. 吸顶灯；6. 蒸发器；7. 鼓风机

图 6-2-21 强吹风链传动隧道式冻结装置气流组织(下吹上回风)

表 6-2-3 链传动隧道式 IQF 设备性能表(安阳雪莲)

特性＼型号	XSD-0.1 推盘	SDSD-1 台车	XSD-300B 自动进出盘	XSD-500A 自动进出盘	XSD-400C 自动进出盘
冻结食品名称	对虾、水饺、冰淇淋	分割肉、鸡、冰淇淋	对虾、水饺、小包装食品	对虾、水饺、小包装食品	冰淇淋、小包装食品
产量(kg/h)	100	4 000	300	500	400
冻结时间(min)	≤45	≤240	≤45	≤45	≤45
进料温度(℃)	20	20	20	20	20
冻品终温(℃)	−18	−18	−18	−18	−18
冷间风温(℃)	−35	−35	−35	−35	−35
冷凝温度(℃)	35	35	35	35	35
蒸发温度(℃)	−40	−40	−40	−40	−40
制冷剂	R_{22}	R_{717}	R_{717}	R_{717}	R_{717}
装机功率(kW)	24.5	25	13.7	21	15.2
制冷量(kW)	16.4		55	104	70
外型尺寸(长×宽×高)	3 800×2 625×2 565	10 500×3 900×3 400	12 860×4 800×3 100	14 200×4 300×300	12 900×4 700×3 100

第三节　冷却物冷藏间

（一）设计参数和设计要点

1.设计参数的确定

普通冷却物冷藏间主要是用来贮存果蔬、鲜蛋等具有生机的食品或冷却的肉类，故其设计室温应稍高于食品的冰点，并不允许有显著的波动，库内各区域的温差尽可能小于 0.5 ℃。库内相对湿度也要适当，相对湿度太高，微生物容易滋长，太低则容易引起食品干耗，并要求相对湿度差控制在 4%之内。

由于冷却物冷藏间贮存的品种繁多，要求的温、湿条件也各不相同，所以，冷却物冷藏间的设计参数，应根据不同食品所要求的贮藏条件来确定（可参见附录三），以便保证食品的质量。但在设计时，若筹建单位没有提出明确的贮藏对象或要求时，应根据大宗食品的贮藏条件来设计，即库内温度取±0 ℃，相对湿度取 90%。

2.设计要点

(1)由于贮藏的生机食品在冷藏期间仍继续进行呼吸作用，同时放出热量，所以，要求库内的空气循环要通畅、均匀，否则，可能使局部的冷藏条件恶化，引起食品变质。

(2)需设置通风换气设备，以便定期向库内输进新鲜空气，排除食品生化过程产生的各种有害气体。

(3)必须采用冷风机作为冷却设备。因若采用排管作冷却设备，当制冷系统停止运行时，排管表面霜层则会融化而滴水，平时进货时也会因带入大量的水汽在排管冷表面凝结而滴水。至于某些生活服务性的小冷库，由于条件的限制，或当冷风机的冷却面积不够时，可以采用墙排管或增设高墙管，但应在墙管下设置收集和排放滴水的水槽或水沟。

(4)应考虑到生产旺季时，经常需要将挑选后的鲜货不经冷却间而直接进库（进货量按不超过库容量的 5%计），为此，可将冷风机的排管分成 2～3 组，分组控制，视库内热负荷的大小调节运行，风量最好也能作相应的调节。这样，就可以借助温度继电器和湿度控制器来控制供液、回气管上的自动阀门及风机马达，达到自动调节库内温度、湿度的目的。

（二）冷却设备的布置

冷却物冷藏间的设备包括冷风机和送风道。

冷风机宜布置在靠近库门一侧，以便操作管理与维修，又可缩短制冷系统的供液，回气管道，冲霜给、排水管道和自动控制系统及风机动力系统的线路。另外，冷却物冷藏间的冷风机，一般不宜两个库房合用一台。

送风道即为带有许多喷嘴的送风主管。送风管道宜布置在库房中央走道上方，其好处是：(1)使风管两侧送风射流的射程基本相等，以简化喷嘴的设计；(2)由于中央走道上不会堆放货物，所以，风管表面即使有冷凝滴水现象，也不会滴到货物上；(3)可以利用中央走道作为回风道。当库房宽度小于 12 m 时，可将送风道布置在库房一侧的上方，图 6-3-1 所示的为冷却物冷藏间冷风机及送风道布置图。

（三）送风管及气流组织设计

冷却物冷藏间，一般均采用均匀风道，送风道由水平送风主管和喷咀组成。

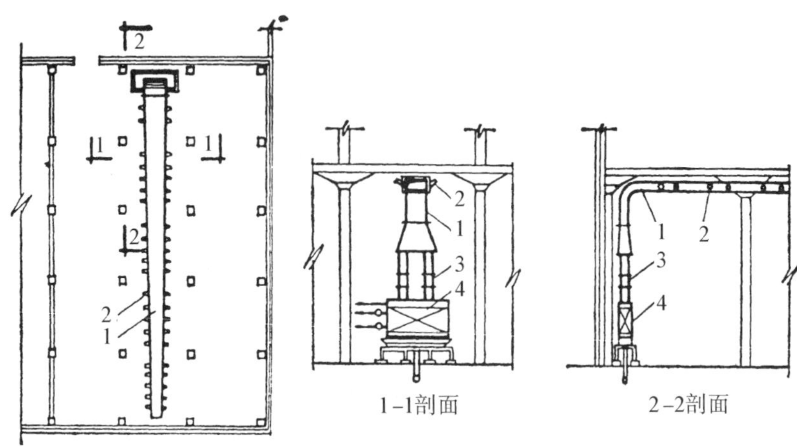

图 6-3-1 冷却物冷藏间风机及送风道布置图

1.风管 2.喷嘴 3.轴流通风机 4.冷风机

送风主管的截面积为矩形，沿长度方向宜采用相同的高度，只改变宽度尺寸，宽度可以均匀地缩小或分段逐渐缩小。风管内的风速，首道为 6～8 m/s，末端为 1～2 m/s，这样，用逐段降低流速方法来降低动压以弥补沿程摩阻消耗的静压，使得整条道的静压一致，使整个风管内的静压分布基本相等。在设计时，可把风管视为带喷嘴的集管，把集管看成是一个各个断面上静压分布基本相等的"静压箱"，使所有出风口截面积之和小于主管进口截面积。

送风道喷风口的形状有圆锥形、条缝形和百叶窗形三种，它们的设计计算可参考《冷库制冷设计手册》(商业部设计院编)P318～P325。图 6-3-2 为圆锥形喷口送风道的断面示意图，这种喷嘴出口风速、有效射程及阻力损失的关系可参考表 6-3-1。

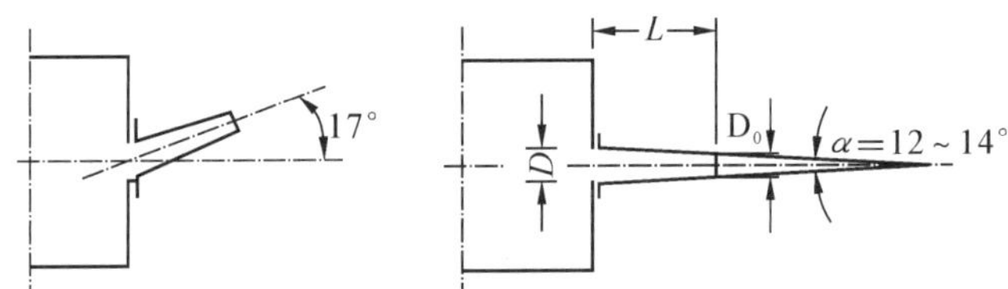

图 6-3-2 圆锥形喷口送风道的断面示意图

表 6-3-1 喷嘴射程和阻力损失的关系

出口风速 W(m/s)	有效射程 (m)	压力损失 h_c (Pa)		
		静压	动压	全压
6.63	11.3	26.5	30.4	56.9
7.13	11.9	30.4	35.3	65.7
7.65	12.8	35.3	40.2	75.5
8.15	13.7	40.2	45.1	85.26

表 6-3-1 所依据的计算公式为：

$$\Delta P_c=\frac{W^2}{2}\rho\cdot\frac{1}{\xi} \tag{6—3—1}$$

$$Y=\frac{d_s}{A}(0.226\cdot\frac{W}{W_m}-0.145) \tag{6—3—2}$$

上两式中：ΔP_C——喷风口空气阻力损失(P_a)；

W——喷口空气流速(m/s)；

ρ——空气密度(kg/m³)；

ξ——喷风口有效系数，一般采用 0.95；

Y——喷口至射流终端水平距离(m)；

d_s——喷口直径(m)；

A——喷口紊流系数，圆柱形为 0.076；

W_m——回流平均风速(m/s)。

从表 6-3-1 可以知道，喷嘴出口风速越大，有效射程则越长。因此，当要求气流射程较长，或库房高度较大时，可提高喷嘴出口气流初速，但轴流风机必须有足够的风压。比如：当喷口直径为 85 mm，流量为 400 m³/h，即空气流速提高到 19 m/s 时，喷嘴处的阻力可达 249 P_a左右。

喷嘴应均匀地布置在风道的两侧或一侧(视风道为两侧送风或单侧进风而定)。喷嘴的间距为 1 m 左右，但应避开柱帽。对于无梁楼板结构的库房，喷嘴轴心与水平面成 17°或 19°的仰角，这取决于气流的贴附长度。对于有梁楼板结构的库房，喷嘴应水平安装，气流方向与主梁平行。这样，从均匀送风道喷嘴出来的多股平行的贴附射流在离喷口约 1.8 m 处(相当喷口直径 20 倍左右)汇合后，形成了一股厚度渐次增大的扁形射流，贴着楼板，沿货堆上部空间吹至墙面，然后折向货堆，从主通道流回至冷风机。射流在流动中不断引射库内空气，与之混合并迅速进行热交换，同时它的流速不断下降，在库房中形成流速较小的回流区，这对食品的贮藏是适宜的。图 6-3-3 所示的是多喷嘴矩形均匀送风道的冷却物冷藏间内温、湿度随射流衰减变化过程图。

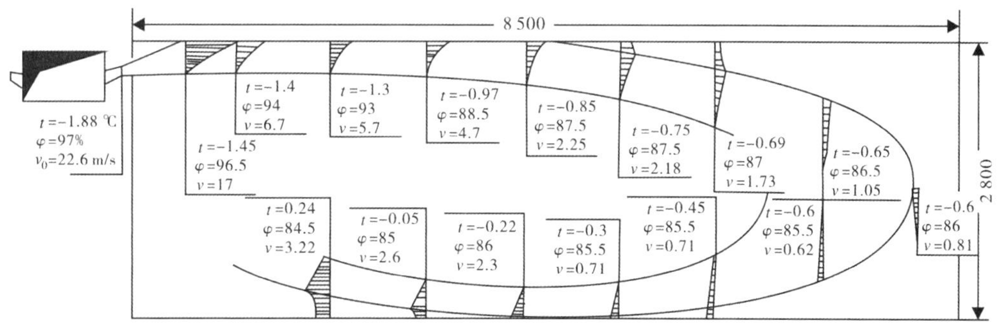

图 6-3-3　库内温、湿度随射流衰变过程

（四）通风换气设施

1.通风换气设计要求

（1）冷却物冷藏间宜按所贮存货物的品种，设通风换气装置，每天换气次数不宜少于2～3次。

（2）冷间面积大于150 m^2 时，宜采用机械通风，进入冷间的新鲜空气应先经冷却（或加热）处理。

（3）冷间内废气应直接排至库外，出风口应设置便于操作的保温启闭装置。

（4）新鲜空气进口与废气出口不宜设在同一侧。若处在同一侧时，排出口应在进气口下部，两者垂直距离不得小于2 m，水平距离不宜小于4 m。

（5）冷间内的通风换气管道，通风管穿越围护结构处及其外侧1.5～2.0 m长的管段和川堂内排气管均要保温。排气管应坡向库外，进气管道应坡向冷风机，风管道最低处应有放水设施。

2.进气设施

向库内送入新鲜空气，一般可以利用冷风机的通风机作为吸进新鲜空气的设备，或者设置专用的送风系统。

（1）利用冷风机的通风机作为吸入新鲜空气的设备，其新风管与冷风机的连接方法有两种。

A.将新风管接在冷风机蒸发器的进风端，新风经过冷却和去湿后再送入库内，如图6-3-4所示。这样可以避免库内温度发生过大的波动和产生"雾气"。但必须注意：新风需要克服风管及各种配件和弯头等的阻力才能进入冷风机，而库内的循环空气却可以自由进入。若是风管及配件的阻力很大时，新风就不容易被吸入；若是冷风机的回风入口处加调节板以平衡新风管系统的阻力，将给操作管理带来麻烦。其次是蒸发器在引入新风的部位所结的霜比其他部位多，除霜时应于注意。所以，采用此法时，应尽量合理地减少新风管的长度，减少弯头、阀门等配件以减少进风阻力，同时注意掌握换气操作时间，务必使吸入的新鲜空气量满足规定的换气次数要求。还有，冷风机在除霜时应注意检查新风管接口附近的冰霜是否已除净，以免愈积愈多，影响冷风机的效率。

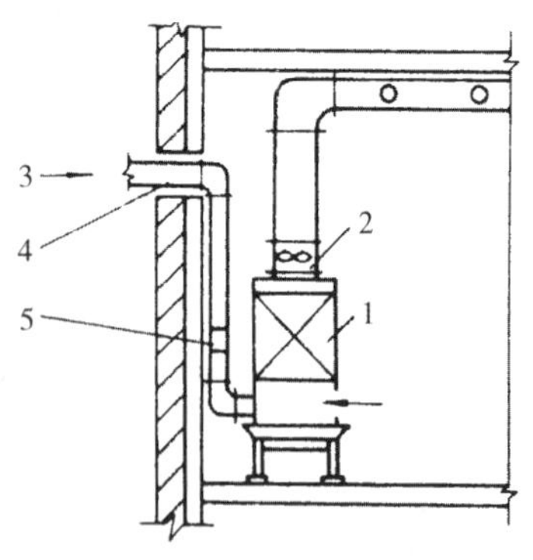

图6-3-4 新风管接法之一

1.轴流风机 2.空气冷却器

3.新风入口 4.新风管 5.插板阀

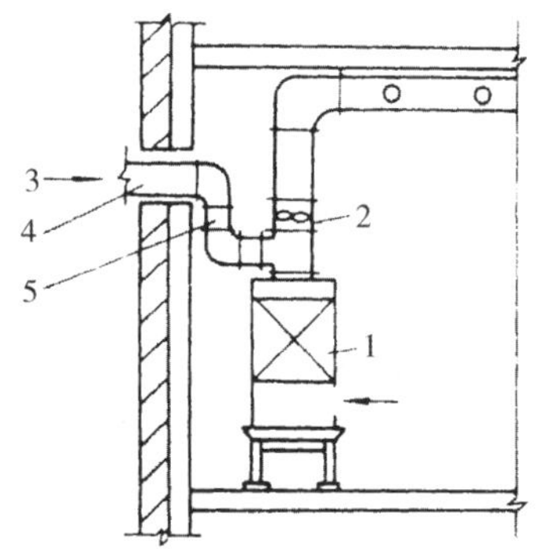

图6-3-5 新风管接法之二

1.轴流风机 2.空气冷却器

3.新风入口 4.新风管 5.插板阀

B.将新风管接在冷风机蒸发器以后的轴流风机的吸入段上，如图 6-3-5 所示。这种接法可解决由于新风管的阻力大而难以吸入新鲜空气的问题，但是，反过来又使新风量不容易控制。如果单位时间内进入的新风量过大，将使库内温度发生较大的波动，甚至产生“雾气”或凝结水，或者在风管内结冰。

(2)设置专用的新鲜空气进风设备，新风管接在冷风机蒸发器的进风端，此法可保证在规定的换气操作时间内供给足够的新鲜空气。

不论采用何种方法，新风管都要有良好的隔热层和排放风管内凝结水的措施。送入新鲜空气后，不应使库内温度产生超过规定的波动。我国东北地区，冬季室外温度在一天时间内经常低于 0 ℃者，要考虑先将室外空气加热后才能送入库内；我国南方地区则应避免由于透入室外空气而导致库温上升。

3.排气设施

一般可以在向库内送入新鲜空气的同时，稍开库门，即可排放污浊空气。在普遍采用常温川堂平面设计的情况下，开门排气并不难实现。但对于地下室冷藏间，温度较低而容量较大的库内空气通过冷藏间的冷藏门排至地下室的川堂走道上，这时可在地下室的川堂内装设排气风机和排气管，在向库内送入新鲜空气的同时，关闭川堂走道走向地面的外门，开动排气风机，即可将污浊的空气排至室外。

第四节　冻结物冷藏间

冻结物冷藏间是用来较长期地贮藏冻结食品的库房，对于冻结食品来说，冷藏温度越低，冻品高质量贮藏期也越长，但要考虑到日常运转费用的经济性。根据 T. T. T 研究成果，认为－18 ℃的冻藏温度对大多数冻品来说是最经济的。在此温度下，一般冻品可作一年左右的贮藏。为了减少冻品在贮藏期间的干耗和冰晶的长大。要求库内相对湿度维持在 95%以上，温度波动不应大于±1 ℃。

我国目前冷库冻结物冷藏间的设计室温一般为－18～－20 ℃。而国外冻结物冷藏间的设计室温已逐渐趋向低温化，一般都是－25～－30 ℃，对于水产冷库，为了更好地控制水产品在冻藏期间内氧化褐变，国际水产委员会推荐其冻藏温度应在－24 ℃以下。

目前，冻结物冷藏间的型式基本有：空气自然对流循环式、风冷式和夹套式三种。现将其设计要点分述如下：

一、空气自然对流循环式冻结物冷藏间

这种冻结物冷藏间是采用排管作为冷却设备。其优点是：制作简便，若采用工厂预制的定型产品，也可以缩短施工周期，且冻品在藏贮期间的干耗较小。但排管的耗金属量大，在单层高位库内安装有困难，且库温不均匀。

1.排管型式的选择

冻结物冷藏间通常采用的排管型式，按其安装位置有墙排管和顶排管，按其构造有盘管式和集管式，按冷却表面状况有光滑管和翅片管。对于排管的构造、性能和设计方法，详见《制冷原理与设备》。在确定排管形式时，除了要考虑其传热性能外，还要考虑应便于安装制

作和除霜操作，对于直流供液系统或重力供液系统，采用集管式排管比较合理，因为这种排管每组排管通路数较多，管内流动阻力小，而盘管式排管由于其通路少，管内冷剂流速较大，对于液泵供液系统更能发挥液泵的作用。翅片排管的传热系数较大，安装紧凑，但库温不均匀，在单层或多层冷库的顶层库房内往往存在很大的区域温差(6～8 ℃)。而且不便于库内平时人工扫霜操作，有的国家近年采用一种板式排管，其元件如图 6-4-1 所示。元件由 3 根∅38×3 无缝钢管和宽 900 mm，厚 1.6 mm 的薄钢板组成的，若干个元件可拼组成所需要的顶管或墙管，板式排管与围护结构之间形成了通风间层，板缝可用金属片或麻布嵌填，并由于运行时排管结霜，故通风间层实际上是相当严密的，所以，通过围护结构的传入热被冷藏间周围的板或排管吸收而不致侵入库内，可使库内相对湿度达到 96%～98%。

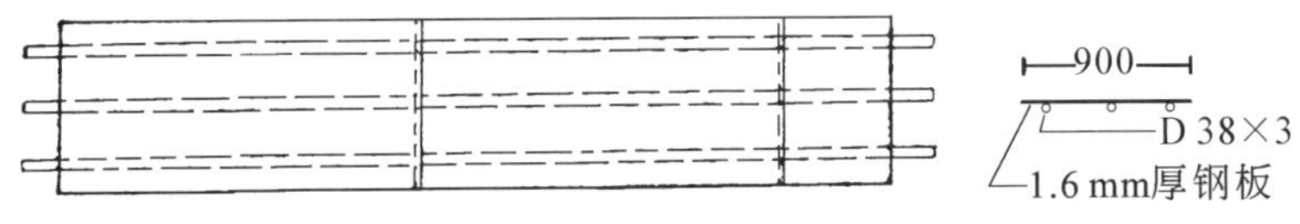

图 6-4-1　板式排管元件

2. 排管的布置要求

(1)应根据传入热流进入库房的方位和热量的多少来布置排管，开门的侵入热流冲向正对库门的上方，此处应布置顶排管，对于单层冷库及位于多层冷库顶层的冻结物冷藏间，可将顶排管单层铺开布置，以便于吸收屋顶侵入的热量。多层冷库的其他各层库房，为了能将融霜之水集中于走道上，宜将顶排管布置在走道上方。

(2)墙排管应设置在外墙的一侧，当排管的冷却面积相当大时，也可在内墙上设置排管，但须固定牢靠。墙排管位置要高些，最好在库房三分之二高度以上。这样既可避免货物滑坠倒垛对排管的冲击以及运输装卸机械的碰撞而发生事故，又可强化库内空气的自然对流。

(3)排管的安装尺寸：顶排管最上一层管子的中心线与平顶或底表面的间距：光滑顶排管不小于 250 mm；翅片顶排管不小于 300 mm。墙排管中心线与墙面的间距：光滑墙排管不小于 150 mm；翅片墙排管不小于 200 mm。

3. 排管的连接方式

同一库房内设置多组排管时，应考虑供液的均匀性。

(1)多组顶排管的供液管和回汽管的连接应采用“先进后出”即同程式接法，以免出现液体走短路和多层排管的顶层供液不足而发生过热现象，参见图 1-3-15。

(2)同一库房内设置多组墙排管时，对于液泵供液系统的库房排管宜采用连续式的方式(俗称“一条龙”)。即冷剂从第一组排管进入后，依次进入其他各组排管(见图 1-3-13)，也可采用同程接法，对于重力供液系统，只能用同程式接法。

(3)同一库内若同时设置顶排管和墙排管，为了保证供液均匀，一般顶、墙排管应分别供液。当库房较小(库房面积为 200～450 m^2)时，其供液管应分别设置，回气管可以合用，对于小型冷库(库房面积小于 200 m^2)，则其供液回汽管可以合用。但供液应先进顶排管，后进墙排管，参见图 1-3-17。

(4)排管的安装固定。

排管是一个牢固的整体，一般用∅8 的圆钢管卡把管子固定在 L50×5 的角钢上，然后依靠预埋在吊顶及墙面的预埋件加以联接，见图 6-4-2 和图 6-4-3。库房内不宜采用预埋钢板然后焊接支架的做法。因为在预埋钢板上施焊时，接触它的混凝土保护势必受到高温的作用，强度将会降低甚至酥脆。在低温高湿环境的长期作用下，经不起冻融循环的考验，成为工程质量的隐患，一般采用预埋螺栓。吊点的预埋螺栓直径不小于∅16 mm，吊点的间距要适当，光滑顶管和翅片顶管的间距见表 6-4-1 和表 6-4-2。

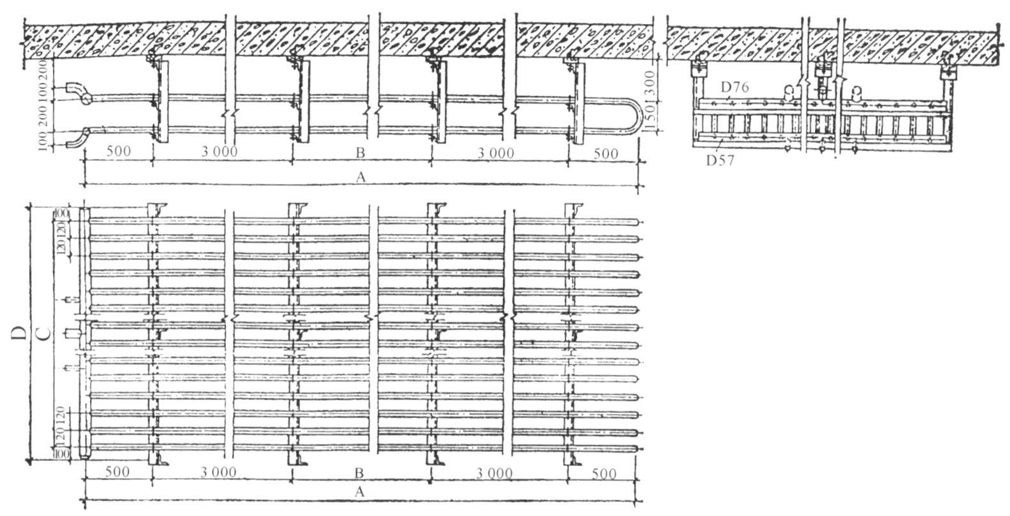

图 6-4-2　光滑 U 形直式顶排管的固定

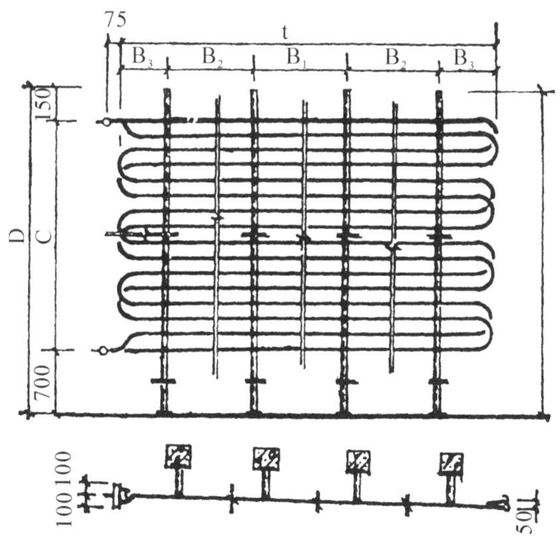

图 6-4-3　光滑蛇形低墙排管的固定

表 6-4-1 光滑顶管吊点间距(m)

光滑顶管规格	钢管最大允许吊距(m)	正常的吊点间距(m)	q(kg/m)
∅32×2.2 ∅38×2.2 ∅57×2.2	3.85 4.35 5.80	3.10 3.50 4.60	2.4 3.1 6.7

注：正常间距应为最大间距的 0.8 倍，q 包括 1 cm 霜层及 100％充氨重量。

表 6-4-2 翅片顶管吊点间距(m)

翅 片 管 规 格			最大吊点间距(m)	正常吊点间距(m)	q(kg/m)
钢 管	钢 带	片距(mm)			
∅32×2.2 ∅38×2.2 ∅57×3.5	40×1～1.2 40×1～1.2 50×1～1.2	35.8 35.8 35.8	2.60 2.97 4.40	2.00 2.50 3.50	8 10 16

注：q 包括 1 cm 厚霜层及 80％充氨重量。

预埋件及预埋点应尽量设计成简单而有规律，以便检查校正和便于施工，预埋件的定位尺寸由制冷工艺专业提出二次条件，然后由土建专业设计预埋件布置施工图。

图 6-4-4 为某 3 000 吨的冷库库房氨系统透视图。

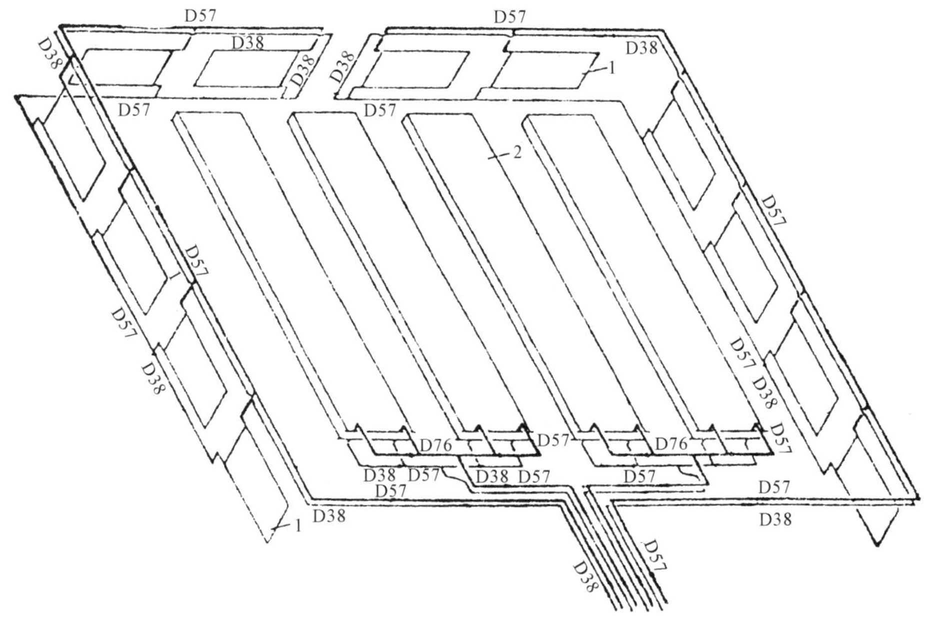

图 6-4-4 某 3 000 吨冷库库房氨系统透视图

1. 光滑墙排管 2. 光滑顶排管

二、风冷式冻结物冷藏间

风冷式冻结物冷藏间是采用冷风机作为冷却设备。其优点是：(1)可节省钢材和投资，比采用排管可节省 60％以上；(2)安装方便，可加速施工进度；(3)不用人工扫霜，简化了操作管理;(4)易于实现自动化。这种冻结物冷藏间贮藏包装的冻品是非常合适的。

冷藏间内的气流组织,要求库内各处空气流速要均匀,货间风速不大于 0.5 m/s,要求库房的平顶,墙面要平整,冷风机出口可配置均匀送风道或使用带送风管的冷风机,见图 6-4-5。冷风机送出的冷空气沿冷藏间平顶以贴附射流射到对墙,引射混合后形成了一个很大的回旋涡流,货物应处于此循环冷空气的回流区。

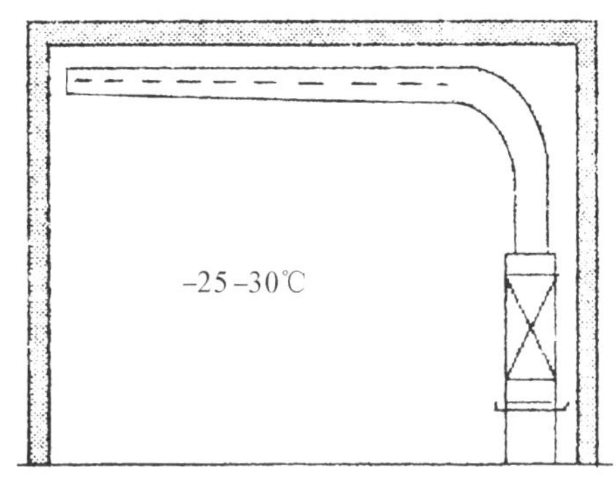

(a)采用均匀风道　　(b)采用带送风管的冷风机

图 6-4-5　风冷式冻结物冷藏间的气流组织形式

为了减少无包装冻品的干耗,可以采用镀冰衣、盖冰帘等措施。对无包装冻品的冷藏间,不宜采用冷风机,若一定要用应将冷风机内制冷剂蒸发温度与进出空气平均温度的温差控制在 6～8 ℃以内,冷风机进出风温差控制在 2～4 ℃以内,以尽量减少冻品在冷藏过程中的干耗。

三、夹套式冷库

夹套式冷库(Jaketed cold store;Double wall storage)与一般冷库主要不同点在于外围护结构里面增加了一个夹套结构,夹套内装设冷却设备,使库外的传入热量被夹层内的冷空气吸收而不传入库内,贮藏的食品不受库外温度变化的影响,并且库内可维持恒定的低温高湿条件,从而大大地减少了食品在贮藏期间的干耗。

1. 夹套库的形式

夹套库有单层的和多层的,根据采用的冷却设备可分为:空气强制循环式和空气自然循环式;根据夹套的结构型式来分:有全夹套式、半夹套式和局部附加夹套式三种。

(1)全夹套式

库房的六个面都设置夹套,冷风在夹套内流动,使整个库房被冷风包围,库内不设置冷却设备。如图 6-4-6 为单层全夹套式冷库。围护结构均采用玻璃纤维作隔热层,夹套的内壁均用胶合板,胶合板钉在垂直装在隔热墙上的 50 mm×50 mm 的方木上,板与隔热墙之间有 50 mm 的空间作为夹套,两方木之间间距作为导风道。顶板用 150 mm 厚的方木支承胶合板。地板用钢梁或混凝土梁支承,其高度为 200 mm。两梁之间距作为导风道。库中设地沟,作为回风之用,沟宽为 1.2 m,外端深 1.2 m,内端深 0.6 m。冷风机设在库内一端,冷风从顶板夹套,通过墙夹套导风道流向地板夹套的导风道,然后通过地沟集中向冷风机回风。

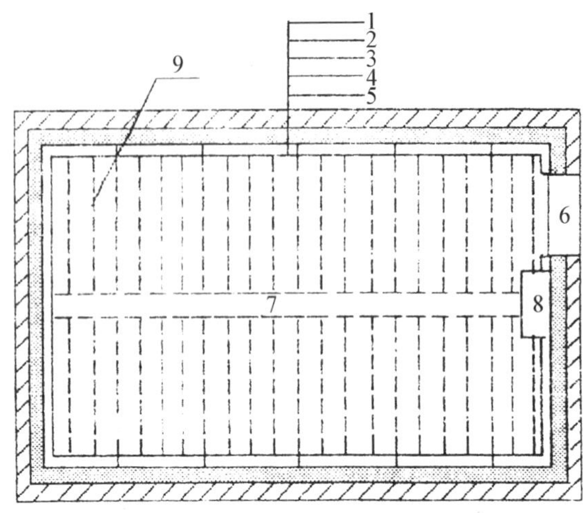

1.外墙隔汽层 2.隔热层 3.墙夹套导风部件 4.墙夹套 5.夹套壁
6.库门 7.回风地沟 8.垂直配风管 9.地板夹套支承部件

图 6-4-6 单层全夹套冷库

(2)半夹套式

库房的外墙和屋顶设有夹套,地板不设夹套。对于多层冷库的外墙,屋顶和不同温度之间的楼板设置夹套,而同温楼板不设夹套,库内不设冷却设备。

(3)局部附加夹套式

外墙和层顶都作夹套,为了调节库内热负荷,在内墙部分设附加夹套,另设冷风机,在需要时利用冷风平衡库内进货时带进的热负荷和开灯、开门和操作的热负荷。

以上三种形式都属窄夹套式,一般大型夹套库都作成宽夹套式,其夹套的厚度达600 mm左右,在夹套内装设冷却排管,夹套中空气作自然对流循环,库房与夹套只有0.5 ℃温差。

2.夹套的构造

夹套是用来流通低温空气的,墙夹套的一面是利用隔热墙(称夹套外墙)而另一面(称夹套内墙)是设在库内,地板的夹套要具有承载力,顶板的夹套要牢固地装设在顶板下,夹套内的两表面,要求平整,以减少空气流动的阻力。还要求具有气密性,以防止水蒸汽渗透,夹套的内墙也要有一定的热阻和热惰性,以减少夹套内冷空气温度波动时对库温的影响,并设置良好的隔汽层,因为穿过夹套外壁透入夹套的水分会在蒸发器的冷却表面凝结积雪,从而增加除霜次数。

对于采用空气强制循环的夹套库,夹套必须装设牢固,特别是内墙与顶板、地板、墙角的接缝处,既要防止空气渗漏,又要防止变形(收缩弯曲),缝隙处要用塑料胶粘剂(丁橡胶)嵌缝,夹套壁承受的风压,可按夹套内气流速度和气流进入夹套口的最大风速来考虑,冷风从冷风机出口处的最大流速可达10～14 m/s,在夹套内的平均流速为0.8～4 m/s左右。

夹套内墙、顶板、地板以及它们的支承材料可用木材、金属、塑料、混凝土、胶合板等。板材的尺寸视库内长度、高度而定,可以采用大块(接缝小)也可以采用小块。

夹套的厚度，即夹套内空气流通的空间间距，是由空气循环量和需要的流动阻力来决定的。对于采用强制空气循环的夹套库，墙夹套厚度可采用 50 mm，地板、顶板夹套厚度可采用 200 mm，最小的压力损失为 0.25 mm H_2O。采用空气自然对流的夹套库，其厚度要足以安装冷却排管，一般为 600 mm。

3.冷却设备及布置

(1)当夹套内的冷风采用自然对流时，冷却设备可采用翅片管排管或光滑管排管，对于墙夹套，排管布置在夹套的顶部，如图 6-4-7。一般库房温度为 −18 ℃时，每米夹套长配 2.5 m^2 的冷却面积，顶层的排管则布置在阁楼层内，每平方米的顶面积配 0.6 m^2 的冷却面积。为了保证排管的降温效率，须设置氨融霜系统，夹套内应有排霜(水)设施。

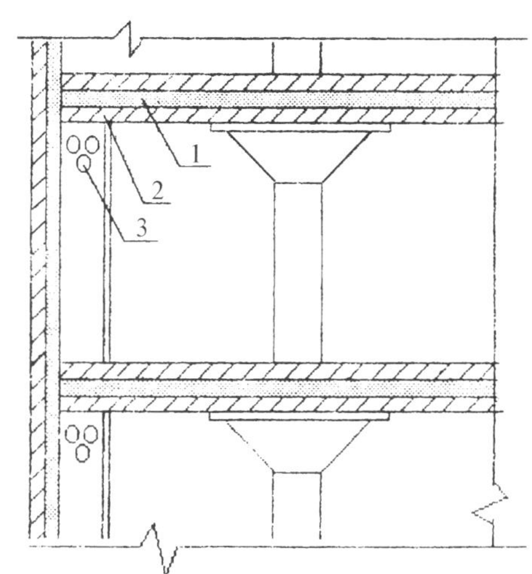

图 6-4-7　空气自然循环的夹套式冷库

1.隔热层　2.楼板　3.冷却排管

(2)对于空气强制循环的夹套库，其冷却设备是采用冷风机。冷风机可以布置在库内，也可以布置在库外，冷风机的通风机，可以与蒸发器联合组装，也可以单独设置。对于多层夹套库，冷风机可以集中设置，也可以分层设置。

冷风机的风量是由夹套内空气循环量来确定的。夹套内循环的冷空气所吸收的热量应与冷间的热负荷相平衡，即：

$$V \cdot C \cdot (t_2 - t_1) \geqslant Q \tag{6-4-1}$$

式中：V——空气的循环量，m/s；

C——空气的比热，W/m^3 · K；

t_1——冷风机出口的空气温度，℃；

t_2——冷风机进口的空气温度，℃；

Q——冷间的热负荷，W。

通风机的能量，除了保证所需的空气循环量外，还应能克服空气在夹套内流动的摩擦阻力，而空气进出夹套的温度差不大于 1～2 ℃。

在理想条件下，当夹套中冷空气循环处于均匀状态，而且库内没有发热物品时，库内空气的平均温度 t_n 为：

$$t_n = \frac{t_1 + t_2}{2} \tag{6-4-2}$$

实际上，由于冷间内的照明、电气设备、库门的开启和夹套支承部件的传入热，均使库内温度比 $(t_1 + t_2)/2$ 的数值高。

为了使冷风在夹套内均匀分配，夹套内应设置隔栅，它既作为内墙的支承，又可在两隔栅之间形成导风道。这样，可以使冷风在夹套内有组织地流动，冷风的组织有多种形式，对于全夹套式冷库，墙夹套的隔栅是垂直布置，冷风通过冷风机从顶板夹套吹出，通过墙夹套进入地板夹套，然后流进地沟，最后回到冷风机。对于半夹套式冷库，隔栅可作成水平式。

若需要夹套内的冷风来补充库内降温，或库房还需要兼作冻结间使用时，可采取适当措施将夹套旁通，使冷空气部分或全部吹入库房内。这时要注意为了使库内外空气压力平衡，需要设置平衡管或平衡气窗。

夹套库与普通冷库相比，具有以下优点：(1)库内温度均匀，相对湿度高，库内空气流速低，贮存食品干耗小。适用于－18 ℃低温条件下长期贮藏非包装冻结食品，也适用于 0 ℃条件下贮藏肉类、果蔬、禽蛋等。

(2)库内不设任何冷却设备或只设少量冷却设备，可充分利用库房面积。堆垛不受限制。

(3)冷却设备可设在夹套内或库外，便于维修和融霜排水。除霜过程对库内无影响。

但由于夹套库在技术上有一定的要求，使其建设的投资费用要高一些。自然对流方式的夹套库的造价比一般普通冷库要高 3%左右，强制循环方式的夹套库的造价则需增加10%左右。近年来由于食品贮藏包装化有了很大的发展，使贮藏期间食品的干耗大大减少，所以夹套库的发展便受到限制。但一些专家认为，对于非包装食品采用夹套库贮藏，仍然是提高食品商品经济效益的一项途径，虽然一次投资费用增加，但食品的贮藏损耗可降低0.5%左右。

第五节 贮冰间(冰库)

一般把专用于贮冰的冷库称为冰库，而把附设在食品冷库内的贮冰用房称为贮冰间。

一、贮冰间制冷工艺的要求

根据冰的种类和冰的原料水不同，贮冰间的库温要求也不同。制冰工艺设计将在第七章介绍，一般盐水间接冷却所制的淡水冰块，设计室温为－4 ℃，直接蒸发制取淡水冰块，设计室温取－8 ℃，贮存淡水片冰的库温取－12 ℃以下，贮存海水片冰的库温应在－20 ℃左右。

贮冰间一般应采用光滑顶管作冷却设备，而不宜采用墙排管，以避免冰垛倒塌时以及平时装卸时冰块的碰撞而危及排管，当贮冰间净高高于 6 m 而需要增设墙排管时，墙排管应布置在冰垛以上的高度，贮冰间内也不宜采用翅片管，因翅片管需要经常融霜，融霜水下滴后将会使冰块冻结在一起，顶排管在顶棚上必须铺开布置，顶管上层的中心线距平顶或梁底的间距不小于 250 mm。

近年，国内有大型单层冰库采用冷风机为主，铺以高墙管的冷分配方式。冷风机上配有条缝形喷风口的矩形变截面风道。这种冷库的库温均匀(10 m 高差中温差为 0.5～0.6 ℃)。管材消耗少，制作和安装容易，且操作管理方便。例如，某一万吨单层高位冰库。配置 GL－500 冷风机 3 台，42.8 m 矩形送风道 3 条，墙排管 40 组(每组冷却面积为 250 m^2)，使用效果良好。

对于沿海的水产冷库，考虑到鱼汛及用冰的淡旺季特点，通常要求其中某间贮冰间可当两用间使用，即当鱼汛旺季时冰库可当低温贮藏间使用，对于两用间的设计，除了在建筑上应考虑低温的因素外，冷却排管也要根据不同的热负荷分组设置，以便调整所需要相应的冷却面积，同时也应考虑与低温蒸发温度回路相互切换。

二、贮冰间的建筑要求

1. 建筑高度，采用人工堆装时，单层库的净高宜采用 4.2～6 m，多层库净高以 4.8～5.4 m为宜，冰堆顶部离顶排管或风管底应留有(1.8 m－h)的高度(h 为冰块的侧高，m)以便人工操作。库内采用行车堆垛冰块时，库房净高可大于 12 m。

2. 地坪的标高

当贮冰间和制冰间同层相邻布置时，其进冰洞宜与制冰间的倒冰台直接相通。冰库地面标高低于倒冰台，进冰洞下表面向库内倾斜，水平高差不小于 20 mm。进冰和出冰共用一个洞口时，冰库的标高与进冰洞口下表面最低点相同。当制冰间和冰库不是同层相邻布置，进、出冰均利用机械设备时，冰库地坪标高不受此限制。

3. 地面排水

一般贮冰间室温为－4～－6 ℃，对于不常年使用的贮冰间，在间歇时不一定还维持使用时的库温。此时，排管的化霜水和冰屑的融化水必须及时排除，但不宜采用下水 0 管排水的方法，可将地面设计成有排水坡度，坡度不大于 1/100，使水经门口排出。

4. 贮冰间墙壁的防护

由于冰块很滑，而且每块重量较大，在库内搬运和堆码时很容易碰到墙壁上，因此要在贮冰间的内壁上作防护墙，通常是用 35 mm×10 mm 的竹子钉在 75 mm×50 mm 的木龙骨架上的栅状护板，护壁的高度一般以堆冰高度为准。堆冰的高度为：人工堆装以不超过 2.0～2.4 m为宜；地面机械提升的以不超过 4.4 m 为宜；吊车提升的以不超过 6.0 m 为宜；碎冰的堆高以不超过 3 m 为宜，因为堆放过高时，冰的压力会使底部碎冰粒融化而结块。

5. 冰块的进出库与堆装

贮冰间的门，一般均需要上下设置，当库内冰块堆满时，人可以从上面门出入。贮冰间还需设置进、出冰门洞，门洞的大小视冰块的大小而定，一般为 600 mm 高、400 mm 宽，出冰洞的位置须配合碎冰机平台或公路站台的朝向及标高。

贮冰库不论是否与制冰间同层，一般都要设置提冰和堆垛设备。块冰在冰库内的堆装，当制冰间高于贮冰间时，可以利用螺旋滑道，根据库内存冰量的多少分层进冰。若贮冰间同高于(或高于)制冰间时，可利用提冰机将冰块提升。提升方式有两种：一是库外提升，然后根据库内存冰量分层进冰。二是在库内提升，在库内设置斜链式提冰机；也可在库内装设吊冰行车，加装吊冰架，先将冰块推入吊架内(每次 10～20 块)。然后用行车起吊及作水平运输或堆装；也可以利用冰的光滑表面，采用真空吸冰装置，用真空吸盘将冰块吸住后，再用行车运输堆装。

第七章　制冰

根据冰的来源，有天然冰和机制冰之分。在我国的华北及东北地区结冰期长，可在冬季从天然水面上采集冰块贮存起来，以供来年天热时使用。但是由于天然冰需要较大的贮冰场，卫生条件差，且受自然条件的限制，因此，其应用远不及机制冰广泛。特别是随着科学技术及工农业生产的发展，机制冰在冷藏车、冷藏船、渔轮、食品工业、科研和医疗等部门的应用日益广泛。

机制冰的方法又分盐水制冰和快速制冰两种。

第一节　盐水制冰

盐水制冰是采用全敞开式间接冷却方式来制取冰块，我国70年代以前兴建的冷库中绝大部分是采用这种制冰设备。虽然盐水制冰设备占地面积大，耗用金属材料多，且维修费用高。但是由于制出的冰块坚实不容易融化，易于码垛贮存和滑运输送。所以，目前制冰量较大的冷库或制冰厂，特别是水产冷库，仍多采用盐水制冰设备制冰。

盐水制冰属间接冷却系统。蒸发器和冰桶均布置在盐水制冰池内，氨在蒸发器管内蒸发，将管外的盐水冷却，然后冷盐水在搅拌器的作用下流过冰桶外壁，吸收桶内水的热量，使之结成冰。盐水温度升高，又循环进入蒸发器管外，再被制冷剂制冷。

一、盐水的参数要求

盐水作为中间冷却介质，其浓度、温度及与制冷剂的温差等均要满足一定的要求。

1. 盐水的平均温度 t_y

盐水的平均温度 t_y 直接影响结冰的速度和冰的质量。t_y 低则结冰速度快，但制出的冰易碎易化，且需要制冷系统的蒸发温度相应降低，因此降低了压缩机的制冷量，是不经济的；若 t_y 太高，结冰速度又太慢，一般定盐水的平均温度 t_y 为－10 ℃，这样，盐水与冰桶的水在结冰过程中的温差为10 ℃。

2. 盐水平均温度与蒸发温度的温差 Δt

t_y 与制冷剂蒸发温度 t_z 之间也有一个较为合理的传热温差值，使得既能保持较快的换热速度，又不至于使压缩机的制冷量下降太多，一般取 t_z 比 t_y 低5 ℃即可。

3. 盐水的浓度及凝固温度

为了保证盐水在接近制冷剂蒸发温度的低温下仍能呈液态流动不结冰或析盐，以保持良好的中间介质特性，故要求盐水的凝固温度要低于制冷剂的蒸发温度6～8 ℃，而盐水的凝固温度取决于其盐浓度的大小。图7-1-1为盐水的温度与浓度关系示意图。表7-1-1为

$NaCl$、$CaCl_2$ 盐水在 15 ℃下的比重与凝固温度关系。

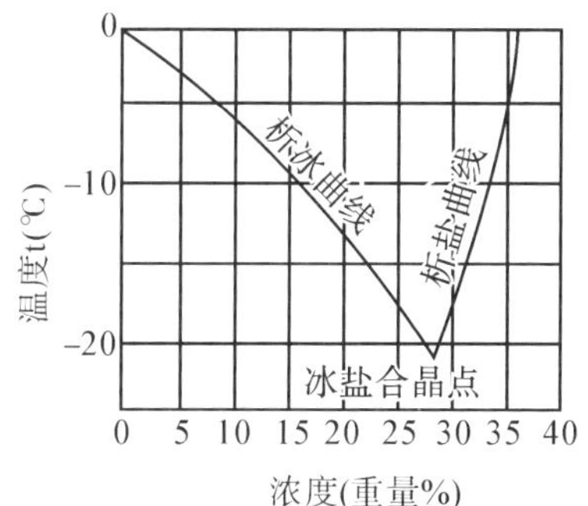

图 7-1-1　氯化钠盐水温度——浓度关系

表 7-1-1　$NaCl$、$CaCl_2$ 盐水在 15 ℃下的比重与凝固温度关系

盐水种类	15 ℃时比重	15 ℃时的波美度	凝固温度(℃)
NaCl	1.16～1.17	21.2～22.4	－19.4～21.2
$CaCl_2$	1.20～1.21	24.2～25.1	－21.2～－23.3

制冰用的盐水通常是氯化钠和氯化钙溶液。盐水的浓度确定既要满足工艺要求，又要尽量减少对金属的腐蚀。在图 7-1-1 中，共晶点的左侧，盐水凝固温度随浓度增大而下降，在此点的右侧，则凝固温度反随浓度增大而上升。因此必须把浓度控制在共晶点左侧。

二、制冰间的设备与工艺流程

制冰间的主要设备有制冰池、冰桶、蒸发器、氨液分离器、融冰池、倒冰架、加水器、吊冰行车等，参见图 7-1-2。

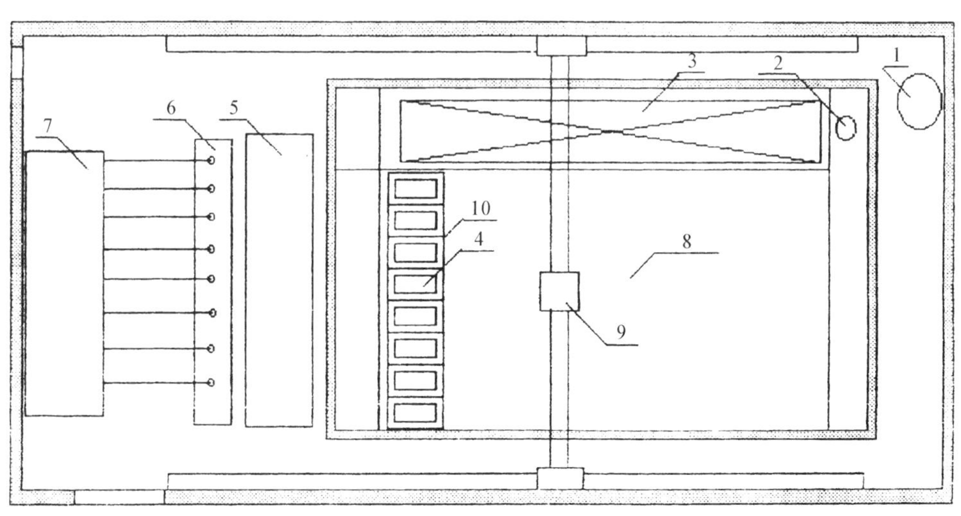

图 7-1-2　制冰间的设备布置与工艺流程示意

1. 氨液分离器　2. 盐水搅拌器　3. 蒸发器　4. 冰桶　5. 融冰池　6. 翻冰架　7. 加水器　8. 冰池　9. 吊车　10. 冰桶架

高压氨液节流进入氨液分离器进行汽液分离后，低压低温的氨液便进入制冰池盐水槽蒸发器里蒸发吸热，将管外的盐水冷却。盐水在盐水搅拌器的作用下，强行通过盐水蒸发器，到放置冰桶的制冰池里将桶内的水制冷。温度升高的盐水又经过回水道去蒸发器再被冷却，如此周而复始，不断循环往复，直到冰桶内的水逐渐冻成冰块。一般，盐水制冰的时间在 24～36 h 之间。

三、盐水制冰的有关计算

1. 制冰时间 τ_b

制冰时间 τ_b 可由下列经验公式计算：

$$\tau_b=0.01\frac{c\,l^2}{-t_y} \tag{7-1-1}$$

式中：l——冰块大头截面短边长度，mm；可从表 7-1-4 冰桶规格表中查取。

c——系数，0.53～0.6 不透明取小值；

t_y——盐水平均温度－10 ℃。

式(7－1－1)为美国通用的经验式，一般用于厚度大于 250 mm 的大冰块较适宜，厚度＜250 mm(如 25 kg 块)还可用 plank 公式：

$$\tau_b=\frac{A}{-t_y}.\,l(l+B) \tag{7-1-2}$$

式中：l——冰块上端厚度(m)；

t_y——制冰池内盐水平均温度(℃)

A、B——系数，与冰块横断面长、短边之比有关，见表 7-1-2。

表 7-1-2 系数 A、B 值表

长边/短边	1	1.5	2	2.5	4
A	3 120	4 060	4 540	4 830	5 320
B	0.036	0.030	0.026	0.024	0.023

2. 制冰池生产能力及冰桶只数可由下式确定

$$G=\frac{24\cdot g_b\cdot n}{1\,000\cdot\tau_b}\quad(\mathrm{t/d}) \tag{7-1-3}$$

式中：g_b——冰块重，kg/块；

n_{bt}——冰桶只数；

τ_b——制冰时间(h)。

设计时一般是按所要求的制冰能力算出冰桶只数。再取适当的冰桶排数和每排冰桶只数，使实际的冰桶数尽量接近于算出的数值。

3. 制冰负荷计算

盐水制冰冷负荷由以下五个部分组成：

冰池围护结构传入热

$$Q_1 = \sum F_i \cdot \frac{t_n - t_y}{R_i} \tag{7-1-4}$$

原料水冻结成冰的放热量

$$\begin{aligned} Q_2 &= \frac{G \cdot 10^6}{24 \times 3\ 600}[C_1(t_s - 0) + 335 + C_2(0 - t_b)] \\ &= 1.157G(C_1 \cdot t_s + 335 + C_2 \cdot t_b) \end{aligned} \tag{7-1-5}$$

冰桶和冰桶架冷却放热量

$$Q_3 = \frac{(t_s - t_y) \times 10^3}{\tau_b \times 3\ 600} C(n_{bt} \cdot w_{bt} + n_l \cdot w_l) \tag{7-1-6}$$

盐水搅拌器运转的发热量

$$Q_4 = \sum N \cdot \xi \cdot \rho \times 10^3 \tag{7-1-7}$$

融冰损失耗冷量

$$Q_5 = \frac{\rho_b \cdot F_b \cdot \delta_r}{g_b} \cdot Q_2 \tag{7-1-8}$$

式中：F_i——分别为制冰池各保冷层的传热面积，m^2；

R_i——分别为制冰池各保冷层的总热阻，《冷库设计规范》规定制冰池保冷层的总热阻应大于或等于 2.84 $m^2 \cdot$ ℃/W，冰池顶部只用木盖保冷，实际热阻远小于此，计算时可按 0.5 $m^2 \cdot$ ℃/W 计；

t_n——制冰间温度，℃，可取 15～20 ℃；

t_y——盐水温度，一般为－10 ℃左右；

G——制冰能力，吨/日（t/d）；

C_1、C_2——水和冰的比热，分别为 4.19、2.09 kJ/kg・K；

t_s——原料水温度，℃；

t_b——冰的平均终温，一般比盐水温度高 4～5 ℃；

τ_b——结冰时间，h；

C——钢的比热，为 0.419 kJ/kg・K；

n_{bt}——冰池中冰桶的个数；

g_b——冰块的重量，kg；

ρ_b——冰的比重，为 900 kg/m^3；

n_l——冰池中冰桶架的个数；

w_{bt}——每个冰桶重量，kg；

w_l——每个冰桶架重量，kg；

N——盐水搅拌器功率，kW；

F_b——冰块表面积，m^2；

δ_r——冰块融化层厚度，采用 0.002 m。

冷却设备（蒸发器）负荷由上述 5 个部分简单叠加：

$$Q_{qb} = \sum_{i=1}^{5} Q_i \tag{7-1-9}$$

《冷库设计规范》中推荐，当制冰原料水初温在 25～30 ℃时，日产一吨冰的热量，宜取 7 000 W/t，即：

$$Q_{qb}=7\ 000\ G$$

式中：Q_{qb}——制冰冷却设备负荷，W；

G——冰的日产量，t/d。

压缩机负荷

$$Q_{jb}=R\cdot\sum_{i=1}^{5}Q_i$$

式中：R——冷量损耗补偿系数，盐水制冰 $R=1.12$。

4. 制冰冷却设备的传热面积

$$F=\frac{Q_{qb}}{K\cdot\Delta t}=\frac{7\ 000\cdot G}{K\cdot\Delta t}\qquad(7-1-10)$$

式中：Q_{qb}——制冰冷却设备负荷，W；

G——制冰池生产能力，t/d；

Δt——$t_y-t_z=5$ ℃；

K——蒸发器传热系数；

V 型蒸发器　$K=465\sim580$　W/m²·K

螺旋管式　$K=465\sim523$　W/m²·K

5. 盐水搅拌器选型

(1)初定盐水流量 V_y

$$V_y=\frac{Q_{qb}}{r_y\cdot C_y\cdot\Delta t_y}\qquad(7-1-11)$$

式中：Q_{qb} 符号同前；

V_y——盐水流量，m³/s

r_y——盐水比重，kg/m³；

C_y——盐水比热，J/kg·K；

Δt_y——盐水环流制冰池后温升，一般取 0.5 ℃。

(2)根据表 7-1-3 或其他盐水搅拌器产品目录选用合适的搅拌器。

表 7-1-3　立式搅拌器性能表(大连冷冻机厂)

型　号	叶轮直径 (mm)	转　速 (r/min)	水　头 (mm)	循 环 量 (m³/h)	电机功率 (kW)
ZLJ-250	250	960	25～100	220～320	2.2
ZLJ-300	302	960	25～100	360～480	3.0
ZLJ-340	342	960	25～100	480～600	4.0

(3)校核 V_y

初步选定立式搅拌器的流量后,说明从热负荷的角度可以满足要求。另外,还要使池内盐水流动速度满足要求。可由下式校核:

$$V_y \geqslant W_y \cdot f \qquad (7-1-12)$$

式中:W_y——盐水流速。蒸发器槽,要求 $W_y \not< 0.7$ m/s。

冰桶间要求 $W_y = 0.5$ m/s;

f——盐水流通净面积,m^2。

若(7－1－12)式不能满足,则应重新定冰池几何尺寸,直至三者同时满足为止。

四、制冰设备布置

1. 冰桶和冰桶架

冰桶一般用 1.5～2.0 mm 厚的钢板制成。桶的上下两端均有钢板箍加固,为了加快结冰时间和便于脱冰,冰桶应制成上口大、下口小的矩形断面,容量较大的冰桶,还应在宽壁面上沿竖向压制一条加强凹槽。为了防止结冰时因水膨胀使冰桶受压变形和桶内淡水溅到冰池中,桶内装水不宜过满。常用的冰桶规格见表 7-1-4。

表 7-1-4　常用的冰桶规格

冰块重量(kg)	冰桶内尺寸(mm)			壁　厚(mm)	桶　重(kg)
	上　部	下　部	高		
25	260×130	230×110	1,100	1.5	12
35	342×115	313×123	1,100	1.5	16.5
50	380×190	340×160	1,100	1.5	17.2
100	500×250	466×216	1,175	2.0	34
125	550×275	522×247	1,175	2.0	38.6

冰桶架由 100～150 mm 宽,10～15 mm 厚的钢板制成的框架,用于搁置冰桶和便于提冰。冰桶用卡子或螺栓固定在冰桶架上,每个冰桶架容纳的冰桶数,应根据吊车的起吊能力而定,一般为 4～20 只,冰池中每排冰桶可以单组起吊,也可分组起吊。冰桶架上有两个挂钩或起吊环,供提冰用。

2. 蒸发器

常用的蒸发器有立式、V 型和螺旋型三种。

蒸发器在冰池中有分散式布置(即蒸发器与冰桶相间布置)和集中式布置两种。目前常见的为集中式布置。集中布置有以下两种方案。

(1)横向布置　将蒸发器布置在冰池的一端。盐水呈横向流动,如图 7-1-3。特点是盐水流程短,盐水温度均匀,结冰时间相差不大,但盐水流向平行于冰桶的短边,热交换较差。

(2)纵向布置　蒸发器布置在冰池一侧,两侧边或中央,使盐水呈纵向流动,见图 7-1-2,这种布置使盐水与冰桶的长边接触,因而热交换效果好,但盐水循环流程较长,单位时间循环次数少些。

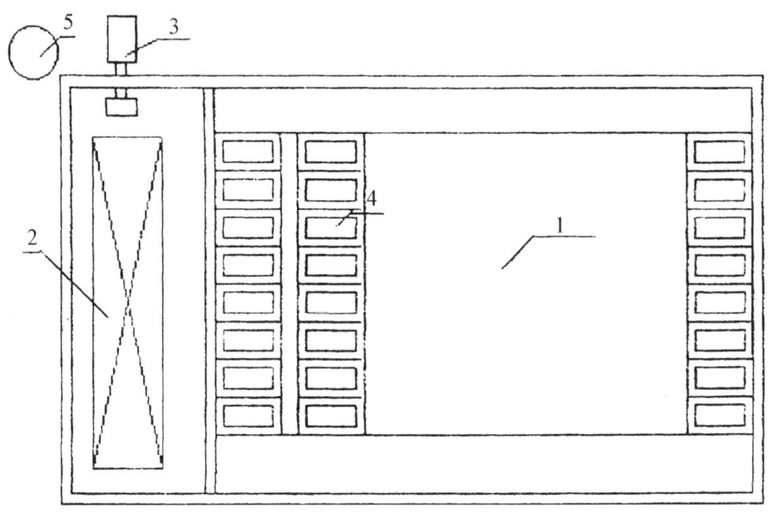

图 7-1-3 蒸发器横向布置的制冰池

1.制冰池 2.蒸发器 3.搅拌器 4.冰桶 5.氨液分离器

布置蒸发器时，应使其顶部淹没在冰池盐水面以下 100 mm，其左右与池壁及隔板间距以 30～40 mm 为宜，以保证蒸发器管间盐水的流速。为了便于放油，蒸发器的放油管应直接从冰池壁下部伸出接于放油桶。

3.搅拌器

应布置在氨液分离器的一端。其作用是推动盐水流动加速盐水流速和循环次数，搅拌器的型式有两种：

(1)卧式搅拌器　水平安装在冰池的侧面，工作时阻力小，但传动轴与制冰池的密封要求高。维修比较麻烦。

(2)立式搅拌器　垂直安装于冰池上面，它不存在传动轴与冰池的密封问题，维修也较方便。但工作时阻力较大。

每个制冰池可根据需要配置一个或两个搅拌器，其规格型号根据盐水流量而定。

4.制冰池

(1)制冰池的结构　制冰池体(又称盐水槽)是用 6～8 mm 厚的钢板焊制而成，其四周底部常以 150～120 mm 厚的软木为隔热层，并在隔热层外表设防潮层。池上面盖有 50～60 mm 厚的木盖，有条件者可双面焊接钢板。为了加强刚性，避免板壁凹凸不平，在冰池的侧板上常加焊适量型钢来加固。在冰池的上部，焊有搁置盖板和冰桶架的支架，同时又可加强池子的刚性。冰池内焊有将蒸发器和制冰池隔开的隔板，在盐水道内还设有导流板，以便调整盐水流速均匀。为了防止地坪冻鼓，可在池底设通风管或做地墙架空。

(2)制冰池的尺寸　制冰池一般呈长宽比为 2∶1～3∶1 的长方形，其具体尺寸，应根据制冰能力、冰桶规格、吊冰方式以及蒸发器形式等来确定。在高度方向上应考虑到：为了增加接触，盐水液面应比冰桶内水面高 25～50 mm；冰桶底与池底的间距不要太大，以 40～50 mm为宜，冰池最高液面和木盖要有 20～30 mm 的距离，并在这位置上设溢流管，以自动控制液面，防止盐水溢出。冰池长和宽，取决于冰桶的布置、盐水道(压水道和回水道)以及蒸发器槽的尺寸。一般,冰桶的大头间距为 15～20 mm,盐水道宽在 0.5～1 m 左右。

5. 氨液分离器

氨液分离器和制冰管道的布置,应不妨碍吊车的运行,一般应布置在融冰池的另一端,并尽量靠近机房,以免被吊车及起吊的冰桶等碰撞。对于采用氨泵供液方式时,制冰间则不设置氨液分离器。

6. 融冰池

为钢板或水泥制成的水池,尺寸应考虑整排冰桶放入后摇动的可能。池内注有常温水,用于冰块融脱,池底部设有加水管,池上部设有泄水口,以便补充温水和排除冰水。北方地区冬季水温较低时,应考虑融冰水加温。

7. 倒冰架

为在钢结构主架上钉有木条的"⊥"形能翻动的架子,作为倒冰之用。其两端通过轴承安装在支架上,为了减缓倒冰时的翻转速度和易于复位,在倒冰架的两端还装有平衡锤。倒冰架应靠近融冰池,底面高度既要保证倒冰的倾斜度要求,又要使加水操作方便。

8. 滑冰台

为具有漏水缝并带 2%～4%坡度的木板台。其宽度应大于倒冰架,长度不宜小于冰块长度的三倍。在靠近墙的一段应稍微做成上坡,以免冰块冲击墙面。

在倒冰架及滑冰台之下,要做满堂混凝土排水槽,地坪下设有下水道,以便排走融冰、倒冰和加水时外溅的水。

9. 吊车

即吊冰行车,用于冰桶出冰、加水、入池时的吊运。常用的吊车分单梁吊车和双梁桥式吊车,前一种用于每次吊冰块数少的场合,每次吊冰块数较多时,则用后一种。吊车又有单钩、双钩两种,成排冰桶起吊时,应采用双钩才较稳定。吊钩的位置应正对冰桶架上的两个起吊环。

目前,国内吊车尚未定型标准化,所以大都采用自行设计或选用定型设备进行适当修改。确定吊车负荷时,除了要考虑冰块、冰桶及冰桶架的重量外,还应考虑到融冰水进入冰桶的重量。常用吊车的起重能力为 0.5～3.0 t。吊车的跨度,则应根据制冰池宽和制冰间的建筑情况来确定,一般为 5～12 m。若为每排一次起吊的,常采用蜗轮蜗杆传动。若每排需数次起吊的,则需采用可以左右移动的电动葫芦。吊车的升降速度为 4～6 m/min,水平横向移动速度为 20～30 m/min,纵向移动速度为 50 m/min。

10. 加水器

由长方形的钢板水箱和多根加水管组成,箱内用钢板隔成与一次起吊冰桶数量相等的格,每格的容量为冰桶容积的 90%。箱内设有溢流管,以保证冰桶的加水量。加水器应布置在不妨碍吊车运行的地方,其安装高度应保证水能自流到冰桶内,目前,常用的加水器有两种形式:

(1)手动式　即水箱的充水和向冰桶加水均采用手动。向冰桶加水又有两种方式:一种是在每根加水管上设加水阀,用一扁钢(或其他材料)并联起来通过杠杆来控制,这种方式操作繁重,水阀需经常维修。另一种是加水管通过一段橡皮管与加水箱连接,使加水管端能上、下摇动,加水时,只要把加水管端拉下至低于加水箱底,就可向冰桶注水。

(2)自动式　水箱的充水一般是采用水位控制器控制，而向冰桶加水，也有几种形式。一种是采用电磁铁，需要加水时，只要接通电源，电磁铁便将箱底出水口的水塞吸起，即可向冰桶加水。另一种是虹吸式，只要水箱内的水面达到虹吸高度，水便由于虹吸作用自动向冰桶加水。后者无机械部件，不耗电能，简单而不易损坏。

制冰间的设备布置见图 7-1-4 和图 7-1-5。

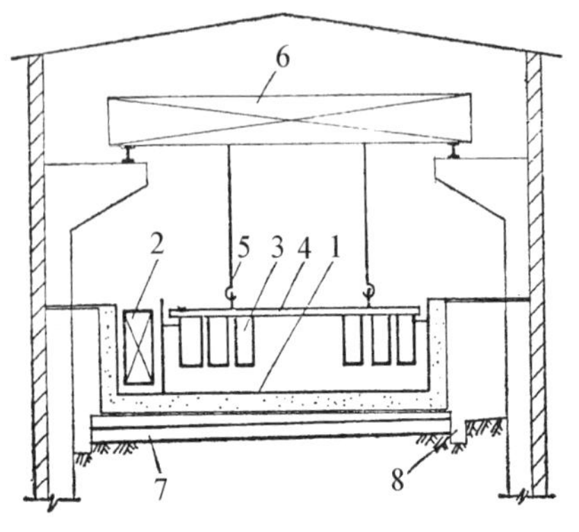

图 7-1-4　制冰间横剖面示意

1.制冰池　2.蒸发器　3.冰桶　4.冰桶架　5.起吊钩　6.吊车　7.通风管　8.排水沟

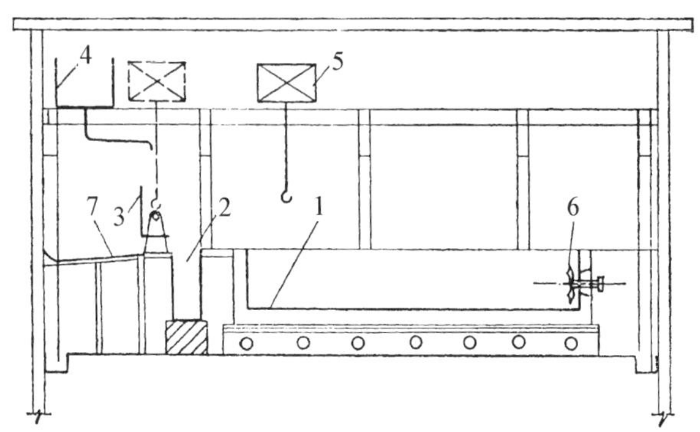

图 7-1-5　制冰间纵剖面示意

1.制冰池　2.融冰池　3.倒冰架　4.加水器　5.吊车　6.搅拌器　7.倒冰台

五、制冰间的建筑要求

制冰属于多水作业，盐水对周围设备也有一定的腐蚀性，所以制冰间通常单独建造。但为了解决冰块的垂直运输，也可布置在冰库或多层冷库的最上层，但应做好防漏措施。制冰间应具有良好的采光和通风条件，以便除去室内过大的湿气。

制冰间的建筑面积，除了考虑制冰池、融冰池、倒冰架、滑冰台以及氨液分离器等设备所占的面积外，还要考虑在制冰池的周围应留有 0.6～1 m 左右的操作走道。在确定宽度时，应尽量按吊车的定型轨距进行设计。在确定其高度时，应考虑冰桶底应离开冰桶盖有一定距离(以便水平吊运)，吊钩钢绳应有一定余量以及吊车上部应留有一定的检修空间，具体计算方法如下：

1.制冰间长度

$$L \geqslant l_1 + l_2 + l_3 + l_4 + l_5 \tag{7-1-13}$$

式中：l_1——制冰池离墙的间距，考虑到吊车所能至墙的最小间距，一般为不小于0.8 m；

l_2——制冰池长度，m；

l_3——融冰池宽度，m；

l_4——倒冰架宽度，m；

l_5——滑冰台长度，m。

2.制冰间的宽度

$$B = nb + (n-1)b_1 + 2b_2 \tag{7-1-14}$$

式中：n——横向冰池数；

b——一个冰池的宽度，m；

b_1——两个相邻池的间距，一般为 0.8～1 m；

b_2——制冰池至制冰间墙壁的距离，m。

3. 制冰间的高度

$$H=h_1+h_2+h_3 \tag{7-1-15}$$

式中：h_1——制冰池的高度，m；

h_2——提出冰桶所需的高度，m。约为冰桶高度的 1.5 倍；

h_3——安装吊车所需要的高度，m。取决于吊车的外形。

六、提高盐水制冰效率的措施

为了加快盐水制冰的结冰速度，提高制冰池的生产能力，降低制冰的电耗，减轻劳动强度以提高生产效率，除了考虑以上所述的设计要点外，还可以采取以下措施：

1. 降低盐水温度，加大换热温差，可以提高结冰速度

据资料介绍，同一冰池，当盐水温度降低到 −18 ℃时，其制冰能力比 −8 ℃提高一倍。但相应要增加电耗，而且冰块容易爆裂，可采取两个措施：(1)为了防止冰块爆裂，在脱冰前让冰桶在空中停放片刻，使冰块表面温度与中心温度相平衡，并适当降低融冰水的温度；(2)适当增加蒸发器面积，以减小传热温差，提高蒸发温度，而降低电耗，同时，又可避免因蒸发温度过低使蒸发器表面的盐水结冰。

2. 制空心冰

也可缩短结冰时间。原料水在冰桶内被冷却结冰的过程是由表及里，随着冰层变厚，热阻逐渐增大，以及冰块中心水中杂质浓度越来越大，使结冰速度越来越慢。试验表明：使冰块中心 15％重量的水全部结冰需要占去全部结冰时间的 40％～50％。因此在冰块中心 15％的水未冻结前即行出冰，可以大大加速周转速度，提高冰的产量。

3. 原料水预冷

设置专门的原料水预冷箱，内设蒸发器，把初温为 20 ℃左右的原料水预冷却到＋4 ℃以下，可以缩短原料水在冰池中结冰的时间。也可利用融冰池里的低温水来制冰，即可加快结冰时间，又可提高融冰池水温，但因冰块中含有少量盐分而使得卫生指标稍差。

4. 吊车的电控部分应集中操作，吊车的一侧设随车行走的座位，操作人员可坐车操作，不需往返奔走。同时，在融冰池内设置机械摇冰机构，用电机通过减速器带动偏心杆，偏心杆的摇杆带动支承在融冰池底支座上的框架使之上下左右摇晃，这样可大大降低操作劳动强度，从而提高生产效率。

5. 采用液压推进机构，使冰桶在固定位置入池和吊冰，如上海江浦路水产冷库，就是采用这种形式的制冰池，使用效果良好。其平剖面示意图如图 7-1-6。这种冰池改变了出一排冰掀一排盖板的做法，当第一排冰桶起吊后(靠近融冰池的那排)，开动液压推进机构，使整个冰池中的冰桶向前移动，推进机构在行程开关的控制下自动退回原处，并停止油泵工作。液压推进制冰池的优点是：

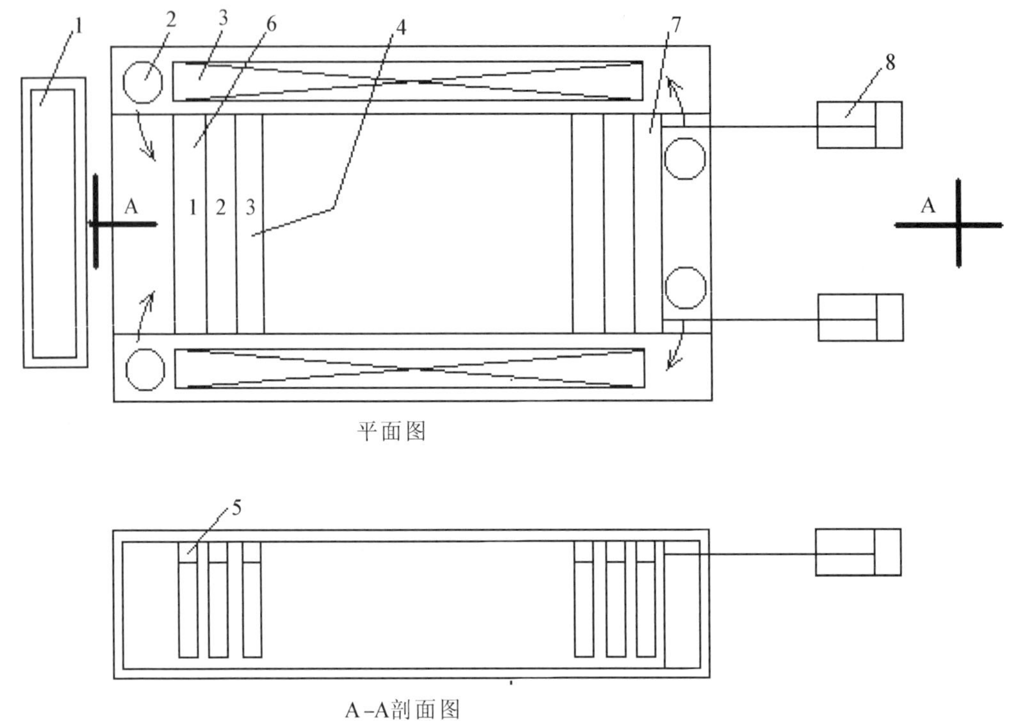

图 7-1-6 液压推进制冰池平剖面示意

1.融冰池 2.立式搅拌器 3.盐水蒸发器 4.冰桶排数
5.冰桶 6.出冰位置 7.入池位置 8.推进油缸

(1)定点入池、出冰,减轻了劳动强度,盖板不易损坏,耗冷量可相应减少;同时,减少了因位置对不准引起碰撞使冰桶中的水溢出,造成盐水浓度稀释以及由于经常掀木盖而使耗冷量增大。

(2)利用液压推进机构,使冰桶在整个结冰过程中依次移动,结冰时间相近,冰的质量有保证,从而避免了因为盐水出现的区域温差造成结冰时间不一,冰的质量好坏不一的缺点。

对于双排起吊的冰池,若在冰池的两端设置使冰桶横向移动的液压推进机构,即可以实现在原位入池和起吊,可免去吊车在起吊点来回奔波,再采用隔热性能较好的盖板,则可进一步减少冰池的冷耗。

*第二节 快速制冰

快速制冰是利用制冷剂直接在管道内或设备内蒸发使管道或设备外的水冻结成冰。与盐水制冰相比,具有冻结快、设备轻、耗钢材少、占地面积小、无腐蚀等优点,而且已由工厂定型配套生产,故投产快。但是制出的冰较脆,冰块表面积大而容易融化,故目前只用于小型冷库食品加工厂或渔船上。

快速制冰设备主要有以下几种类型:

1.桶式快速制冰机

2. 沉箱管组式快速制冰机

3. 管冰机

4. 板冰机

5. 片冰机

此外，还有其他形式的快速制冰机，如真空制冰机、雪冰机等。

一、AJB-15/24 型桶式快速制冰机

AJB-15/24 型桶式快速制冰机为成套供应产品，与盐水制冰设备相比，具有冻结快、设备轻、占地少、投资小、无腐蚀等优点。

1. 主要设备及技术参数

AJB-15/24 型快速制冰机主要组成部件有：

(1)冰桶　共 24 个，分成 6 组，每组 4 个，用钢板焊接制成。上部断面 175 mm×270 mm，下断面 195 mm×290 mm，高 1 200 mm。冰桶四周有空夹层。供氨液蒸发，桶底有弹簧活动底盖，以便出冰。

(2)指形蒸发器　由 11 根∅18 和∅10 无缝钢管制成成套管组，每个冰桶配一组，并与冰桶夹层连通。

(3)多路阀　由阀芯、阀体等组成，具有组合阀的特点，有六个接口，起着六个普通截止阀的作用。在制冰过程中，控制制冰时的供液和回汽，脱冰时的热氨和排液，脱冰后的排空及停车时的关闭。

(4)氨泵　单级叶轮泵，流量 3 m^3/h，转速 1 430 r/min，配用电动机功率 1.1 kW。

(5)预冷水箱　水箱内装有预冷蒸发器，使原料水先经预冷再加进冰桶。

(6)氨液分离器　贮存低压氨液和分离回汽中的氨液用。

(7)排液桶　供热氨脱冰时收集氨液用。

(8)运冰传动装置、托冰车及翻冰架。

(9)配电箱　装有传动装置、电气设备的控制电路及部件。

(10)框架、系统管路及阀门。

主要技术参数为：

制冷剂蒸发温度：−15 ℃

预冷后的水温：6～10 ℃

产冰量：15 t/d

冰块重量：50 kg/块

日出冰次数：13 次

压缩机耗冷量：87～105 kW

2. 制冰原理及工艺流程

(1)制冰原理　由于采用了指形蒸发器和冰桶组成的直接蒸发式冰桶，氨液在冰桶夹层和指形蒸发器内同时蒸发，直接吸收冰桶内水的热量，使冰桶内壁和指形蒸发管上同时结冰，从而大大加速冻结过程，达到快速制冰的目的。图 7-2-1 为桶式快速制冰系统原理图。

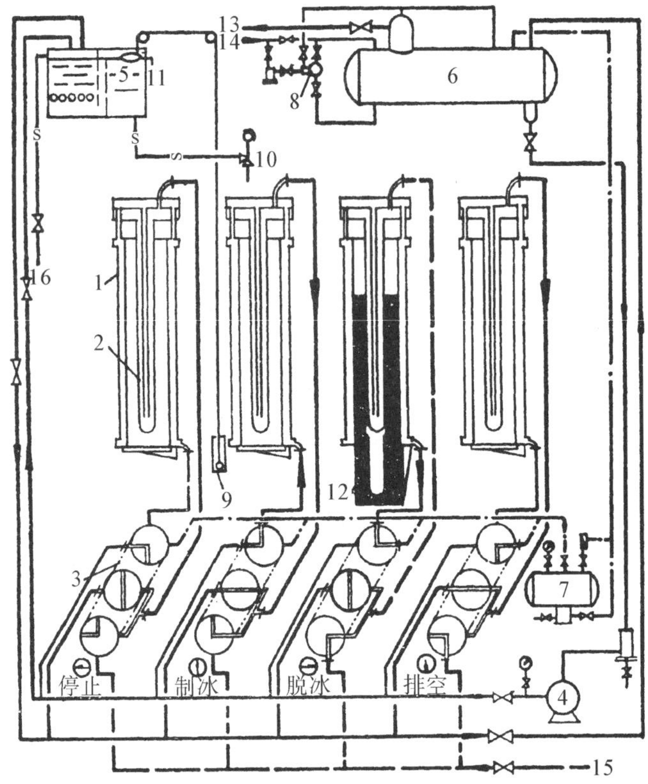

图 7-2-1 AJB-15/24 桶式快速制冰机原理

1.冰桶 2.指形蒸发器 3.多路阀 4.氨泵 5.预冷器水箱 6.氨液分离器 7.排液器 8.浮球阀 9.水位计 10.拉线给水阀 11.溢水管 12.冰块 13.吸入管 14.供液管 15.热氨管 16.上水管

(2)制冰工艺流程

A.预冷过程 (在原料水箱中进行)当水箱充满一组冰桶加水所需要的水,经装在水箱中的蒸发器吸热降温,使水温降至 6~10 ℃,即可加入冰桶。

B.冰桶加水过程 向冰桶加水以前,必须首先使冰桶底的弹簧活动底盖密封。因此必须首先向冰桶中加少量的水,使冰桶壁和底盖都被润湿,同时将多路阀转至"制冰"位置,使氨液进入桶壁夹层蒸发吸热,桶壁和底盖的润湿水都冻结,起密封桶底的作用;然后徐徐将水加入冰桶组。

C.制冰过程 氨液连续不断地由氨泵经"制冰"位置的多路阀,送入冰桶夹层,经夹层顶部进入指形蒸发器顶部集氨器上夹层再进入指形蒸发器内套管,转入内外套管之间的夹层,然后上升至集氨器的下夹层,由回气管经多路阀进入氨液分离器。在此过程中,氨液逐渐蒸发吸热,冰桶内壁和指形蒸发器外壁同时结冰,并向周围发展,直到全部冻透结成冰块,大约需要 90~100 min。

D.脱冰过程 当冰块结成以后,即可将多路阀转向"脱冰"位置,此时氨泵供液通路被切断,热氨通路接通,热氨经多路阀由冰桶组的回气管进入冰桶组,最后从冰桶组的进液管经多路阀,将氨液排至排液桶。在此过程中,指形蒸发器外壁和冰桶内壁的冰层被溶开,冰块借自重推开弹簧底盖落在托冰小车上。

E.运冰过程 托冰小车载着一组冰桶脱下的四块冰，借运冰装置驱动，将冰块运向翻冰架，冰块经滑道去贮冰间。

3.设备布置要点

(1)AJB-15/24 型制冰机的外型尺寸为：长 4 450 mm、宽 2 670 mm、高 4 120 mm。布置要求：滑冰台长度不小于 2 m；以免冰块孔内的水流入贮冰间，多路阀操作面离墙不小于 1.5 m；为了便于检修，非主要操作走道应不小于 1 m；设备上面净空不小于 1.2 m，其底部设有带1.5%坡度的水盘，并配有排水设施。一般，安装一台 AJB-15/24 型制冰机面积约为 7 m×5 m，安装两台约需 7 m×9 m。制冰间净高应不低于 5 m。

(2)制冰机宜安装在靠近贮冰间的单独建造的房间内，使冰块能直接滑入贮冰间。冰块装载容重为 880 kg/m^3，每立方米的空间约可堆放 14 块冰。

二、沉箱管组式快速制冰机

沉箱管组式快速制冰是一种较简易的制冰设备，它的结冰时间短，冰在水中冻结后自动浮出水面。

1.主要设备

沉箱管组式快速制冰装置主要由指形蒸发管沉箱、制冰池及其制冷系统组成。

(1)指形蒸发管沉箱 它由 5～6 组 8～9 根套管构成的指形管组和带有供液集管、回气集管、脱冰夹层、水管的沉箱组成，其结构见图 7-2-2。

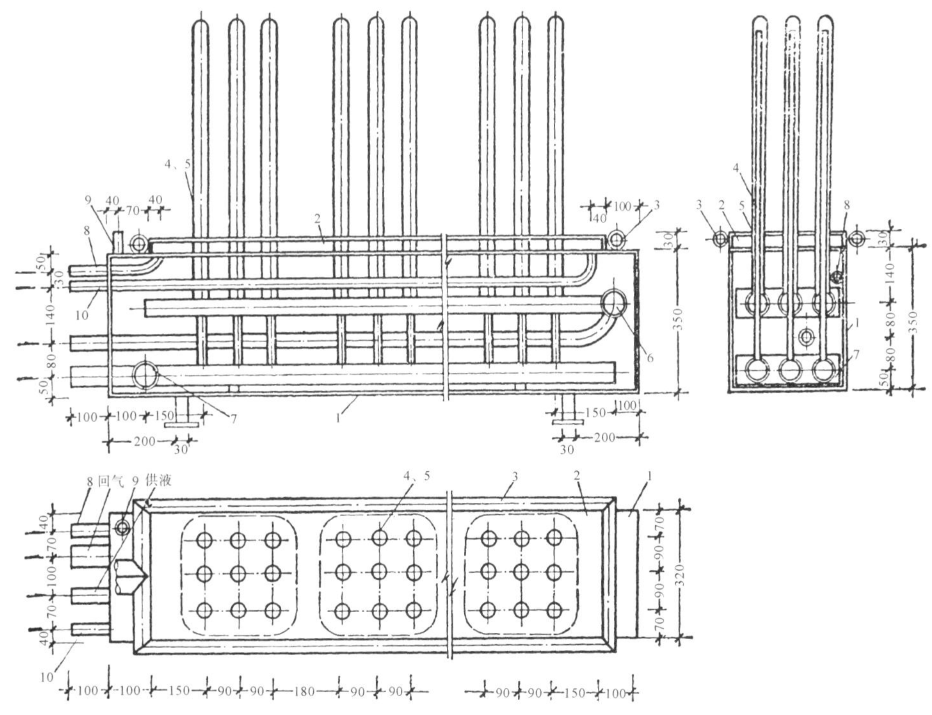

图 7-2-2 沉箱管组

1.沉箱 2.脱冰夹层 3.水管 4.内套管 5.外套管 6.供液集管 7.回汽集管 8.夹层热氨管 9.透气管 10.夹层排液管

(2)制冰水池　它是容纳指形蒸发管沉箱与制冰用水的冰池，应维持一定的水面，以满足制冰和浮冰的需要。

2. 制冰原理及工艺流程

将指形蒸发管沉箱浸在制冰池中，氨液由供液集管进入指形管夹层吸收周围水的热量而蒸发，蒸汽由内管经回汽集管回氨液分离器，结冰在指形管壁上开始，冰层随时间增加而加厚，直至各个圆筒冰互相连结成冰块。脱冰时，将热氨同时送入脱冰夹层和回汽集管，进入回汽集管的热氨经内套管及套管夹层，即可将冰块与指形蒸发管沉箱的接触面隔开，冰块就利用水的浮力上升至制冰水池的水面。冷凝下来的氨液则经供液集管和夹层排液管离开沉箱，排入排液桶。

沉箱夹层边缘四周有一圈水管，制冰时自来水经常流过，可利用水流带来的热量使脱冰夹层的侧面不结冰。通过该水管加入制冰水池中的水量，宜与制冰量相平衡，以便使水池中的水位保持相对稳定。沉箱端部设有带压力表的透气管，用以检查沉箱内的管道是否有渗漏。

安装时，沉箱应向出冰方向作 4°角倾斜，使冰块向出冰方向上浮，出冰时空洞口朝下，如图 7-2-3。

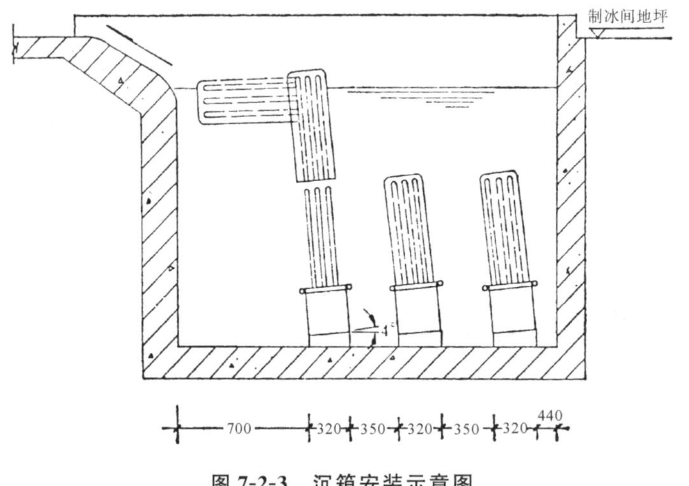

图 7-2-3　沉箱安装示意图

三、管冰机

管冰机的结构如图 7-2-4 所示，主要由蒸发器、低压贮液器、水泵、水箱、旋转刀片等组成。蒸发器为直立壳管式，其结构为 3～4 m 高的钢制直立圆筒，两端有封板，之间焊有多根通径为 50 mm 的无缝钢管(即制冰管)。制冷剂在制冰管外蒸发制冷，制冰水从上部经分配器沿管子内壁呈薄膜状往下流动而被冷却。开始时为冰壳，并逐渐加厚形成冰管，全部冻好的冰柱大约在 40 min 内形成，由于制冰之水在不断循环，使其中的空气被排除，因而制出的冰为透明而密实。

冰柱形成以后，停止向蒸发器供液和供水，通入热氨气将蒸发器内的氨液排入低压贮液器，并开始热氨脱冰，融冰时间约延续 10 min 左右，冰管脱离管壁并靠自重往下降落，此时，

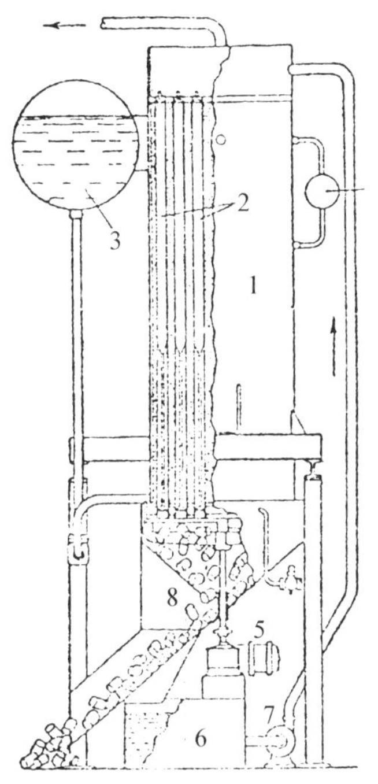

图 7-2-4　管冰机

1.蒸发器的外壳　2.结冰管　3.低压贮氨器　4.浮子调节器　5.旋转刀　6.水箱　7.水泵　8.滑冰台

在制冰机下部的旋转刀片作用下,往下落的冰柱被切成一定高度的小冰管,通过滑冰台而排出制冰机外。这时,低压贮液器又开始向蒸发器重新供液,水泵也再次供水,蒸发器再次制冰。

蒸发器内的供液与排液由浮球阀和低压贮液器等装置自动调节,制冰用水由水泵循环供给。

管冰机与盐水制冰设备相比,所占面积为后者的四分之一,耗钢材量约为二分之一,电力消耗也节省一半。例如生产能力为 10 t/d 的管冰机(由三台组合而成),其外形尺寸为长 2.5 m、宽 1.9 m、高 3.9 m,总重量约 6.7 t。

四、片冰机

片冰机的型式有多种,大体上可分为立式片冰机和卧式片冰机两种。其基本结构是一个夹层圆筒(或圆锥形),制冷剂在夹层内直接蒸发制冷,同时向筒外壁或内壁淋水,在 10～15 min 内即可结成一层 2～4 mm 厚的冰壳,借助刮刀,把冰壳刮下,即成小块片冰。

1. 立式片冰机

有夹层外壁制冰或内壁制冰的,又有刮刀转动,圆筒不动和圆筒转动,刮刀不动之分。其构造是由制冷系统、供水系统和圆筒与刮刀相对运动的传动机构等组成。

原料水可用海水或淡水,制冷剂可用 R_{717} 或 R_{22}。目前,国产立式片冰机有日产 15 t 和 30 t两种规格。图 7-2-5 为立式片冰机的外形图。

图 7-2-5 立式滚筒式片冰机

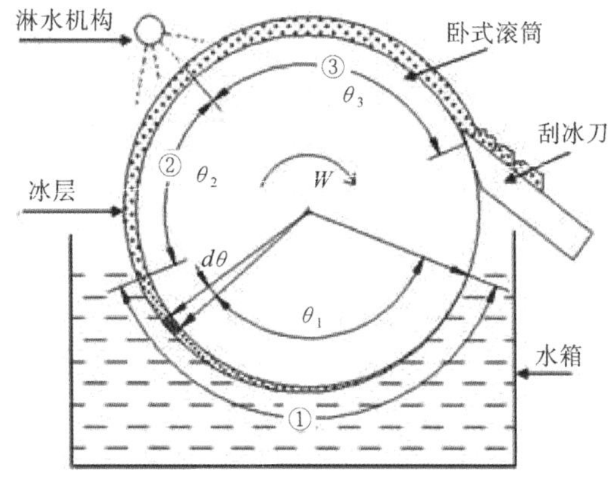

图 7-2-6 卧式片冰机的工作原理

2. 卧式片冰机

即回转的滚筒为卧式，氨在筒内壁蒸发制冷，水在筒外壁结冰，冰层用刮冰器刮离制冰机。卧式制冰机的结冰工作过程如图 7-2-6 所示。首先，低温的筒状蒸发器（卧式滚筒）在水箱内低淋水区速旋转。在冰筒浸入水中的部分（如图中①处），水直接在其表面冻结成冰，并且冰层的厚度随着冰筒的旋转逐渐增加。当结冰部分旋转到离开水箱内的水面之后，由喷淋机构的洒水使结冰处冰层继续增厚（图中②处），直至转过喷淋点（图中③处），冰层开始过冷，旋转到冰刀位置处，在冰刀的作用下剥离制冰筒表面，沿着导向板在重力的作用下滑入贮冰室。

五、板冰机

板冰机主要结构是数块空心铝制制冰板，制冰水从板的一面或两面自上往下浇淋，制冷剂在板内蒸发吸热，使板表面的水冻结成冰，未结冰的水往下流至水槽汇入水箱，水箱内的水由水泵送到制冰板上部循环喷淋使用。当板冰达到一定厚度，停止淋水和供液，用热制冷剂蒸气或电加热器加热的盐水（乙二醇溶液）脱冰，并靠自重下落成碎冰进入贮冰间贮存。

板冰机的结构型式有垂直平板双面淋水和倾斜平板单面淋水两种。平板中工质通路又分为只有制冷剂通路和制冷剂通路与热盐水通路交替排列两种，前者是用热制冷剂蒸气脱冰，后者是用热盐水脱冰。板冰机工作周期为 30 min，其中制冰时间为 20～25 min。板冰厚度可在 5～25 mm 之间调整。每吨冰耗冷量约为 8.7 kW。图 7-2-7 为垂直平板双面淋水板冰机原理图。

板冰机多为陆用，也可船用。陆用时原料水为淡水，蒸发温度为－18 ℃，船用时以海水为原料水，蒸发温度为－23 ℃。板冰冰块透明，质地坚实。

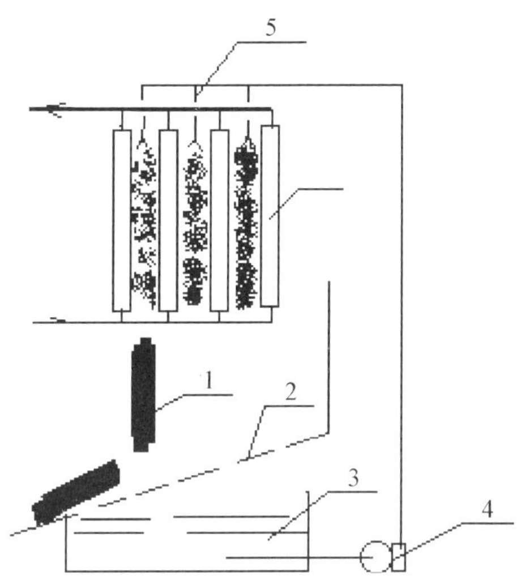

图 7-2-7　板冰机原理

1. 板冰　2. 滤水式滑道　3. 水箱　4. 水泵　5. 配水器　6. 板式蒸发器

第三节　冰的输送

一、块冰的输送

块冰的输送是利用块冰表面结实光滑便于滑行的特性，采用滑道输送。滑冰道带有一定坡度，两边用钢管做成导向护栏，滑冰道面层材料可采用光滑的竹片、塑料、瓷瓦和钢管等，其中最常采用竹片，因竹片使用寿命较长，来源容易而且经济。

水平输送的滑冰道，其坡度一般为 4%～6%。若输送距离较长（如从制冰间到码头），一般做成栈桥式，滑冰道应分段采用不同的坡度，开始一段坡度较大，使冰块加速滑行，中间段坡度应适当减小，使冰块均匀滑行，最后一段基本上不要坡度，必要时还要采取反坡，以减缓冰块的滑行冲力。

冰块往下输送时，常采用螺旋滑冰道，其平均坡度为 7.5%～9.5%。螺旋管道的半径应根据冰块长度来确定，不宜过小，否则冰块易碰撞护栏而破碎甚至卡死。对于 100 kg 重的冰块，螺旋滑道的外径可采用 4 m。

块冰的提升输送，可采用链轮式提冰机，也可采用吊笼式提冰机或载货电梯。链轮式提冰机有直式和斜式两种，属连续输送机械。吊笼式和载货电梯都为直立式，属间断提升机械。

二、碎冰输送

海洋渔船碎冰需要量很大，一般冰块在渔业基地码头碎冰楼上轧碎后，利用自重通过滑冰槽或多级溜冰圆筒直接送入船舱内，火车、汽车加冰可利用设在岸上的加冰台，将冰块轧碎后，通过料斗直接装入车内。

碎冰还可利用皮带运输机、螺旋输送机以及压缩空气输冰装置来输送。空气输冰装置由鼓风机、空气冷却器、进冰器和管道等组成。鼓风机需要较高风压，一般为 70～80 kPa。当每小时输冰量为 30 t 时，需要风量为 0.5 m^3/s，为了减少鼓风机排气的噪音，输冰装置里设有消音器，设计采用水冷却的空气冷却器是为了降低空气温度。输冰管道采用铅管或不锈钢管，管子弯曲半径不应小于 1.5 m，应防止连接处积冰，碎冰从进冰器上部进入后，随压缩空气往管道输送，其输冰直线距离可达 300 m，输送高度可达 30 m。

三、冰块轧碎

大块冰不宜直接冷却食品。因此，大块冰使用前都要经过轧碎。渔轮、渔船大都需要带碎冰在海上作业。因此，在渔业基地，一般都设有加冰码头，在加冰码头上设有碎冰楼，里面装有碎冰机。碎冰楼一般通过栈桥或输冰道与冰库及制冰间连接。需要加冰时，块冰即从冰库或直接从制冰间出来，经过栈桥输冰道进入碎冰楼的碎冰机轧碎后，通过输冰槽等直接装入渔船。碎冰楼的高度主要应考虑潮位的影响，一般设计比最高潮位高 7～8 m，所以对于多层冷库的制冰间和贮冰间，一般都设置在冷库顶层和次顶层，使冰块不需提升即可通过栈桥输冰道滑向码头。

常用的单滚筒碎冰机（见图 7-3-1）是由机架、带刺滚筒、挡板等组成，滚筒通过皮带轮用电动机传动，大冰块从碎冰机上部进入，在滚筒与进冰挡板之间被装有碎冰螺钉的回转滚筒轧碎，由于挡板与滚筒有一定的斜度，冰块被轧碎后，落在底部出冰滑板上。最后，沿着斜面滑出碎冰机。碎冰螺钉的伸出长度、进冰挡板与滚筒的距离可根据需要适当调整，以得到不同粉碎程度的冰。转速为 450 r/min 的碎冰机的碎冰能力通常为 30 t/h，配用电机功率为 10～14 kW。还有一种碎冰能力为 60 t/d 的多滚筒碎冰机，在大、中型渔业基地中采用得较多。表 7-3-1 为几种碎冰机的规格性能表。

图 7-3-1　单滚筒碎冰机外形

表 7-3-1　碎冰机规格性能表

型　号	SB800 型 双滚筒碎冰机	SB1100 型 双滚筒碎冰机	51-65 单滚筒碎冰机
滚筒直径	直径 250 mm	直径 250 mm	直径 510 mm
滚筒转速	120 r/min	120 r/min	380 r/min
电机功率	5.5 kW	7.5 kW	11 kW
最佳冰块尺寸	800×400×200 mm	1 100×450×250 mm	660×740 mm
冰粒尺寸	25～50 mm	25×50 mm	5～20(在此范围调节)
碎冰能力	30 t/h	50 t/h	20～30 t/h
机器净量	870 kg	1 000 kg	1 150 kg
外形尺寸	1 350×1 120×1 120 mm	1 680×1 120×1 280 mm	1 770×1 520×1 400 mm

冰块轧碎后，碎冰的比重、比容随粉碎程度略有差异(见表 7-3-2)。

表 7-3-2　冰的粉碎度与比重比容的关系

冰粒大小 (cm)	比　重 (kg/m^3)	比　容 (m^3/t)	堆放密度系数 (容重/比重)
大粒冰 10×10×10	500	2.00	0.55
中粒冰 4×4×4	550	1.82	0.605
小粒冰 1×1×1	560	1.78	0.618
0.5～1.2 的混合冰粒	625	1.60	0.687

从表 7-3-2 可见，冰粒越大，冰粒之间的空隙总容积就越大，密度相对较小；冰越细，空间总容积越小，密度也较大。碎冰机出来的碎冰大都为颗粒不均的混合冰粒，比重较大，因而堆放密度系数较高。

第八章 设计文件及图纸的要求

第一节 设计文件的编制

冷库工程设计，应有表达设计构思并据以进行安装的图纸文件；表达设计意图、依据以及特殊要求的文字说明文件、设备及主要材料表；建设费用的概算、预算等方面的内容。整个工程的设计，通常由土建、结构、制冷工艺、加工工艺、电气、给排水、供热、港工等部分组成，分别由所对应专业的设计人员来完成。下面仅介绍制冷工艺方面的设计文件的编制。

一、扩初设计(两段设计)阶段

1.设计计算书

内容包括：

(1)设计依据：主要指货源情况，气象水文资料，冷库规模和性质及其平面布置图等；

(2)冷库制冷负荷计算；

(3)主要机器设备的选型计算。

2.设计说明书

内容包括：

(1)设计依据：设计任务书的批复文件；生产指标，冷加工和贮藏对象，设计的基础资料等。

(2)冷加工工艺简介(包括冷库装卸运输情况)。

(3)制冷方案概述：主要指蒸发温度回路的划分。制冷系统的供液方式、融霜方式、自动化程度以及冷却用水方式等。

(4)机房和库房设备简介。

(5)库房特性表：包括库房温湿度条件，冷却设备面积，制冷负荷以及蒸发面积的配比等。

3.主要设备，材料明细表(也可以附在说明书中)

4.设计图纸

主要有制冷系统原理图、库房和机房设备布置平面图。

二、施工图设计阶段

1.设计说明书

主要是简述设计意图和要求，对于设计内容比较简单的可以不另写说明书，而以附注形式列在图纸上。

2.设计计算书

其主要内容有：

(1)计算依据：包括基础资料、设计参数、各库房的冷藏或加工能力及其平面布置图等。

(2)制冷方案设计：主要指制冷剂的选择，压缩级数的确定，蒸发温度回路的划分，系统的供液方式等。

(3)制冷负荷计算：包括库房及制冰耗冷量计算和冷却设备及机器负荷计算。

(4)制冷机器、设备以及所有管道阀门等的选型计算。

(5)制冷设备及管道隔热层厚度的确定。

施工图阶段的设计计算书，要求公式正确，步骤清楚，选用的参数要恰当，以便计算结果精确，设备选用合理。

3.施工图纸

(1)主要工艺图纸

制冷系统原理图

制冷系统透视图

制冷管道安装平面图及必要的剖面图(张数以表达清楚管道立面关系为原则)。

(2)设备安装图

表达中间冷却器、低压循环桶、冷风机、空气幕等设备的安装具体要求。

(3)非标设备的制作图

表达调节站、加氨站、墙、顶排管、搁架排管、鱼盘、送风道、吊架、加水器等非标设备的制作具体要求。

(4)向土建提出的条件图

一次条件图：{机器、设备基础图；机器、设备平面布置图}

二次条件图：(建筑物上的)预留孔、预埋件图

(5)其他图纸：如大样图、隔热层包扎图及套用的通用图以及有关资料。

4.制冷装置安装说明书

安装说明书是指对本工程的机器、设备、管道、阀门等安装的特殊要求加以说明的文件，它与施工图具有同等的效力。对于比较简单的工程或设计安装单位对制冷工艺比较熟悉的，一般可不写安装说明书，而以附注的形式列在施工图纸上。

5.设备材料规格表

列出设备材料的名称、规格、型号、数量、重量以及生产厂家等项目。

三、设计文件的排列顺序

1.目录

2.设计说明书

3.设备及主要材料表

4.施工图纸

按主次排列，如系统图、平、剖面图、安装图、制作图、通用图等。

施工图应按机房、库房、制冰部分分别编号，如机-1-1，冰-2-1 等。

第二节　施工图纸的绘制要求

一、制冷工艺图纸绘制的一般规定

1. 图纸尺寸根据机械图“GB126-74”规定，有 0[#]、1[#]、2[#] 图纸等。

2. 图纸比例一般采用缩小的比例，如 M1∶2，M1∶20，M1∶25，M1∶50，M1∶100 等。如果一张图纸上采用同一比例则填写在图纸标题栏中“比例”一格，并省略字母“M”。若一张图上采用两种或两种以上比例，则在各视图名称下方注明其比例。如：

$$\frac{\text{A－A 剖视图}}{\text{M1∶30}}\qquad\frac{\text{标高＋4.00 平面}}{\text{M1∶500}}$$

等等。剖面图的比例，一般应和平面图的比例相一致。

3. 制图线条

（1）外专业部分画细线条以突出制冷工艺部分。如：画设备平面布置图中，建筑物轮廓线（属土建专业图线）用 $b/3$ 细实线画，制冷机器、设备的基础轮廓线用粗实线 b（1 $b\approx$ 1.2 mm）。

（2）制冷管道一般要按制冷专业制定的“统一图例”画（统一图例见表 1-1-1），单线式管线图例见表 8-2-1。自控元件的图例见表 8-2-2。特殊图例应补充说明。

表 8-2-1　单线式管线图例

透视					
立面投影					
平面投影					
透视					
立面					
平面					
透视					
立面					
平面					

表 8-2-2　自控元件参考图例

符　　号	名　　称	符　　号	名　　称	符　　号	名　　称
	电磁主阀（液用常闭型）		正恒主阀（气用常开型）		电磁双恒主阀（气用常闭型）
	电磁主阀（气用常闭型）		反恒主阀（液用常闭型）		内平衡式热力膨胀阀
	电磁主阀（气用常开型）		反恒主阀（气用常闭型）		外平衡式热力膨胀阀
	恒压阀（正恒 A 型）		电磁恒压主阀（气用常闭型）		止逆阀
	恒压阀（正恒 B 型）		电磁恒压主阀（气用常闭型）		止逆阀（差压式）
	恒压阀（反恒 C 型）		电磁恒压主阀（气用常闭型）		旁通阀
	恒压阀（反恒 D 型）		电磁恒压主阀（气用常开型）		浮球液位控制器
	正恒主阀（气用常闭型）		电磁双恒主阀（气用常闭型）		液位指示及控制器
	玻璃管液位指示器		压力棒式温度控制器		差压控制器
	浮球阀		压力螺旋式温度控制器	RH	电阻式湿度计
	过滤器		温度指示仪	TDS	时间程序控制器
	压力表		高低压压力控制器	TDF	分级步进调节器
	观察孔		压力控制器		电容式液位控制器
	温度计套管	YSG	电感压力变送器		铂电阻
					温度调节器

(3)大比例设备、管道安装制作图可采用双线绘制管道。

(4)引注线、尺寸线用 $b/4$ 细线条画。引注线要排列整齐、协调,其长短要与文字多少相适应。引注线不能与别的线条交叉。

4.建筑轴线要与土建图纸一致,一般只需绘出纵横两端的轴线号。当有分图时,或与某些轴线有关时,应画出有关轴线号。

5.字体书写端正,笔画清晰,排列整齐,间隔均匀,并尽量用长仿宋体。在设计图纸中所有涉及数量的数字均用阿拉伯数字表示,计量单位应采用国家颁发的符号。

6.每张图纸的内容,应尽量保持完整性和独立性,避免辗转呼应或引见。有必要呼应时,应注明有关图号,与其他专业设计图纸相呼应或引见的内容,也必须注明与其他专业有关的图号。

二、主要图纸的绘制要求

1.制冷系统原理图

制冷系统原理图直接地表达设计人员所采用的制冷方案,并清楚地反映出该制冷装置在技术上的先进性和可行性,工艺流程的合理性。该图还是绘制设备布置图、管道安装图等的指导文件。因此,在冷库制冷装置设计中,该图往往是最主要的也是必须首先完成的图纸。此外,该图还可起到指导、检查现场安装的作用。

在绘制制冷系统原理图之前,应研究冷库工程设计任务书,明确冷库性质、规模、建厂条件、冷冻冷藏对象以及技术水平和投资额限制等,根据计算书所选用的机器、设备拟定制冷方案。在此期间,要走访有关设计院和冷冻厂,收集设计资料,并对这些资料进行综合分析,结合本工程特点,勾画制冷系统草图。首先使工艺过程合理无误,然后调整布局,提高图面质量。

初步设计阶段的系统原理图是送审的关键图纸。而施工图阶段的系统原理图是在初步设计的基础上使之更加完整,但不应有过大的更动。下面具体说明施工图阶段的系统原理图的绘制要求。

深度要求:

(1)要画出所有设备,并能正确表示其外形,必要时还可以用虚线或局部剖视图来表示某些内部构造。

(2)注明所有管道、阀门的尺寸和型号,并标明管内流体的流向。

(3)对所有机器设备,都应标注位号,并在设备一览表上填明其数量、规格等。

(4)图面上应有图标、图签、图例、备注、设备一览表等。

画法规定:

(1)设备布置的位置,既要尽量与实际布置相对应,又要使得管道短而直,又少交叉,使图面整洁清晰。

(2)管道在图上最好集中布置成管束的形式,管道与管道,管道与设备轮廓线应尽量不交叉或少交叉,交叉处用断开线表示,不要用跨线表示。

(3)设备外形可以不按比例绘制,但整个图纸上的各个设备大小要对应。

(4)有数套相同的设备,可以只绘出一套,其余几套只用轮廓线表示或不画。

(5)一个设备一个位号,相同的设备同一位号如 15-1、15-2。设备位号引出线的倾斜度在一张图纸上应尽量一致,通常用与水平线成 45°或 60°的斜度。

2.设备布置平面图

设备布置平面图是设计人员实现制冷系统原理图中制冷方案的具体构思。它反映出各种机器设备及其基础与建筑物或相互之间的相对位置和具体尺寸。因此,它是施工安装的依据。

设备布置平面图是制冷工艺向其他专业提供的第一批资料之一。只有在设备布置完成后,土建、水、电等工种才能开始相关专业的具体设计。

深度要求:

(1)要画出设备基础的外形和设备的轮廓线。设备的基础,要画出其预留孔位置的中心线,以便反映设备的定位朝向;设备的外形要画出主要的管接口,但对于外形比较复杂的设备(如压缩机),可以不画出设备只画出其基础即可。

(2)有两台以上同一型号的设备,只要画出一台实际外形,其余的可以简化表示,或只画出其基础外型。

(3)建筑物(包括建筑物轮廓线、楼板、墙、梁、柱、楼梯、门、窗等)和构筑物(操作平台、地沟等)都要按比例绘制,并和建筑施工图相一致。

(4)建筑物各柱间的主要尺寸、总长、总宽等应按建筑图标注,并注明该平面的层次、标高。

(5)设备位号和建筑物轴线号均要填写完整,并和制冷系统原理图、建筑图相一致。

(6)一个车间的设备布置平面图,应尽可能表示出与其他车间的相互关系,其他车间的轮廓线用双点画线表示。

(7)必要时,平面图应按不同标高分别绘制。如:

设备布置平面图	操作平台
± 0.00 平面	+ 2.40 平面

等等,对于设备基础的标高,预留孔尺寸等,由设备基础条件图表示。

(8)设备布置平面图上应有图标、图签、设备一览表、备注等栏,并须经各专业设计人员会签。

画法规定:

(1)线型:设备基础和设备轮廓线用粗实线 b,建筑轮廓线用 $b/3$ 细实线;尺寸线、设备位号引出线和中心线等用 $b/4$ 或更细,剖切迹线用特殊线条表示。

(2)尺寸标注:布置平面图上的尺寸大都是定位用的,所以都从中心线起注。在标注设备和设备,设备和建筑物之间的关系尺寸时,设备以中心线、建筑物以轴线为基准线;悬挂在墙壁、柱子上的设备,建筑物则以墙或柱子的内边缘为基准线。

由于在设备布置时除了考虑设备布置的基本原则外。还要考虑到设备上管道连接可能遇到的各种情况(如:设备的布置是否使管道连接顺畅,少弯或碰柱、碰梁、设备与墙的间距是否大于弯管的最小弯曲半径等),所以要在主要管道安装平面图定型后才能最后确定设备布置图的尺寸。对于项目不大的设计，或设备上的管道很少时（如冻结间等）可以把设备布置图和管道安装图合并。

3. 管道安装图

管道安装图是表示整个制冷装置（包括所有机器、设备和管件）的外形图，它是直接指导现场工艺安装的依据。

深度要求：

(1)管道安装图除了要画出设备的外形和基础外，还要画出所有的连接管道、阀门和仪表等。

(2)管道安装图除了平面图外，还要结合适当的剖视图，剖切位置以能用最少剖视图来表达清楚为原则。安装图一般按厂房层次或按不同标高来绘制。如：

管道安装图	管道安装图	管道安装图
± 0.00 平面	+ 4.00 平面	Ⅱ－Ⅱ剖面

等等。

(3)管道安装图可以以机房、库房、制冰间为单元分别绘制并尽量取一致的比例。

(4)对所有管道、阀门都要注明尺寸和型号，并用箭头标出管内介质的流向。本车间与其他车间连接的管道，也应用文字说明清楚，如“∅76× 3.5 回汽管由 101 冻结间来”等等。

(5)管道的安装坡度可直接标在管道上，也可以附在说明栏里。

(6)平面图和剖面图中应标出管道支架安装位置，并最好对支架进行编号，另出支架制作图或制作示意图，如图 8-1-1。

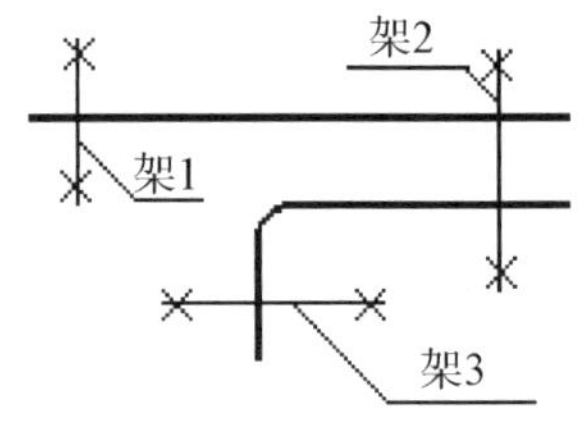

图 8-1-1 支架示意图

(7)对于尺寸较大的阀件以及管道的弯曲半径，也要按比例画出。

(8)安装图上建筑物部分的要求同设备布置图。

画法规定：

(1)安装图中，应标注主要管道（包括大管径管道）与设备，建筑物及其他管道之间的关系尺寸。管道与管道间隔以中心线为基准，管道与建筑物应以墙内表面为基准。管径在 45 mm以下者，对安装位置无一定要求时，可以不注出关系尺寸。在剖面图中，应标明主要管道、阀门、设备及基础离地的高度。

(2)管内介质流向用箭头表示，箭头可以画在管子上方，或直接画在管线上，如：6——→——6；6——▸——6

(3)管道坡度和坡向表示法为：$i=0.006$

被建筑物等挡住的管子，可用虚线表示，有时为了表示清楚，也可将建筑物该部位断开表示。

(4)被重叠的管道，可以用断开法表示后面的管子，如图 8-1-2 表示。

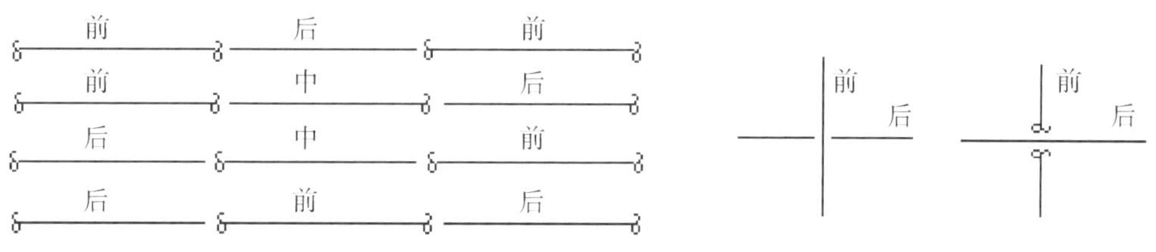

图 8-1-2　重叠管画法

绘制步骤：

(1)根据厂房层次或标高以及管道布置情况，决定安装平面图的张数和图名。

(2)根据车间大小，管道繁简程度确定图纸的大小和制图的比例。其原则是尽可能把管道配置表达清楚，便于看图安装，一般采用的比例有 1：20，1：25，1：50，1：100 等。

(3)根据设备布置图画出建筑部分、设备及其基础的位置后，再画出主要管道(大管径管道)的安装图，若遇设备位置不符合管道安装连接要求，要调整设备位置的尺寸，然后再绘小管径的管道。

(4)在平面图上应先绘制上面的管道，后绘制下面的管道，在剖面图上，先绘制前面的管道，后绘制后面的管道；对于设备，也是先绘制上面的部件，后绘制下面的部件。

(5)标注尺寸、管径、控制点、介质流向、管道坡向和坡度等。

(6)选定剖切位置，确定剖面图张数，然后依次画出各剖面图。

(7)在平、剖面上标注出管道支架符号及编号。

4.制冷系统透视图

用正投影法绘制的设备布置图和管道安装图，虽然能准确反映设备、管道的实际形状和相对位置，但只通过几个基础视图，往往不易看懂。所以，在施工图设计阶段，除了绘制平、剖面图外，还需要绘制制冷系统的透视图，借以呈现制冷装置的立体感，这对于不太熟悉制冷装置的安装人员更为重要。

透视图一般采用正等轴测图绘制，为了制图方便，采用简化变形系数法，即使用不缩画的等轴测投影。

透视图是属于一种给看图者增加立体感的辅助用图，所以不一定要求要准确地反映出制冷装置的实际尺寸和比例，若遇到几个设备前后紧靠时，可适当拉开距离，以便能更清晰地表现后面的设备。对于有些挡住设备和阀件的管道，可采用断开法，但要在断开处注上呼应号。

透视图的深度要求与管道安装图相同。

第三节　制冷工艺专业与其他专业的配合

制冷工艺专业是冷库整个工程设计的主导专业，土建、水电、供热、采暖等其他专业，都是根据制冷装置设计所提出的要求和技术资料而开展本身的设计工作。在冷库设计过程中，制冷工艺专业要向土建、水、电等工种提供的条件如下。

一、向土建专业提供的主要条件

1. 生产工艺流程；

2. 库内外运输的方式和工具；

3. 冷库的平面布置和竖向布置的要求；

4. 机房、库房以及制冰等建筑物的一次条件图(如设备基础图、设备布置平面图等)和二次条件图等(如预留孔、预埋件图等)。

二、向给、排水工种提供的主要条件

1. 用水位置、用水量、用水方式和对水质的要求；

2. 制冰、融冰、融霜等用水的要求；

3. 污水处理的要求。

三、向供、配电专业提供的主要条件

1. 各机器、设备的用电位置和用电容量；

2. 自控元件和电测仪表的安装位置和用电容量；

3. 机房、库房及其他车间的照明要求。

在冷库工程的设计和建设过程中，各个工种都必须密切配合，互相协调，才能保证整个工程的顺利完成。

* 第九章 制冷装置的安装与调整

制冷装置的安装工作是冷库建造工程中极为重要的环节，安装质量的好坏，将直接影响到制冷装置的运行状况，对冷库的生产以及操作维修工作有着长期的影响，因此安装工作必须严格要求，正确施工，力求高质量地完成制冷装置的安装任务。

第一节 制冷机器设备的安装

制冷设备，根据产品的类型、能量的大小、结构形式的不同，有的是整体式，有的是组装式，较大型的是散装式；不同情况的安装工作量大小不一，安装的技术要求也有难有易。

小型制冷设备绝大多数是装配成整体式，如空调器、制冰机组、电冰箱等，这些设备几乎没有安装和接管问题，只需检查和开启阀门，并按技术要求供电供水便可运行。

组装式的制冷设备，一般是以压缩冷凝机组（包括压缩机、冷凝器、贮液器、分油器、过滤器及机组架等）为一组，而蒸发制冷设备（包括蒸发器及膨胀阀等）为另一组，安装时按产品说明书的要求，将两组用管子连接起来成为一个系统，然后再进行校验。

散装式的制冷设备，它的四大件和辅件是散装供给的，这就需按产品说明书，先将各部件安装固定，再将各部件间的管路连接好，然后校车。

制冷设备在安装前必须做好以下准备工作：

1. 准备好全部设备及所需的各种技术资料，编制施工安装计划，并应与电气、给水排水和采暖通风安装方面配合好。

2. 清点全部设备和附件是否齐全、设备的型号与规格是否符合设计要求。制冷设备如无产品合格证书，或经运输后发现有损伤以及存放时间超过两年者。例如冷凝器、贮液器、中间冷却器、热交换器、蒸发器、油分离器等受压容器，在安装前应进行强度试验和气密性试验。设备的压力试验应遵守产品制造厂的规定，强度试验用水压机，气密试验氨系统用压缩空气，氟系统用 N2 或按设备的工作压力而定，亦可参照表 9-1-1 中所列数值进行试验。

表 9-1-1 制冷装置辅助设备的试验压力

制冷剂 / 试验压力 MPa / 受试设备	R_{717}，R_{22}		R_{12}	
	强度	气密	强度	气密
	水压	气压	水压	气压
低压侧设备	2.4	1.0	1.6	1.0
高压侧设备	3.0	2.4	2.4	1.6

注：(1)低压侧设备系指在蒸发压力下工作的设备，如蒸发器、中间冷却器和低压浮球阀等。

(2)高压侧设备系指在冷凝压力下工作的设备，如油分离器、冷凝器、集油器和中间冷却器的蛇形管等。

(3)气密性试验压力必须静持 18 小时，在最后 12 小时内除去因温度变化而引起的误差外，压力不允许有变化。

3. 根据施工图纸校对制冷设备地脚螺栓孔位置尺寸是否与基础尺寸相同，如相差较大，则需经设计单位修改施工图纸。

4. 准备安装工具、起重设备和各种必要的物资材料。

一、制冷压缩机的安装

1. 制冷压缩机机座必须落在实土上，施工前应将机座下的松土挖除。大孔性土或土质松软时应挖深 2～3 m，分层回填夯实；或将槽底夯实后，用 100 号毛石混凝土筑至原定机座底的标高，然后在其上捣筑机座。机座一般可采用 150 号素混凝土制作，预留洞孔尺寸，必须与实物核对螺孔位置及螺栓长度，并防止捣制时移动位置，同时还必须核对电线管道和上下水管道位置。

2. 制冷压缩机应按制造厂规定部位吊装，并防止损伤机器。对中、小型制冷压缩机一般均整体吊装，当起重能力不够时，可考虑把压缩机和电动机分别进行吊装。

在每个地脚螺栓孔的两侧，离地脚螺栓 20 mm 处应加放随压缩机带来的垫铁，然后用水平仪及铅垂线在水平及垂直的基础准面上，检查压缩机安装的精确程度，并用 0.25 kg 的铁锤轻轻敲击垫铁，使压缩机座板与垫铁之间均匀接触，最后按设计施工规定的砂浆标号将地脚螺栓孔填满。如设计中无规定时，可用标号高于设备基础，但一般不得低于 150 号水泥砂浆填满。当其强度达到设计强度的 75%以后，可进行下一步工作。

3. 地脚螺栓孔的水泥砂浆干燥后，用调整垫铁的方法进一步调整压缩机的水平度和垂直度。机身的轴向和横向水平偏差允许每米为 0.1 mm，对 L 型压缩机可取下汽缸盖，放水平仪在汽缸顶端基准面上纵横检查；对汽缸直径较大的压缩机，可以利用汽缸镜面用水平仪测量其水平度。对 V、W、S 型压缩机，可在其主轴外端装设卡具，用铅垂直线测量，选定一点测好后，再转动 180 度继续测量，卡具端平面与铅垂线间的间隙应相等（参见图 9-1-1）。

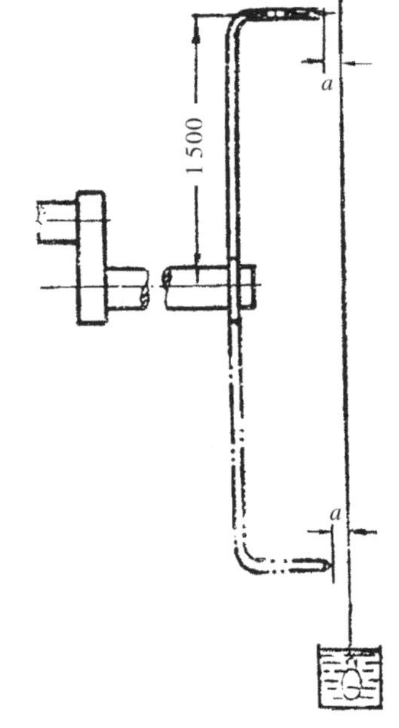

图 9-1-1 主轴装设卡具的示意图

4. 带有公共底盘的压缩机，出厂前已调好水平，安装时可在底盘上找其水平度进行安装。

5. 制冷压缩机的位置校好后，如系楔型垫铁，则将其两斜面交接处用断续焊法相互焊牢。然后拧紧地脚螺栓，最后将地基露出地面部分按施工图作最后处理。

6. 制冷压缩机一般在试运转前应拆下全面检查，安装进、排汽阀前，应当用汽油洗好进、排汽阀的阀片接触面，将汽阀装配后灌入煤油在 5 min 内不渗漏，其严密性方认为符合要求。

凡是产品制造厂规定不得拆卸部分，如无特殊原因需拆卸检查，原则上不应拆卸。

7. 压缩机清洗安装完毕后，应进行无负荷试车。

二、冷凝器的安装

1. 卧式冷凝器

通常是与贮液器一起安装在厂房内。卧式冷凝器可用型钢做支架以混凝土做基础，用水平仪和铅垂线检查并校正其位置的水平度和垂直度，以垫铁校正设备位置使其符合安装要求。

卧式冷凝器安装时，应使设备向出液口的一端呈 1/100 的倾斜度，以利排除设备中的液体和润滑油。

2. 立式冷凝器

立式冷凝器的基础可做成钢结构或钢筋混凝土基础，但必须留出落水观察孔和考虑到测量温度的方便，安装立式冷凝器，应使其垂直，其不垂直度偏差允许每米不大于 2 mm。

3. 淋水式(淋激式)冷凝器

淋水式冷凝器应保证管组安装在垂直平面上。对冷凝器顶端的溢水槽应作溢水试验，以保证能够均匀分水，使冷凝器的管组外表面均有冷却水流过。

当冷凝器安装就位后，如进厂前没经过气密性试验，则需将各处阀门、接头及法兰盘堵住，然后按产品制造厂的规定进行气压试验。如无法取得制造厂的技术文件，在一般情况下亦可取工作压力的 1.2 倍进行试验，或参照表 9-1-1 中所列数据。

三、蒸发器的安装

1. 卧式壳管式蒸发器

将卧式壳管式蒸发器放在已浇好且干燥后的混凝土基础的钢架上，然后用水平仪和铅垂线检查，并校正其位置的垂直度和水平度。

卧式壳管式蒸发器安装时，应按保温要求在其底脚与支架之间加放 50～100 mm 厚的经过防腐处理的木块，并应使设备保持水平，蒸发器须待系统试压合格后方可敷设隔热层。

2. 立管式蒸发器或螺旋盘管式蒸发器

立管式或螺旋盘管式蒸发器的水箱箱体，首先要进行水箱的渗漏试验，具体做法是：将水箱各处管接头堵死，然后盛满水保持 8～12 h，以不渗漏方为合格，试漏合格后，便可将箱体放在预先做好的上部垫有隔热层的基础上。

隔热材料与基础间需要作防潮层，然后将蒸发器管组放入水箱内，要使蒸发器管组保持垂直，各蒸发器管组之间距离应相等，用铅垂线和水平仪检查安装是否正确。

蒸发器安装就位后，如进厂前没进行气密性试验，则需将各处阀门、接头及法兰盘堵住，按照产品制作厂的规定进行气压试验，或参照表 9-1-1 中的数据进行。

蒸发器气密性试验合格后，应立即进行隔热工作，隔热材料可用软木、泡沫塑料、矿渣棉板、玻璃棉毡或喷涂聚氨酯泡沫塑料等；隔热层厚度根据隔热材料和蒸发温度由工程设计图规定。

由产品制造厂供货的蒸发器均不带冷水箱的顶盖板，为了减少冷损失，必须设置蒸发器的顶盖板，通常用宽 300～400 mm，厚 50 mm 的木板并刷以油漆制成。

3.关于库房冷却设备

(1)冷却排管

各型冷却排管的制作及安装首先必须符合图纸的要求。冷却排管制作前要逐条检查无缝钢管的质量,排管制成后,还须进行单体试压吹污,排管安装时应按设计要求校正水平,不得有高低不平或倾斜现象,翅片管绕制前,必须单个试压检漏,翅片与管壁必须紧密贴合不得松动,排管制作后要涂红丹两道,安装排管用的吊点一律采用 A3 钢。

(2)冷风机(空气冷却器)

冷风机如无试压证明,须先试漏并进行吹污。冷风机安装必须平直,特别是吊顶式冷风机严格要求安装水平,以免配水不均,影响冲霜效果,立式冷风机水盘如在现场加工,必须试漏后再安装,要注意水盘与下水道焊好,要严防冲霜水和地面水沿水道渗入地面隔热层。

冷风机安装完毕后,开动风机检查有无震动和风叶擦壳现象;开冲霜水阀,检查配水是否均匀满布,检查冷风机壳体及挡板有无漏水、漏风现象,并作全面调整。

四、辅助设备的安装

冷库氨制冷系统的辅助设备包括:油分离器、高压贮液桶、中间冷却器、低压循环桶、汽液分离器、排液桶、空气分离器和集油器等。各设备安装前,应检查容器内部是否有水分、铁屑和污垢杂物等留存,如有应该用 0.6 MPa 的压缩空气进行单体排污吹洗。容器内部是不允许有这类物质存在。设计时,这些设备已在图纸上得到了明确的定位,安装前要认真核对设备支脚和基础预埋定位件的对应关系,设备就位后,要根据这些设备对垂直度和水平度的要求进行校准。对于油分离器、立式空气分离器、中间冷却器、低压循环桶、汽液分离器等立桶式结构的设备,其对垂直度的要求与立式冷凝器一致,不垂直度一般控制在 0.2%以内。而对于卧式结构的设备,如高压贮液桶、排液桶,安装时应使这些设备向出油口适当倾斜,以利润滑油的排放。卧式四重套管式空气分离器要向回液出口处倾斜。另外对低温容器的辅助设备,如中间冷却器、低压循环桶、汽液分离器、排液桶和氨泵等,在设备的脚和土建基础之间要垫有经过防腐处理的隔热木块,以尽量切断低温设备的冷桥。

这些设备安装调试完毕后其外壳都要包隔热材料,氨泵属低温动力设备,安装后既要考虑保温也要考虑检修方便,所以其外壳的保温应考虑拆卸因素。有人把泵体安装在一个可拆卸的防潮箱里,内中空隙充填松散隔热材料,检修时可方便地把隔热材料从箱里掏出。

第二节　制冷管道的制作及安装

制冷管道必须按施工设计图纸所选定的管材进行施工;一般应选用同制冷剂、润滑油、制冷剂与润滑油混合物均不起腐蚀作用的材料。氨制冷系统的管道一律采用无缝钢管,质量标准符合规定要求。氟利昂制冷系统的管道,当管道直径≤20 mm 时,通常采用铜管,当管道直径>20 mm 时,通常采用无缝钢管。

一、弯管的制作

弯管的加工方法可分为热弯和冷弯两种；做弯管时，应尽可能在弯管机上冷弯，管外径在 57 mm 及其以上者一般采用热弯。

严禁弯管时使用松香，因为松香很难从管道中除净，而附在管道内壁的松香能在氟利昂中溶解成为污垢，会严重影响制冷装置的正常运行。

最好也不采用填砂的办法，因为这种弯管方法会将砂子压入管道内壁不平处，如因某种原因必须填砂弯管时，其弯曲半径一般不应小于 4 倍管道外径。

二、管道的除污工作

制冷管道在安装前要彻底清除管道内壁的脏物；管道除污方法很多，兹介绍几种方法供参考。

1. 对于钢管，可用人工方法清除管道内壁的污物，如使用钢丝刷子在管道内部往复拖拉，直至将管子内污物以及铁锈等清除后，再以干净布擦净，然后用干燥的压缩空气吹至管嘴处喷出的空气在白纸上无污物时方为合格，最后还须采取防潮措施，将管道封存好，待安装时启用。

2. 对于小直径的管道、弯头或弯管，可用干净白布浸以四氯化碳，将管道内壁擦净。对大直径的管道，可灌入四氯化碳溶液处理，约经 15～20 min 后，打开管道的一端，倒出四氯化碳溶液（还可用于清洗其他管道），再以上述方法将管道擦净、吹干，然后封存备用。

3. 当制冷管道内壁残留的氧化皮等污物不易完全除掉时，可用 20% 的硫酸溶液，使其温度在 40～50 ℃的情况下进行酸洗。酸洗工作一直进行到所有氧化皮完全除掉为止，一般情况下需时为 10～15 min。

酸洗之后应对管道进行光泽处理，光泽处理的溶液成分如下：

铬干——100 g　　硫酸——50 g　　水——150 g

温度不应低于 15 ℃，处理时间一般为 0.5～1 min。

经光泽处理的管道必须用冷水冲洗，再以 325% 碳酸钠溶液中和，然后用冷水冲洗干净，最后还要对管道进行加热、吹干和封存工作。

三、管道的连接

制冷管道的连接方式一般有如下三种：

1. 焊接

采用焊接法时，铜管采用铜焊或银焊，钢管采用气焊，当管壁厚大于 4 mm 者可用电焊焊接。

紫铜管的焊接采用插入形式，如图 9-2-1 所示。在图 9-2-1(a)中，紫铜管的一端用铜冲模冲成扩口，内表面用砂布擦亮，将另一根未扩口的铜管一端的外表面也擦亮，并插入扩口压紧，以免焊接时焊汁从间隙流入管内；焊接时最好将管子垂直安放。

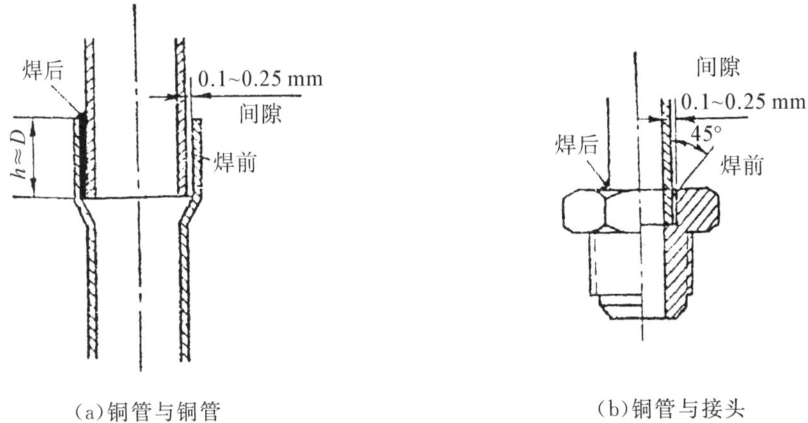

(a)铜管与铜管　　(b)铜管与接头

图 9-2-1　紫铜管焊接的装配形式

无缝钢管一般用对接方式焊接，管口应事先加工成适当坡口，如图 9-2-2 所示。焊料为低碳钢焊条。

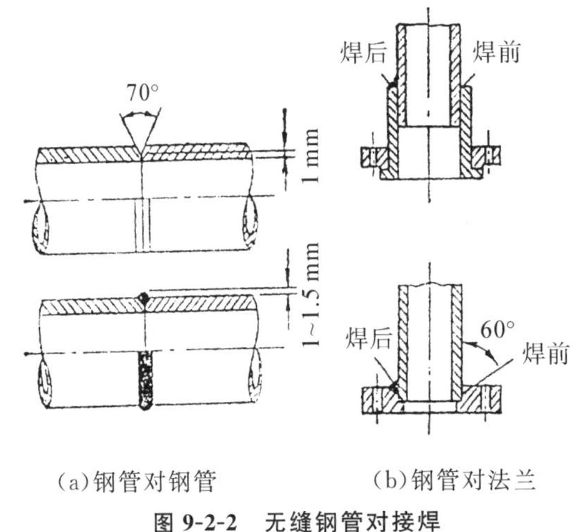

(a)钢管对钢管　　(b)钢管对法兰

图 9-2-2　无缝钢管对接焊

管路的焊缝修补次数不得超过二次，否则应割去或换管重焊；在焊接法兰盘时，必须保持平直，以保证管道连接后的密封。

2. 法兰连接

采用法兰连接其优点是结合强度高，拆卸方便。管子外径在 32 mm 及其以上者，与设备阀门的连接一律采用法兰连接。

无缝钢管的法兰连接如图 9-2-3 所示，它是以管子的一端插入法兰板凹槽内，并用电弧焊焊牢，然后将两块法兰对准(其中垫以石棉橡胶垫片，垫片不得有厚薄不匀、斜面和缺口)，然后拧紧连接螺栓上的螺帽，在拧紧螺栓时，应使每个螺栓受力相等。

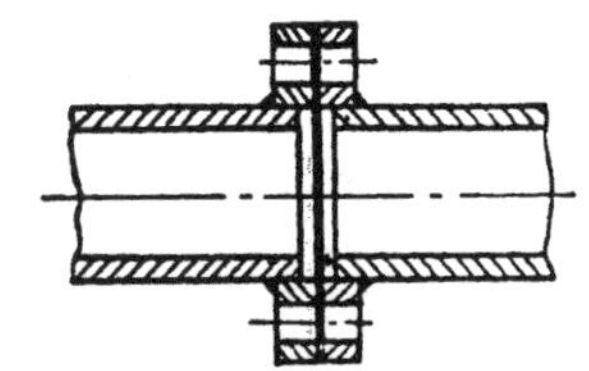

图 9-2-3　无缝钢管的法兰连接

3. 丝扣连接

管子外径在 D_g 25 mm 及其以下者，与设备阀门的连接可采用丝扣连接。

采用外丝扣连接时，须先用汽油或煤油将管牙清洗干净，管牙上涂以甘油和氧化铝混合搅拌成糊状的填料，填料要涂布均匀，然后再连接管道，严禁用白漆麻丝代替填料，因它密封性差，容易泄漏，并不利于制冷装置的清洁。

以上三种连接采用哪种比较好，这要根据使用场合予以决定：焊接不易渗漏，而螺纹连接或法兰连接可以拆卸。因此，在不需拆卸的接管部位，用焊接方式较为可靠，对检修时经常拆卸的部位，用螺纹连接或法兰连接较为方便。

管路焊接后，经校漏发现有渗漏点，必须进行补焊，补焊前要清除表面的油漆、锈层，并用砂布擦净。此外补焊不可在管路系统里有压力存在的情况下进行，否则，操作既不安全，也影响补焊质量。

管道的连接处，还要考虑到检修的方便，不应设在墙内或楼板间等无法检修的地方。管道穿墙时应设有套管，管道与套管之间要留有约 100 mm 的空隙，在空隙内不填充任何材料，但低温管道穿过冷库墙壁时，应作保温防潮处理；当排汽管道穿过易燃墙壁和楼板时，必须用不燃材料进行保温并加设套管。

管道安装完毕后，应在所有管道上涂两度红丹，然后在不需隔热的管道及需要隔热管道的外表面，涂上不同颜色的油漆，以区别管道在制冷系统中的作用，这对操作管理是十分必要的。

第三节　制冷设备及管道的隔热

制冷装置中的低温管道和设备都必须隔热，以免造成过多的冷量损耗和回汽过热；另外，低温管道在未隔热的情况下，与周围空气接触后，其管壁表面就要凝水，温度愈低，凝水愈多，但低于 0 ℃就会凝霜结冰。

管道、设备的隔热工作是在系统吹污、试压、试漏涂漆并干燥以后，在正式灌注制冷剂之前进行。

管道、设备隔热层的厚度，与隔热材料的性能、管道和设备规格、管道和设备内制冷剂的温度以及周围空气温度等有关。

融霜用热氨管不论设置在何处，均应包 75 mm 厚石棉隔热层，外裹玻璃布，并涂热沥青两道。

一、隔热材料的选择

隔热材料的种类很多，在实际工程中使用的隔热材料，不但要求导热系数小，还有其他一些要求，为了便于选择，现将理想的隔热材料应具备的特性列出供参考。

1. 导热系数小，常用隔热材料其导热系数应在如下范围，$\lambda=0.024\sim0.14$ W/m · ℃。

2. 容重小，重量轻，使制冷设备和管道的支撑结构小，节省投资费用。

3. 吸湿性和含湿量小，材料中存在水分多则会增大导热系数，降低隔热层性能。

4. 抗水蒸汽渗透性能好，即水蒸汽不易渗入隔热材料内部。目前常用隔热材料中，聚氨基甲酸乙酯(简称聚氨酯)泡沫塑料,就是抗蒸汽渗透性能较好的材料。

5.耐低温。在低温下其结构不被破坏,机械强度不受影响,并能保持其隔热性能。

6.不易霉烂,经久耐用。这一性质,一般有机隔热材料不如无机隔热材料好。例如锯末、稻壳、牛毛毡等都较易霉烂;软木是天然有机隔热材料中较不易霉烂者,但仍不能与无机隔热材料相比。

除上述外,还须有耐火性,有较高的机械强度,容易切削和加工,施工方便,以及价格低廉等。为满足各种不同要求,保证施工质量和提高工作效率,隔热材料除散装材料外,还有经过加工的制品和半制品。所谓制品,就是使用粘合剂将颗粒状或纤维状的隔热材料,加工成具有最合适的容重(导热系数最小时的容重),能够直接敷设于被隔热物体表面的具有一定形状和尺寸的制成品,一般形式是:板(或砖)和管壳。

板(或砖)——各种不同形式的板(或砖)材有不同的厚度,便于设计人员选用。还可将板材锯(或切)成横断为模型的长条,拼成圆弧形,为直径较大的圆柱形设备隔热。

管壳——将隔热材料制成中空的圆柱体,中空部分的内径相同于管道外径,也有各种厚度供选用。管壳一般制成两半,施工时覆盖在管道上合成圆筒形;还有一种小直径较薄的半硬质材料制成的管壳,如玻璃棉和矿渣棉制成的管壳,仅在管壳上沿轴向切开一道缝,施工时利用稍有弹性的半硬质材料,用手掰开套于管道上。

大部分成型的制品都是硬质材料和半硬质材料。半制品的主要特征是未按被隔热物表面成形,同时其容重也未达到最佳值。半制品大都是卷材形式的软质物,如矿渣棉毡、玻璃棉毡、火山岩棉毡等,这类软质材料,大多是由纤维状材料加沥青为粘合剂制成。

未被加工成形的隔热材料称为散料,常用的散料大致可分成两类:

纤维状散料:玻璃棉、矿渣棉、火山岩棉、石棉绒等。

颗粒状散料:膨胀珍珠岩、膨胀蛭石碎粒、软木碎粒、谷壳、锯末、炉渣等。

管道和设备的隔热,过去多采用软木,现在聚苯乙烯和聚氯乙烯泡沫塑料已在很多地方代替了软木,它的优点是导热系数低,质量轻,吸湿性也较小。

关于隔热材料的选择和施工,可参阅冷库建筑的有关部分。

二、隔热结构的施工

制冷管道及设备的隔热设施,不单纯是覆盖一层隔热材料,而是由不同材料构成不同作用的几层,共同组成完整的隔热结构;隔热结构由里至外一般由以下五层组成,即:防锈层、隔热层、防潮层、保护层、防腐蚀及识别层。现将各层作用、常用材料以及施工方法等叙述如下:

(一)防锈层

需要隔热的管道及设备在敷设隔热层之前,先清除表面的泥沙、铁锈、油脂等污物,然后涂一层防锈层,以保护金属表面不受腐蚀。

过去常用红丹防锈漆作为防锈层,现已为性能更好的漆料所代替,如硼钡酚醛防锈漆、铅粉硼钡酚醛防锈漆、铁红醇酸底漆等;沿海地区还可使用铅粉铁红酚醛醇酸防锈漆,在已腐蚀的旧设备和管道上可使用7108稳化型防锈底漆。

（二）隔热层

防锈层施工完毕，经检查合格后方可进行隔热层的施工。现按结构和施工方法的不同，分述如下：

1.采用硬质材料做隔热层

常用的硬质隔热材料有：软木制品、聚苯乙烯泡沫塑料，膨胀蛭石制品，沥青膨胀珍珠岩制品等，大多是制成品。

硬质材料施工方便，还可在现场用切、锯等方法加工成所需要的形状和尺寸。

硬质隔热材料容易在被隔热物外表面上固定；直径小于 300 mm 圆筒形设备和管道上敷设硬质材料时，多用铁丝绑扎，每隔 300～500 mm 一道箍(参考图 9-3-1)。在平壁和圆筒直径较大的圆筒形设备上敷设硬质材料时，多用黏合剂粘贴，在两层硬质材料之间也用黏合剂粘贴。有时还须增加一些固定措施，如在直径高大的圆筒设备上、顶板上等处，根据情况增加铁丝网包络，或用铁丝在事先埋设的木砖上缠绕固定。大部分的材料都可用石油沥青做黏合剂，如软木、膨胀蛭石制品、沥青膨胀珍珠岩制品等。

采用聚苯乙烯泡沫塑料做隔热层时，根据需要可选用其成型制品(板或管壳)，少量特殊尺寸，也可在现场用电热切割，以 19 号电阻丝通 5～12 V 低压电源一般温度控制在 200～250 ℃为宜。

聚苯乙烯泡沫塑料粘合时，目前使用较普通的黏粘合剂是沥青胶和 101 胶，其配方如下：

石油沥青：100 份(重量)

汽　　油：30～60 份(重量)

在水浴中加热到 80～90 ℃即溶化，涂在粘合表面上用力压紧，待沥青冷却后，便可粘好。

101 胶(聚胺酯予聚体)可使聚苯乙烯泡沫塑料与混凝土、钢板、木材、塑料粘合，其配方为：

101 胶水　　　　100 份(重量)

500 号白水泥　　100～200 份(重量)

将胶水和水泥搅拌均匀，涂在粘合的表面上，24 h 即达到应有强度。

101 胶具有吸湿性，水泥起加速固化作用，所以配制后 2 h 要用完；另外，500 号白水泥可用 500 号普通水泥代替，性能无多大差别。

2.采用半硬质材料做隔热层

常用的半硬质材料有：酚醛树脂或沥青为黏合剂制成的玻璃棉制品、矿渣棉制品、火山岩棉制品，制品形式：板材或管壳。

半硬质材料一般不能用胶合法固定，因为材料本身是由纤维状材料用黏合剂粘结在一起制成的制品，胶合后受外力，隔热材料与胶结合表面上的一层纤维状材料，容易从制品上剥离，从而胶合不牢。

半硬质材料多用铁丝和铁丝网固定；在管道及圆筒形设备上敷设半硬质材料时，可视被隔热物体的直径大小采用不同粗细的铁丝绑扎，绑扎方法与硬质材料相同(参考图 9-3-2)。由于半硬质材料稍有弹性，所以在直管段上不需要留伸缩缝；为防止隔热层外面的防潮层破坏，一般还要在防潮层外面做一层硬的有机械强度的保护层，保护层可采用金属皮或石棉青，而不采用玻璃布做保护层。

3. 采用软质材料做隔热层

软质材料质地软，有弹性，无抗压强度，大多制成卷材的形式。软质卷材可分为两类：一类是制品——牛毛毡和羊毛毡，这类制品其容重已达要求，在施工时不需要为增加重量而进一步压缩体积，但在包缠时应尽量抽紧，为了便于包缠，可剪成宽 150～250 mm 的条，呈螺旋形缠绕，每圈应叠压一半，收口处用 1.2 的退火镀锌铁丝扎紧。

另一类是半制品——沥青或酚醛树脂为粘结剂的矿渣棉、玻璃棉毡、火山岩棉毡等，这一类半制品在施工时需要压缩其体积，使其达到导热系数最小的容量，施工时可剪成 200～300 mm 的条，成螺旋状在管道或圆筒形设备上缠绕，也可裁取适合长度，以原幅宽平包，不论哪种形式，都要压缩包缠，然后用铁丝网压紧，再以∅1.2～2 的退火镀锌铁丝扎好，包缠好隔热材料的容重，应符合设计要求，其结构可参考图 9-3-4。

4. 采用散料做隔热层

散料大致可分颗粒状散料和纤维状散料两类。颗粒状散料有：膨胀珍珠岩、软木碎料、谷壳等。纤维状散料有：矿渣棉、玻璃棉、火山岩棉等。

采用散料做隔热层时，施工单位应尽力创造条件参考其工艺要求将散料自行加工成制品或半制品，以保证工程质量，提高工作效率。若散料不能自行加工，一般则使用填充式结构，即用砖、木板、铁皮、铁丝网、混凝土等材料做成外壳，并根据防潮的需要可事先做好防潮层，然后在外壳所形成的空间，充填散装隔热材料，充填时应以压、捣、填塞等方法务使材料能均匀地充满空间，并达到规定的容重。

由于我国隔热材料工业的发展，隔热材料的制品种类日益增多，近年来除一些中小型冷库还使用稻壳等做充填式隔热层外，一般作其他用途的制冷设备和管道，已很少用稻壳等散装隔热材料。

5. 采用聚氨酯泡沫塑料（现场发泡、喷涂或灌注）做隔热层。

聚氨酯泡沫塑料现场发泡、喷涂或灌注的工艺并不复杂，其优点是施工效率高，易于达到质量要求。用这种方法施工的隔热层，泡沫塑料能自贴于金属、木材、水泥、砖等表面，而不需其他支撑物，表面为一整体，没有接连，特别适合于形状不规则的部位。

聚氨酯泡沫塑料施工方法有灌注法和喷涂法。灌注法首先是在温室下搅拌液体原料，使其混合反应，然后很快灌注在需要成型的空间，在 5～10 s 内发泡而成泡沫塑料，并固化成型。喷涂法是反应物从混合器（喷枪）喷出（呈雾状），像喷漆一样，把混合物一层一层喷在需要隔热的物体表面上，这样可使任意厚度的泡沫塑料紧紧粘附于水平或垂直面上，而形成隔热层。

以上两种方法的配方基本上是一样的，使用喷涂法时发泡应快一些，以免滴漏而造成浪费，使用灌注法时发泡应慢一些，以便有足够的操作时间。

采用这种材料现场发泡，必须做好安全防护措施，喷涂操作空间要有通风换气设备，操作人员须带上通气面罩，在室外操作时也应戴具有活性炭过滤的防毒口罩，以免呼吸有毒气体。

关于聚氨酯泡沫塑料具体施工方法，一般可参照生产单位的《硬质聚氨酯泡沫塑料喷涂工艺规程》在现场施工。

6.隔热层的加固措施

在高大的设备和很大的垂直管上敷设隔热层，还应采取一些加固措施，以防止材料所受压力超过其抗压强度，通常的办法是采用金属和其他材料制成加强环或支承环，以托住上部的隔热材料。

图 9-3-1 为加强圈的结构图，图 9-3-2 是一种典型的隔热结构，采用硬质或半硬质材料做隔热层，用∅1.2 退火镀锌铁丝绑扎，用玻璃布及沥青玛碲脂作防潮层，以 δ=0.5 mm 钢板制成的金属皮作保护层；以 δ=0.5 mm 钢板制成的金属扎带来固定保护层，该图所示为垂直管道上隔热结构，采取了加固措施，每 3～6 m 设置了加强环。此外，该图还表示了支承圈的安装位置，支承圈的结构见图 9-3-3。

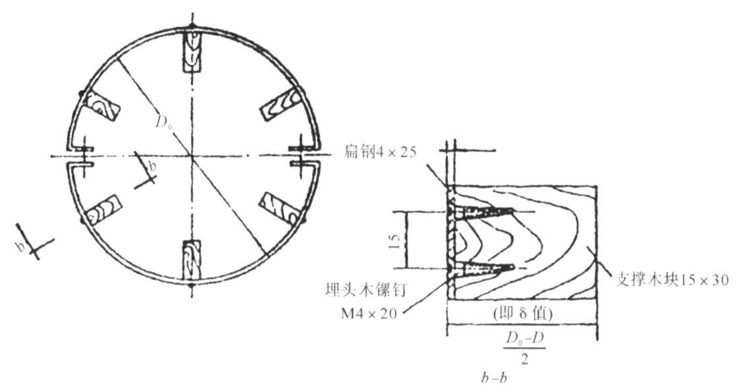

图 9-3-1　加强环的结构

D_0——隔热层外径；D——管道外径；δ=隔热层厚度

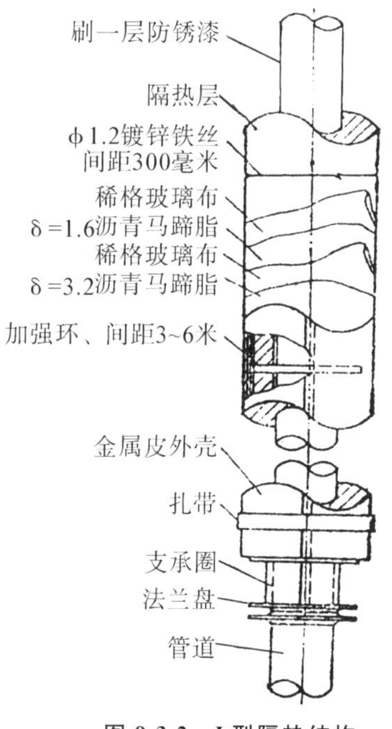

图 9-3-2　I 型隔热结构

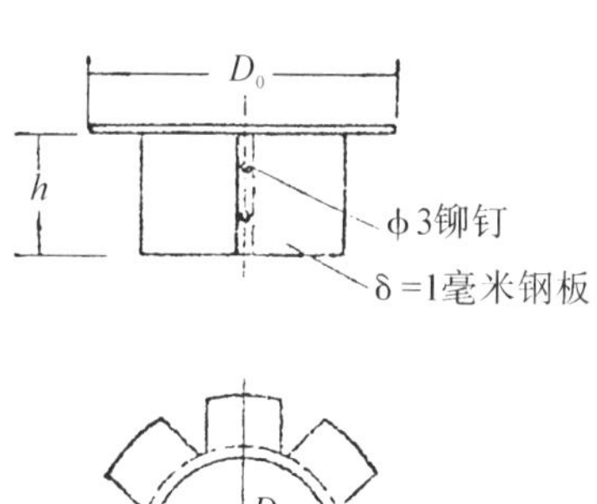

图 9-3-3　支承圈的构造

图 9-3-4 是第二种典型结构，隔热层软质材料，故需铁丝网包捆压缩，使之达最大容重。

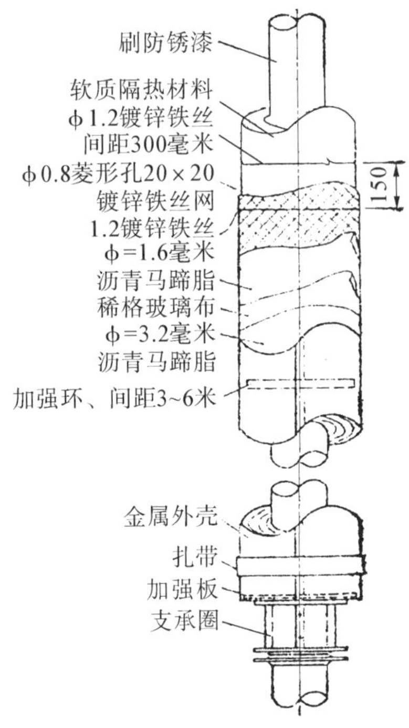

图 9-3-4　Ⅱ型隔热结构

图 9-3-5 是第三种典型的隔热结构，隔热层采用硬质材料，保护层采用玻璃布外涂油漆。

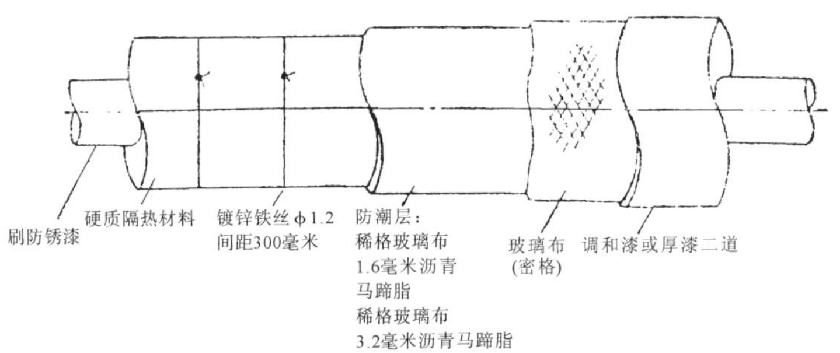

图 9-3-5　Ⅲ型隔热结构

（三）防潮层

为防止隔热层受潮，影响隔热效果，设置防潮层是非常重要的，防潮层应设在隔热层温度高的一侧。

常用的防潮材料有两种：一种以沥青为主的防潮材料，另一种是以聚乙烯薄膜作防潮材料。以沥青为主要材料的防潮层，施工比较麻烦，但防潮性能好，易于达到质量要求。以聚乙烯薄膜作防潮层，是用贴合剂(胶)来粘结聚乙烯薄膜，工作是在常温下进行的，施工条件好，十分方便。

以石油沥青为主体的防潮材料，在平壁上做防潮层，可采用石油沥青油毡，并用相应型号的石油沥青调配的石油沥青玛碲脂（即沥青胶）粘贴；冷库等低温建筑物的防潮层是敷设在围护结构上，而箱、槽等隔热结构与冷库有些不同，防潮层是敷设在隔热层上，因此，防潮层要紧贴隔热层，不得有空泡、越壳等现象。

关于管道及圆筒设备也是以隔热层作敷设防潮层的基体，亦即敷设在隔热层的外面，如果所采用的隔热材料是软木制品或带有玻璃布贴面的玻璃棉、矿渣棉制品时，则在隔热层绑扎紧固后，就可涂刷防潮层的第一层沥青玛碲脂；如果所采用的隔热材料未带贴面层而又不易粘含上玛碲脂的玻璃棉、矿渣棉、火山岩棉类的制品，则应在隔热材料外边包缠一层玻璃布，再涂刷防潮层的第一层玛碲脂。

若使用热沥青玛碲脂，须在熔化状态下（约 180 ℃）使用，第一层涂刷厚度约 1.5～2 mm，涂刷方向应与基底上的玻璃布缠绕方向一致，并趁这层沥青玛碲脂未干之前，缠绕作为防潮层胎布的玻璃布。然后迅速涂刷第二层沥青玛碲脂，厚度约为 3～3.5 mm，若一遍不能这样厚，可分二次涂刷，待自然风干后，就形成了以玻璃纤维纱为骨架的、光滑的防潮层。

（四）保护层

防潮施工完毕才能敷设保护层，保护层的主要作用是保护防潮层和隔热层不受机械损伤，常用作保护层材料的有以下几种：

1. 金属板保护层

一般采用镀锌薄钢板或黑薄钢板（俗称黑铁皮），也可用铝板。

用金属薄板作保护层时，按设计图纸要求，需要将薄板加工成一定形状；为增加保护壳的刚度，还需要在保护壳的某些部位，压出半圆弧形的肋。凡用黑铁皮制成的保护壳在内外表面都要涂刷一层防锈漆，然后才可进行安装。

圆形设备和管道上敷设保护层时，应使用箍紧器，拉紧保护壳，使之紧紧贴在防潮层上，并以扎带扎紧，扎带应当用与保护壳相同的材料制成。

两段保护壳搭接时，环向搭接长度为 30 mm，纵向搭接长度不得小于 30 mm，金属保护壳的结构，见图 9-3-6。

管道上装设法兰、阀门等附件处以及管道与设备相连接的管法兰处，原则上应当与相连接的管道一样进行隔热，但是这些部位应当用金属薄板做可拆卸的隔热盒，以便拆卸这些附件时，不损坏管道上的隔热结构。

2. 涂抹料保护层

常用的涂抹料为石棉石膏，它是一般建筑用石膏与特级石棉灰或 5.6 级石棉配制，其容量比为 3∶1 或 2∶1，保护层的厚度，可根据设备和管道直径的大小，采用 10 mm 或15 mm，整个厚度分两次涂抹上去，第一道灰浆占保护层厚度的 1/5～2/5，抹上后以灰抹刮平直，第二道灰浆抹上后仍用灰板伐平，并趁灰浆未干时按螺旋形缠绕绷带，然后用软胶皮在其表面轻轻地伐平。

绷带应有 10 mm 宽的搭头。灰浆干后绷带与灰泥则深深凝结在一起，若局部绷带与灰

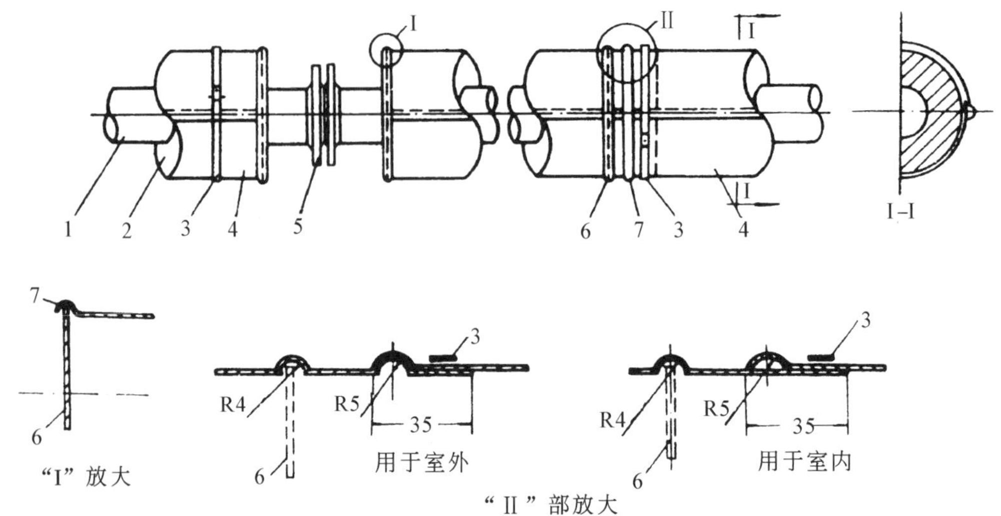

图 9-3-6 金属保护壳的结构

1.管道 2.隔热层和防潮层 3.扎带 4.保护壳 5.法兰 6.加强板 7.肋

泥末凝在一起，可用排笔刷上一些稀石膏浆水使其凝结起来。

3.玻璃布保护层

采用玻璃布做保护层，可选用 75 支纱、经纬密度每厘米 16×16 平纹或斜纹玻璃布，先将玻璃布裁成幅宽为 120 mm×250 mm 的长条，然后缠绕成螺旋状，边缠边拉边平整，并刷黏结剂粘贴，缠绕时一般应搭接其幅宽的一半，其结构可参看图 9-3-5。

玻璃布保护层施工比较方便，但由于玻璃布质地较软，常年曝晒容易断裂，故使用范围受到限制。

(五)防腐蚀及识别层

在保护层的外表应涂刷一层防腐蚀的材料作防腐蚀层，由于这一层是处于最外面，兼有识别管道内介质类别和流动方向的作用，所以兼称识别层。

采用铝板或石膏作保护层时，可不涂防腐蚀层，只需标上管道内介质类别和流动方向的标志。

当采用镀锌薄钢板做保护层时，可在外表面涂刷一层油漆；用玻璃布做保护层时，也应涂刷两道油漆，所用油漆的性质、颜色等可按工程的统一规定。

第四节 制冷装置试运转

一、制冷装置的吹污、检漏和抽空

(一)吹污

制冷装置是一个洁净、干燥而又非常严密的封闭循环系统，因而管道系统安装完毕后，为了保证装置的安全运行，首先要对系统进行吹污，目的是要将焊渣、铁屑、砂粒、铁锈等污物从系统内吹出。

吹污最好以专用的空气压缩机进行，如果没有空气压缩机也可用制冷压缩机代替，但使用时要密切注意排气温度，使之不超过 120 ℃，否则会降低润滑油黏度，造成压缩机运动部件的损坏。

1. 氨制冷装置

吹污的排出点应设在系统的最低处，如系统比较长，可采用几个排污出口，分段进行排污和检查。

吹污时以木塞（或螺栓）将排出口塞紧，然后向管内充入压缩空气，充气的同时用木槌轻击，待压缩空气上升到 0.7～0.8 MPa 时，开启排出口，随着压缩空气的排出便可将污物带出，如此反复数次，至排净管道内污物为止。

2. 氟利昂制冷装置

用干燥空气或氮气或二氧化碳对系统进行吹污工作。其吹污要求与上述相同。

待系统吹污合格后，须保持制冷装置的清洁和干燥。

（二）检漏

制冷装置吹污工作完毕后，就要检查整个系统的接口密封是否严密，这就是检漏（或称校漏）。

检漏方法一般有三种：压力检漏、真空检漏和校灯检漏。对未安装好的制冷设备或经过大修的制冷设备，一般都应通过以上三种方法进行检漏，但重点应在压力检漏上。

压力检漏就是向制冷装置充压缩气体试漏。充气压力视制冷剂种类而定，可按设计文件有关规定执行，亦可参照表 9-4-1 中所列数据进行试验。

表 9-4-1　制冷系统总体气密性试验压力

试验压力(MPa)	NH_3　R_{22}	R_{12}
低　压　侧	1.2	1.0
高　压　侧	1.8	1.6

1. 氟利昂制冷装置

对于氟利昂制冷装置的检漏工作必须十分注意，以免在制冷装置运行时发生“漏气”和“冰塞”等故障。压力检漏一般是用氮气充入制冷装置，因氮气比较干燥、不燃烧、不爆炸、无腐蚀性，价格也较便宜，是一种比较安全的气体。也可采用压缩空气或经过干燥的压缩空气。

检漏时可应用高、低压端管道上的压力表进行观察，如管道上有不能承受试验压力的部件应予拆除。

检漏时首先关闭压缩机上的吸、排气阀门及所有通向大气的阀门，打开管道上其余所有阀门，然后可在高压管道上，选用一处便于操作的任一通向大气的阀门，向系统内充入气体，当到达低压端试验压力时，停止充气并保留 24 h，压力无下降（温度影响除外）方为合格。

低压试验合格后，可关闭高低压间相连的阀门，再继续充气至高压系统压力值，然后进行高压端气密性试验。可用肥皂水涂于系统各连接处和焊接处观察是否漏气。检漏工作必须十分认真,仔细地进行,发现泄漏处以粉笔划出记号,待全部检漏完毕就进行补漏。

补漏时应将系统内的压缩氮气全部放空,让压力降低到和大气压力相等;补焊完毕需再次进行充气检漏,至整个系统不漏为止。

检漏中发现表压下降(即有泄漏)。但又找不到泄漏处,这时要考虑到以下几种可能:

(1)冷凝器氟利昂一侧向水一侧泄漏,应打开水一侧二端封盖检查。

(2)对旧系统检修,要注意低压管路隔热材料里面接头处有无泄漏。

(3)各种自动调节设备上也可能产生泄漏,如电磁阀线圈罩顶螺丝孔,压力控制器的波纹管等。

2.氨制冷装置

试验时最好用二氧化碳瓶或干燥的压缩空气向装置内部充气;如无上述设备,采用适当措施后,可用经过空机试运转合格的制冷压缩机进行,检漏结束后,必须拆机清洗。

由于压缩空气时排气温度较高,要分次进行升压,每次升压不应大于 0.5 MPa,以便冷却,每次增压还必须注意氨制冷压缩机的排气温度,使之不超过 120 ℃。

充气时可先将空气压入整个制冷装置,使空气压力达到 1.2 MPa,便可进行检漏工作。

当在低压侧压力下检漏工作合格后,则将调节站氨液总阀门关闭。然后由氨制冷压缩机将低压回路的压缩空气抽入高压回路内,当空气压力升高至 1.8 MPa 时,便可对高压回路进行检漏工作。

在旧的制冷装置中用压缩空气检漏时,必须把装置中残留的氨及油等污物全部清除干净,以免氨与空气混合遇火而引起爆炸事故。

按规定,压力试验时,系统中应承受规定压力(表 9-4-1)24 h,在前 6 h 内因系统中的气体冷却而产生的压力降,不应超过 2%,其余 18 h 应保持压力稳定。

考虑到在压力试验时,由于环境温度变化对压力值变化的影响,可以下式进行计算:

$$P_2 = P_1 \cdot \frac{273 + t_2}{273 + t_1}$$

式中:P_1——试验开始时的压力,MPa;

P_2——试验终了时的压力,MPa;

t_1——试验开始时的温度,℃;

t_2——试验终了时的温度,℃。

(三)真空试验

在压力检漏工作结束后应进行真空试验,真空试验目的:是检查系统在真空条件下的密封性,以及抽除系统内残余的气体和水分,为系统充加制冷剂准备条件(因水分在真空条件下容易蒸发成汽体而被抽除)。一般较大型制冷装置的抽空工作应采用真空泵进行,对真空度要求,氨制冷装置通常其剩余压力不应高于 10 mmHg。当系统内真空度达到要求时,先关闭与制冷装置上相连的阀门,然后再停真空泵。

真空试验须在整个系统抽到规定的真空度之后,视制冷系统规模,使系统继续运行数小时,以彻底清除系统中残存水分,然后再保持 18 h,除去因温度变化因素而引起的变动外,压力无上升,方认为合格,对于较小型或非低温氨制冷装置中,也可利用制冷压缩机本身来抽空。

二、添加制冷剂

制冷装置经过认真试验合格后，便可利用装置内的真空状态添加制冷剂。

（一）制冷剂的充入

对于新安装的制冷装置，可由高压端输入制冷剂，其操作方法如下：

1. 开启冷凝器冷却水系统，装置中阀门保持真空试验时的状态。

2. 用∅14×2 无缝钢管（充氟利昂时用紫铜管）将装有制冷剂的钢瓶接好，瓶口要向下倾斜，钢瓶与地面成 30 度角，或将钢瓶尾部垫高约 200～300 mm。添加制冷剂接管，氨系统通过加氨站，小型氟利昂可通过压缩机的吸汽阀或排气阀。

3. 开启充剂阀。当装置内达到一定压力时（氨制冷装置为 0.1～0.2 MPa，氟利昂制冷装置为 0.2～0.3 MPa）暂停充制冷剂，再在各连接处和焊接处检查一次装置的密封情况，如无渗漏，可继续充入制冷剂。

4. 关闭贮液器上的出液阀，继续充加制冷剂；当钢瓶压力与贮液器内压力达到平衡时，便开启贮液器上的出液阀。

5. 启动压缩机，使制冷装置进入运行状态，同时继续充制冷剂。当钢瓶下部出现白霜时，表示瓶内液体制冷剂已接近充完，这时候可关闭钢瓶阀和充剂阀换瓶继续充加。

6. 除非外界温度很低的情况下，充入制冷剂时一般不要采用在钢瓶上浇热水以提高钢瓶内压力的办法，因为这样做不安全；如需加快充剂速度，热水温度也不得超过 40 ℃，并严禁用其他方法对钢瓶加热。

7. 充氟利昂时必须在专用的接管上设置过滤干燥器，以确保氟利昂充入系统的干燥度。

8. 充加制冷剂达到充剂量的 90%时，可暂时停止充剂工作，而进行装置的试运转，以检查装置充剂量是否已满足装置运行的要求，避免充剂过量而造成不必要的麻烦。

对于旧的制冷装置，需要补充制冷剂时，应由低压端充入。

（二）充剂后的检漏

1. 试纸检漏法

以酚酞或石蕊试纸进行检漏，首先将试纸润湿，再以试纸接近受检处，如遇漏氨，由于氨呈碱性反应，则使酚酞试纸变红，石蕊试纸变蓝。

三、添加润滑油

润滑油与制冷剂接触时，部分润滑油随着排气而离开了曲轴箱。排油量的多少与制冷压缩机式样和曲轴箱油位高低有关；一般说，气缸小转速高的制冷压缩机，要比用排气量大、气缸转速慢的压缩机排油量多些。

由于油分离器不是百分之百完善，总有一部分润滑油随排气而进入冷凝器，最后进入蒸发器。对不溶于润滑油的制冷剂，例如氨，润滑油进入蒸发器后，就不能随回汽被带回曲轴箱，要从蒸发器放出，所以曲轴箱就必须经常加油。

对于氟制冷装置来说，例如 R_{12}，由于它溶解于润滑油中，故润滑油不可能从蒸发器放出，而是随同制冷剂同时循环于装置之中，当制冷压缩机带出的润滑油量与装置中带回的润滑油量相等时，就达到了平衡的循环，曲轴箱就不会缺油，因此，回油问题是氟利昂制冷装置设计十分重要的问题。如碰到需要添加比较多的润滑油或经常需要加油，必定是装置存在毛病，或压缩机有故障，应予以检查和排除。

制冷压缩机使用的润滑油应符合国家标准或制冷压缩机制造厂的要求，不同牌号的润滑油，一般不宜混合使用，以防变质。表 9-4-2 为符合国标的某种品牌冷冻机油的典型参数值，选用时按压缩机工况的发热程度，以最恶劣压缩发热条件对应高黏度润滑油为原则。

表 9-4-2　符合 GB/T 16630-1996 标准的某种品牌冷冻机油典型值

项目 Test Items	质量指标 Limists				典型值 Typical Data				试验方法 Test Methods
品种	L-DRA/A								
质量等级	一等品								
ISO 粘度等级(按 GB/T 3141) ISO Viscosity Grade	22	32	46	68	22	32	46	68	
运动粘度(40 ℃),mm2/s Kinematic Visosity(40 ℃),mm2/s	19.8～24.2	28.8～35.2	41.4～50.6	61.2～74.8	22.56	32.55	46.91	62.69	GB/T265
闪点(开口),℃ Flash Point(Open),℃	≮150	≮160	≮160	≮170	160	166.5	186	190	GB/T3536
倾点 ℃ Pour Point,℃ max	≯－35	≯－30	≯－30	≯－25	－40	－33	－33	－33	GB/T3535
中和值,mgKOH/g Neutralization Value,mgKOH/g	≯0.08	≯0.08	≯0.08	≯0.08	0.014	0.037	0.029	0.015	GB/T4945
水分	无	无	无	无	无	无	无	无	GB/T 260
残碳,%	≯0.10	≯0.10	≯0.10	≯0.10	0.002	0.0019	0.008	0.005	GB/T 268
灰分,%	≯0.01	≯0.01	≯0.01	≯0.01	0.0008	0.0031	0.0015	0.0024	GB/T 508
机械杂质	无	无	无	无	无	无	无	无	GB/T 511
腐蚀试验(铜片 100 ℃3h)级 Corrosion(Copper Strip, 100 ℃3hrs)Grade,max	≯1b	≯1b	≯1b	≯1b	1b	1b	1b	1b	GB/T5096
颜色号 Color mx	≯1	≯1.5	≯2.0	≯2.0	0.5	1.5	0.5	0.5	GB/T6540
氧化安定性(140 ℃ 14h) Oxidation Stability(140 ℃ 14h) 氧化后酸值 mgKOH/g Acid Number,mgKOH/g max 氧化后沉淀 % Sluge,% max	≯0.2 ≯0.02	≯0.2 ≯0.02	≯0.2 ≯0.02	≯0.2 ≯0.02	0.047 0.0044	0.067 0.0049	0.058 0.0046	0.093 0.0106	SH/T0196

现将加油的操作方法简单介绍如下：

(一)添加少量润滑油或小型压缩机添加润滑油时，可利用吸入阀多用孔道添加，其步骤是：

1. 关闭吸入阀多用孔道，用接管一端接多用孔道，另一端通到贮油容器。

2. 稍开多用孔道，以制冷剂吹尽管内空气，随即把管端揿住，不让漏气。

3. 关闭吸入阀(即开启多用孔道)，启动压缩机瞬间即停(低压控制器强迫串通，反复 2～3 次，然后运转几分钟，把曲轴箱抽成真空状态停机)。

4. 把揿住接管手指放开，油则被吸入曲轴箱。

5. 若润滑油未达到要求油位，油已不能吸入，则用手揿住管口不让漏气，启动压缩机抽真空(要注意油敲缸)后继续吸油，直至油位达到油镜的 1/3～1/2 时停止吸油。

6. 关闭吸入阀多用孔道，拆除接管，加油完毕。

（二）装有放油三通阀的压缩机，可不停车加油，步骤是：

1. 把油三通阀置于运转位置，接上加油管，油管通至盛油容器内，盛油容器的油面应高于曲轴箱油面。

2. 关闭吸入阀，使压缩机曲轴箱压力在略高于“0”MPa 情况下运行。

3. 将三通阀芯向前（右）旋转少许到放油位置，让曲轴箱内的油流出赶走管内的空气，然后迅速向（右）旋阀芯到极限位置，盛油容器的油则被泵吸入。

4. 待油加够后，将油三通阀转至运转位置。

5. 拆下油管，装上阀头，旋上帽罩，把装置调整到正常运转工况。

在加油过程中，要严防空气漏入。

四、制冷装置的试运转

由于制冷装置的类型较多，自动化、半自动化和手动操作等设计组成不同，因此应按制造厂说明书或施工设计文件中的试运转要求进行。这里仅就一般制冷装置的试运转简述如下：

（一）启动前的准备工作

1. 准备好应有的劳动保护用品，如防毒面具、橡皮手套、防火用具等。

2. 负责操作的人员，建设、安装单位的工作人员以及有关技术人员都必须到齐。

3. 测量点用的温度计和压力表应备齐，压力表阀应开启。

4. 运动部件的安全装置必须备齐，压力表阀应开启。方向及转数，必须检查测定，要符合设计要求。

5. 制冷压缩机曲轴箱油位高度，应达到刻线指标高度，油量不足要予以补充，要使机器保持良好的润滑状态。

6. 准备好记录用品，制冷装置投入运行时，每小时应全面检查记录一次。

7. 按试车规定检查调整各部位阀门的关、开情况（高压系统排气阀应打开，冷凝器贮液器管路上的阀、平衡阀均应开启。低压系统的吸气阀、手动节流阀应关闭）。

（二）制冷装置的启动和运行

需要人工启动的制冷装置，通常其启动步骤如下：

1. 启动冷却水系统：给水泵、回水泵、冷却塔、通风机等，使其投入运行。

2. 启动冷水或盐水系统：回水泵、给水泵、蒸发器、搅拌器等，使其投入运行。

3. 将能量调节的手柄移至圆盘指示位“0”位上。

4. 将补偿手柄移至启动位置，启动电动机，当电动机达到全速时，再将补偿器的手柄移至运转位置。

5. 搬动能量调节阀手柄，根据吸气压力逐步将手柄加以调整，从“0”移至“1”位。

6. 将压缩机的油压调节至比吸气压力高 0.15～0.30 MPa。

7. 根据压缩机运转情况，谨慎地开启低压吸入阀，使蒸发器压力下降到 0.15 MPa 以下；若压缩机体吸气腔不进气时，要逐渐开大吸气阀，如气缸中有冲击声，表明液体制冷剂进入吸气腔，此时应将能量调节阀移至“0”位，并立即关闭低压吸气阀，待吸入口的霜层溶化后，再小心地开启此阀，直至调整到压缩机吸气腔无液体吸入，而阀到全开状态为止。

8.制冷压缩机运转正常后，根据蒸发器的负荷逐渐开启膨胀阀调整蒸发压力，直至达到制冷装置的设计工况。

9.制冷装置在运行中还应注意以下事项：

(1)排气压力和温度

排气压力和温度应符合制冷装置的设计运行参数，R_{717}和R_{22}制冷系统的排气温度不应超过150 ℃，R_{12}制冷系统不应超过130 ℃。

(2)蒸发压力和温度

低压表的吸入压力近似于蒸发器的蒸发压力，蒸发压力和温度应符合制冷装置的设计运行参数。

(3)润滑油的温度最高不应超过70 ℃，油压应比吸入压力高0.15～0.30 MPa。

(4)制冷压缩机运行时的声响须正常；轴封不应漏油；轴封、轴承、缸盖等处无过热现象。

10.辅助设备的运行

(1)贮液器

可分为两类：高压贮液器和低压贮液器。氨用高压贮液器，在启用前及运转中，其放油阀、放空气阀应关闭；安全阀下的截止阀、压力表阀、均压阀、进氨阀和液体平衡阀应呈开启状态；液位计的均压阀应打开；制冷装置启用时即打开输液阀。

高压贮液器的贮氨量，一般应维持容积的1/3～2/3，在正常运转中液面不应有显著的波动。贮液器通常是选择在停车前及时放油和放出其中的不凝性气体。

低压贮液器上的阀门通常均呈关闭状态，只有安全阀下的截止阀和液位计的均压阀呈开启状态；当需贮液器投入运行时，应按操作规程开、关各类阀门。

(2)中间冷却器和液体分离器

在制冷装置运行中，必须保持液面在正常位置，可借助液面控制器或液面指示器观察，设备上的阀门除安全阀和放油阀之外，均应调整好呈开启状态。

(3)蒸发器

蒸发器种类比较多，对立式和双头螺旋盘管式的氨蒸发器，运行中应定期检查蒸发器水箱内水之含氨量，如有漏氨应及时处理。此外还须定期放油，放油操作应在设备停止运行后为宜，因为这时氨液已停止沸腾，冷冻油易沉在设备底部，便于放出。

蒸发器停用：首先关闭供液阀，降低蒸发器的压力至0.3 MPa以下，然后再关闭回气阀；当出水温度高达4～5 ℃左右才可停止冷水泵和盐水泵的工作，并同时停止搅拌器。

对于冷却或干燥空气的氨或氟利昂蒸发器，除安全阀和放油阀外，通常均呈开启状态。

(4)油分离器

对于氨制冷装置的油分离器，在运行中油分离器的进、排气阀和供液阀应呈开启状态，放油阀呈关闭状态。油分离器应经常放油，不停车放油时，先关闭供液阀5～10分钟，待容器底部外壳温度升至40～45 ℃时，打开放油阀，向集油器放油，在运行中应经常注意油分离器的工作情况，如系洗涤式油分离器，工作时底部温度约等于冷凝温度，运转中若发现底部发热，则说明供液不正常，或里面集有大量润滑油，此时须调整供液，或将油放入集油器中。

通常氟利昂油分离器均能自动回油，正常工作状态时，回油管时冷时热，如果回油管一直冷或一直热，则说明浮阀球失灵，须进行检修。

(5)氨用集油器

集油器内存油较多时(一般贮油量不超过70%),应放出存油;放油时首先开启降压阀,待压力接近吸气压力时,关闭降压阀静置20 min,若压力有显著上升,则重开降压阀,再静置20分钟,如此反复几次,直至压力不再上升,然后开启放油阀放油,放油后即关闭放油阀,此时集油器即处于工作状态,可接受其他设备的放油。

置于厂房内的集油器,放油时应开启通风装置,以清除泄漏于厂房内的氨气。

(6)氨用冷凝器

冷凝器使用前及正常运转过程中,其进气阀、出液阀、进水阀、均压阀和安全阀下部的截止阀都必须开启。

当冷凝器压力与出液温度相应的冷凝压力有显著出入、压力表指针剧烈摆动和排气温度高于正常温度时,说明装置内存有空气,此时应将空气排除。

(7)空气分离器

首先打开空气分离器的混合气体进入阀,使混合气体进入空气分离器内,开启回汽阀然后稍开供液膨胀阀,以冷凝混合气体中的氨气;随后稍开放空气阀,使不凝性气体通过盛有水的容器中放出。放空气结束时,首先关闭混合气体进入阀,其次关闭膨胀阀,然后关闭放空气阀和回气阀。

操作中要注意调节放空气阀和膨胀阀,膨胀阀不宜开启过大,以免氨进入压缩机汽缸而造成湿冲程。进气阀应开大一些,放空气阀则应开小些,以顺利排除不凝性气体。

(8)干燥器

氟利昂制冷装置必须设置干燥器,以吸收制冷剂中的水分和过滤杂质。干燥器安装在贮液器(或冷凝器)与膨胀阀之间的输液管上;如装置中尚设有旁通,亦可使干燥器投入运行适当时间后(视装置大小而定),再换用其旁通管路运行,考虑到制冷装置在运行中亦可能渗入湿空气,所以定期使用干燥器运行,新系统充氟利昂时,必须在充氟利昂的管路上设置专用的干燥器。

干燥器中装入的干燥剂通常是硅胶,也可用分子筛;这类干燥剂吸水能力都很强,但随着吸入水分的增加而逐渐减弱,故必须定期把干燥剂取出,加热烘干后再装入使用。

(三)制冷装置的停车

现将手动操作的一般步骤列下:

1.停车前10～30 min关闭膨胀阀,停止向蒸发器供给制冷剂,适当降低蒸发器的压力;并将贮液器上的供液总阀关闭。

2.关闭制冷压缩机上的吸入阀,使曲轴箱内压力降至0.02～0.03 MPa。

3.切断电源。待压缩机停止运转后,关闭排气阀。于10～30 min后,再关闭冷却水系统、给水泵、回水泵、冷却塔、通风机等。

4.停止冷水或盐水系统的回水泵、给水泵、搅拌器等,使冷水系统停止运行。

5.按试车规程关闭各种操作阀门。

6.在夏季,制冷装置停车后的一段时间内,须继续向冷凝器供冷却水,使冷凝压力保持一定值。冬季停车后,须放尽压缩机冷水套内的水,以防汽缸冻裂。

第五节 制冷装置的调整及冷库投产

一、制冷装置的主要参数

制冷装置的主要参数包括蒸发温度和蒸发压力，冷凝温度和冷凝压力，压缩机吸入温度和排气温度，中间冷却温度以及膨胀阀前液体制冷剂的温度等，它是制冷装置进行操作与调整的重要依据。而这些参数中，最基本的是蒸发温度和蒸发压力，冷凝温度和冷凝压力。

以上参数并不是固定不变的，是随外界条件的变化(如冷却水温度、库内热负荷等)而变化。所以制冷装置进行调整时，必须根据外界条件和装置特点，调整各运行参数，使之在最合理的数值下运行。

1. 蒸发温度 t_z 和蒸发压力 P_z

蒸发温度 t_z 是蒸发器内制冷剂在一定压力下汽化时的饱和温度。它是根据被冷却物体或冷煤的要求来确定。对于空调系统的制冷装置，它的蒸发温度一般比冷煤水的出水温度低 4～5 ℃。对于直接蒸发式冷库来说，它的蒸发温度应比库温低 5～10 ℃。

我们知道蒸发温度和它的蒸发压力是一一对应的，因此我们要了解蒸发温度的变化情况，可观察蒸发压力值的变化。蒸发压力值的大小，在不考虑回气管的阻力损失情况下(回气管阻力损失较小，一般在 0.01～0.02 MPa 左右)，就是压缩机吸气压力(即低压值)，根据低压值的变化情况，就能判断蒸发温度的变化。

关于蒸发温度在管理中不是调得越低越好，而是根据需要来决定。蒸发温度过低，会使压缩机的制冷量降低，蒸发温度过高，则不能满足系统要求。调整蒸发温度的高低，可通过调节膨胀阀的开度大小来达到，要把蒸发温度调低些，就把膨胀阀开度关小一点，反之，开大一些就能提高蒸发温度，不过膨胀阀开度过大，容易出现液击冲缸事故。

2. 冷凝温度 t_l 和冷凝压力 P_l

冷凝温度 t_l 是气体制冷剂在一定压力下，于冷凝器中凝结为液体时的温度。它的高低取决于冷却水的温度，也与冷凝器的面积和传热面的清洁程度有关。

冷凝温度与冷却水温度的关系是：

$$t_l = t_{冷} + \Delta t_1 + \Delta t_2$$

式中：$t_{冷}$——冷却水进水温度；

Δt_1——冷却水在冷凝器的温升(即进出水温差)，一般 $\Delta t_1 = 2～4$ ℃；

Δt_2——冷凝温度与冷却水出水温度之差，一般 $\Delta t_2 = 3～5$ ℃。

所以在一般情况下，冷凝温度比冷却水进水温度高 5～9 ℃。

冷凝温度 t_l 与冷凝压力 P_l 也是一一对应的。冷凝温度较低，冷凝压力也低。冷凝压力就是压缩机的排气压力(在考虑到阻力损失的情况下，排气压力比冷凝压力稍高一些，一般阻力损失在 10% P_l 以下)，所以冷凝温度的高低，决定了排气压力的高低。如果冷凝温度过高，则会引起排气温度和压力的升高，这对压缩机运行极不安全，因此要适当控制冷凝温度。

按照规定 R_{22} 和氨制冷装置的冷凝温度不得超过 40 ℃，最好不超过 38 ℃。R_{12} 制冷装置的冷凝温度不得超过 50 ℃，最好在 40 ℃以下。

3. 压缩机的吸气温度

压缩机吸气温度是指吸入阀处的制冷剂温度。从理论上讲，压缩机吸入没有过热的饱和气体时效率最大，但是为了保证压缩机的安全运转，防止液击冲缸现象，使回气管的隔热造价不致过高，吸气温度要比蒸发温度高一些，也就是使制冷剂气体成为过热气体；过热度随回气管的长短，隔热情况和制冷装置的型式而定，一般较蒸发温度高 5～10 ℃。

压缩机吸气过热度过高，排气温度也随之上升，致使制冷量下降；吸气过热度过低，有时制冷剂就有可能没有完全汽化，压缩机可能吸入过湿蒸汽，两者都是不利的，应尽力避免。

4. 压缩机的排气温度

压缩机的排气温度是指排气阀处的制冷剂温度。排气温度与压缩比 P_l/P_z、吸气温度有关。

排气温度过高，就会使润滑油温度升高，黏度下降，容易造成运动部件的损坏，当排气温度升高到接近润滑油闪点时，使部分润滑油碳化，以致在阀片上产生结碳现象。

为了保证压缩机的安全运转，要求 R_{12} 系统排气温度不能超过 130 ℃，R_{22} 和氨系统不能超过 150 ℃。

5. 再冷却温度

液体制冷剂在定压下进行过冷却后的温度称为再冷却温度；也就是使它有一定的过冷度，常采用套管式再冷却器。套管式再冷却器是由一个或几个管组组成，制冷剂在管间流动，逐层流到下面，而冷却水在管内自下而上流动。为使液体制冷剂被冷却到尽可能低的温度，再冷却器应采用新鲜水或深井水，再冷却温度应较冷却水进入温度高 1.5～3 ℃。对于双级压缩机，液体制冷剂经过中间冷却器的冷却盘管，它的再冷却温度较中间冷却器高 5 ℃。

6. 中间温度

双级压缩低压级机排出的过热气体，在中间冷却器中冷却，其相应的冷却温度称为中间温度。

双级压缩机的中间冷却温度与高、低压压缩机的容积比、冷凝温度和蒸发温度等有关，如其中一个参数改变，中间温度也将变动。

中间压力取决于高低压压缩机输气量；当高压级压缩机吸气量愈大时，中间压力与温度愈低，相反如低压级压缩机吸气量愈大时，中间温度与压力愈高。一次节流双级压缩机制冷装置其容积比一般以 1∶3 配置较为合理和经济。

在既定的制冷装置中，当蒸发温度，冷凝温度和高压级压缩机容积不变时，若增加低压级压缩机容量，即增加了低压级压缩机制冷剂循环量，故使双级压缩机制冷量增加，在这种情况下，若中间压力和温度不改变，高压级压缩机的容量必然过小，于是中间压力与温度自行上升趋于平衡；因为当中间压力与温度自行上升后，低压级压缩机的压缩比增大，输气系数降低，而高压级压缩机的情况正好相反，其压缩比减少，输气系数提高。中间压力与温度升高后，中间冷却器内汽体比容减小，使高压级压缩机的制冷剂循环量和制冷量增加，因而自行趋于平衡。

其他条件不变，增加高压级压缩机的容量，也可以得到类似的自平衡效果。

冷凝温度、蒸发温度对中间压力与中间温度的影响，也是通过压缩比 P_l/P_z 的改变而引起的。在既定的高低压压缩机容积比和蒸发温度时，若冷凝温度改变，就等于高压级压缩机的压缩比改变，从而使中间温度上升或下降；低压级压缩机输气系数和制冷量也变动，高低压压缩机间的制冷量自行平衡。如果高低压压缩机容积比和冷凝温度不变，蒸发温度改变则产生类似的结果。

从以上分析可知，双级压缩机在运转中的中间温度和压力，是随高低压气缸工作容积，冷凝压力与蒸发压力改变而变化。因此操作中不能随意调整中间压力，而只能控制中间冷却器的液面高度，使低压级压缩机排入的过热气体冷却为饱和汽体，以维护压缩机的正常运转。

二、制冷装置的调整

(一)制冷压缩机的调整

压缩机的容量和数量是根据冷库生产规模的最大热负荷并考虑了各种制冷参数的情况进行配置的，在实际生产中，不可能与设计条件完全一致，须进行选用和调整，其要点如下：

1. 根据库房热负荷和蒸发器的制冷能力来选开压缩机，使投入运行的压缩机制冷能力与热负荷及设备的制冷能力相适应。例如，当库房进货热负荷增大时，蒸发温度和蒸发压力大大升高，原运行的压缩机负荷也增大，甚至过载，这时就须增加压缩机容量。反之，若热负荷很小，蒸发温度过低，就要减少压缩机的容量，必要时可以暂停压缩机运转。

2. 如所要求的蒸发温度比较高，而实际冷凝温度又较低时，可采用单级压缩制冷；反之，则需用双级压缩制冷。一般当压缩比小于 8 时，采用单级压缩，压缩比等于或大于 8 时，采用双级压缩。

3. 使每一台运转的压缩机尽可能只负担一种蒸发温度的热负荷，这样能得到较好的制冷效果。

4. 双级压缩机或双级压缩机组，可根据中间温度、冷凝温度、蒸发温度情况，合理调整高低压压缩机的容积比。

(二)制冷装置的调整

主要是在库房热负荷发生变化时，对制冷剂供液量及蒸发器面积作适当调整，与压缩机一起来控制适当的蒸发温度。另外，根据压缩机的排气量及冷却水情况，对冷凝器作适当调整，以控制冷凝温度。

1. 制冷剂供液量及蒸发面积的调整，当库房进货时，应使库房的蒸发面积全部投入运行，但此时货物散出的热量，仍有可能大于蒸发器的吸热量，致使空气温度上升，温差增大，制冷剂呈现强烈泡沫沸腾状态，易使压缩机吸入湿蒸汽形成湿冲程。所以对热负荷变动较大的冻结间和冷却间，一般在货物冷加工接近终了时，便停止供液，降低蒸发器内的液面，减少空气与制冷剂实际热交换面积，以利于下批货物入库时的安全操作。

随着冷加工过程的进行，制冷剂沸腾状态相对减弱，这时为了使压缩机不吸入过热汽体，则需对蒸发器增加供液量。

另外，库房温度和蒸发温度也将随热负荷的减少而降低，制冷剂的蒸发量也随之减少。这时就要减少对蒸发器的供液。因此供应液量要根据库房温度和蒸发温度的差数，以及压缩机的吸气温度等情况来调整。

在整个系统中，可以通过调整投入运行的蒸发面积来控制蒸发温度和吸气温度。当然，在生产过程中还要根据制冷机构和设备的能力来控制热负荷。以保证制冷装置的正常运转。

2.冷凝器的调整

在正常负荷下，冷凝器应全部投入运行。仅在冬季水温较低，库房热负荷较少，冷凝温度也低的情况下，可适当减少运行冷凝器的数量。

三、冷库的降温和试生产

(一)冷库的降温

冷库土建工程全部竣工，混凝土达到充分强度。制冷装置已经加氨。机器经过试车，设备和管道隔热工程也已完成后，冷库才可以降温。

为使建筑结构适应温度变化以及建筑物内的游离水分在降温过程中逐渐向外挥发，冷库投产降温必须逐渐缓慢地进行。

冷库各楼层房间应同时全部降温，以使主体结构及各部分建筑构造的温度应力和干缩率保持均衡，避免建筑物产生裂缝。

冷库在投产前，应进行空库运转，空库运转一次约控制在三十天左右，关于降温幅度，可按如下规定进行。

1. +5 ℃以上，每天降温 2～2.5 ℃。

2. +5～±0 ℃，每天降温 1 ℃。当库房温度降至+4 ℃时，应暂停降温，保持+4 ℃5～7 天，以利库房结构中游离水分尽量被冷却设备抽析出来，减少冷库的隐患。

3. ±0～−4 ℃，每天降温 0.5～1 ℃。

4. −4～−18 ℃，每天降温 1～1.5 ℃。

5. −18～−23 ℃，每天降温 2 ℃。

6. 库温达到设计温度后，应停机封库保温 24 h 以上，观察及记录库房自然升温情况及保温效果。

新库在降温过程中因受到进度限制，在较长一段时间内回汽压力较高，只宜用单级机降温，待库温降到−10 ℃以下时，才能用双级机组降温。

(二)冷库的试生产

冷库降温情况良好，库温达到设计要求，机器设备运行正常，冷库便进行试生产。

试生产是从基建完成到正式投产的过渡和准备，冷库试生产时，不仅要求制冷装置良好，还应保证有充分的电量和水量，有一定的货物堆放整理场地，以及各种生产设备。

除生产设施的准备外，还应有一定数量的技术工人，并建立好适应生产的组织机构。在试生产过程中应建立和完善必要的操作规程和有关制度，以保证投产后的正常生产。

附录 1 **各主要城市部分气象资料**

地名	台站位置			室外计算温度(℃)		夏季空气调节室外计算湿球温度	室外计算相对湿度(%)		极端最低温度(℃)	极端最高温度(℃)	最大冻土深度(cm)	大气压力(kPa)	
	北纬	东经	海拔(m)	夏季通风	夏季空气调节日平均		最热月月平均	夏季通风				冬季	夏季
北京市													
北京	39°48′	116°28′	31.2	30	29	26.4	77	63	−27.4	40.6	85	102.391	100.125
密云	40°23′	116°50′	71.6	29	29	26.1	77	62	−27.3	40.0	69	101.725	99.592
天津市													
天津	39°06′	117°10′	3.3	30	29	27.2	79	66	−22.9	39.7	69	102.658	100.525
武清	39°24′	117°06′	6.1	30	29	27.0	79	65	−22.0	39.9	62	102.658	100.525
塘沽	38°59′	117°43′	5.4	29	29	26.7	78	69	−18.3	39.9	59	102.658	100.525
上海市													
上海	31°10′	121°26′	4.5	32	30	28.3	83	67	−9.4	38.9	8	102.658	100.525
崇明	31°37′	121°27′	2.2	31	30	28.0	85	73	−10.5	36.9	—	102.658	100.525
松江	31°00′	121°15′	4.3	31	30	28.5	85	72	−9.2	38.2	—	102.658	100.525
金山	30°54′	121°10′	4.0	32	30	28.2	85	71	−9.2	38.3	9	102.658	100.525
重庆市													
重庆	29°31′	106°29′	351.1	32	32	26.7	74	57	−1.8	40.2	—	97.992	96.392
涪陵	29°45′	107°25′	273.0	33	33	27.2	74	54	−2.7	42.2	—	99.058	97.192
万县	30°48′	108°25′	186.7	33	32	28.5	80	57	−3.7	42.1	—	100.125	98.258
河北省													
石家庄	38°04′	114°26′	81.8	31	30	26.7	75	55	−26.5	42.7	53	101.725	99.592
保定	38°50′	115°34′	17.2	31	30	26.9	75	61	−23.7	43.3	55	102.525	100.258
唐山	39°38′	118°10′	25.9	29	28	26.3	79	64	−21.0	38.9	73	102.391	100.258
承德	40°58′	117°50′	375.2	28	27	24.3	72	57	−23.3	41.5	126	98.125	96.258
邯郸	36°36′	114°30′	57.2	32	31	27.6	75	53	−19.0	42.5	37	101.991	99.725
张家口	40°47′	114°53′	723.9	28	27	22.4	67	51	−26.2	40.9	132	93.992	92.392
秦皇岛	39°51′	119°37′	1.8	28	27	25.8	80	71	−21.5	39.9	80	102.658	100.525
邢台	37°04′	114°30′	76.8	31	30	27.4	76	56	−22.4	41.8	44	101.725	99.592
沧州	38°20′	116°55′	11.4	30	30	27.4	77	63	−20.6	42.9	52	102.658	100.391
遵化	40°12′	117°57′	54.9	29	28	26.3	79	64	−25.7	40.3	106	101.991	99.858
昌黎	39°43′	119°10′	13.3	29	28	26.3	80	67	−20.9	40.3	72	102.391	100.391
定县	38°31′	115°01′	54.5	31	30	27.1	76	58	−20.3	42.4	59	101.991	99.858
山西省													
太原	37°47′	112°33′	777.9	28	27	23.3	71	57	−25.5	39.4	77	93.325	91.859
运城	35°02′	111°00′	367.8	32	32	26.2	70	50	−18.5	42.7	43	98.258	96.258
大同	40°06′	113°20′	1 067.6	26	25	20.7	66	50	−29.1	37.7	179	89.859	88.792
长治	36°12′	113°07′	926.5	27	26	23.1	76	57	−29.3	37.6	73	91.592	90.392
临汾	36°03′	111°30′	449.0	31	30	25.5	70	50	−25.6	41.9	62	97.192	95.325
侯马	35°39′	111°22′	434.4	31	30	25.8	72	55	−20.1	42.0	56	97.458	95.592
阳泉	37°51′	113°33′	741.9	29	28	23.4	71	51	−19.1	40.2	68	93.592	91.859
离石	37°30′	111°06′	950.8	27	26	21.9	68	53	−24.4	38.9	95	91.326	89.992
隰县	36°47′	110°54′	1 206.2	26	25	21.5	72	54	−24.0	36.1	103	88.392	87.459
忻县	38°25′	112°43′	791.1	28	26	23.4	73	55	−27.8	38.8	88	93.192	91.726
五寨	38°56′	111°49′	1 400.0	25	23	19.7	70	51	−38.1	35.2	140	86.393	85.593
兴县	38°28′	111°08′	1 012.6	28	27	22.0	62	48	−29.3	38.9	111	90.392	89.459
榆社	37°04′	112°59′	1 041.4	27	25	22.0	72	54	−24.1	37.0	76	90.259	89.192
内蒙古自治区													
呼和浩特	40°49′	111°41′	1 063.0	26	25	20.8	65	50	−32.8	37.3	120	90.126	88.926
锡林浩特	43°57′	116°04′	989.5	25	25	19.8	62	44	−42.4	38.3	289	90.526	89.592
磴口	40°20′	107°00′	1 055.1	28	28	21	53	37	−32.4	38.2	108	90.259	88.926
博克图	48°46′	121°55′	738.7	23	21	19.4	79	57	−37.5	35.6	250	92.925	92.259
赤峰	42°16′	118°58′	571.1	28	27	22.5	66	49	−31.4	42.5	201	95.459	94.125

续表

地　　名	台站位置			室外计算温度(℃)		夏季空气调节室外计算湿球温度	室外计算相对湿度(%)		极端最低温度(℃)	极端最高温度(℃)	最大冻土深度(cm)	大气压力(kPa)	
	北　纬	东　经	海拔(m)	夏季通风	夏季空气调节日平均		最热月月平均	夏季通风				冬　季	夏　季
集　　宁	40°58′	113°03′	1 416.5	24	23	19.2	65	49	−33.8	35.7	191	85.993	85.326
海 拉 尔	49°13′	119°45′	612.9	25	23	19.9	72	48	−48.5	36.7	241	94.659	93.459
通　　辽	43°36′	122°16′	178.5	28	27	24.3	73	57	−30.9	39.1	149	100.258	98.392
乌兰浩特	46°05′	122°03′	274.7	26	26	22.7	71	52	−33.9	39.9	245	98.925	97.325
满 州 里	49°34′	117°26′	666.8	24	23	19.3	71	54	−42.7	37.4	257	94.125	93.059
二连浩特	43°39′	122°00′	964.8	28	27	19.2	49	36	−40.2	39.6	337	91.059	89.859
正镶白旗	42°18′	115°00′	1 345.6	23	23	18.6	66	48	−35.1	34.9	285	86.659	85.993
四子王旗	41°33′	111°38′	1 489.1	24	23	18.4	61	42	−38.8	34.5	250	85.059	84.393
内蒙古自治区													
正 蓝 旗	42°15′	115°59′	1 300.1	23	22	18.9	71	53	−35.4	33.6	—	87.059	86.526
多　　伦	42°11′	116°28′	1 245.4	23	22	19.4	73	53	−39.8	35.4	198	87.726	87.059
包头麻池	40°36′	109°50′	1 044.2	27	26	21.0	59	40	−31.4	38.4	175	90.392	89.059
阿拉善左旗	38°50′	105°40′	1 561.4	25	27	19	45	33	−31.4	36.6	—	84.526	83.993
乌　　海	39°54′	106°48′	1 093.4	29	29	20.9	45	32	−28.6	39.4	178	89.726	88.526
苏尼特右旗	42°43′	112°42′	1 102.0	27	27	19.2	50	37	−35.8	37.8	250	89.459	88.392
额济纳旗	41°14′	101°34′	956.0	31	30	20.5	36	25	−35.3	41	—	91.592	89.992
辽 宁 省													
沈　　阳	41°46	123°26′	41.6	28	28	25.5	78	64	−30.6	38.3	148	102.125	99.992
本　　溪	41°19′	123°47′	212.8	28	28	24.4	75	62	−32.3	37.3	149	100.525	98.658
锦　　州	41°08′	121°07′	66.3	28	27	25.4	79	66	−24.7	37.3	113	101.725	99.725
营　　口	40°40′	122°12′	3.5	28	28	25.5	78	67	−27.3	35.3	111	102.658	100.525
丹　　东	40°03′	124°20′	15.1	27	26	25.1	86	75	−28.0	34.3	88	102.391	100.525
大　　连	38°54′	121°38′	93.5	26	26	25.1	84	77	−21.1	35.3	93	101.325	99.458
抚　　顺	41°50′	123°54′	81.7	28	27	25.2	79	64	−35.2	36.9	143	100.925	99.325
盘　　锦	41°11′	122°01′	4.6	27	27	25.4	81	69	−28.2	35.2	117	102.525	100.525
鞍　　山	41°07′	122°55′	21.6	29	28	25.5	77	64	−30.4	36.9	118	102.391	100.258
海　　城	40°53′	122°43′	25.1	28	28	25.5	78	67	−33.7	36.5	118	102.258	100.258
绥　　中	40°21′	120°21′	15.2	27	27	25.8	82	71	−26.3	39.8	125	102.525	100.525
岫　　岩	40°17′	123°17′	79.3	27	26	25.0	85	70	−31.5	37.3	99	101.591	99.725
锦　　西	40°44′	120°53′	17.5	27	27	25.1	82	69	−25.0	41.5	112	102.391	100.258
熊　　岳	40°10′	122°09′	20.4	28	27	25.5	78	68	−28.5	36.6	105	102.391	100.258
凤　　城	40°28′	124°04′	73.1	27	26	25.1	85	70	−32.6	36.7	114	101.591	99.725
吉 林 省													
长　　春	43°54′	125°13′	236.8	27	26	24.2	73	63	−36.5	38.0	169	99.458	97.725
四　　平	43°11′	124°20′	164.2	27	27	24.5	78	64	−34.6	36.6	145	100.391	98.658
延　　吉	42°53′	129°28′	176.8	26	25	24.0	81	66	−32.2	37.1	200	99.992	98.658
通　　化	41°41′	125°54′	402.9	26	25	23.4	80	64	−36.3	35.0	118	97.458	95.992
双　　辽	43°30′	123°32′	114.9	28	26	24.7	77	60	−35.0	36.7	132	101.058	99.192
安　　图	42°32′	128°15′	591.4	25	23	22.8	85	66	−42.6	34.4	186	95.059	94.125
白　　城	45°38′	122°50′	155.4	27	27	24.0	74	55	−36.0	40.6	243	100.391	98.659
敦　　化	43°22′	128°12′	523.7	24	23	22.6	83	68	−38.3	33.4	177	95.725	94.659
松　　江	42°32′	128°15′	591.4	25	23	22.8	85	66	−42.6	34.4	186	95.059	94.125
长　　白	41°21′	128°12′	711.2	24	22	21.2	84	63	−35.9	33.2	—	89.859	89.459
海　　龙	42°32′	125°38′	339.9	26	25	23.8	81	65	−38.4	36.1	152	98.125	96.658
吉林九站	43°57′	126°28′	183.4	26	26	24.6	80	65	−40.2	36.6	190	100.125	98.525
黑龙江省													
哈 尔 滨	45°41′	126°37′	171.7	26	26	23.9	77	62	−38.1	36.4	197	100.125	98.392
海　　伦	47°26′	126°58′	239.4	25	24	22.8	78	54	−38.4	37.0	231	99.058	97.725
齐齐哈尔	47°23′	123°55′	145.9	27	26	23.1	74	54	−39.5	39.9	186	100.391	98.792
牡 丹 江	44°34′	129°36′	241.4	26	25	23.6	77	58	−38.3	36.5	189	99.192	97.858

续表

地　　名	台站位置			室外计算温度(℃)		夏季空气调节室外计算湿球温度	室外计算相对湿度(%)		极端最低温度(℃)	极端最高温度(℃)	最大冻土深度(cm)	大气压力(kPa)	
	北　纬	东　经	海拔(m)	夏季通风	夏季空气调节日平均		最热月月平均	夏季通风				冬　季	夏　季
佳木斯	46°49′	130°17′	81.2	26	26	23.5	80	65	−41.1	35.4	200	101.058	99.591
爱　辉	50°15′	127°27′	165.8	25	24	22.2	80	66	−40.7	37.7	298	99.992	98.525
鸡　西	45°17′	130°57′	233.1	26	25	23.3	77	58	−35.1	37.1	255	99.192	97.858
伊　春	47°43′	128°54′	231.3	25	24	22.4	79	62	−43.1	34.4	290	99.192	97.858
安　达	46°24′	125°21′	150.5	27	26	24.1	74	60	−37.3	38.2	207	100.391	98.658
呼玛漠河	53°29	122°21′	279.6	24	21	20.7	80	59	−52.3	35.5	—	98.658	97.058
北　安	48°17′	126°31′	269.7	25	24	22.2	79	63	−42.2	37.6	250	98.658	97.325
鹤　岗	47°22′	130°20′	227.9	24	25	22.4	79	65	−33.6	35.4	238	99.058	97.858
铁　力	46°59′	128°01′	210.5	25	24	23.0	80	64	−42.6	34.2	167	99.458	97.992
绥芬河	44°23′	131°09′	496.7	23	23	22.3	83	66	−37.5	34.6	216	95.859	95.059
陕西省													
西　安	34°18′	108°56′	396.9	31	31	26.6	71	57	−20.6	41.7	45	97.858	95.859
榆　林	38°14′	109°42′	1 057.5	28	26	21.7	62	45	−32.7	38.6	147	90.259	89.059
延　安	36°36′	109°30′	957.6	28	26	23.0	73	53	−25.4	39.7	79	91.326	89.992
略　阳	33°19′	160°09′	793.8	28	27	24.7	78	61	−9.8	36.4	11	93.059	91.726
汉　中	33°04′	107°02′	508.3	29	29	26.5	81	65	−10.1	38.0	—	96.392	94.792
铜　川	35°05′	109°04′	978.9	28	27	23.4	73	56	−18.2	37.7	54	91.059	89.859
陇　县	34°54′	106°50′	850.0	28	27	23.4	74	57	−17.0	40.3	28	91.726	90.259
渭　南	34°30′	109°28′	348.4	31	31	26.3	71	58	−15.8	42.2	20	98.258	96.258
宝　鸡	34°21′	107°08′	616.2	30	29	24.8	70	54	−16.7	41.4	26	95.325	93.592
凤　县	33°57′	106°36′	970.0	28	25	23.2	77	58	−15.5	37.3	32	90.659	89.459
安　康	32°43′	109°02′	328.8	31	31	27.1	74	59	−9.5	41.7	7	98.658	96.658
华　山	34°29′	110°05′	2 064.9	19	21	18.6	74	76	−25.3	27.7	—	79.460	79.060
甘肃省													
兰　州	36°03′	103°53′	1 517.2	27	26	20.1	60	42	−21.7	39.1	103	85.059	84.260
敦　煌	40°08′	94°47′	1 138.7	30	28	19.9	41	29	−27.6	43.6	144	89.326	87.993
酒　泉	39°46′	98°31′	1 477.2	26	24	18.9	50	38	−31.6	38.4	132	85.593	84.659
山　丹	38°48′	101°05′	1 764.6	26	24	17.1	50	34	−33.3	36.7	141	82.526	81.860
平　凉	35°25′	106°38′	1 346.6	25	24	21.0	72	50	−22.5	35.0	62	86.926	85.993
天　水	34°35′	105°45′	1 131.7	27	25	22.2	73	51	−19.2	37.2	61	89.192	88.126
武　都	33°23′	104°41′	1 079.1	28	28	23.6	68	53	−6.3	39.9	11	89.592	88.526
张　掖	38°56′	100°35′	1 482.7	27	25	19.1	56	37	−28.7	38.1	123	85.459	84.659
玉门镇	40°16′	97°11′	1 526.0	26	24	17.4	44	32	−27.7	36.7	150	85.059	84.126
安　西	40°30′	95°55′	1 170.8	29	28	19.3	38	30	−29.3	42.8	116	88.926	87.593
临　洮	35°23′	103°51′	1 886.6	23	22	19.3	74	54	−29.6	34.6	82	81.193	80.793
庆　阳	36°05′	107°52′	1 100.0	27	26	22.1	71	53	−21.3	37.9	79	89.726	88.526
宁夏回族自治区													
银　川	38°29′	106°13′	1 111.5	27	26	22.2	64	46	−30.6	39.3	103	89.859	88.392
盐　池	37°47′	107°24′	1 347.8	27	26	20.2	59	37	−29.6	38.1	128	86.659	85.993
石咀山	39°11′	106°46′	1 092.0	27	26	20.8	58	42	−28.4	37.0	104	89.859	88.526
固　原	36°00′	106°16′	1 753.2	24	22	18.6	72	46	−26.9	34.6	102	82.926	82.126
中　卫	37°32′	105°11′	1 225.7	27	26	21.8	67	45	−27.8	36.5	83	87.993	86.659
中　宁	37°29′	105°40′	1 184.6	28	27	20.9	59	43	−26.7	38.5	80	89.192	88.126
海　原	36°34′	105°39′	1 853.7	24	23	18.0	62	45	−22.7	34.2	116	81.326	80.660
同　心	36°59′	105°55′	1 343.9	27	26	20.0	57	36	−27.3	37.9	137	87.059	85.993
青海省													
西　宁	36°35′	101°55′	2 261.2	22	21	16.4	66	47	−26.6	33.5	134	77.460	77.327
共　和	36°17′	100°37′	2 835.0	19	19	14.4	64	48	−28.9	31.1	133	71.994	72.261
格尔木	36°12′	94°38′	2 807.7	22	21	12.8	36	26	−33.6	33.1	88	72.394	72.394
乌图美仁	36°54′	93°10′	2 842.9	21	19	12.3	43	31	−30.1	33.1	—	71.861	71.861

续表

地　名	台站位置			室外计算温度(℃)		夏季空气调节室外计算湿球温度	室外计算相对湿度(%)		极端最低温度(℃)	极端最高温度(℃)	最大冻土深度(cm)	大气压力(kPa)	
	北　纬	东　经	海拔(m)	夏季通风	夏季空气调节日平均		最热月月平均	夏季通风				冬　季	夏　季
玉　树	33°06′	96°45′	3 702.6	17	15	12.8	70	52	－26.1	28.7	82	64.661	65.061
扎　多	32°54′	95°19′	4 067.5	15	13	10.2	68	49	－33.1	25.5	229	61.061	62.261
班　玛	33°03′	100°25′	3 750.0	17	14	13.6	77	54	－29.7	28.1	137	65.994	66.394
都　兰	36°20′	98°02′	3 191.1	19	19	11.7	44	35	－29.8	31.9	201	68.927	69.194
大柴旦	37°50′	95°17′	3 173.2	19	19	11.3	40	30	－33.6	29.7	150	69.061	69.194
冷　湖	38°50′	93°23′	2 733.0	22	21	11.7	32	20	－34.3	34.2	174	72.394	72.794
民　和	36°35′	102°56′	1 813.9	25	24	18.5	62	45	－21.7	34.7	98	81.993	81.460
新疆维吾尔自治区													
乌鲁木齐	43°54′	87°28′	653.5	29	30	18.7	38	31	－32.0	40.9	162	95.192	93.459
伊　宁	43°57′	81°20′	662.5	27	25	21.4	60	44	－40.4	37.4	62	94.659	93.325
吐鲁番	42°56′	89°12′	34.5	36	36	23.8	30	23	－28.0	47.6	74	102.791	99.725
哈　密	42°49′	93°31′	737.9	31	30	19.9	32	26	－32.0	43.6	112	93.992	92.126
喀　什	39°28′	75°59′	1 288.7	29	29	20.0	39	27	－24.4	40.1	90	87.593	86.526
新疆维吾尔自治区													
和　田	37°08′	79°56′	1 374.6	29	28	20.4	41	31	－21.6	40.5	67	86.659	85.593
鄯　善	42°51′	90°14′	377.8	34	32	21.3	35	24	－28.7	43.9	111	98.525	96.125
库尔勒	41°45′	86°08′	931.5	30	30	21.6	40	30	－28.1	39.0	63	91.726	90.126
石河子	44°19′	86°03′	442.9	30	28	21.6	53	36	－39.8	40.0	140	97.325	95.725
克拉玛依	45°36′	84°51′	427.0	30	30	19.3	34	33	－35.9	42.9	197	98.125	95.859
阿勒泰	47°44′	88°05′	735.1	26	27	18.8	47	41	－43.5	37.6	146	94.259	92.525
塔　城	46°44′	83°00′	548.0	27	26	20.3	56	39	－39.2	39.2	146	96.392	94.792
阿克苏	41°10′	80°14′	1 103.8	29	26	21.0	57	33	－27.6	40.7	62	89.859	88.259
拜　城	41°47′	81°54′	1 229.2	27	25	19.9	59	38	－32.0	37.3	86	88.392	87.193
山东省													
济　南	36°41′	116°59′	51.6	31	32	26.8	73	56	－19.7	42.5	44	101.991	99.858
潍　坊	36°37′	119°07′	62.8	30	30	26.8	80	58	－21.4	40.5	43	101.858	99.858
青　岛	36°09′	120°25′	16.8	28	28	26.8	86	73	－17.2	36.9	42	102.525	100.391
菏　泽	35°15′	115°26′	49.7	31	31	27.7	78	64	－20.4	42.3	35	102.125	99.858
龙　口	37°37′	120°19′	3.5	28	29	26.5	81	71	－18.6	38.3	41	102.658	100.525
烟　台	37°32′	121°24′	46.7	27	29	25.9	81	74	－13.1	37.2	43	102.125	100.125
惠　民	37°30′	117°32′	11.3	30	30	27.0	79	54	－22.4	42.2	50	102.525	100.391
德　州	37°26′	116°19′	21.2	31	31	26.9	75	60	－27.0	43.4	48	102.525	100.258
莱　阳	36°56′	120°42′	30.5	29	28	26.8	84	66	－24.0	38.9	45	102.258	100.258
兖　州	35°34′	116°51′	51.6	31	31	27.4	79	64	－19.0	41.0	45	101.991	99.858
泰　安	36°10′	117°09′	128.8	30	30	26.9	79	63	－22.4	40.7	46	101.058	98.925
淄　博	36°50′	118°00′	32.8	31	31	26.7	74	60	－21.8	42.1	48	102.258	99.992
海　阳	36°46′	121°12′	23.2	28	28	26.4	86	74	－16.3	36.4	49	102.258	100.391
益　都	36°43′	118°30′	80.2	30	30	27.2	77	61	－19.3	40.9	45	101.325	99.192
泰　山	36°15′	117°06′	1 533.7	20	21	20.1	87	84	－27.5	28.6	—	84.659	84.126
江苏省													
南　京	32°00′	118°48′	8.9	32	32	28.5	81	64	－14.0	40.7	—	102.525	100.391
徐　州	34°17′	117°18′	43.0	31	31	28.1	82	65	－23.3	40.6	24	102.258	100.125
连云港	34°36′	119°10′	3.0	31	31	27.9	81	67	－18.1	40.0	22	102.658	100.525
镇　江	32°13′	119°28′	26.4	32	32	27.7	82	65	－12.0	40.9	—	102.125	100.391
扬　州	32°25′	119°25′	7.2	31	31	28.5	85	70	－17.7	39.1	—	102.525	100.391
南　通	32°01′	120°51′	5.3	31	30	28.7	86	72	－10.8	37.3	11	102.258	100.391
常　州	31°46′	119°57′	9.2	32	32	28.2	82	66	－15.5	38.5	10	102.258	100.252
苏　州	31°19′	120°38′	6.2	32	31	28.6	83	69	－9.8	38.6	—	102.525	100.391
无　锡	31°35′	120°19′	5.6	32	31	28.4	83	68	－12.5	38.6	—	102.791	100.391
盐　城	33°23′	120°08′	2.3	30	30	27.6	85	73	－14.3	39.1	—	102.925	100.525

续表

地名	台站位置			室外计算温度(℃)		夏季空气调节室外计算湿球温度	室外计算相对湿度(%)		极端最低温度(℃)	极端最高温度(℃)	最大冻土深度(cm)	大气压力(kPa)	
	北纬	东经	海拔(m)	夏季通风	夏季空气调节日平均		最热月月平均	夏季通风				冬季	夏季
高邮	32°48′	119°27′	5.4	31	31	28.5	86	72	−18.5	38.5	14	103.058	99.992
泰州	32°29′	119°52′	5.4	31	31	28.3	84	64	−19.2	39.4	—	102.658	100.391
如皋	32°23′	120°30′	5.1	31	30	28.1	85	69	−12.1	38.9	13	102.658	100.525
江阴	31°55′	120°18′	4.7	32	31	28.4	84	71	−11.4	38.0	7	102.658	100.525
太仓	31°26′	121°07′	6.0	31	30	28.7	83	70	−9.3	37.9	—	102.658	100.525
安徽省													
合肥	31°51′	117°17′	23.6	33	32	28.2	81	62	−20.6	41.0	11	102.391	100.258
蚌埠	32°57′	117°22′	21.0	32	32	28.1	79	60	−19.4	41.3	15	102.391	100.258
安庆	30°31′	117°02′	44.0	33	32	28.1	79	61	−12.5	40.6	10	101.991	99.992
亳县	33°53′	115°47′	37.1	32	32	27.8	79	63	−20.6	42.1	16	102.391	99.591
芜湖	31°20′	118°21′	14.8	32	32	28.3	81	63	−13.1	39.3	—	102.391	100.258
巢湖	31°37′	117°52′	22.4	32	32	28	79	66	−12.7	39.6	9	102.391	101.058
铜陵	30°57′	117°48′	37.2	32	32	27.9	76	62	−11.9	40.2	—	101.991	99.992
屯溪	29°43′	118°17′	146.7	33	31	27.5	78	57	−10.9	41.0	—	100.791	99.058
阜阳	32°56′	115°50′	31.2	32	32	27.3	80	62	−20.4	41.4	13	102.391	100.258
六安	31°45′	116°29′	60.5	33	32	27.8	79	62	−18.9	41.0	12	101.858	99.725
安徽省													
砀山	34°25′	116°21′	43.3	32	31	27.0	80	64	−19.9	41.6	28	101.858	99.458
宣城	30°56′	118°45′	32.4	32	32	27.3	79	64	−13.7	40.7	—	102.391	99.992
祁门	29°55′	117°50′	140.4	33	30	27.1	83	58	−12.4	41.0	—	100.658	99.192
黄山	30°08′	118°09′	1 840.4	20	20	18.7	91	83	−22.0	27.1	—	81.726	81.326
浙江省													
杭州	30°19′	120°12′	7.2	33	32	28.6	80	61	−9.6	39.7	0	102.525	100.258
定海	30°02′	122°07′	35.7	31	29	27.8	82	74	−6.1	39.1	—	102.125	99.992
衢县	28°58′	118°51′	66.1	34	32	27.9	76	58	−10.4	40.5	—	101.591	99.992
温州	28°01′	120°40′	6.0	31	30	28.7	83	73	−4.5	39.5	—	102.391	100.525
嘉兴	30°47′	120°44′	4.8	32	31	28.7	83	68	−9.8	39.4	—	102.125	100.525
绍兴	30°00′	120°38′	6.5	33	32	28.8	77	64	−10.1	39.5	—	102.258	100.258
宁波	29°55′	121°35′	4.2	32	30	28.3	83	65	−8.8	38.7	—	101.325	99.992
金华	29°07′	119°39′	64.1	34	32	27.1	74	56	−9.6	41.2	—	101.858	99.725
嵊泗	30°44′	122°27′	79.6	29	29	26.0	84	77	−8.1	36.7	—	101.325	99.992
海门	28°38′	121°25′	1.3	31	29	28.0	85	72	−6.8	39.1	—	102.658	99.992
宁海	29°18′	121°26′	25	31	30	28.2	85	71	−9.4	39.5	—	102.125	100.391
江西省													
南昌	28°40′	115°58′	46.7	33	32	28.0	75	57	−9.3	40.6	—	101.858	99.858
景德镇	29°10′	117°15′	46.3	33	31	28.0	79	53	−10.9	41.8	—	101.858	99.858
吉安	27°05′	114°55′	78.0	34	32	27.4	73	57	−8.0	40.3	—	101.458	99.592
赣州	25°50′	114°50′	123.8	33	32	26.8	71	56	−6.0	41.2	—	100.791	99.058
九江	29°45′	115°55′	32.2	33	33	28.5	76	60	−9.7	40.2	—	101.991	99.992
宜春	27°48′	114°23′	129.0	33	31	27.5	77	57	−9.2	41.6	—	100.925	99.058
萍昌	27°39′	113°51′	108.8	33	31	27.8	75	56	−8.6	38.8	—	101.191	99.325
广乡	26°48′	116°11′	143.9	33	31	27.0	74	54	−9.8	39.5	—	100.658	98.925
宁岗	26°50′	114°00′	263.1	33	30	27.2	79	57	−8.5	40.0	—	99.325	97.592
清江	28°05′	115°31′	30.4	34	32	28.0	76	57	−9.3	40.9	—	102.125	100.125
玉山	28°40′	118°15′	108.5	34	32	27.1	75	53	−8.9	43.3	—	101.191	99.325
庐山	29°35′	115°39′	1 164.0	25	25	23.0	82	78	−16.8	32.0	—	88.926	87.992
福建省													
福州	26°05′	119°17′	48.0	33	31	28.1	78	61	−1.2	39.3	—	101.325	99.592
永安	25°58′	117°21′	208.3	33	30	26.7	75	54	−7.6	40.5	—	99.725	98.258
长汀	25°51′	116°22′	317.5	32	29	26.5	78	59	−6.5	39.4	—	98.525	97.058

续表

地　　名	台站位置			室外计算温度(℃)		夏季空气调节室外计算湿球温度	室外计算相对湿度(%)		极端最低温度(℃)	极端最高温度(℃)	最大冻土深度(cm)	大气压力(kPa)	
	北　纬	东　经	海拔(m)	夏季通风	夏季空气调节日平均		最热月月平均	夏季通风				冬　季	夏　季
漳　州	24°30′	117°39′	30.0	33	31	28.0	80	63	−2.1	40.9	—	101.725	100.258
厦　门	24°27′	118°04′	63.2	31	30	27.4	80	69	2.0	38.4	—	101.458	99.992
南　平	26°39′	118°10′	127.2	34	31	27.3	76	56	−5.8	41.0	—	100.791	99.192
三　明	26°16′	117°37′	167.3	34	31	26.7	74	51	−5.5	40.6	—	100.258	98.658
龙　岩	25°06′	117°01′	341	32	29	25.9	77	57	−5.6	38.1	—	98.125	96.792
上　杭	25°03′	116°25′	205.4	32	30	26.7	77	57	−4.8	39.7	—	99.725	98.392
晋　江	24°49′	118°43′	21.2	32	30	27.4	80	66	0.1	38.7	—	—	—
宁　化	26°14′	116°38′	358.9	32	29	26.4	79	59	−8.3	38.3	—	97.992	96.525
清　流	26°12′	116°51′	310.6	33	29	25.6	76	59	−7.9	39.2	—	98.658	97.192
台湾省													
台　北	25°02′	121°31′	9.0	31	30	27.3	79	—	−2.01	37.0	—	101.991	100.658
河南省													
郑　州	34°43′	113°39′	110.4	32	31	27.9	75	44	−17.9	43.0	18	101.325	99.192
卢　氏	34°00′	111°01′	568.8	31	29	25.3	74	52	−19.1	42.1	27	95.859	94.125
驻马店	32°58′	114°03′	83.7	32	32	28.2	80	55	−17.4	41.9	16	101.725	99.458
信　阳	32°07′	114°05′	75.9	32	32	27.9	80	60	−20.0	40.9	7	101.725	99.592
安　阳	36°07′	114°22′	76.4	32	31	27.6	78	49	−21.7	41.7	31	101.725	99.592
新　乡	35°19′	113°53′	72.7	32	31	27.7	77	50	−21.3	42.7	28	101.725	99.592
开　封	34°46′	114°23′	72.5	32	31	27.8	79	51	−14.7	42.9	26	101.858	99.592
河南省													
南　阳	33°02′	112°35′	129.8	32	31	27.8	79	54	−21.2	40.8	12	101.058	98.925
平顶山	33°43′	113°17	84.7	33	32	28.0	77	43	−18.8	42.6	14	101.591	99.458
漯　河	33°35′	114°00′	60.8	33	32	28.2	79	55	−15.9	42.1	—	101.858	99.725
洛　阳	34°40′	112°25′	154.3	33	31	27.3	74	45	−18.2	44.2	21	100.925	98.792
商　丘	34°27′	115°40′	50.1	32	31	28.0	80	54	−18.9	43.0	32	101.991	99.858
许　昌	34°01′	113°50′	71.9	33	32	28.2	78	49	−17.4	41.9	18	101.725	99.592
三门峡	34°48′	111°11′	389.9	31	31	25.9	71	44	−16.5	43.2	45	97.992	95.992
湖北省													
武　汉	30°38′	114°04′	23.3	33	32	28.2	79	62	−17.3	39.4	—	102.391	100.125
光　化	32°25′	111°40′	91.1	32	31	28.1	78	55	−15.7	41.0	—	101.458	99.325
宜　昌	30°42′	111°05′	131.1	33	32	28.2	81	59	−8.9	41.4	—	101.725	99.592
恩　施	30°16′	109°22′	437.2	32	30	26.4	80	59	−6.5	41.2	—	97.192	95.592
襄　阳	32°02′	112°10′	68.7	32	31	28.1	79	62	−13.1	42.5	—	101.725	99.592
荆　州	30°24′	112°05′	34.7	32	31	28.6	83	67	−14.8	38.6	8	102.258	99.992
黄　石	30°15′	115°01′	22.2	33	33	28.5	77	60	−11.0	40.3	6	102.258	100.125
竹　溪	32°14′	109°43′	446.2	31	30	27.1	80	63	−12.2	40.0	—	97.058	95.459
郧　西	32°59′	110°21′	252.5	32	31	27.3	76	58	−11.9	41.9	—	99.592	97.725
嘉　鱼	29°58′	113°50′	26.3	33	32	28.3	76	61	−12.0	39.7	—	102.391	100.125
随　县	31°43′	113°20′	96.2	32	31	27.5	79	62	−16.3	41.1	—	101.458	99.325
湖南省													
长　沙	28°12′	113°04′	44.9	34	32	28.0	75	61	−11.3	40.6	—	101.591	99.458
藏　江	27°27′	109°38′	266.5	32	30	26.7	80	59	−7.7	39.9	—	99.325	97.458
零　陵	26°14′	111°36′	174.5	33	31	26.8	71	56	−9.0	43.7	—	100.391	98.525
常　德	28°55′	111°33′	36.7	32	32	28.3	79	64	−11.2	40.1	—	102.125	99.992
株　州	27°50′	113°10′	57.5	34	32	27.6	72	55	−8.0	40.5	—	100.925	99.725
湘　潭	27°51′	112°55′	40.6	33	32	28.5	75	58	−8.5	40.4	—	101.991	99.992
邵　阳	27°15′	111°23′	249.8	33	31	26.8	74	56	−7.7	39.5	—	99.458	97.592
彬　州	25°45′	112°59′	184.9	34	31	26.5	70	53	−9.0	41.3	—	100.391	98.392
岳　阳	29°23′	113°05′	51.6	32	32	28.3	75	67	−11.8	39.3	—	101.858	99.858
益　阳	28°34′	112°06′	32.9	33	32	28.4	77	64	−13.2	43.6	—	102.125	99.992

续表

地名	台站位置			室外计算温度(℃)		夏季空气调节室外计算湿球温度	室外计算相对湿度(%)		极端最低温度(℃)	极端最高温度(℃)	最大冻土深度(cm)	大气压力(kPa)	
	北纬	东经	海拔(m)	夏季通风	夏季空气调节日平均		最热月月平均	夏季通风				冬季	夏季
沅陵	28°27′	110°23′	143.2	33	31	27.6	80	58	−7.3	40.3	—	100.791	98.792
韶山	27°56′	112°28′	137.4	33	31	28.0	74	58	−10.4	39.5	—	100.925	98.925
衡阳	26°56′	112°30′	100.6	34	32	27.4	71	54	−7.9	40.8	—	101.325	98.792
南岳	27°15′	112°45′	1265.9	24	24	22.5	86	81	−16.0	31.0	—	87.726	86.793
广东省													
广州	23°08′	113°19′	9.3	31	30	28.0	84	68	0.0	38.7	—	101.325	99.992
阳江	21°52′	111°58′	23.3	31	30	27.6	85	72	−1.4	37.0	—	101.725	99.992
海口	20°02′	110°21′	14.1	32	30	27.8	82	67	2.8	38.9	—	101.591	100.258
韶关	24°48′	113°35′	69.3	33	31	26.9	75	57	−4.3	42.0	—	101.325	99.725
汕头	23°24′	116°41′	1.2	31	30	27.6	84	73	0.4	37.9	—	101.858	100.525
宝安	22°33′	114°06′	18.2	31	30	27.0	83	70	0.2	36.7	—	101.325	99.992
茂名	21°41′	110°49′	27.2	31	30	27.3	82	67	1.7	37.8	—	101.458	100.258
湛江	21°13′	110°24′	26.4	31	30	27.7	81	71	2.8	38.1	—	101.325	99.992
琼海	19°14′	110°28′	23.5	32	30	27.5	82	66	5	39.8	—	101.458	99.992
西沙	16°50′	112°20′	4.9	30	30	28.0	84	80	15.3	34.9	—	101.458	100.658
惠阳	23°05′	114°25′	21.5	31	30	27.3	83	68	−1.9	38.9	—	101.858	100.525
高要	23°03′	112°28′	6.7	32	31	27.5	82	64	−1.0	37.9	—	101.325	99.992
梅县	24°18′	116°07′	77.5	33	30	27.1	78	59	−7.3	39.3	—	101.191	100.525
琼中	19°02′	109°50′	250.9	31	29	26.5	83	64	0.9	38.2	—	98.658	97.325
广西壮族自治区													
南宁	22°49′	108°21′	72.2	32	30	27.3	82	62	−2.1	40.4	—	101.191	99.591
桂林	25°20′	110°18′	166.7	32	30	26.9	78	60	−4.9	39.4	—	100.258	98.525
广西壮族自治区													
百色	23°55′	106°32′	173.1	33	31	27.6	79	62	−2.0	42.5	—	99.858	98.258
梧州	23°29′	111°18′	119.2	33	30	27.6	80	62	−3.0	39.2	—	100.658	99.192
北海	21°29′	109°06′	14.6	31	30	27.7	83	74	2.0	37.1	—	101.725	100.258
钦州	21°57′	108°36′	4.0	30	30	27.9	86	77	−3.0	40.5	—	101.858	100.391
玉林	22°38′	110°10′	81.8	31	30	27.1	80	67	−2.1	38.0	—	101.058	99.592
龙州	22°22′	106°45′	128.3	32	30	27.9	83	66	−3.0	40.5	—	100.391	98.925
东兴	21°32′	107°58′	21.0	30	30	27.7	87	77	0.9	37.8	—	101.725	100.258
灵山	22°25′	109°17′	65.6	31	30	27.4	81	71	−0.2	38.2	—	101.191	99.725
柳州	24°21′	109°24′	96.9	32	31	26.7	78	64	−3.8	39.2	—	101.058	99.325
贺县	24°25′	111°31′	108.0	32	31	27.3	77	62	−4.0	39.7	—	100.925	99.325
四川省													
成都	30°40′	104°04′	505.9	29	28	26.7	85	69	−5.9	37.3	—	96.392	94.792
宜宾	28°49′	104°32′	340.8	31	30	27.6	83	65	−3.0	39.5	—	98.125	96.525
西昌	27°53′	102°18′	1 590.7	27	27	21.7	76	58	−3.4	36.5	—	83.860	83.460
甘孜	31°38′	99°59′	3 393.5	19	17	14.3	72	52	−28.7	31.7	95	67.061	67.461
南充	30°48′	106°05′	297.7	32	32	27.0	78	55	−2.6	41.3	—	98.658	96.925
渡口	26°30′	101°44′	1 108.0	31	31	21.5	45	41	−1.3	40.4	—	88.926	88.126
自贡	29°21′	104°41′	354.9	31	31	27.1	81	64	−2.8	40.0	—	97.992	96.258
乐山	29°30′	103°45′	424.2	29	29	26.2	84	69	−4.3	38.1	—	97.192	95.592
泸州	28°52′	105°25′	334.8	31	31	26.9	82	63	−0.8	40.3	—	84.926	83.193
剑阁	32°01′	105°28′	694.8	29	28	24.8	80	62	−7.8	36.6	—	94.125	92.659
绵阳	31°28′	104°40′	470.8	30	26	26.2	83	65	−7.3	37.0	—	96.792	95.192
广元	32°26′	105°48′	487.0	30	29	25.1	74	59	−8.2	38.5	—	96.525	94.925
达县	31°16′	107°28′	311.2	33	32	27.7	79	54	−4.7	42.3	—	98.525	96.792
大足	29°41′	105°42′	401.7	31	31	26.9	80	62	−3.4	40.0	—	97.592	95.992
康定	30°05′	102°02′	2 615.7	20	18	15.7	79	59	−14.7	28.9	—	74.127	74.127
内江	29°35′	105°03′	352.3	31	31	27.2	82	63	−3.0	41.1	—	98.125	96.392
蛾嵋山	29°31′	103°21′	3 047.4	14	14	13.0	88	87	−20.9	23.4	—	69.861	70.261

续表

地　名	台站位置			室外计算温度(℃)		夏季空气调节室外计算湿球温度	室外计算相对湿度(%)		极端最低温度(℃)	极端最高温度(℃)	最大冻土深度(cm)	大气压力(kPa)	
	北　纬	东　经	海拔(m)	夏季通风	夏季空气调节日平均		最热月月平均	夏季通风				冬　季	夏　季
贵州省													
贵　阳	26°35′	106°43′	1 071.2	28	26	23.0	77	61	−7.8	37.5	—	89.726	88.792
兴　仁	25°26′	105°11′	1 378.5	25	25	22.2	83	67	−7.8	34.6	—	86.393	85.726
遵　义	27°42′	106°53′	843.9	29	28	24.4	76	59	−7.1	38.7	—	92.392	91.192
毕　节	27°18′	105°14′	1 510.6	26	25	21.9	78	61	−10.9	33.8	—	85.059	84.393
赤　水	28°35′	105°42′	293.0	32	32	27.7	75	61	−1.9	41.3	—	98.792	96.925
习　水	28°20′	106°12′	1 180.6	27	26	23.2	80	67	−8.3	34.4	—	88.659	87.726
金　沙	27°28′	106°14′	920.0	29	28	24.1	75	59	−6.8	36.7	—	91.459	90.392
凯　里	26°36′	107°59′	722.6	29	28	24.4	76	61	−9.7	37.0	—	93.859	92.525
都　匀	26°16′	107°31′	760.0	28	27	23.9	80	64	−6.9	36.3	—	92.925	91.726
安　顺	26°14′	105°55′	1 392.9	25	24	21.8	81	67	−7.6	34.3	—	86.259	85.593
兴　义	25°06′	104°56′	1 299.6	26	25	23.0	86	69	−4.9	35.7	—	87.193	86.526
水　城	26°35′	104°52′	1 813.6	23	22	20.6	84	68	−11.7	31.6	—	82.126	81.460
铜　仁	27°43′	109°11′	283.5	33	31	26.8	78	57	−9.2	42.5	—	99.192	97.325
黔　西	27°02′	106°01′	1 272.1	27	26	22.4	78	62	−10.4	35.4	—	87.859	87.059
云南省													
昆　明	25°01′	102°41′	1 891.4	23	23	19.7	83	64	−5.4	31.5	—	81.193	80.793
蒙　自	23°23′	103°23′	1 300.7	26	25	21.8	79	64	−4.4	36.0	—	87.059	86.393
楚　雄	25°01′	101°32′	1772.0	24	24	19.8	81	59	−4.8	33.4	—	82.260	81.860
瑞　丽	24°01′	97°50′	775.6	26	26	24.2	87	75	1.2	36.6	—	92.659	91.859
景　洪	21°52′	104°04′	552.7	29	28	25.4	88	69	2.7	41.0	—	95.192	94.259
云南省													
大　理	25°43′	100°11′	1 990.5	23	22	20.3	81	53	−3.0	34.0	—	80.127	79.860
下　关	25°35′	100°10′	1 997.2	23	23	18.9	79	63	−1.6	31.7	—	80.127	79.860
腾　冲	25°07′	98°29′	1 647.8	23	22	20.3	90	72	−4.2	30.5	—	83.593	83.060
昭　通	27°20′	103°45′	1 949.5	24	23	18.8	78	60	−13.3	33.5	—	80.526	80.127
临　沧	23°57′	100°13′	1 463.5	25	23	21.3	87	69	−1.3	34.6	—	85.059	84.393
芒　市	24°25′	98°35′	913.8	26	26	23.8	87	72	−0.6	36.2	—	91.326	90.526
思　茅	22°40′	101°24′	1 302.1	25	24	22.6	89	72	−3.4	34.9	—	87.193	86.526
维　西	27°13′	99°31′	2 325.6	22	20	17.9	80	60	−6.8	31.7	—	77.000	76.793
勐　腊	21°29′	101°29′	639.1	28	27	25.0	89	71	3.2	38.1	—	94.259	93.459
西藏自治区													
拉　萨	29°42′	91°08′	3 658.0	19	18	13.5	53	43	−16.5	29.4	26	65.061	65.194
林　芝	29°33′	94°21′	3 000.0	20	18	15.3	76	59	−15.3	30.2	9	70.661	70.527
日喀则	29°13′	88°55′	3 836.0	19	17	12.3	50	41	−25.1	27.5	67	63.595	63.861
昌　都	31°11′	96°59′	3 240.7	22	19	14.8	65	50	−19.3	32.7	71	67.994	68.128
噶　尔	32°30′	80°05′	4 278.0	16	16	9.0	40	30	−33.9	25.7	176	60.262	60.528
察　隅	28°39′	97°28′	2 050.0	23	21	—	78	54	−4.5	30.9	7	76.927	76.660
波　密	29°52′	95°46′	2 750.0	21	18	14.8	77	57	−20.3	31.0	20	73.060	72.794
泽　当	29°15′	91°47′	3 500.0	20	18	12.8	50	42	−17.6	29.0	91	65.861	65.994

本表摘自《暖通空调气象资料集》冶金工业部北京有色冶金设计研究总院暖通规范管理组(1979.12)。

附录 2 **冷库常用建筑材料及防潮、隔汽材料的物理性能**

材料名称	密度 ρ (kg/m^3)	设计用热导率 λ [W/(m·℃)]	导温系数 $\alpha\times10^3$ (m^2/h)	比热容 C [kJ/(kg·℃)]	蓄热系数 S_{24} [W/(m^2·℃)]	蒸发渗透系数 μ [g/(m·h·Pa)]
碎砖混凝土	2 280	1.510	3.33	711.76	13.36	4.5×10^{-5}
钢筋混凝土	2 400	1.550	2.77	837.36	14.94	3.0×10^{-5}
大理石，花岗岩玄武石	2 800	3.490	4.87	921.10	25.47	2.1×10^{-5}
石灰岩	2 000	1.160	2.27	921.10	12.56	6.45×10^{-5}
实心重砂浆黏土砖砌体	1 800	0.810	1.85	879.23	9.65	1.05×10^{-4}
普通黏土	1 980	1.170	1.87	1 130.44	13.78	9.75×10^{-5}
亚黏土	1 840	1.120	1.72	1 256.04	13.65	
中砂填料	1 460	0.580	0.82	753.62	4.52	1.65×10^{-4}
粗砂填料	1 400	0.580	0.77	753.62	4.08	1.65×10^{-4}
1:2.5 水泥砂浆	2 030	0.930	2.07	795.49	10.35	9.00×10^{-5}
混合砂浆	1 700	0.870	2.21	837.36	9.47	9.75×10^{-5}
石灰砂浆	1 600	0.810	2.19	837.36	8.87	1.20×10^{-4}
建筑钢材	7 800	58.15	58.28	460.55	120.95	0
铝	2 710	202.94	309.00	837.36	182.59	0
热流方向顺木纹红松	510	0.440	1.40	2 219.00	6.05	3.00×10^{-5}
热流方向垂直木纹红松	420	0.120	0.53	1 800.32	2.44	1.68×10^{-4}
炉渣 1#	660	0.290	1.00	837.36	2.48	2.18×10^{-4}
炉渣 2#	900	0.350	0.91	1 088.57	4.12	2.03×10^{-4}
炉渣 3#	1 000	0.410	1.25	837.36	4.22	1.95×10^{-4}
1:1:8 炉渣混凝土	1 280	0.580	1.44	837.36	5.70	1.05×10^{-4}
1:1:10 炉渣混凝土	1 150	0.520	1.45	795.49	4.65	1.05×10^{-4}
三合板	540	0.170	0.46	1 549.12	2.56	1.05×10^{-4}
纤维板	945	0.270	0.30	1 507.25	3.49	1.05×10^{-4}
刨花板	650	0.220	0.42	1 632.85	3.02	1.05×10^{-4}
普通型、自发性聚苯乙烯泡沫塑料	18	0.047	6.23	1 172.30	0.23	2.78×10^{-5}
自熄型、可发性聚苯乙烯泡沫塑料	19	0.047	5.52	1 214.17	0.23	2.55×10^{-5}
乳液聚苯乙烯泡沫塑料	37	0.044	3.06	1 088.57	0.31	—
硬质、聚醚型聚氨酯泡沫塑料	40	0.031	1.65	1 256.04	0.28	2.55×10^{-5}
岩棉半硬板	186	0.076	0.90	837.36	0.65	4.88×10^{-4}
	100	0.076	1.35	962.96	0.50	—
Ⅰ类膨胀珍珠岩	70	0.087	2.11	1 297.91	0.58	—

续表

材料名称	密度 ρ (kg/m^3)	设计用热导率 λ [W/(m·℃)]	导温系数 $\alpha \times 10^3$ (m^2/h)	比热容 C [kJ/(kg·℃)]	蓄热系数 S_{24} [W/(m²·℃)]	蒸发渗透系数 μ [g/(m·h·Pa)]
Ⅱ类膨胀珍珠岩	150	0.087～0.105	1.18	1 046.70	0.81	—
Ⅲ类膨胀珍珠岩	150～250	0.105～0.128	—	—	—	—
1:12:1.6 水泥珍珠岩	380	0.116*	0.91	879.23	1.51	9.00×10^{-5}
1:8:1.45 水泥珍珠岩	540	0.150*	0.92	879.23	2.04	—
水玻璃珍珠岩	300	0.100*	1.12	837.36	1.28	1.5×10^{-4}
1 m³:75 kg 沥青珍珠岩(压比 2:1)	260	0.093	0.75	1 381.64	1.42	6.00×10^{-5}
1 m³:100 kg 沥青珍珠岩(压比 2:1)	380	0.116	0.55	1 632.85	2.06	—
1 m³:60 kg 沥青珍珠岩(压比 1.5:1)	220	0.076	0.81	1 256.04	1.12	—
4:1 乳化沥青膨胀珍珠岩(压比 1.8:1)	350	0.111	0.71	1 339.78	1.73	6.90×10^{-5}
加气混凝土蒸汽养护	500	0.152*	0.93	962.96	2.02	9.98×10^{-5}
泡沫混凝土	370	0.128*	0.89	837.36	1.33	1.8×10^{-4}
软木	170	0.069	0.62	2 051.53	1.19	2.55×10^{-5}
稻壳	120	0.151	1.09	1 674.72	0.94	4.5×10^{-4}
350# 石油沥青油毛毡 1.5 mm 厚	1 130	0.27	0.32	1 590.98	4.59	1.35×10^{-6}
石油沥青一道或玛王帝脂一道(2 mm 厚)	980	0.20	0.33	2 135.27	5.41	7.5×10^{-6}
一毡二油(5.5 mm 厚)		0.21	—	—	—	3.36×10^{-6}
二毡三油(9 mm 厚)		0.22	—	—	—	2.99×10^{-6}
聚乙烯塑料薄膜(0.07 mm 厚)	1 200	0.16	0.28	1 423.51	3.98	2.03×10^{-8}

注:水泥珍珠岩、水玻璃珍珠岩、加气混凝土、泡沫混凝土设计热导率为沥青铺砌时的数值。

附录 3

一般食品的主要物理特性

序号	食品名称	含水量（%）	冰冻点（℃）	比热容 kJ/(kg·℃)		潜热（kJ/kg）	贮藏容积（m³/t）	贮藏温度（℃）	贮藏相对湿度（%）	贮藏期天（月）
				高于冰冻点时	低于冰冻点时					
1	2	3	4	5	6	7	8	9	10	11
1	苹果	85	−2	3.85	2.09	281	7.5	−1/+1	85～90	(2～7)
2	苹果汁		−1.7				7.5	+4.5	85	(3)
3	杏子	85.4	−2	3.68	1.93	285	7.5	−0.5/+1.6	78～85	7～14
4	杏子干						7.5	+0.5	75	(6)
5	龙须菜	94	−2	3.89	1.93	314	7.5	0/+2	85～90	21～28
6	咸肉(初腌)	39	−1.7	2.14	1.34	131	9.4	−23/−10	90～95	(4～6)
7	腊肉(熏制)	13～29		1.26～1.80	1.01～1.21	42/92		+15/+18	60/65	
8	香蕉	75	−1.7	3.35	1.76	251	15.6	+11.7	85	14
9	干蚕豆	13	−1.7	1.26	1.01	42	7.5	+0.7	70	(6)
10	扁豆	89	−1.5	3.85	1.97	297		+1/+7.5	85/90	8～10
11	甜菜	72	−2	3.22	1.72	243		0/+1.5	88～92	7～42
12	啤酒	89～91	−2	3.77	1.88	302	6.2/10.6	0/+5		(6)
13	洋白菜	85		3.85	1.97	285		0/+1.5	90～95	21～28
14	黄油	14～15	−2.2	2.30	1.42	197	5	−10/−1	75～80	(6)
15	酪乳	87	−1.7	3.77			9.4	0	85	(1)
16	卷心菜	91	−0.5	3.89	1.97	306	15.6	0/+1	85～90	(1～3)
17	胡萝卜	83	−1.7	3.64	1.88	276		0/+1	80～95	(2～5)
18	芹菜	94	−1.2	3.98	1.93	314	9.4	−0.6/0	90～95	(2～4)
19	干酪	46～53	−2.2/−10	2.68	1.47	168	5.0	−1.0/+1.5	65～75	(3～10)
20	樱桃	82	−4.5	3.64	1.93	276	15.6	+0.5/+1	80	7～21
21	栗子						12.5	+0.5	75	(3)
22	巧克力	1.6		3.18	3.14		5.6	+4.5	75	(6)
23	奶油	59		2.85		193	7.5	0/+2	80	7
24	黄瓜	96.4	−0.8	4.06	2.05	318	7.5	+2/+7	75～85	10～14
25	葡萄干	85	−1.1	3.22	1.88	281	9.4	0	75～85	14
26	椰子	83	−2.8	3.43			7.5	−4.5	75	(12)
27	鲜蛋	70	−2.2	3.18	1.68	226		−1.0/−0.5	80～85	(8)
28	蛋粉	6		1.05	0.88	21	6.9	+2.0	极小	(6)
29	冰蛋	73	−2.2		1.76	243		−18		(12)
30	鲜鱼	73	−1/−2	3.43	1.80	243	12.5	−0.5/+4	90～95	(7～14)
31	干鱼	45		2.35	1.42	151	7.5	−9/0	75～80	(3)
32	冻鱼						8.1	−20/−12	90～95	(8～10)
33	干果	30		1.76	1.13	101		0/+5	70	(6～18)
34	冻水果							−23/−15	80～90	(6～12)
35	干大蒜	74	−4	3.31	1.76	247		0/+1	75～80	(6～8)
36	谷类							−10/−2	70	(3～12)
37	葡萄	82	−4	3.60	1.84	272	9.4	−1/+3	85～90	(1～4)

续表

序号	食品名称	含水量(%)	冰冻点(℃)	比热容 kJ/(kg·℃)		潜热(kJ/kg)	贮藏容积(m^3/t)	贮藏温度(℃)	贮藏相对湿度(%)	贮藏期天(月)
				高于冰冻点时	低于冰冻点时					
1	2	3	4	5	6	7	8	9	10	11
38	火腿	47～54	−2.2/−1.7	2.43～2.64	1.42～1.51	167		0/+1	85～90	(7～12)
39	冻火腿							−24/−18	90～95	(6～8)
40	冰淇淋	67		3.27	1.88	218	18.7	−30/−20	85	14～84
41	果酱	36		2.01			8.1	+1	75	(6)
42	人造奶油	17～18		3.35		126	5.0	+0.5	80	(6)
43	牡蛎	80	−2.2	3.52	1.84	268		0	90	(2)
44	猪油	46		2.26	1.30	155	5.0	−18	90	(12)
45	韭菜	88.2	−1.4	3.77	1.93	293		0	85～90	(1～3)
46	柠檬	89	−2.1	3.85	1.93	297	9.4	+5/+10	85～90	(2)
47	莴苣	94.8	−0.3	4.02	2.01	318		0/+1	85～90	(1～2)
48	对虾	79		3.65	1.84	265		−7	80	(1)
49	玉米	73.9	−0.8	3.31	1.76	247		−0.5/+1.5	80～85	7～28
50	柑橘	86	−2.2	3.64				+1/+2	75～80	(1～3)
51	甜瓜	92.7	−1.7	3.94	2.01	306	9.4	+2/+7	80～90	7～56
52	牛奶	87	−2.8	3.77	1.93	289		0/+2	80～95	7
53	奶粉						7.5	0/+1.5	75～80	(1～6)
54	羊肉	60～70	−1.7					0	80	10
55	冻羊肉						6.2	−12/−18	80～85	(3～8)
56	干坚果	3～6	−7	0.92～1.05	0.88～0.92	10.1～18.4	12.5	0/+2	65～75	(8～12)
57	菜油	14.4～15.4						+1/+12		(6～12)
58	洋葱	87.5	−1	3.77	1.93	289	9.4	+1.5	80	(3)
59	橘子	90	−2.2	3.77	1.93	289	9.4	0/+1.2	85～90	56～70
60	桃子	86.9	−1.5	3.77	1.93	289	7.5	−0.5/+1	80～85	14～28
61	梨	83	−2	3.77	2.01	281	7.5	+0.5/+1.5	85～90	(1～6)
62	梨干	10		1.17	0.92	322	7.5	+0.5	75	(6)
63	青豌豆	74	−1.1	3.31	1.76	247	8.1	0	80～90	7～21
64	干豌豆						7.5	+0.5	75	(6)
65	青菠萝		−1.5				8.1	+10/+16	85～90	14～28
66	菠萝	85.3	−1.2	3.68	1.88	285	8.1	+4/+12	85～90	14～28
67	李子	86	−2.2	3.68	1.88	285	8.1	−4/0	80～95	21～56
68	猪肉	35～42	−2.2/−1.7	2.01～2.26	1.26～1.34	126		0/+1.2	85～90	3～10
69	冻猪肉							−24/−18	85～95	(2～8)
70	土豆	77.8	−1.8	3.43	1.80	260	12.5	+3/+6	85～90	(6)
71	鲜家禽	74	−1.7	3.35	1.80	247	6.2	0	80	7
72	冻家禽	60		2.85			6.2	−30/−10	80	(3～12)
73	南瓜	90.5	−1	3.85	1.97	302		0/+3	80～85	(2～3)
74	兔肉	60	−1.7	3.35				0/+1	80～90	5～10
75	冻兔肉	60	2.85				6.9	−24/−12	80～90	(6)

续表

序号	食品名称	含水量（%）	冰冻点（℃）	比热容 kJ/(kg·℃)		潜热（kJ/kg）	贮藏容积（m^3/t）	贮藏温度（℃）	贮藏相对湿度（%）	贮藏期天（月）
				高于冰冻点时	低于冰冻点时					
1	2	3	4	5	6	7	8	9	10	11
76	萝卜	93.6	−2.2	3.98	2.01	310	8.1	0/+1	85～95	14
77	米	10	−1.7	1.09			7.5	+1.5	65	(6)
78	腊肠							−4/+5	85～90	7～21
79	菠菜	92.7	−0.9	3.94	2.01	306		0/+1	90	10～14
80	杨梅	90	−1.3	3.85	1.97	302		−0.5/+1.5	75～85	7～10
81	糖	0.5		0.84	0.84	167		+7/+10	低于60	(12～36)
82	(罐装)糖汁	36	−2.2	2.68			6.2	+1	80	42
83	生西红柿	94	−0.9	3.98	2.01	310		+10/+20	85～90	21～28
84	西红柿	94	−0.9	3.98	2.01	310		+1/+5	80～90	7～21
85	大头菜	90.9	−0.9	3.89	1.97	302	8.1	0/+1	90	(1～4)
86	西瓜	92.1	−1.6	4.06	2.01	302		+2/+4	75～85	14～21
87	葡萄酒						7.5	+10	85	(6)
88	蛋黄粉				1.05	20.9		+1.5	极小	(6)
89	牛肉	63	−1.7/−2.2	2.97	1.63	209	7.2	0/1	90	5～10
90	鲜野味	74	−1.7	3.27	1.72	247		0.5	70	14
91	冻野味						8.7	−12	80	(3)
92	猪肝	65		3.06		218	−18/−24	90～95	(3～4)	
93	熏制鱼			3.18				4/10	50～60	(6～8)
94	枣	83	−2.8	3.43			7.5	−4.5	75	(12)
95	李子、梅子	86	−2.2	3.68	1.88	285	8.1	0/−4	75～80	21～56
96	李干、梅干							4.5	75	(6)
97	冻水果							−15/−23	80～90	(6～12)
98	芦笋	94	−2.0	3.89	1.93	314	7.5	2/0	85～90	21～28
99	干蚕豆	13	−1.7	1.26	1.01	42	7.5	0.7	70	(6)
100	蘑菇	91.1	−1.0	3.89	1.97	302		2/0	80～85	7～14
101	包装冻蔬菜							−18/−24	(6～12)	
102	冰块			4.19	2.09	335	6.2	−4	80	
103	蜂蜜	18		1.47	1.09	61	8.1	1	75	(6)
104	麦片	10	−1.7	1.09			9.4	2/1	65	(6)
105	果子汁	36		2.68				−15/−23	80～90	(2～8)
106	听装果子汁	36	−2.2	2.68			6.2	1	80	(1～4)
107	血浆						5.6	3.3	75	(2)
108	包装烟叶							1	75	(6)
109	花			1.76	1.13			1.1	85	14
110	皮毛							1	60	(6)

注：本资料摘自《Automatic Refrigeration》Denmak. S. A. Andersen 编。

附录 4　**空气的含热量值 h(压力为 101.325 kPa)**

t	含热量 h(kJ/kg)										
	相对湿度 φ(%)										
℃	0	10	20	30	40	50	60	70	80	90	100
−20	−20.097	−19.929	−19.720	−19.511	−19.343	−19.176	−18.966	−18.757	−18.589	−18.380	−18.213
−19	−18.841	−18.883	−18.673	−18.464	−18.255	−18.045	−17.878	−17.668	−17.459	−17.208	−17.040
−18	−18.087	−17.878	−17.626	−17.417	−17.208	−16.998	−16.747	−16.538	−16.287	−16.077	−15.868
−17	−17.082	−16.831	−16.580	−16.370	−16.161	−15.868	−15.617	−15.366	−15.114	−14.905	−14.654
−16	−16.077	−15.826	−15.533	−15.282	−15.031	−14.733	−14.486	−14.235	−13.942	−13.691	−13.440
−15	−15.073	−14.779	−14.486	−14.193	−13.816	−13.649	−13.356	−13.063	−12.770	−12.477	−12.184
−14	−14.068	−13.775	−13.440	−13.147	−12.812	−12.519	−12.184	−11.891	−11.556	−11.263	−10.928
−13	−13.063	−12.728	−12.393	−12.060	−11.723	−11.346	−11.011	−10.676	−10.341	−10.007	−9.672
−12	−12.058	−11.681	−11.304	−10.969	−10.593	−10.216	−9.839	−9.462	−9.085	−8.750	−8.374
−11	−11.053	−10.635	−10.258	−9.839	−9.462	−9.044	−8.667	−8.248	−7.829	−7.453	−7.034
−10	−10.048	−9.672	−9.253	−8.876	−8.457	−8.081	−7.704	−7.285	−6.908	−6.490	−6.113
−9	−9.044	−8.625	−8.164	−7.746	−7.327	−6.908	−6.448	−6.029	−5.610	−5.150	−4.731
−8	−8.039	−7.578	−7.118	−6.615	−6.155	−5.694	−5.234	−4.731	−4.271	−3.810	−3.308
−7	−7.034	−6.531	−6.−29	−5.485	−4.982	−4.480	−3.936	−3.433	−2.931	−2.387	−1.884
−6	−6.029	−5.485	−4.899	−4.354	−3.768	−3.224	−2.680	−2.093	−1.549	−0.963	−0.419
−5	−5.024	−4.396	−3.810	−3.182	−2.596	−1.968	−1.340	−0.754	−0.126	0.502	1.130
−4	−4.019	−3.349	−2.680	−2.010	−1.340	−0.670	0.000	0.670	1.340	2.010	2.680
−3	−3.015	−2.303	−1.549	−0.837	−0.126	0.628	1.340	2.093	2.805	3.559	4.271
−2	−2.010	−1.214	−0.419	0.377	1.172	1.968	2.763	3.559	4.354	5.150	5.945
−1	−1.005	−0.126	0.712	1.591	2.428	3.308	4.187	5.024	5.903	6.783	7.620
0	0.000	0.921	1.884	2.805	3.726	4.689	5.610	6.573	7.494	8.457	9.378
1	1.005	1.884	3.015	4.019	5.024	6.029	7.076	8.081	9.085	10.132	11.137
2	2.010	3.098	4.187	5.275	6.364	7.453	8.541	9.630	10.718	11.807	12.895
3	3.015	4.187	5.359	6.490	7.662	8.834	10.007	11.179	12.351	13.565	14.738
4	4.019	5.275	6.531	7.788	9.044	10.300	11.556	12.812	14.068	15.324	16.580
5	5.024	6.364	7.704	9.044	10.383	11.765	13.105	14.445	15.826	17.166	18.548
6	6.029	7.453	8.918	10.341	11.807	13.230	14.696	16.161	17.585	19.050	20.515
7	7.034	8.583	10.132	11.681	13.230	14.779	16.329	17.878	19.469	21.018	22.567
8	8.039	9.713	11.346	13.021	14.696	16.329	18.003	19.678	21.352	23.069	24.744
9	9.044	10.802	12.602	14.361	16.161	17.920	19.720	21.520	23.321	25.121	26.921
10	10.048	11.932	13.816	15.742	17.668	19.552	21.478	23.404	25.330	27.256	29.224
11	11.053	13.063	15.114	17.166	19.176	21.227	23.279	25.330	27.424	29.475	31.569
12	12.058	14.235	16.412	18.589	20.767	22.944	25.163	27.382	29.559	31.778	33.997
13	13.063	15.366	17.710	20.013	22.358	24.702	27.047	29.391	31.778	34.164	36.551

续表

t	含热量 h(kJ/kg)										
	相对湿度 ψ(%)										
℃	0	10	20	30	40	50	60	70	80	90	100
14	14.068	16.538	19.050	21.520	24.032	26.502	29.015	31.527	34.081	36.635	39.147
15	15.073	17.710	20.348	23.027	25.707	28.387	31.066	33.746	36.425	39.147	41.868
16	16.077	18.883	21.730	24.577	27.424	30.271	33.159	36.048	38.895	41.784	44.799
17	17.082	20.097	23.111	26.126	29.182	32.238	35.295	38.393	41.491	44.380	47.730
18	18.087	21.311	24.493	27.717	30.982	34.248	37.556	40.863	44.380	47.311	50.660
19	19.092	22.525	25.958	29.391	32.866	36.341	39.817	43.543	46.892	50.242	54.010
20	20.100	23.739	27.382	31.066	34.750	38.477	42.287	46.055	49.823	53.591	57.359
21	21.102	24.953	28.889	32.783	36.718	40.654	44.799	48.567	52.754	56.522	60.709
22	22.106	26.251	30.396	34.541	38.728	43.124	47.311	51.498	55.684	59.871	64.477
23	23.111	27.507	31.903	36.341	40.821	45.217	49.823	54.428	59.034	63.639	68.245
24	24.116	28.763	33.453	38.184	43.124	47.730	52.335	57.359	62.383	66.989	72.013
25	25.121	30.061	35.044	40.068	45.217	50.242	55.266	60.290	65.733	70.757	76.200
26	26.126	31.401	36.676	41.868	47.311	52.754	58.197	63.639	69.082	74.944	80.387
27	27.131	32.741	38.351	43.961	49.823	55.684	61.127	66.989	72.850	78.712	84.992
28	28.135	34.081	40.068	46.055	52.335	58.197	64.477	70.757	77.037	83.317	89.598
29	29.140	35.420	41.784	48.148	54.428	61.127	67.826	74.106	80.805	87.504	94.203
30	30.145	36.802	43.543	50.242	57.359	64.058	71.176	77.875	84.992	92.110	99.646
31	31.150	38.226	45.218	52.754	59.871	66.989	74.525	82.061	89.598	97.134	104.670
32	32.155	39.649	47.311	54.847	62.383	70.338	78.293	86.248	94.203	102.158	110.532
33	33.160	41.073	48.986	57.359	65.314	73.688	82.061	90.435	98.809	107.008	116.393
34	34.164	42.705	51.079	59.453	68.245	77.037	85.829	94.622	103.833	113.044	122.255
35	35.169	43.961	53.172	61.965	71.176	80.805	90.016	99.646	109.276	118.905	128.535
36	36.174	45.636	55.266	64.895	74.525	84.155	94.203	104.251	114.718	124.767	135.234
37	37.179	47.311	57.359	67.408	77.456	87.922	98.809	109.276	120.161	131.047	142.351
38	38.184	48.567	59.453	69.920	80.805	92.110	103.414	114.718	126.023	137.746	149.469
39	39.189	50.242	61.546	72.850	84.573	96.296	108.019	120.161	132.722	144.863	157.424
40	40.193	51.916	63.639	75.781	88.342	100.48	113.044	126.023	139.002	152.340	165.797

附录 5　R717 制冷剂饱和热力特性表

温度 T(℃)	压力 P(Bar)	液体比容 VL(dm^3/kg)	气体比容 Vg(m^3/kg)	液体焓 Hl(kJ/kg)	气体焓 Hg(kJ/kg)	汽化潜热 R(kJ/kg)	液体熵 Sl(kJ/kg·K)	气体熵 Sg(kJ/kg·K)
−45	0.545	1.4364	2.00458	−1.8	1399.25	1401.06	0.1953	6.3363
−44	0.576	1.4389	1.90242	2.6	1400.87	1398.27	0.2146	6.3166
−43	0.609	1.4414	1.80641	7.01	1402.48	1395.47	0.2338	6.2971
−42	0.644	1.444	1.71612	11.42	1404.08	1392.66	0.2529	6.2778
−41	0.68	1.4465	1.63116	15.84	1405.67	1389.83	0.2719	6.2587
−40	0.717	1.4491	1.55117	20.25	1407.25	1387	0.2909	6.2398
−39	0.756	1.4516	1.47582	24.68	1408.82	1384.14	0.3098	6.2211
−38	0.797	1.4542	1.4048	29.1	1410.38	1381.27	0.3286	6.2026
−37	0.84	1.4568	1.33783	33.53	1411.93	1378.39	0.3474	6.1843
−36	0.885	1.4594	1.27465	37.97	1413.46	1375.5	0.3661	6.1662
−35	0.931	1.4621	1.21501	42.4	1414.99	1372.59	0.3847	6.1483
−34	0.98	1.4647	1.15868	46.84	1416.51	1369.66	0.4033	6.1305
−33	1.03	1.4674	1.10545	51.29	1418.01	1366.72	0.4218	6.113
−32	1.083	1.4701	1.05513	55.74	1419.5	1363.77	0.4403	6.0956
−31	1.138	1.4728	1.00753	60.19	1420.99	1360.8	0.4587	6.0783
−30	1.195	1.4755	0.96249	64.64	1422.46	1357.81	0.477	6.0613
−29	1.254	1.4782	0.91984	69.1	1423.92	1354.81	0.4953	6.0444
−28	1.315	1.481	0.87945	73.57	1425.36	1351.8	0.5135	6.0277
−27	1.379	1.4837	0.84117	78.03	1426.8	1348.77	0.5316	6.0111
−26	1.446	1.4865	0.80488	82.5	1428.22	1345.72	0.5497	5.9947
−25	1.515	1.4893	0.77046	86.98	1429.64	1342.66	0.5677	5.9784
−24	1.587	1.4921	0.73779	91.45	1431.04	1339.58	0.5857	5.9623
−23	1.661	1.495	0.70678	95.93	1432.42	1336.49	0.6036	5.9464
−22	1.738	1.4978	0.67733	100.42	1433.8	1333.38	0.6214	5.9305
−21	1.818	1.5007	0.64934	104.91	1435.16	1330.25	0.6392	5.9149
−19	1.987	1.5065	0.59744	113.89	1437.85	1323.95	0.6746	5.884
−18	2.076	1.5094	0.57338	118.39	1439.17	1320.78	0.6923	5.8687
−17	2.168	1.5124	0.55047	122.9	1440.48	1317.59	0.7098	5.8536
−16	2.263	1.5154	0.52866	127.4	1441.78	1314.38	0.7273	5.8386
−15	2.362	1.5184	0.50789	131.91	1443.07	1311.15	0.7448	5.8238
−14	2.464	1.5214	0.4881	136.43	1444.34	1307.91	0.7622	5.8091
−13	2.57	1.5244	0.46923	140.94	1445.59	1304.65	0.7795	5.7945
−12	2.679	1.5275	0.45123	145.46	1446.84	1301.38	0.7968	5.78
−11	2.791	1.5305	0.43407	149.99	1448.07	1298.08	0.814	5.7657
−10	2.908	1.5336	0.41769	154.52	1449.29	1294.77	0.8312	5.7514
−9	3.028	1.5368	0.40205	159.05	1450.49	1291.44	0.8483	5.7373
−8	3.152	1.5399	0.38712	163.58	1451.68	1288.09	0.8653	5.7233
−7	3.28	1.5431	0.37285	168.12	1452.85	1284.73	0.8824	5.7094
−6	3.412	1.5463	0.35921	172.66	1454.01	1281.35	0.8993	5.6957
−5	3.548	1.5495	0.34618	177.21	1455.16	1277.95	0.9162	5.682
−4	3.688	1.5527	0.33371	181.76	1456.29	1274.53	0.9331	5.6685
−3	3.833	1.556	0.32178	186.32	1457.4	1271.09	0.9499	5.655
−2	3.982	1.5593	0.31037	190.87	1458.51	1267.63	0.9666	5.6417
−1	4.136	1.5626	0.29944	195.43	1459.59	1264.16	0.9833	5.6284
0	4.294	1.5659	0.28898	200	1460.66	1260.66	1.000	5.6153
1	4.457	1.5693	0.27895	204.57	1461.72	1257.15	1.0166	5.6022
2	4.625	1.5727	0.26935	209.14	1462.76	1253.62	1.0332	5.5893

续表

温度 T(℃)	压力 P(Bar)	液体比容 VL(dm³/kg)	气体比容 Vg(m³/kg)	液体焓 Hl(kJ/kg)	气体焓 Hg(kJ/kg)	汽化潜热 R(kJ/kg)	液体熵 Sl(kJ/kg·K)	气体熵 Sg(kJ/kg·K)
3	4.797	1.5761	0.26014	213.72	1463.79	1250.07	1.0497	5.5764
4	4.975	1.5795	0.25131	218.3	1464.8	1246.5	1.0661	5.5637
5	5.158	1.583	0.24284	222.89	1465.79	1242.91	1.0825	5.551
6	5.345	1.5865	0.23471	227.47	1466.77	1239.3	1.0989	5.5384
7	5.539	1.59	0.22692	232.07	1467.73	1235.66	1.1152	5.5259
8	5.737	1.5936	0.21943	236.67	1468.68	1232.01	1.1315	5.5135
9	5.941	1.5972	0.21224	241.27	1469.61	1228.34	1.1477	5.5012
10	6.15	1.6008	0.20533	245.87	1470.52	1224.65	1.1639	5.489
11	6.365	1.6044	0.1987	250.48	1471.42	1220.94	1.18	5.4768
12	6.586	1.6081	0.19232	255.1	1472.3	1217.21	1.1961	5.4647
13	6.813	1.6118	0.18619	259.72	1473.17	1213.45	1.2121	5.4527
14	7.046	1.6155	0.18029	264.34	1474.02	1209.67	1.2281	5.4408
15	7.285	1.6193	0.17462	268.97	1474.85	1205.88	1.2441	5.429
16	7.53	1.6231	0.16916	273.6	1475.66	1202.06	1.26	5.4172
17	7.781	1.6269	0.16391	278.24	1476.46	1198.21	1.2759	5.4055
18	8.039	1.6308	0.15885	282.89	1477.24	1194.35	1.2917	5.3939
19	8.303	1.6347	0.15398	287.53	1478	1190.46	1.3075	5.3823
20	8.574	1.6386	0.14929	292.19	1478.74	1186.55	1.3232	5.3708
21	8.851	1.6426	0.14477	296.85	1479.47	1182.62	1.339	5.3594
22	9.136	1.6466	0.14041	301.51	1480.17	1178.66	1.3546	5.3481
23	9.427	1.6506	0.13621	306.18	1480.86	1174.68	1.3703	5.3368
24	9.725	1.6547	0.13216	310.86	1481.53	1170.68	1.3859	5.3255
25	10.031	1.6588	0.12826	315.54	1482.19	1166.65	1.4014	5.3144
26	10.343	1.663	0.12449	320.23	1482.82	1162.59	1.4169	5.3033
27	10.664	1.6672	0.12085	324.92	1483.43	1158.51	1.4324	5.2922
28	10.991	1.6714	0.11734	329.62	1484.03	1154.41	1.4479	5.2812
29	11.326	1.6757	0.11396	334.32	1484.6	1150.28	1.4633	5.2703
30	11.669	1.68	0.11069	339.04	1485.16	1146.12	1.4787	5.2594
31	12.02	1.6844	0.10753	343.76	1485.7	1141.94	1.494	5.2485
32	12.379	1.6888	0.10447	348.48	1486.21	1137.73	1.5093	5.2377
33	12.746	1.6933	0.10153	353.22	1486.71	1133.49	1.5246	5.227
34	13.121	1.6978	0.09867	357.96	1487.19	1129.23	1.5398	5.2163
35	13.504	1.7023	0.09593	362.58	1487.65	1125.07	1.5547	5.2058
36	13.896	1.7069	0.09327	367.33	1488.09	1120.75	1.5699	5.1952
37	14.296	1.7115	0.09069	372.09	1488.5	1116.41	1.585	5.1846
38	14.705	1.7162	0.0882	376.86	1488.89	1112.03	1.6002	5.1741
39	15.122	1.721	0.08578	381.64	1489.26	1107.62	1.6153	5.1636
40	15.549	1.7257	0.08345	386.43	1489.61	1103.19	1.6303	5.1532
41	15.985	1.7306	0.08119	391.22	1489.94	1098.72	1.6454	5.1428
42	16.429	1.7355	0.079	396.02	1490.25	1094.22	1.6604	5.1325
43	16.883	1.7404	0.07688	400.84	1490.53	1089.69	1.6754	5.1222
44	17.347	1.7454	0.07483	405.66	1490.79	1085.13	1.6904	5.1119
45	17.82	1.7505	0.07284	410.49	1491.02	1080.53	1.7053	5.1016
46	18.302	1.7556	0.07092	415.34	1491.23	1075.9	1.7203	5.0914
47	18.795	1.7608	0.06905	420.19	1491.42	1071.23	1.7352	5.0812
48	19.297	1.766	0.06724	425.06	1491.59	1066.53	1.7501	5.0711
49	19.809	1.7713	0.06548	429.93	1491.73	1061.79	1.765	5.0609
50	20.331	1.7767	0.06378	434.82	1491.84	1057.02	1.7798	5.0508

附录6

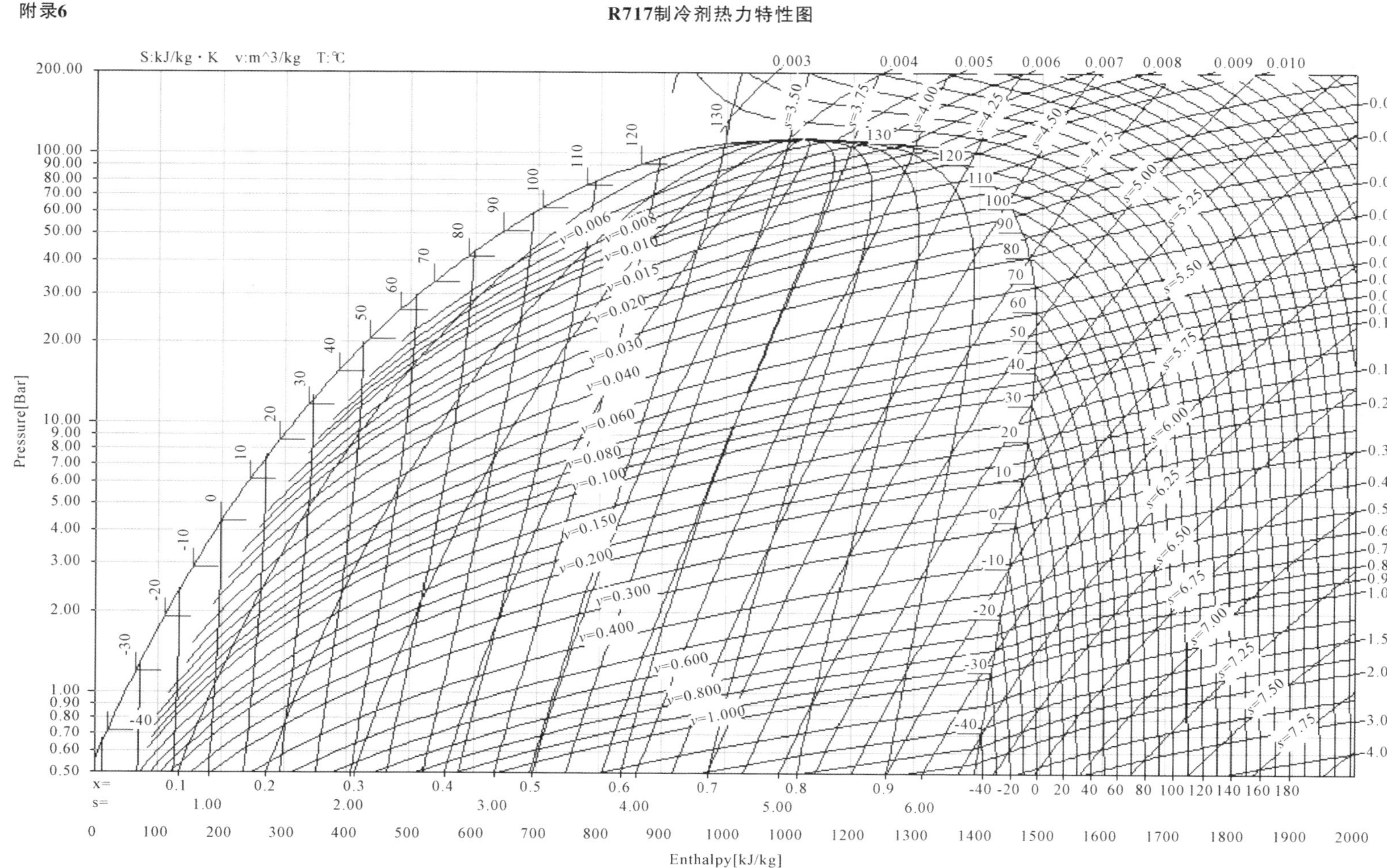

参考文献

[1] 郭孝礼主编.冷库制冷设计手册.北京:农业出版社,1991
[2] 郭庆堂,吴进发编.实用制冷工程设计手册.北京:中国建筑工业出版社,1994
[3] ASHRAE. ASHRAE Handbook(Refrigeration). ASHRAE,Inc,1998
[4] ASHRAE. ASHRAE Handbook(Fundamentals). ASHRAE,Inc,1997
[5] 邹根南,郑贤德主编.制冷装置及其自动化.北京:机械工业出版社,1987
[6] 朱瑞琪主编.制冷装置自动化.西安:西安交通大学出版社,1993
[7] 原国家国内贸易局.冷库设计规范 GB50072-2001.北京:中国计划出版社,2001
[8] 陆亚俊,马最良编著.制冷技术与应用.北京:中国建筑工业出版社,1992
[9] 湖北工业设计院.冷藏库设计.北京:中国建筑工业出版社,1980
[10] 商业部冷藏加工企业管理局.冷库制冷技术.北京:中国财政经济出版社,1980
[11] 张祉右主编.制冷原理与设备.北京:机械工业出版社,1987
[12] 吴业正,韩宝琦主编.制冷原理及设备.西安:西安交通大学出版社,1987
[13] 李松寿,徐世琼.制冷原理与设备.上海:上海科学技术出版社,1988
[14] 厦门水产学院制冷教研室编.制冷技术问答.北京:农业出版社,1981
[15] 卢士勋主编.制冷与空气调节技术.上海:上海科学普及出版社,1992
[16] 〔罗〕奥勒耳.西沃拜努等著,孙时中等译.食品工业制冷技术.北京:轻工业出版社,1986
[17] 张启同.冷库制冷技术.北京:农业出版社,1979